国家社会科学基金项目"'十三五'期间农民农地权利配置的机理路径
及对策研究"（15BJY081）研究成果

国家"双一流"建设学科
辽宁大学应用经济学系列丛书
===== 学术系列 =====

总主编◎林木西

农地权利配置的
机理路径与对策研究

Study on Mechanism, Path and Policy of Rural Land Right Allocation

赵德起　著

中国财经出版传媒集团
经济科学出版社
Economic Science Press

图书在版编目（CIP）数据

农地权利配置的机理路径与对策研究/赵德起著.
—北京：经济科学出版社，2020.12
（辽宁大学应用经济学系列丛书．学术系列）
ISBN 978 - 7 - 5218 - 2299 - 1

Ⅰ.①农⋯　Ⅱ.①赵⋯　Ⅲ.①农地制度 - 研究 - 中国
Ⅳ.①F321.1

中国版本图书馆 CIP 数据核字（2020）第 268487 号

责任编辑：陈赫男
责任校对：靳玉环
责任印制：范　艳　张佳裕

农地权利配置的机理路径与对策研究
赵德起　著
经济科学出版社出版、发行　新华书店经销
社址：北京市海淀区阜成路甲 28 号　邮编：100142
总编部电话：010 - 88191217　发行部电话：010 - 88191522
网址：www. esp. com. cn
电子邮箱：esp@ esp. com. cn
天猫网店：经济科学出版社旗舰店
网址：http://jjkxcbs. tmall. com
北京季蜂印刷有限公司印装
710×1000　16 开　28 印张　430000 字
2021 年 5 月第 1 版　2021 年 5 月第 1 次印刷
ISBN 978 - 7 - 5218 - 2299 - 1　定价：99.00 元
（图书出现印装问题，本社负责调换。电话：010 - 88191510）
（版权所有　侵权必究　打击盗版　举报热线：010 - 88191661
QQ：2242791300　营销中心电话：010 - 88191537
电子邮箱：dbts@ esp. com. cn）

总　序

　　本丛书为国家"双一流"建设学科"辽宁大学应用经济学"系列丛书，也是我主编的第三套系列丛书。前两套系列丛书出版后，总体看效果还可以：第一套是《国民经济学系列丛书》（2005 年至今已出版13 部），2011 年被列入"十二五"国家重点出版物出版规划项目；第二套是《东北老工业基地全面振兴系列丛书》（共 10 部），在列入"十二五"国家重点出版物出版规划项目的同时，还被确定为 2011 年"十二五"规划 400 种精品项目（社科与人文科学 155 种），围绕这两套系列丛书取得了一系列成果，获得了一些奖项。

　　主编系列丛书从某种意义上说是"打造概念"。比如说第一套系列丛书也是全国第一套国民经济学系列丛书，主要为辽宁大学国民经济学国家重点学科"树立形象"；第二套则是在辽宁大学连续主持国家社会科学基金"八五"至"十一五"重大（点）项目，围绕东北（辽宁）老工业基地调整改造和全面振兴进行系统研究和滚动研究的基础上持续进行探索的结果，为促进我校区域经济学学科建设、服务地方经济社会发展做出贡献。在这一过程中，既出成果也带队伍、建平台、组团队，使得我校应用经济学学科建设不断跃上新台阶。

　　主编这套系列丛书旨在使辽宁大学应用经济学学科建设有一个更大的发展。辽宁大学应用经济学学科的历史说长不长、说短不短。早在1958 年建校伊始，便设立了经济系、财政系、计统系等 9 个系，其中经济系由原东北财经学院的工业经济、农业经济、贸易经济三系合成，财税系和计统系即原东北财经学院的财信系、计统系。1959 年院系调整，将经济系留在沈阳的辽宁大学，将财政系、计统系迁到大连组建辽宁财经学院（即现东北财经大学前身），将工业经济、农业经济、贸易经济三个专业的学生培养到毕业为止。由此形成了辽宁大学重点发展理论经济学（主要是政治经济学）、辽宁财经学院重点发展应用经济学的大体格局。实际上，后来辽宁大学也发展了应用经济学，东北财经大学也发展了理论经济学，发展得都不错。1978年，辽宁大学恢复招收工业经济本科生，1980年受人民银行总行委托、经教育部批准开始招收国际金融本科生，1984年辽宁大学在全国第一批成立了经济管理学院，增设计划统计、会计、保险、投资经济、国际贸易等本科专业。到20世纪90年代中期，辽宁大学已有西方经济学、世界经济、国民经济计划与管理、国际金融、工业经济5个二级学科博士点，当时在全国同类院校似不多见。1998年，建立国家重点教学基地"辽宁大学国家经济学基础人才培养基地"。2000年，获批建设第二批教育部人文社会科学重点研究基地"辽宁大学比较经济体制研究中心"（2010年经教育部社会科学司批准更名为"转型国家经济政治研究中心"）；同年，在理论经济学一级学科博士点评审中名列全国第一。2003年，在应用经济学一级学科博士点评审中并列全国第一。2010年，新增金融、应用统计、税务、国际商务、保险等全国首批应用经济学类专业学位硕士点；2011年，获全国第一批统计学一级学科博士点，从而实现经济学、统计学一级学科博士点"大满贯"。

在二级学科重点学科建设方面，1984年，外国经济思想史（即后来的西方经济学）和政治经济学被评为省级重点学科；1995年，西方经济学被评为省级重点学科，国民经济管理被确定为省级重点扶持学科；1997年，西方经济学、国际经济学、国民经济管理被评为省级重点学科和重点扶持学科；2002年、2007年国民经济学、世界经济连续两届被评为国家重点学科；2007年，金融学被评为国家重点学科。

在应用经济学一级学科重点学科建设方面，2017年9月被教育部、财政部、国家发展和改革委员会确定为国家"双一流"建设学科，成为东北地区唯一一个经济学科国家"双一流"建设学科。这是我校继

1997 年成为"211"工程重点建设高校 20 年之后学科建设的又一次重大跨越，也是辽宁大学经济学科三代人共同努力的结果。此前，2008 年被评为第一批一级学科省级重点学科，2009 年被确定为辽宁省"提升高等学校核心竞争力特色学科建设工程"高水平重点学科，2014 年被确定为辽宁省一流特色学科第一层次学科，2016 年被辽宁省人民政府确定为省一流学科。

在"211"工程建设方面，在"九五"立项的重点学科建设项目是"国民经济学与城市发展"和"世界经济与金融"，"十五"立项的重点学科建设项目是"辽宁城市经济"，"211"工程三期立项的重点学科建设项目是"东北老工业基地全面振兴"和"金融可持续协调发展理论与政策"，基本上是围绕国家重点学科和省级重点学科而展开的。

经过多年的积淀与发展，辽宁大学应用经济学、理论经济学、统计学"三箭齐发"，国民经济学、世界经济、金融学国家重点学科"率先突破"，由"万人计划"领军人才、长江学者特聘教授领衔，中青年学术骨干梯次跟进，形成了一大批高水平的学术成果，培养出一批又一批优秀人才，多次获得国家级教学和科研奖励，在服务东北老工业基地全面振兴等方面做出了积极贡献。

编写这套《辽宁大学应用经济学系列丛书》主要有三个目的：

一是促进应用经济学一流学科全面发展。以往辽宁大学应用经济学主要依托国民经济学和金融学国家重点学科和省级重点学科进行建设，取得了重要进展。这个"特色发展"的总体思路无疑是正确的。进入"十三五"时期，根据"双一流"建设需要，本学科确定了"区域经济学、产业经济学与东北振兴""世界经济、国际贸易学与东北亚合作""国民经济学与地方政府创新""金融学、财政学与区域发展""政治经济学与理论创新"五个学科方向。其目标是到 2020 年，努力将本学科建设成为立足于东北经济社会发展、为东北振兴和东北亚区域合作做出应有贡献的一流学科。因此，本套丛书旨在为实现这一目标提供更大的平台支持。

二是加快培养中青年骨干教师茁壮成长。目前，本学科已形成包括长江学者特聘教授、国家高层次人才特殊支持计划领军人才、全国先进工作者、"万人计划"教学名师、"万人计划"哲学社会科学领军人才、国务院学位委员会学科评议组成员、全国专业学位研究生教育指导委员会委员、文化名家暨"四个一批"人才、国家"百千万"人才工程入选者、国家级教学名师、全国模范教师、教育部新世纪优秀人才、教育部高等学校教学指导委员会主任委员和委员、国家社会科学基金重大项目首席专家等在内的学科团队。本丛书设学术、青年学者、教材、智库四个子系列，重点出版中青年教师的学术著作，带动他们尽快脱颖而出，力争早日担纲学科建设。

三是在新时代东北全面振兴、全方位振兴中做出更大贡献。面对新形势、新任务、新考验，我们力争提供更多具有原创性的科研成果、具有较大影响的教学改革成果、具有更高决策咨询价值的智库成果。丛书的部分成果为中国智库索引来源智库"辽宁大学东北振兴研究中心"和"辽宁省东北地区面向东北亚区域开放协同创新中心"及省级重点新型智库研究成果，部分成果为国家社会科学基金项目、国家自然科学基金项目、教育部人文社会科学研究项目和其他省部级重点科研项目阶段研究成果，部分成果为财政部"十三五"规划教材，这些为东北振兴提供了有力的理论支撑和智力支持。

这套系列丛书的出版，得到了辽宁大学党委书记周浩波、校长潘一山和中国财经出版传媒集团副总经理吕萍的大力支持。在丛书出版之际，谨向所有关心支持辽宁大学应用经济学建设与发展的各界朋友，向辛勤付出的学科团队成员表示衷心感谢！

林木西

2019 年 10 月

序 言

　　乡村振兴是持续推进中国经济高质量发展的重要支撑战略之一，保障农民权益是乡村振兴战略的出发点和落脚点，农地是农民权益得以保障的重要载体，科学高效地配置农民农地权利是保障农民权益的核心与关键。农民农地权利配置问题一直是"三农"问题的重要课题，新的历史时期，对农民农地权利配置问题进行深入研究具有更加重要的理论意义与现实意义。

　　本书主要研究农民农地权利配置的理论、机制及策略体系。试图从理论上为乡村振兴制度框架的构建提供一个一般性思路，探究农民农地权利配置的机制，进而为乡村振兴中政策体系的构建提供必要的支撑。具体来说，本书从四个方面进行研究：一是制度推动经济发展的基本理论；二是农地权利配置的机理；三是农民收入增长约束下的农地权利配置的规律、特征、问题及原因；四是优化农地权利配置的路径与对策。这四个方面的内在逻辑是：基本理论—运行机制—实践规律—优化对策。

　　第一篇为制度推动经济发展的理论创新研究，是本书其他研究内容的理论支撑部分，包括第一、第二两章的内容。主要研究制度推动经济发展的基本逻辑和市场供求与竞争约束下的权利配置理论两个核心问题。第二篇为农地权利配置的机理研究，包括第三至第六章。分别研究了农地"三权分置"的理论与现实逻辑、以农民为核心主体的农地权利配置效率、农地集体所有权配置由虚入实的机理、农地征收收益配置的机理四个与农地权利配置的机理有关的问题。第三篇为农地权利配置与农民收入的研究，包括第七至第十二章。分别研究了农地权利配置促进农民收入增长的逻辑，农地权利的国家配置、农民自主配置与农民收入，政府约束力与农民收入，农地经营权流转与农民收入，农地收益权配置与农民收入，制度创新、技术进步和规模化经营与农民收入六个方面的问题，从农民收入的视角研究了农地权利配置的效率。第四篇为农地权利配置的路径与对策的研究，包括第十三至第十七章。主要研究了现代农业经营体系水平测度、农业社会化服务水平测度、农地适度规模经营的模式与路径、资本进入农业部门的路径与对策、新型农业经营主体的培育路径与对策五个和农地权利配置路径与对策相关的问题。

在对农民农地权利理论与实践研究的基础上，本书得出的主要结论包括：一是制度是通过保障资源有效流动和创造新资源的方式满足大多数人物质与精神需求的一系列规则。制度内核包括产权、契约和第三方力量。满足大多数人需求、与各类主体生存周期相匹配、与资源的供求状态相匹配是制度的外部约束条件。以产权与满足大多数人需求为约束的制度演进为制度演进主路径。二是第三方力量客观上要求更少的经济人及更少的配置产权的次数，从而降低交易成本。经济人对产权结构的选择可能导致产权配置在降低交易成本的过程中的低效率。因此需要根据产权降低交易成本的机理对产权配置加以优化与创新。三是农地承包权应当设立为兼有成员权和财产权的用益物权，农地经营权应设为用益物权，应根据具体情况将其设立为债权或者物权。四是供给型农民、需求型农民和供求型农民与农地权利配置的匹配度与农地权利配置效率正相关，各种类型的农民核心主体对农地权利配置参与度和能力的提高会带来农地权利配置效率的提高。五是改革开放以来中国农业社会化服务的总体水平有所提高，特别是农业基础设施建设和农业机械化服务的发展水平近年来发展最快，但是农业保险服务发展较慢。各项农业社会化服务对整个农业社会化服务体系的制约程度总体下降。六是农地流转面积占家庭承包面积的比例与亿元以上农产品交易市场数量的增加既会引起农业生产总值的增长，又会促进农民人均收入的提高，对现代农业经营体系的构建起到积极影响。七是农民合作社和龙头企业在现代化农业发展中一方面能够吸引与容纳更多的土地、资本和人才，为农业生产提供最基本的资源禀赋，另一方面能够带动农业产业的发展，在农户与市场之间形成的中介机制一定程度上规避了市场的不确定性。八是当经济跨越刘易斯转折点，工业部门增长率降低，工业部门的过剩资本此时会流入农业部门，改善农业部门的土地资本利用效率和劳动力利用效率，加快农业劳动力向工业部门的转移，进而促进工业部门的增长。

进一步地，本书从五个方面提出了对策建议。一是提高农地权利配置效率的建议：构建农地流转信息实体平台和网络平台，解决农地信息不对称问题；设立"农民学校"，提高农民主体农地权利自主配置的能力和参与度；进一步细分农地经营权配置。二是优化农地集体所有权配置的对策：加快农地集体所有权制度层面的法制建设；提高农业财政补贴的精度与效率；建立健全农村农地产权交易市场；构建农村农地经营权抵押融资机制；及时将有效的集体产权实现形式上升为国家层面的制度。三是农地适度规模经营的对策：发展新型经营模式，完善新型农地规模经营产业链；创新农村社会化服务机制，实现农业经营体系转型升级；规范农村物流业的经营服务体系，实现农村物流业的规范化管理；加强农村金融服务体系的建设，提高农村金融市场的竞争力；加大各级政府对适度规模经营的扶持力度；重视培养新型农地规模经营主体，着力培养创新创业型职业农民；加强对农地经营规模适度性的测算精度和监管力度，防止规模过大。四是提升农地权利配置中政府约束力的对策：持续创新农地流转制度，鼓励农户进行产业化经营，提高经营性政府约束水平；发展多种形式的股份合作制组织，提升政府的约束力水平；加强政府在农村农地流转中的监督与管理作用。五是推动资本下乡与培育新型农业经营主体的对策建议：打通资本投资农业部门的通道，提升农村劳动力人力资本，拓展融资渠道，健全农地流转机制，利用技术优势带动产业链发展。

就研究价值而言，本书构建了制度"三内核"与三个外部条件约束下的制度演进模型，这一模型为分析制度推动经济发展提供了一个基本思路，具有一定的理论创新性，其适用性较强。对农地权利配置机理、路径的研究可为实施乡村振兴战略制度框架的构建提供理论支撑与路径支撑。本书提出的各个层次、各个类别的具体对策建议在乡村振兴中具有较强的可操作性，对农地权利配置的实践具有一定现实意义。

本书写作过程中得到林木西（第二章）、姚晓林（第二章）、刘美（第三章）、沈秋彤（第四章和第十一章）、张丽双（第五章）、于晓琳（第六章）、郭东菊（第七章）、崔泽伟（第八章）、韩秀（第九章）、米兰（第十章）、谭越璇（第十二章）、李月朦（第十三章）、韩伟（第十四章）、张淑曼（第十五章）、丁柯文（第十六章）、路遥（第十七章）等老师和同学在资料收集与处理、相关内容撰写等方面的支持与帮助；胡雪、李聪、董思为、崔佳、赵丽敏、王文静、武丽莎、崔恩豪、章碧霞、王丽娜等同学进行了校对；外语专业赵予宁同学负责部分外文文献的翻译与校对工作；出版过程中，得到经济科学出版社的大力协助。在此一并表示衷心的感谢。

赵德起

2020 年 12 月 1 日

目 录

第三篇　农地权利配置与农民收入

第一篇
制度推动经济发展的理论创新

第一章

制度推动经济发展的再解释

人类社会的进步屡屡遇到挑战：全球范围内、区域内或一国范围内贫富不均；人类经济发展会周期性地陷入衰退；资源稀缺始终是悬在人类头上的一把利剑；各种形式的资源掠夺无法消除；许多地区和国家都会遇到经济社会发展的瓶颈且难以突破；摆脱贫困，走向繁荣的路径没有可复制性；人类社会的进步无法进入持续繁荣的轨道；我们所依赖的市场解决不了所有问题；政府与市场关系的界定不够清晰……诸如此类，不一而足。这不得不让人们深思：社会进步的基本标志到底是什么？社会进步的原动力是什么？社会进步的基本路径如何？怎样才能实现资源的科学配置？市场、道德与国家在人类社会进步中的角色及相互关系是什么？如何解释人类追求物质财富与精神财富的关系？如何选择经济发展、社会进步之路？这些现象与问题似乎都与人类赖以生存的基本载体之一——制度有着密切的关系。基于这一假定，本章试图从经济学的视角对制度在人类社会中的角色从思想与理论层面加以研究。主要研究以下问题：制度推动社会进步的基本逻辑，制度存在及演进的基本标准，制度的源起及内核，人类社会的基本制度（市场制度、道德制度及国家制度）间的内在关系，如何理解制度中的自我约束与强制约束。

本章首先在第一节中探究了制度与社会进步间的逻辑关系，于第二节中进一步地阐释制度的源起、内核及演进，第三节深入研究了制度由强制约束向自我约束演进的逻辑，第四节对市场制度和国家制度之间是否存在着所谓的制度悖论加以探究，最后给出了相关研究结论。

第一节　制度与社会进步

研究制度与社会进步的关系有四个假定：一是人的创造力是无限的，在一定条件下可以被不断地开发出来；二是人有物质与精神的需求，人的需求经常处于不同的层面上，且这一需求会随着人对世界认识的不断加深而不断增加；三是用历史的观点来看，各类满足人需求的资源是有限的，这决定了在特定的时空内，人的需求不会得到充分的满足；四是以最有效的方式来使有限的资源最大限度地满足人的需求进而激发人的创造力，是经济发展和社会进步的逻辑终点。这四个基本假定中包含了制度、社会进步、需求、资源、人的创造力等因素，其中制度与其他要素间均有着密切的关系，这些关系最终显示出了制度与社会进步间的内在逻辑。

社会的进步是以大多数人的需求得到最科学的、最大限度的满足为基本标志的。人的需求包括物质需求和精神需求，物质需求是精神需求的前提和基础，精神需求要胜于物质需求。社会发展的过程就是不断满足人的物质需求与精神需求的过程，这一过程中需要人的创造力来驱动。人的创造力是社会进步的核心动力，主要表现为思想的创新以及由此而引致的技术创新与制度创新。

人的需求得以满足的基本标志是：需求得到满足时自身消耗的资源少于其所获得的资源。因此人的需求得以满足的基本条件是：有资源且资源有效流动。资源包括满足物质需求的资源和满足精神需求的资源。进一步来说，资源具有历史性，即在不同的历史阶段同一物品成为资源的可能性不同，作为资源的重要程度也存在差异。这两个特性表明了资源是稀缺的，资源需要流动才能实现其稀缺性所带来的满足人需求的价值。另外，人能力的有限性使每个人无法完全通过自己的生产能力满足其对资源的需求，所以无论是中间需求还是最终需求客观上都要求资源进行流动，即资源需要在不同人之间进行交易。因此要研究两个问题：一是资源如何产生；二是资源如何有效率流动，即如何提高交易效率。资源产生的核心动力是创新，资源流动效率的高低取决于交易成本。资源的创新与流动均需要制度加以保障。人类社会的基础制度包括市场制度、道德制度与国家制度，三者是资源创新和降低资源流动成本的最重要载体。①制度在社会中的主要作用是通过建立一个人们互动的稳定（但不一定是有效的）结构来减少不确定性。制度可以最大限度地降低交易成本，从而更好地满足人的需求，促进社会进步。诺思（Noce，2014）认为制度通过对交换与生产成本的影响来影响经济绩效。与所用技术一样，制度决定了构成总成本的交易费用和生产成本。科斯（Coase，1998）认为制度一直存在于人们的需求得以满足的整个过程中，且制度本身会影响交换成本。制度成本会计入交换成本，即如果制度成本低于预期成本，则交换会产生，且制度成本是必不可少的，是必要条件。人类社会的福利依赖于商品和服务流，后者依赖于经济系统中的生产力，亚当·斯密（Adam Smith）认为经济系统中的生产力决定于专业化（劳动分工），而交换又是分工的前提，并且交易成本（transaction cost）越低，专业化分工越细密。然而交换的成本又依赖于一个国家的制度，因此可以说制度制约着经济的绩效。奥尔森（Olson，2000）指出交易成本不仅取决于技术，也取决于制度。市场的产生进一步降低了交换的成本，主要是运输成本，货币更是极大地方便了交换，使成本进一步降低，正如科斯（2011）所说，"使用货币所带来的好处主要在于交易成本的降低"。可见，从交易成本的视角来考察国家制度与市场制度，经济的发展离不开制度的支撑。

制度、资源、人的创造力等要素支撑的人类社会进步的基本逻辑如

---

① 制度本身也是一种资源，人类社会是一个由多种制度组成的制度束，基础制度具有强稳定性。人类社会的基础制度为其他制度的产生提供支撑。

图 1 - 1 所示。图 1 - 1 显示了社会进步的基本路径：基于人的大脑具有无限可开发的空间这一假定，思想解放会最大限度地释放人的创造性，从而促使技术、制度的创新与优化，并进一步创造新资源、优化配置已有资源，这一过程会使人的物质需求与精神需求不断得到满足，人类需求的满足，尤其是精神需求的满足，特别是人的创造需求得到满足后创造力会再次被激发出来。上述过程往复不断，从而推进人类社会由低级向高级发展。

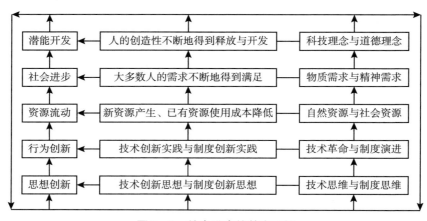

图 1 - 1　社会进步的基本逻辑

一、社会进步的根本动力在于创新，包括内在的思想创新和外在的行为创新，且思想创新驱动行为创新

思想创新包含着与创造新物质相关的技术思想创新和与创造新规则相关的制度思想创新，这两种思想创新会外化为行为创新中的技术创新和制度创新。技术创新会不断创造资源，从而满足人的物质需求，而制度创新会对技术创新加以保障，并且创新出来的制度（包括强制约束制度和自我约束制度）本身也是一种资源，通过保障其他资源的有效流动来更好地满足人的物质需求；更为重要的是制度创新而形成的文化、习俗、价值观念等自我约束制度可以满足人的精神需

求。进一步来说，技术创新需要与制度创新同步，两者促进资源于人们之间的有效率流动，从而保障大多数人的需求得以满足。若制度创新滞后于技术创新，技术创新所产生的推动力会因缺乏制度保障而形成损失。制度创新的滞后还可能对技术创新产生阻滞，致使技术创新的速度下降。

二、社会的进步之路存在着两条并行的路径：物质财富的积累和精神财富的积累

物质财富是精神财富的前提，精神财富才是人类进步的终极目标。物质财富是精神财富的基础是因为人首先需要满足生存和基本的生活需求，当物质需求得到满足后会重在追求精神需求，而精神需求的满足并不受物质财富多寡的限制，即当人的物质需求得到一定的满足后，其对精神财富的追求是在同一起点上的。因此会存在在经济相对落后的国家或地区其文明水平却相对较高的现象。具体如图 1 – 2 所示。

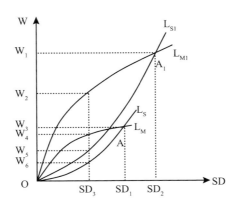

图 1 – 2　人类社会进步路径

图 1 – 2 中，SD 为社会进步，W 为财富积累，L_S 为精神财富积累

路径，L_M 为物质财富积累路径。图 1-2 显示了人类社会在物质财富和精神财富不断积累过程中由低级向高级演进的一般路径。

（1）精神财富与物质财富的积累均随着社会的发展而逐渐增长，物质财富的增长在 SD_1 前快于精神财富的增长，在 SD_1 后慢于精神财富的增长，L_S 与 L_M 相交的 A 点是社会由以物质财富增长为主到以精神财富增长为主阶段的拐点。这表明人类社会的发展会经历一个由追求物质需求向追求精神需求逐渐转化的过程。由于各地区、各国家发展水平的差异以及各地区、各国家间非正常影响的加强，这一过程会经历较长时间。在地区及国家可以独立按照自己的发展路径发展的假定下，不同的地区和不同的国家同时实现由追求物质财富向追求精神财富的转化是可能的。各地区、各国家追求物质财富的路径基本一致，物质需求得到满足的节点基本相同，而各地区、各国家精神财富的积累水平可以存在较大不同。

（2）人类社会由物质财富积累为主向精神财富积累为主的拐点会因创新而向上、向外移动，即图 1-2 中由 A 点外移到 A_1 点，相应地，这一拐点出现的时点会由 SD_1 延后至 SD_2。虽然拐点出现得较晚，但物质财富与精神财富积累水平却高于 A 点时的水平。物质财富增长路径的改变主要是因为技术创新所带来的新物质的增长以及由此带来的人们物质需求的增长；精神财富增长路径的改变主要是因为制度创新，尤其是自我约束制度的创新所带来的精神产品的丰富，以及由此产生的人们精神需求的增长。因此创新型的社会发展路径，其物质财富与精神财富的增长速度与幅度均会高于无创新的社会或低水平创新的社会。从一个国家的发展来看，如果想实现跨越式发展，就必须加快创新的步伐。另外，由于思想创新与物质财富的积累并无必然的联系，这就为后发国家超越先发国家提供了可能。但从社会发展的初始阶段来看，一个国家若从开始就营造创新的社会环境，它就会赢在"起跑线"上。

（3）人类社会进步过程中，物质财富与精神财富的增长具有同步性，如果两者不同步，就会出现"物质财富陷阱"或"精神财富陷阱"。如图 1 - 2 中，在 SD_3 发展阶段时，如按 A 点所对应的发展路径，这一时期所需要的物质财富是 W_4，所需要的精神财富是 W_6，属于物质财富主导型社会。此时若精神财富不变，物质财富低于 W_4，如 W_5，则此时精神财富多于这一社会所需要的精神财富，就会出现所谓精神财富的无谓损失，若此时将发展目标定位于追求精神财富，就会出现"精神财富陷阱"；若物质财富多于精神财富，即多于 W_4，如为 W_3，则会出现物质财富的损失，即社会会出现"拜金主义"倾向，若此时继续将发展目标定定位于追求物质财富，则会出现"物质财富陷阱"。因此，任何一个国家在发展过程中都需要注意物质财富增长与精神财富增长的同步协调，两者差距越大，国家的生命周期越短。

（4）OA 和 OA_1 闭合形成的是物质财富主导型的物质财富和精神财富的增长均衡区间，同样 A 点或 A_1 点以上也存在着精神财富主导型社会的物质财富精神财富均衡增长区间。在这一区域内，技术创新和制度创新会使物质财富与精神财富的积累保持在使社会向高级演进的轨道上，社会发展的这一特征可称为"社会弹性"，如果物质财富或精神财富的积累超越这一弹性区间，社会发展就会出现快速倒退。如在 SD_3 时，精神财富的积累为 W_6，此时若物质财富的积累为 W_2，远远超出与 W_6 相匹配的 W_4，即超出（$W_2 - W_4$）部分，社会发展会迅速进入"唯利是图"的状态，社会的发展会出现危机。但人类社会发展到现在，很少有国家出现这样的社会危机，其原因是世界范围内国家间发展的不均衡，当一些国家超出社会发展的弹性区间时，就会出现物质财富与精神财富的外移，在更大范围内消化其多出来的物质财富与精神财富。这一转移过程中，从转出国来看，国民会因本国在国际上的发展而暂时忽视物质财富与精神财富积累的巨大差异，因此从根本上来讲，最终必须实现一定区域内的物质财富与精神财富的同步增长。从人类历史来看，这种财富的转移有强制转移和合作转移两类，前一种如葡萄牙、英国对其他国家的殖民，包括资源的掠夺和文化的入侵，后者如中国与其他国家的全方位的合作发展。但无论是任何历史时期，若一个国家或地区将自己完全封闭起来，同时物质财富与精神财富的积累超出社会发展的弹性区间，则社会将迅速遇到发展瓶颈，生命周期大大缩短。因为其无空间转移其物质与精神财富，致使两者间的矛盾迅速爆发，国家会很快陷入危机。

三、制度贯穿于社会进步的整个过程，是社会进步的基础力量之一

社会进步的"解放思想—创新优化—新资源生产及流动—满足需求—开发创造性"这一过程的循环往复始终有制度在发挥作用。人的创造性不断开发使人的需求有机会得到更好的满足，但同时人口的增长、创造性开发的时空差异以及创造性开发的个体差异使每个人的需求得到满足的程度产生了较大的不同。因此，在人类共同生存及发展的假定下，为保证每个人的基本需求及持续创新的动力，各种各样的显性与隐性规则便应运而生，用以约束人的行为，以保证资源配置的合理及持续的创新活动。由于人生命周期的有限性，当人代际转换后，沉淀下来的规则就会成为一种既定的约束（制度）被下一代人接受，且不断积累。可以推断：规则的不断增长会促使人的创造性得以更大程度地释放与保障，人的需求会得到更好的满足。因此，从保护人的创造性开始，到创造性形成的创新行为，以至创新所带来的物质及精神财富，两种财富对人需求的满足，最终回到创造性的持续开发，这一完整的人类社会发展的链条上制度无处不在。

（1）人是社会的人，人的各种活动需要在社会中才能完成，人需要通过社会来满足其对物质与精神产品的需求。社会是由各种制度组成的组织，当这一组织相对简单时，其对人的活动的影响是有限的，包括创新活动，但随着制度的不断优化与创新，社会组织变得越来越复杂，各种相互关联的制度对在社会中人的各种活动的影响会越来越大，包括对人的创新思想的抑制与开发、创新行为的阻碍与促进及创新成果的窃取与保护等。除此之外，人类的生产活动、供求活动与企业制度、市场制度等密切相关。因此，当人类社会足够复杂时，制度的优化与创新就

成了社会能否进步的基础力量之一。

（2）技术创新的全过程需要制度保障，制度创新必须与技术创新保持同步。人的创新活动，包括技术创新与制度创新，是生存于各种制度构成的社会这一土壤之上的，只是人类众多活动之一，其对人类社会的进步起到决定性的作用。但这一作用能否发挥，会受社会中各种制度的影响。技术创新的主体是人，人受制于社会，社会是由各种制度组成的，因此制度必须对人的技术创新产生重要的影响，包括对创新思想、创新行为及创新成果这一创新过程三个阶段的影响。这三个阶段都需要相应的制度保证才能使创新过程完整，创新满足人需求的目标才能实现。好的制度会促进技术创新，不好的制度会阻滞技术创新。当社会的制度结构比较简单时，制度对技术创新的影响较小，随着社会中制度结构的复杂化，技术创新受制度的影响就会变得越来越大。技术创新虽受制度的影响，但却有其独立性，有超越社会的一面。主要原因是技术创新更强调个体的创造性，创新过程相对独立，尤其是创新思想阶段。因此，若技术创新发生，制度创新需要与技术创新同步，若制度创新滞后，技术创新产生的生产力就会被阻碍。更多的可能是技术创新的思想会消亡于初始阶段，不会转化为创新行为，更不会转化为生产力。制度创新的滞后会阻塞技术创新之路，使其不畅通或成为"断头路"。另外，人类社会发展中物质财富与精神财富积累的同步性也要求制度不断优化与创新，进一步的理解是制度中自我约束制度的创新会创造新的精神财富。

（3）制度及制度创新可保障现有资源更有效率地流动，自我约束制度创新可以创造新的精神资源。制度包括自我约束制度和强制约束制度，资源包括满足物质需求的物质资源和满足精神需求的精神资源。制度本身也是一种资源，只不过其特殊性表现在它既可直接满足人的需求，还可以保障其他资源满足人的需求。资源在人之间的流动可以更好地满足人的需求，而无论是自我约束制度还是强制约束制度，其提高资源流动效率的主要方式是降低交易成本。自我约束制度降低交易成本的幅度要大于强制约束制度。制度除保障制度以外的其他资源的流动效率外，还对自身效率加以保障，即上一级制度会对下一级制度的流动效率加以保障，如市场制度会对企业制度进行保障。制度创新可以创造新的精神资源主要是自我约束制度本身可以作为精神资源，如良好的民风民俗、文明礼仪、优秀的文化传统等。上述自我约束制度的创新为人满足精神需求提供了更多的可能，并且为产生更多的可作为精神资源的自我约束制度提供了动力，使人不断提高自我约束水平，从而形成精神财富积累的良性循环。

四、道德制度、市场制度和国家制度作为基础制度贯穿于社会进步的整个过程

道德制度也可称为自我约束制度，市场制度主要包括价格制度和竞争制度，国家制度则包括所有与国家有关的制度。这三种制度属于社会产生与发展的基础性制度，三者共同服务于资源在人与人之间的流动，更好地满足人的需求。

（1）道德制度是资源有效率流动的基本前提，也就是说，当资源流动过程中出现违背道德制度的情形时，交易便不应该发生，但违背道德制度约束的交易存在的原因是交易者的收益大于其违背道德所产生的成本的增长。

（2）市场制度的核心要素是价格、价值与竞争，它可以提高资源流动的效率，更多、更好地满足人的需求。价格、价值与商品本身的属性直接相关，因此，市场制度中与价格、价值相关的部分是客观的，与道德制度无关。一般情形下，人会在道德制度约束下开展竞争，而人是与道德约束直接相关的，因此交易者如果背离了自我约束的道德制度，就会出现垄断组织、恶性竞争等偏离市场制度约束的行为。很明显，若市场中所有的资源流动不存在违背道德制度的情况，资源流动成本最低，效率最高。但人与人之间、区域与区域之间道德制度约束水平的差异使市场中会出现违背市场制度基本准则的交易行为，且人与人之间道德制度约束水平差异越大，市场不规则交易行为越多。此时就需要第三

方强制力量将违反道德制度的人拉回到市场制度的约束中来，因此具有最强力量的第三方——国家便产生了。与国家相关的一系列国家制度相应产生。

（3）国家制度就是用第三方强制力量来为交易提供保障的一系列制度。国家制度的产生必然会增加交易成本，但只要这些成本的增加低于人们在违背道德制度情形下所损失的收益，交易依然会进行。原因是人是有需求的，特别是必不可少的需求。因此，防止道德制度失灵是国家的基本功能。另外，个人创造力的不同使个体获取需求能力上存在差异，即使在不违背道德制度的前提下，每个人的物质与精神需求得到满足的程度必然存在差异。这种差异市场制度本身无法解决。从这个意义上讲，需要第三方出现来避免个体间需求得到满足水平的差异过大。因此，国家的存在是必然的，国家制度需要完成提高全体成员需求得以满足平均水平的任务，这是国家制度功能的进一步开发。

（4）从根本上来看，国家是否动用第三方强制约束力量取决于市场竞争中道德制度被破坏的程度。进一步来说，国家制度发挥保护个体需求和提高需求水平的功能的最优选择是提高交易者的道德制度约束水平，即优化道德制度、创新道德制度。当道德制度对人的约束使人以创造财富为追求而不是以拥有财富为追求时，国家的基本功能就会被弱化，直至消亡。更进一步来说，国家制度是由人建立的，当人的道德制度约束达到人的活动无须国家制度时，国家的消亡便是必然的了。但在相当长的一段历史时期内，国家制度监督及促进人的道德制度约束水平提高的功能会一直存在。

（5）三种基础制度推动社会进步的基本逻辑是：道德制度（自我约束制度）与国家制度（强制约束制度）共同约束人在市场制度中满足需求的过程。社会发展的最优制度选择是道德制度。社会进步中道德制度和国家制度存在着此消彼长的情形，若两者的消长不同步，就会出现"制度真空"，若两者中某一方存在着过剩，则会出现"制度损失"，"制度真空"与"制度损失"都会使交易效率下降，社会发展迟滞或后退。

第二节　制度的源起、内核及演进

制度与社会的发展密不可分，那么进一步来说，社会中与制度有关的诸多现象值得深思：为什么不同的国家或地区发展水平差不多，而制度却有很大的差异？为什么同样的制度下，有的国家或地区发展较快，有的较慢？为什么某一种制度从历史角度考察时它会有较大的变化？为什么人的所有活动都与制度密切相关？为什么不同制度的国家和地区可以进行交流与合作？解释这些现象需要从制度的源起、内核及演进谈起。

一、制度的再理解

从旧制度主义到新制度主义，学者们对制度有许多的理解。凡勃伦（Veblen，1997）认为制度是一种习俗，由于被习惯化和被人们广泛地接受，这种习俗已成为一种公理化和心不可少的东西。诺思（1992）认为制度是一个社会的博弈规则，或者更规范地说，它是一些人为设计的、型塑人互动关系的约束。柯武刚、史漫飞（2000）认为制度是众所周知的由人创立的规则，其目的在于抑制人们的可能的机会主义行为。青木昌彦（Masahiko Aoki，2001）认为制度是关于博弈如何进行的共有信念的一个自我维系系统。斯韦托扎尔·平乔维奇（Svetozar Pejovich，1999）这样理解制度："制度可以被定义为对人类重复交往所作的法律的、行政的和习惯的安排。"拉坦（Ruttan V. W.，2005）认为制度是一套行为规则，它被用于支配特定的行为模式与相互关系。无论是旧制度经济学还是新制度经济学，学者对制度的理解均认为：制度是规则，是与人相关的规则，是与社会相关的规则，是使人与人之间关系更好的规则。因此，理解制度的定义需要明晰社会、人、人与人的关系、资源等之间的内在逻辑，从而准确把握制度。社会的进步是通过释放人的创造力从而积累物质与精神财富，并进一步地满足人的物质与精神需求的不断往复的过程。人有需求，人是社会的人，社会是制度的社会，人的活动受制于各种制度。因此制度应该是通过保障资源有效率流动和创造新资源的方式满足大多数人的物质与精神需求，最终促进社会进步的一系列规则。这一理解包含以下基本内涵：①制度是推动社会进步的基础力量。释放创造力、创造资源、流动资源、满足需求等社会进步的不同阶段都需要制度加以支撑，人的一切活动均会受各种显性的或隐性的规则影响。②制度具有历史性。制度会随着时间与空间的变化而不断地演进，随着资源流动性的增强和新资源的不断开发，新制度取代旧制度是必然的；不同的制度在特定的历史阶段和特定的空间有其存在的价值，因此制度本身不存在着优劣高下之分，只有适合与不适合之别，所以不同时代或同一时代不同地区制度差异是必然的；由于技术创新快于制度创新，新技术的租金耗散速度快于制度租金的耗散速度，制度租金边际效用递减相对较缓慢，因此制度的路径依赖现象更明显。③制度具有两大功能：保障资源的有效率流动和创造新的资源。制度保障资源有效流动主要表现为其会降低资源流动中的交易成本；制度创造新资源是基于制度本身也是一种资源这一假定，创新的制度中一部分实现保障功能，另一部分则可以直接作为精神资源满足人的精神需求。④单一的制度可以组合成制度束，制度束具有规模效应，同时也表明不同的制度间是可兼容的，也就是制度具有同源性。从理论上讲，任何一种制度均可以优化为适合其所在国家或地区发展水平的制度，只是成本不同，因此就存在着最优的制度优化与创新。⑤制度可适用于个体，也适用于包括社会在内的各类组织，并且其最终目标是推动社会的进步，任何个人或组织都可以在庞大的制度束所形成的社会中找到适合自己的制度。由于社会的进步是以大多数人的需求得到最大的满足为基本标志的，因此制度适用的人越多，制度效率越高。这也意味着，适用于个人的或部分人的制度与适用于大多数人的制度相冲突时，其会被同化或淘汰。由于支撑社会的制度束足够庞大，因此个体或小组织可以在社会中找到适合的制度。综上所述，无论个体还是组织，明晰发展阶段、做出科学选择、增强制度自信、加强制度优化与创新是进步的必然选择。

二、制度的源起

制度源于个体差异、需求、资源的特性及需求与资源间的逻辑悖论。①每一个体均存在差异，包括需求差异、获取资源能力的差异等。②自然界的各种生物都有对资源的需求。从需求角度来看，人与其他生物的不同之处在于除了有生存需求即基本的物质需求外，还有精神需求。与此同时，满足需求的资源或产品在特定的时间与空间内是稀缺的。③需求与资源稀缺的矛盾决定了一般情况下，所有人的同一种需求不可能同时得到满足，这是需求与资源的逻辑悖论。④个体能力的差异决定了其获取资源能力的有限性，因此个体不可能完全依靠自己获取到所有需要的资源，即个体必然存在着资源不足，同时不同个体间获取不同资源能力的差异性又决定了某类资源可能会在某个个体处存在剩余。这就使个体去获取资源和可能获得资源成为可能。获取的资源有两种可能：一是获取对方剩余的资源，二是获取对方正需要的资源。⑤个体需求的差异和获取资源能力的差异会使其参与获取资源的行为在程度和水平上存在不同，并最终影响到个体占有资源的数量。这使不同个体获取到与之能力相匹配的资源成为可能。⑥个体在获取资源的过程中会自然选择代价最小即成本最低，而资源获取最多即收益最大的方式。个体获取所需资源的成本底线是其生存不能受到威胁，无论是动物还是人，其生存受到威胁，就会停止获取资源。换言之，个体只有在其生存受到威胁时，才会以生命为代价去获取资源。个体获取的资源包括物质资源和精神资源，两者存在互相补充的关系，如物质资源的损失可能会由精神资源的获取来补偿，不过是以资源获取者对物质资源或精神资源的认可为前提的。由此可知：差异个体为满足需求会努力获取与之能力相匹配的资源。基于此，在个体获取资源的过程中会自然形成基本规则。动物世界中，由于动物感性远多于理性，且感性控制理性，它们获取资源只会满足自身需求，只考虑短期的生存需求，强者占有获取资源的主动权，因此它们的基本规则较简单，就是"弱肉强食"。而人类社会却不同，因为人大多数情形下是可以用理性控制感性的，人获取资源的规则要复杂得多。了解资源在人与人之间的流动规则的产生需要考虑三个问题：一是获取资源是为了满足谁的需求？二是获取资源是否考虑个体或组织的生存周期规律？三是谁主导了规则的制定？对这三个问题的理解可以引申出人类获取资源过程中最优制度形成的三个基本假定：①假定为了满足大多数而非少数民众的需求制定制度。正如A. 爱伦·斯密德（A. Allan Schmid，2007）认为人们存在着共同利益，这决定制度选择和制度的存在。如果没有公共利益的群体，人们就不能研究公共选择方面的制度。②假定制度的制定考虑个体或组织、资源"产生—发展—衰退"的自然规律，短期与长期并重。③假定了解资源供给与需求状态的人制定了制度。在这三个假定下，约束人们获取资源的各种制度便会形成，由于这些制度会使人们最大可能地得到与其能力相匹配的所需要的资源，社会中的大多数成员会认可并遵守这些制度。一旦有人违背这些规则，其获取资源所需要的成本就会大大增加，以致其会放弃获取资源的做法。三个假定下的制度是保障资源有效率流动和创造新资源从而满足人的物质与精神需求，最终促进社会进步的最优制度。通过逐个放松假定，各种制度的源起可见一斑。

1. 满足人的需求约束下的谋利型制度与福利型制度

图1-3显示了假定二和假定三不变条件下满足人的需求情况变化下的制度。在图1-3中，RI为制度约束力，PD为需求得到满足的人数，L为满足人的需求约束下的制度选择曲线。图1-3表明，随着需求得到满足的人数的增长，制度约束力也相应增长，更高水平的制度应得到选择；制度约束力的提高需要有更多的人的需求得到满足与之相匹配。也就是需求得到满足的人数的增长与制度约束力存在着相互匹配的关系。

（1）假定PD_1点是需求得到满足的所有人，PD_2是总人数的1/2，那么A点是低效率制度向高效率转化的关键点，此点是需求得到满足的人数由少数转向多数的转折点，B点为最优制度点，此点所有人的需求得以满足，两者对应的制度水平分别是RI_2和RI_1。A点向O点则会

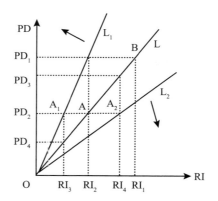

图 1 - 3 满足人的需求约束下的制度源起

形成谋利型制度，越接近 O 点，则谋利程度越重，即用更多的资源为少数人服务，更多人的需求得不到满足；A 点向 B 点则会形成福利型制度，越接近 B 点，则福利程度越高，即用更多的资源为更多的人服务，更多人的需求得到满足。从谋利型制度向福利型制度的演进会促进人类社会的不断进步。

（2）同一时期内资源的多寡会使满足同样数量人的需求所需要的制度水平不一样，这就为制度选择提供了弹性区间，为制度建设滞后但资源充分的国家或地区实现跨越式发展提供了可能。同时，也为资源不足的国家或区域通过制度创新实现发展提供了可能。即图 1 - 3 中，当资源丰富时 L 曲线会向上移至 L_1，此时满足 PD_1 数量的人的需求所需要的制度水平仅为 RI_2，低于 L 线上所需要的制度水平 RI_1。当资源不足时 L 曲线会向下移至 L_2，此时若满足 PD_2 数量的人的需求所需要的制度水平要提高至 RI_4，高于 L 线上所需要的制度水平 RI_2。制度弹性区间（图 1 - 3 中 L_1 - L_2 所形成的区间）的存在可以较好地解释不同制度水平下的国家可以有同样的发展水平，如图 1 - 3 中，满足 PD_2 数量的人的需求可以选择 A_1A_2 线上的任何点所对应的制度水平的制度。由 A_1 至 A_2 的制度选择是社会由资源型向制度型演进的过程。在某一资源的消耗周期内，均会存在着资源型向制度型演进的趋势。此外，制度创新与资源的积累会使制度的弹性区间不断扩大，如图 3 - 1 中会向箭头所指方向扩展。

（3）在资源既定的情形下，制度存在可选区间时，选择满足不同数量的人的需求会形成福利损失型或谋利冲动型制度。如在 L 曲线上资源既定的情况下，制度的可选区间为 RI_3 - RI_4，选择 RI_4 水平的制度就可以满足 PD_3 数量的人的需求，若此时选择 RI_2 水平的制度就会出现制度水平的损失（RI_4 - RI_2），制度带来的收益会成为无谓损失。过了 A 点，若选择 RI_3 水平的制度则只能满足 PD_4 数量人的需求，（RI_2 - RI_3）制度水平损失部分应带来的收益会被侵蚀。因此 L 曲线上由 B 点到 O 点是满足人的需求约束下的福利损失型制度向谋利冲动型制度的演进。因此每一条制度选择曲线都会从 O 点开始经历由完全谋利冲动型制度到完全福利型制度的演进。

（4）在满足需求的人数既定的情形下，人的需求得以满足的程度会对应着不类型的制度。图 1 - 3 中 L 曲线上 A 点以上部分，随着多数人的需求得以满足的程度不断加强，制度会由低福利型向高福利型演进，这一过程若个体间需求得以满足的程度差距过大，则福利水平下降，否则福利水平提高。A 点以下部分，随着少数人的需求得以满足的程度不断增强，制度会由低谋利型向高谋利型演进，这一过程若个体间需求得以满足的程度差距过大，则利益高度集中，反之利益相对分散。可以推知：需求得以满足的个体越多，程度越高，个体间需求得以满足的差异越小，社会越进步，反之社会迟滞或退步。

（5）另外，满足需求是否存在着个体间的差异化决定了制度是否会形成单一谋利型制度或多元谋利型制度，以及单一福利型制度或多元福利型制度。个体间需求存在差异具有客观性，如何针对这一差异选择制度会形成不同类型的制度。图 1 - 3 中 L 曲线上 A 点以上制度选择考虑个体需求差异越多，福利型制度水平越高，反之越低。其中，若只考虑一种需求称为单一福利制度，考虑多种需求则为多元福利制度。A 点以下部分，制度选择时考虑个体差异越多，谋利越多，反之越少，若考虑单一需求称为单一谋利制度，若考虑多种需求则为多元谋利制度。综上所述，需求得以满足的人数、需求得以满足的程度、同一需求得以满足在个体间的差距以及个体间不同需求得以满足的差异四者共同决定制度的类型，其中需求得以满足的人数是形成不同类型制度的最重要因素。

2. 生存主体①生存周期约束下的收益型制度与投入型制度

放松假定二而假定一和假定三不变的条件下会形成收益型与投入型制度，如图1-4所示。在图1-4中，LC 为人、组织以及资源的生存周期，RI 为制度约束力，T 为时间。L_{RI} 为制度约束力曲线，L_{LC} 为生存周期曲线。图1-4（a）为生存周期约束下的短期制度，（b）为长期制度。图1-4表明在"产生—发展—衰退"这一生存周期的自然规律下，与之相匹配的制度的制度约束力有着"强—弱—强"的变化规律。生存周期约束下的制度类型为制度约束力（RI）较弱的收益型制度和制度约束力（RI）较强的投入型制度。长期来看，生存主体的一个生存周期内，与之相关的收益型制度和投入型制度总收益与总投入相同，称为生存主体生存周期的"制度均衡"。

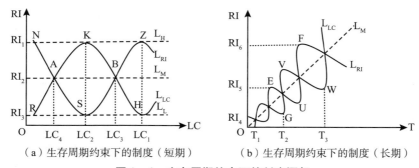

（a）生存周期约束下的制度（短期）　（b）生存周期约束下的制度（长期）

图1-4　生存周期约束下的制度源起

（1）图1-4（a）中 LC_1 为一个短期生存周期的终点，LC_2 为这一短期生存周期的最高点，此点之前生存周期处于上升期，此点后为下降

① 生存主体包括人、组织及资源等影响人的需求且有着生存周期的各类主体。

期，即 RK 为成长成熟期，KH 为衰退消亡期。生存主体在生存初期需要加以规范，以确保其适应生存环境，而随着生存主体的成熟，其创造力需要被不断释放出来以满足不同的需求，因此需要减少约束。而生存主体达到其发展极值（K）时，其创造力会不断下降，其长期形成的固有的特征会对其他新生存主体产生阻滞，因此需要重新加强约束。图 1-4（a）中与生存主体生存周期内的这一特征相对应的，制度类型会由紧密约束的投入型向松散约束的收益型变化，然后再到紧密约束的投入型，即 L_{RI} 上由点 N 到 S，再到 Z。N 点和 Z 点为约束最紧密处，其约束为 RI_1，即投入最大点，S 点为约束最松散处，其约束为 RI_3，即收益最大点。生存主体的生存周期内的各点与投入型或收益型制度存在着一一对应关系。

（2）图 1-4（a）中 A 点是制度约束力下降与生存主体成熟的交汇点，在这一点制度由投入型转向收益型；B 点为制度约束力上升与生存主体衰退的交汇点，在这一点制度由收益型转向投入型。即 L_{RI} 上 ASB 为收益型制度，NS 和 BZ 为投入型制度。在 NS 和 BZ 阶段，制度运行的成本要高于其运行所产生的收益，其主要起到保障作用，因此 NS 和 BZ 这两个时期可称为紧密投入型制度；而 ASB 这一时期制度成本要低于运行成本，其对应的 AKB 为生存主体的发展的"黄金期"，生存主体创造价值的能力最强，而其负影响最小，因此 ASB 为制度收益期，可称为松散收益型制度。

（3）图 1-4（a）中的 L_H、L_M 和 L_L 三条线是放松制度形成的生存周期约束后形成的三种特殊情形。L_H 为完全约束的投入型制度，L_M 为半紧密半松散的投入收益均衡型制度，L_L 为完全松散的收益型制度。这三种类型的制度均未充分考虑生存主体的生存周期规律，若其在生存主体的生存周期内运行，其效率会有较大的损失。

（4）图 1-4（b）中，从长期来看，各类生存主体从宏观层面上讲，其生存周期均具有延续性，如人类社会、新资源、新的社会形态等。其生存周期因创新而得以延续，只不过会重新经历一个新的"产生—发展—衰退"的短周期。新的短周期不是对上一短周期的简单复制，而是进步发展，其具有更强的生命力。图 1-4（b）中 T_2 点所对应的 G 点为生存主体（LC）第一个短周期终点，RI_5 对应的 E 点为制度（RI）第一个短周期终点；T_3 点所对应的 W 点为生存主体（LC）第二个短周期终点，RI_6 对应的 F 点为制度（RI）第二个短周期终点。生存主体的第二个生存周期从长度上大于第一个周期，即（T_3 - T_2）>（T_2 - T_1）；相应地，制度约束力量上第二个周期要多于第一个周期，即（RI_6 - RI_5）>（RI_5 - RI_4）。创新所带来的生存主体生存质量的升级会引致制度同步升级。针对每个新的生存周期，制度约束的紧密程度和松散程度不断提高，紧密度由 RI_5 提高到 RI_6。

（5）短期制度主要适用微观主体，长期制度主要适用宏观主体。无论是短期还是长期，制度始终处于紧密型与松散型的动态变化之中，即投入与收益的变化之中。短期制度若不能通过创新进化为长期制度，就会消亡被新制度所取代，而社会的发展会受到阻滞，甚至需要重新开始这一阶段。如图 1-4（b）中，若制度发展的 GVW 阶段不能达到下一新周期，就会停滞在这一周期。

（6）无论短期还是长期，如果不考虑或部分考虑生存主体的周期性规律，制度效率会大大降低，成本增加，收益减少。紧密程度或松散程度与生存主体的生存周期所要求和程度差距越大，制度效率越低。如图 1-4（a）中，LC_2 对应着 RI_3，若对应 RI_1，则由完全松散收益型转为完全紧密投入型，制度效率损失最大。

综上所述，生存主体生存周期的"产生—发展—衰退"的客观规律约束下，短期内与长期内均存在紧密约束投入型与松散约束收益型制度交替的情况，长期内制度的发展有向更紧密约束的投入型和更松散约束的收益型发展的趋势。

3. 供求关系约束下的供给型制度与需求型制度

放松假定三而假定一和假定二不变的条件下会形成供给型与需求型的制度，如图 1-5 所示。

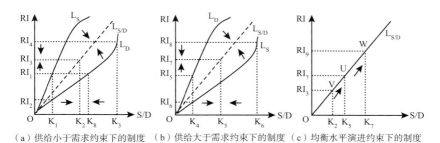

（a）供给小于需求约束下的制度 （b）供给大于需求约束下的制度 （c）均衡水平演进约束下的制度

图 1-5 供求关系约束下的制度源起

在图 1-5 中，S/D 为供给与需求，RI 为制度约束力，L_S 为供给曲线，L_D 为需求曲求，$L_{S/D}$ 为供求均衡曲线，供给与需求曲线自 O 点开始，即有向 $L_{S/D}$ 曲线靠拢相交，分离再靠拢相交的运行规律。K 为供给或需求量。图 1-5 表明，随着供给的增加或需求的增加，制度约束力需要不断增强。供给大于需求时，侧重于需求约束，因此与之相对应的同一供求量下制度约束力应该是供给的制度约束力小于需求的制度约束力；供给小于需求时，侧重于供给约束，因此与之相对应的同一供求量下制度约束力是供给的制度约束力大于需求的制度约束力；供求均衡时，同一供求量下供给与需求的制度约束力相同。供给曲线对应的是供给型制度，需求曲线对应的是需求型制度，供求均衡曲线对应的是均衡型制度。

（1）图 1-5（a）中 K_1 供给需求量下，供给曲线所对应的制度约束力为 RI_1，需求曲线所对应的制度约束力为 RI_2，表明此供求处于供给小于需求状态。另外，RI_1 制度约束力下供给量为 K_1、需求量为 K_8 也能证明这一点。即同一制度约束力下，供给可约束量低于需求可约束量，也就是说，较少的供给量却用了较多的制度约束力，制度对供给的约束强度较大。在供给小于需求的情况下，若供求量为 K_1，此时 RI_1 为供给型制度，RI_2 为需求型制度。图 1-5（a）中若供给量为 K_1，需求量为 K_3，$S < D$，在供求向竞争性均衡发展的趋势下，此时供给量有向 K_2 增长的趋势，需求量有向 K_2 减少的趋势，相应地供给型制度 RI_1 的约束力有上升的趋势，需求型制度 RI_4 的约束力有下降的趋势，直至 K_1

增长至 K_2，K_3 下降至 K_2，供求实现均衡，而供给与需求型制度的约束力均为 RI_3，成为供求均衡型制度，即图 1－5（c）中 V 点。这一变化过程中，供给型制度的约束力增强，需求型制度的约束力减弱，这一过程通过供给主导型制度实现对供给与需求的约束，促使供求关系由供给小于需求向供求均衡演进。

（2）图 1－5（b）中 K_4 供求量下，供给曲线所对应的制度约束力为 RI_6，需求曲线所对应的制度约束力为 RI_5，表明此供求关系处于供给大于需求状态。在供给大于需求的情况下，若供求量为 K_4，此时 RI_6 为供给型制度，RI_5 为需求型制度。图 1－5（b）中若供给量为 K_6，需求量为 K_4，$S > D$，在供求向竞争性均衡发展的趋势下，此时需求量有向 K_5 增长的趋势，供给量有向 K_5 减少的趋势，相应地需求型制度 RI_5 的约束力有上升的趋势，供给型制度 RI_8 的约束力有下降的趋势，直至 K_4 增长至 K_5，K_6 下降至 K_5，供求实现均衡，而供给与需求型制度的约束力均为 RI_7，成为供求均衡型制度，即图 1－5（c）中 U 点。这一变化过程中，需求型制度的约束力增强，供给型制度的约束力减弱，这一过程通过需求主导型制度实现对供给与需求的约束，促使供求关系由供给大于需求向供求均衡演进。

（3）图 1－5（c）显示了长期来看，供求均衡由低水平均衡向高水平均衡演进，与之相应的制度约束力逐步加强。图 1－5（c）中供求量由 K_2 上升为 K_5，制度约束力由 RI_3 上升至 RI_7 表明供求的均衡由供给主导型制度推动的均衡向需求主导型制度推动的均衡演进的过程。这一过程同时也是制度创新的过程。值得强调的是：长期中每一个供求均衡点（图 1－5（c）中 $L_{S/D}$ 曲线上的各点）所对应制度约束力都是由短期中供给型制度与需求型制度共同推生的。

综上所述，供求由非均衡向均衡演进过程中，供给型制度与需求型制度共同发挥作用，$S < D$ 时供给型约束为主，需求型约束为辅；$S > D$ 时需求型约束为主，供给型约束为辅。供求量的不断增长促使制度不断创新，供求均衡型制度的约束力随着供求量的增加而不断增强，供求由低水平均衡向高水平均衡演进。

4. 满足需求、生存周期和供求关系约束下的紧密型制度与松散型制度

制度满足多少人的需求、与生存主体生存周期的匹配程度、与供求关系的匹配程度三者共同体现了制度的约束水平，形成了约束紧密型与约束松散型的制度，如图 1 - 6 所示。

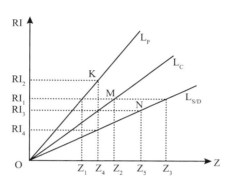

图 1 - 6　满足需求、生存周期及供求关系约束下的制度

在图 1 - 6 中，Z 表示满足需求的人数、生存主体生存周期与制度的匹配程度、资源供求关系与制度的匹配程度，RI 表示制度的约束力，L_P 为满足需求人数约束下的制度约束水平曲线，L_C 为生存主体生存周期约束下的制度约束水平曲线，$L_{S/D}$ 为资源供求关系约束下的制度约束水平曲线。图 1 - 6 表明：随着满足需求的人数的增长、生存主体生存周期与制度匹配水平的提高、资源供求关系与制度匹配水平的提高，相应地，需要制度的约束力不断增强，约束水平不断提高。

（1）满足需求的人数、生存主体的生存周期与制度匹配程度、资源供求关系与制度匹配水平三者对制度约束力的高低存在不同的要求。其中满足需求人数的增加所要求的制度约束力最高，生存主体的生存周期与制度的匹配程度次之，资源供求关系与制度的匹配程度最低。图 1 - 6 中 Z_4 所对应的，L_P 的制度约束力为 RI_2，L_C 的制度约束力为 RI_3，$L_{S/D}$ 的制度约束力为 RI_4，$RI_2 > RI_3 > RI_4$。其原因在于满足大多数人的需求是社会进步的基本标志，而生存周期是满足短期需求与长期

需求的问题，资源供求的关系是在短期和长期内资源如何更好地配置的问题，三者存在着的逻辑上的包含关系。

（2）当制度满足需求的人数低于50%时，满足需求约束下的制度为约束松散型制度，高于50%则为约束紧密型制度，图1-6中Z_4所对应的RI_2以下为松散约束力，以上为紧密约束力，K点为满足需求的人数约束下的松散型制度向紧密型制度演进的拐点；当生存主体生存周期、资源的供求关系与制度匹配程度低于50%时，生存周期和供求关系约束下的松散型制度就会形成，高于50%时紧密型制度就会形成，图1-6中的M点和N点就是生存主体生存周期约束下和资源供求关系约束下制度由松散型向紧密型演进的拐点。

（3）满足需求的人数、生存主体生存周期与制度的匹配程度、资源供求关系与制度的匹配程度三者会同时出现在同一制度中，三者间存在着一一对应的关系，如果不对应，则会出现制度效率的损失。假定图1-6的经济活动中制度需要满足Z_1人的需求，此时的生存主体的生存周期为Z_2点所匹配的制度，资源的供求关系为Z_3点所匹配的制度。在这一假定下，Z_1、Z_2和Z_3所需要的制度约束力均为RI_1，不存在制度效率的损失。在一一对应关系下，与满足需求的人数、生存周期与制度匹配、供求关系与制度匹配三者相对应的制度约束力若提高或降低，均会导致制度约束力剩余或不足。比如此时L_p所对应的制度约束力不是RI_1，而是RI_2，那满足需求约束下的制度约束力就会出现剩余，剩余部分为（$RI_2 - RI_1$）；又如L_c所对应的制度约束力不是RI_1，而是RI_3，那满足需求约束下的制度约束力就会出现不足，不足部分为（$RI_1 - RI_3$）。如果满足需求的人数、生存周期与制度匹配、供求关系与制度匹配三者相对应的制度约束力均高于实际人数、生存周期和供求关系的要求，则制度就会约束过紧，不利于解放生产力；若均低于实际人数、生存周期和供求关系的要求，则制度就会约束过松，生产效率就会下降。

三、制度的内核

制度何以具备约束力？制度的约束力为什么会存在高低差异？从制

度生成的条件来考察，即制度何以驱动资源供求由非均衡向均衡、由低水平均衡向高水平均衡演进，进而保障主体生存周期得到尊重，并最终完成满足人的需求这一目标？这就需要考察制度的内生动力，即制度内核，主要包括产权、契约和第三方力量。[①] 三者成为制度内核的根本原因是它们使制度成本和交易成本最小化，且最大化制度的约束力。进一步地，产权的可分性和可让渡性特征、契约的完备度弹性和成本收益分成特征、第三方力量的强制性特征使得产权、契约和第三方力量可以最小化制度成本和交易成本[②]，最大化制度约束力。也就是说产权、契约和第三方力量的基本特征能很好地与人的需求的多样性与差异性相匹配。

1. 产权——制度的核心

资源的稀缺性、分布的不均衡性与人的需求不断增长间的矛盾是资源流动的客观要求，分工的出现使有着不同需求的人之间围绕资源的交易成为可能。也就是说资源会在有着不同需求的人之间流动。资源的另一个重要特征是与之相伴的资源的产权。这表明资源流动的同时，资源的产权也会同时流动。产权的可让渡性为产权的流动提供了可能。人们对资源的需求存在差异性，而产权的可分性，包括分成不同部分和不同比例，使产权、资源与需求三者间各种各样的匹配成为可能，因此产权为资源的高效率流动提供了保障。

人与人之间围绕资源交易发生的基本条件是交易双方需求均得到满足，即交易一旦发生就意味着对交易各方来说交易后其效用均得以增加，即各方在交易中所付出的成本均低于其当期或预期收益。交易后人的需求得到满足的显性结果就是需求者得到其所需要的资源，而隐性结果是不同的资源其权属会发生变化，需求者同时获得了某种资源的权属。进一步来说，如果需求者只是获得了某种资源，而资源的权属不属

---

① 赵德起、林木西：《制度效率的短板理论》，载于《中国工业经济》2007 年第 10 期。
② 制度成本指制度的生成运行所需要的成本，包括产权成本、契约成本和第三方力量成本。制度成本是交易成本的一部分，交易成本还包括其他成本。

于需求者，需求者可能无法获得需求上的满足，而拥有产权的其他主体会与拥有资源的人产生矛盾与冲突。可见，拥有资源需要拥有其产权。也就是所有交易从本质上来看是产权的流动。由此不难理解：人的需求得到满足可以理解为人拥有了资源的产权。

产权本身是无形的，而交易中需要确保产权随着资源同时被人所获得，因此需要将产权转换成可见的且被人们所理解和接受的有形的东西。作为通过保障资源有效率流动和创造新资源的方式满足人的物质与精神需求，最终促进社会进步的一系列规则的制度，可以将附属于资源的产权激活，将资源无形的产权有形化，将产权流动及其归属以规则的形式显示出来。可见，制度的核心是产权。人类社会的三大基础性制度无一例外地扮演着这一角色，只不过三者所使用的规则方式有所差异而已。市场制度作为一级制度，其通过反映商品价值的价格的形式来保证资源在人与人之间的流动时产权也随之让渡，货币的出现只是使这一交换更方便，更高效，即在按价格支付货币后资源及其产权会发生相应的让渡，这一方式是目前为止被人们所认可并最具效率的资源流动方式。国家制度和道德制度作为支撑市场制度的两个最重要的二级制度，一个是显性约束，一个是隐性约束，两者分别以法律和习俗两种方式来保证资源及其产权在人与人之间的流动。三者共同保障资源交易的同时，相关产权完成让渡，即在法律和习俗的约束下人们在市场中按价格规则完成交易。其中若价格规则不被破坏，则无须道德与国家制度介入，此时交易成本最低；若价格规则被破坏，则需要道德与国家制度介入，且道德制度优于国家制度，此时交易成本会上升，但道德制度的成本低于国家制度的成本。上述三种基本制度下，如果有人在交易中不按这一方式完成资源的流转，其获得资源的成本会高于现行方式，交易效率下降，当成本大于获得资源的收益时，交易便不会发生。进一步来说，这三种制度中若价格、法律、习俗发生变化，且其成本高于人们依赖这一制度获取资源的收益了，这三种制度生存周期可能会缩短。相反，若对价格、法律与习俗等进行优化与创新，则三者的生存周期会被延长。三种基础制度中，资源的产权已经被形化为价格、法律与习俗。三者的存在基本保证了大多数人为满足需求而进行的交易中产权随着资源而同时让渡，人的需求得到最大限度的满足。

2. 契约——制度的保障

不同制度以不同的方式显示产权随资源在交易主体间的让渡，而契约作为制度内核的另一个组成部分，以其高稳定性明晰且型化产权的归属。契约适用于各种交易中的各个主体，以显性或隐性的方式明晰交易各主体的权与利。可见，契约依附于产权，是产权实现其保障人的需求得以满足功能的重要外在形式，是制度内核不可或缺的部分。契约的存在进一步保障了制度对交易的约束力。

信息的不对称性使契约完全明晰型化，交易各方权利的成本会迅速增长，以致会超过其给交易者带来的收益，此时契约就会消亡。因此契约存在完备度区间，在这一区间内，契约成本的增加均低于其给交易者带来的收益，即契约存在着弹性区间。与此同时，契约还具备对所有契约主体进行成本与收益分成的特征。① 另外，契约可由显性契约升级为隐性契约，且所有契约均具有自动匹配自动实施的特征。更为重要的是：契约集聚会形成契约束，契约束具有稳定性，并且具有较强的正外部性。契约的这些特征使得契约型化各类交易主体产权归属的功能得以实现，且成本最小化。

（1）由于不同人之间和同一人不同时期均存在着需求的差异，因此就需要不同形式的产权结构与之相匹配，进一步来说，需要与需求差异和产权结构相匹配的契约，这样才能最小化制度成本。契约完备度弹性区间内的契约可以随着需求下的产权结构的变化而调整其结构，且保证成本低于收益，从而实现与不同需求下产权结构的动态匹配。

（2）契约可借助其于不同主体间的收益成本分成功能完成对不同产权结构下主体的成本收益分成的明晰界定。由于产权包括所有权、使用权、收益权和处置权，成本也可由不同主体承担，因此伴随着交易的

---

① 赵德起：《契约完备度视角下的契约效率理论》，载于《中国工业经济》2014 年第 12 期。

发生，各交易主体会自动生成与产权结构及成本结构相匹配的成本与收益结构，契约可同步实现交易主体成本收益分成的型化。

（3）契约包括显性契约与隐性契约。显性契约的成本要高于隐性契约。相对而言，显性契约的稳定性低于隐性契约。因此，交易中与产权匹配的契约会首选隐性契约，再选显性契约。进一步来说，由于契约具有正外部性，随着某个显性契约被使用得越来越广泛，其成本会逐渐下降，直至为零，从而会演进为隐性契约。因此，契约显性与隐性的差异及由显性向隐性演进的规律使契约可以较好地与不同稳定性的交易相匹配，一般来说，高稳定性的交易匹配隐性契约，低稳定性交易匹配显性契约，从而最小化交易成本。

（4）契约的自动匹配、自动实施功能使交易完成的同时，与产权让渡相对应的契约便自动产生并开始实施。自动匹配包括与交易各方的产权结构相匹配、与交易各方的成本收益分成相匹配、与显性或隐性契约的需求相匹配。三者完全匹配的契约成本最低，制度约束力最高，否则会出现成本增加、制度约束力下降的情况。契约一旦完成匹配，即进入自动实施状态——契约会贯穿于交易的整个过程，直至交易各方不存在权力与利益的配置关系。有的交易周期较长，有的较短，但无论在哪种交易周期内，契约的自动实施均不增加制度成本。

（5）每个人都有着物质与精神两方面多层次的各类需求，相应地，每个人都会参与各类交易以满足需求。有短期需求，有长期需求；有稳定的需求，有临时的需求。并且这些需求具有同时期、同空间的特征。因此，每个人都会具备属于自己的权利束，且有与这相匹配的契约束。契约束中与长期稳定性高的需求相关的产权结构相匹配的契约具有规模效应，契约成本会进一步下降。人们各自的契约束具有高度相似性，因此会形成某个范围内或全社会范围内的契约束，从而降低整个社会运行的成本。另外，契约束处于不断调整优化之中，即不断创新，可以实现与交易主体产权结构和成本收益结构的实时匹配。

总之，契约由显性契约向隐性契约演进过程中，在其完备度弹性区间内，以型化产权的方式与交易者的产权结构和成本收益结构自动匹配，在自动实施过程中通过其规模效应进一步降低制度成本。契约本身所具有的完美逻辑有效地为产权于不同交易者间让渡提供了保障，提高了制度的约束力。

3. 第三方力量——制度的监督

第三方力量是来自交易之外的力量，主要包括道德力量与国家力量。作为制度内核的第三个组成部分，第三方力量依靠其对绝大多数交易的约束力来理性化所有的交易，使交易更加客观公平。为什么需要第三方力量？首先，产权的无限可分和契约的无限完备客观上会产生与交易者需求完全匹配的制度，但细分产权和完备契约的成本会超过其给交易者所带来的收益。因此产权存在着可分区间，契约存在着完备度弹性区间，这就需要第三方力量将产权的配置及契约的匹配控制在可分区间与完备度弹性区间内。其次，在产权可分区间及契约完备度弹性区间内也可能会存在着交易者疏忽或刻意所形成的交易收益被侵占或形成无谓损失、交易成本被增加或成为负外部性，这同样需要第三方力量加以调整。

第三方力量以低于其他方式成本的优势成为制度内核的最后一块拼图，监督制度，约束交易，进而满足人的需求。其本身所具有的客观公正性、强约束力、动态性、国家力量向道德力量演进的趋势等特征使第三方力量可以较好地与交易中的产权结构、契约结构等实现高度匹配。

（1）第三方力量的客观公正性体现在无论是道德力量还是国家力量均对交易采取一种为大多数人所认可并接受的标准去约束制度。道德是人类社会长期发展积淀下来的法则，国家作为集体行动的逻辑同样具有统一法则的功能（约拉姆·巴泽尔，2006）；两者均能对是非做出合规律、合人性的判断，道德与国家在对交易的约束中不会获取权与利。

（2）第三方力量具有强约束力。道德力量与国家力量的强约束力来自其所具有的客观公正性，两者约束力的强度要高于普通第三方。也就是说，交易者违背道德与国家法则约束所带来的成本的增长要远高于其违背普通第三方力量所产生的成本的增加，并且其成本的增长远高于其所获得的收益。

（3）第三方力量具有动态调整性。随着经济的发展和社会的进步，国家与道德的标准也处于不断变化之中。国家与道德力量的动态调整主要表现为创新与汰旧，其演进的基本趋势是国家体系与道德体系越来越完善，标准越来越高。另外，这种动态调整性还体现在区域差异上。国家力量与道德力量会因不同区域发展阶段及发展水平的差异而有所差异，这种差异可以更好地让其所在区域的人选择适合自己的国家与道德力量。更为重要的是：不同区域的国家力量与道德力量还具有可整合的特征，这就为不同区域间的交易提供了更多的可能。因此，第三方力量特别是国家与道德力量的动态调整性会与交易中产权配置、契约配置的变化保持较高的同步性，从而实现其对制度的监督功能。

（4）第三方力量有从国家力量向道德力量演进的总趋势。人的需求有着由物质需求向精神需求演进的规律，精神需求的满足会使人更自觉地遵守交易的规则。而国家力量属于强制约束，道德力量属于自我约束。因此在人的需求得到不断满足的过程中，制度对交易的约束会经历一个由国家力量为主的强制约束到道德力量为主的自我约束的演进过程。另外，国家力量约束交易的成本要高于道德力量约束交易的成本，因此第三方力量约束交易的成本会呈现递减的总趋势。第三方力量的这种演进特征也与契约由显性契约向隐性契约的演进规律保持了一致。

4. 制度内核的内在逻辑

通过在交易中配置产权来满足人们的物质与精神需求是制度的核心功能，配置产权是制度的本质特征。契约主要是将交易后显性化的各种产权配置型化，对人们在交易中获得的产权加以保障，其在交易完成的同时生成并自动实施。因为显性契约的成本要高于隐性契约，契约对交易中配置的产权的保障会由显性契约逐渐向隐性契约演进。人们在交易中会优先选择隐性契约来保障交易。进一步来说，契约在自动实施中需要第三方力量监督，受到阻滞时需要第三方力量加以纠正，这样契约会回到自动实施的轨道上来。一般来说，道德力量的监督成本要低于国家力量的监督成本，第三方力量会由国家力量逐渐向道德力量演进。人们在交易中会优先选择道德力量来监督契约实施。由此可见，产权、契约和第三方力量共同构建了制度内核，产权配置、契约保障和第三方力量监督共同形成制度的运行机制。制度内核及其运行机制保证了制度促进资源有效率流动，进而满足人们需求这一功能得以实现。

制度内核由内向外依次是产权、契约和第三方力量。制度内核由产权向契约，再向第三方力量延展主要有四条路径：一是"产权—隐性契约—道德力量"；二是"产权—显性契约—国家力量"；三是"产权—隐性契约—国家力量"；四是"产权—显性契约—道德力量"。当然，随着第三方力量强制性的变化和契约隐性程度的变化，还有其他内核延展的中间方式。各种方式中"产权—隐性契约—道德力量"成本最低，"产权—显性契约—国家力量"成本最高。人们需求的多样性及多层次性使交易变得异常复杂，因此每个人在获取需求过程中均会形成相关的制度束。另外，交易主体的差异、契约的不完全性等使交易中不确定因素增多。所以制度内核的三个组成部分会同时存在于各种交易之中。

制度内核由内向外延展过程中，制度成本不断增加，直至制度成本超过交易给人们带来的收益。可以推知：制度优化与创新对成本的影响程度由高到低分别是优化产权、优化契约和优化第三方力量。

四、基于制度内核约束与外部约束的制度演进

制度的演进指制度在满足大多数人的需求、尊重主体生存规律、尊重资源供求状况三个条件的约束下，其产权、契约和第三方力量三个合理内核优化创新的过程。因此，探究制度演进规律需要深入研究以下几个问题：制度演进的原始推动力是什么？谁决定了制度的生成与演进？如何解决需求、生存规律及供求关系三者间的矛盾？如何解决制度"三内核"的矛盾？如何解决制度"三约束"与"三内核"的矛盾？

1. 制度的原始推动力及决定者

人是社会的主体，在尊重规律的前提下满足人们不断增长的物质与

精神的需求，尤其是精神的需求是社会进步的根本标志。作为促进社会进步基础力量之一的制度是在人与人之间为满足需求而进行的交易中逐渐形成的。因此，人、需求、社会进步和制度四者存在着密切的逻辑关系，其中人是核心。人为满足需求而进行交易，制度保障交易，从而促进社会进步。这里包含了制度产生及演进的原始推动力：人的无限创造力。若人的无限创造力不存在，则人的需求、制度保障及社会进步这一逻辑就会处于静止状态。在人的创造力无限的假定下，人的新需求会不断地产生，交易的频率会加快，规模会不断扩大，制度会不断地得以优化与创新，社会便会由低级向高级演进，并进一步激发人的创造性。人创造了需求，为了更好地满足需求，创造了制度。

那么，谁决定了制度？决定制度的基本准则是什么？从根本上讲，制度是由所有参与交易的人共同决定的，其基本准则是每一个交易者均可以通过制度获得比没有制度更多的收益。但交易者交易前不同的权益储备决定其于制度生成中的影响力，因此制度形成过程中会有主导者和跟从者。主导者有更多的话语权，其会主导制度的形成，但也要遵循上述基本准则。一般情况下，制度对权益的配置要与交易者参与交易的投入成正比，即投入多则收益多，投入少则收益少。对于主导者而言，若未获得与其投入相对应的收益，其就会主导调整制度；对于跟从者而言，由于无调整制度的能力，其就会选择退出制度，若不能退出则会选择接受收益受损的事实，当其收益已经低于投入且不能退出制度时，相关交易者就会选择反抗。

制度形成过程中，主导者和跟从者的存在使在制度决定者不变及不违背基本准则的情况下产生制度弹性区间。制度弹性区间的存在可能会改变制度按交易者投入比例配置权利的产权分配形式。这就导致某些交易者收益超出预期，某些交易者收益低于预期。但各个交易者均会保持收益大于成本的状态。这种情况的存在可以保证制度对交易的激励作用，使交易者间存在着合理的竞争，即制度交易者的身份不会一劳永逸。制度的这一特性会促使交易保持着活力，具体如图 1-7 所示。

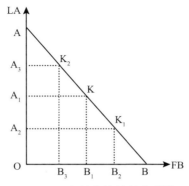

图 1 - 7 两交易主体的制度弹性区

图 1 - 7 假定某一制度生成过程中只有两个交易者 A 和 B，A 为主导者，B 为跟随者。在图 1 - 7 中，LA 为制度生成过程中的主导者收益，FB 为跟随者收益。OA 为 A 的收益，OB 为 B 的收益。AB 为这一条件下的制度弹性区间，即与这一交易匹配的制度产权的配置可能是 AB 线上的任何一点。K 点为与 A 和 B 的投入比例相匹配的制度收益分成点。

（1）图 1 - 7 表明，制度总收益为 OA 或 OB，且 OA = OB。在 A 主导制度产生的制度弹性曲线 AB 上，交易者 A 与 B 会获得不同的制度收益，且此消彼长，即随着 A 或 B 制度收益的增长，B 或 A 的制度收益会下降。不过，AB 上任何一点对于 A 或 B 来说，制度收益均大于成本，AB 上的各点只表明 A 与 B 在交易中获益的差异。

（2）图 1 - 7 中，在 K 为制度收益分成点的假定下，A 的制度弹性区间为 AK，B 的制度弹性区间为 KB，A 的弹性区间要大于 B 的弹性区间。一般来说，主导者的弹性区间要大于跟从者的弹性区间。

（3）图中 K 点为按照 A 与 B 的投入比例所应选择的制度，即 A 获得 OA_1 的收益，B 获得 OB_1 的收益。A 的收益若超过 A_1，则 A 将获得额外收益；B 的收益若超过 B_1，则 B 将获得额外收益。若情况相反，则 A 或 B 的收益将受损。在 A 主导 B 跟从的条件下，A 的收益超过 A_1、B 的收益低于 B_1 的可能性较大，即 AB 线上 K 点会向上移动，如移动

到 K_2 点。此时若 A 和 B 的投入比例不变，A 就利用其主导地位多获得了（$A_3 - A_1$）的收益，B 会减少（$B_1 - B_3$）收益。如果 A 的主导能力不强，则 K 点会沿着 AB 向下移动，A 收益受损，B 收益增长。这表明制度弹性区间的存在使 A 与 B 在同一制度下会产生相互竞争，制度的激励作用得以实现。在 A 和 B 投入比例不变的情形下，AB 线上越接近 K 点，则 A 与 B 的竞争越激烈。

（4）假定图 1-7 中，A 与 B 的投入比例为 K_1 点情况时，A 的主导地位下降，B 跟从者的地位提升，两者的竞争实力更加均衡，其竞争强度要高于 K 点时的竞争强度。

（5）当 A 与 B 保持较高的竞争水平时，AB 的制度弹性区间可能会扩大，即 AB 线会外移，A 与 B 的收益会增加。若两者力量一致，则可能平行外移，否则会出现 A 的外移或 B 的外移。若 A 与 B 的竞争水平下降，则会出现 AB 内移的情况，则制度的弹性区间会缩小，A 与 B 的收益会减少。

综上所述，AB 制度弹性区间的存在使 A 与 B 保留了获取更多收益的可能性，同时也存在着失去收益的风险。因此，A 与 B 均有保护或争取收益的动力。制度决定者不仅决定着特定交易下的收益配置，还决定交易者间的竞争程度，即决定着制度的活力，进而决定着特定制度的生命周期。因此制度决定者的理性选择应该是选择与交易者投入比例相匹配的制度，即图 1-7 中 K 点，选择更具活力的比例应该是图中 K_1 点。

2. 内核约束与外部约束下的制度演进

制度的产权、契约、第三方力量三个内核约束以及多数人需求、主体生存周期、资源供求状况三个外部约束共同推动了制度的演进。内核与外部约束下的制度演进包括以产权和满足多数人需求为导向的主路径和三个内核、三个外部约束各自演进的辅路径。

"三内核"及三个外部约束的演进均基于其自身的基本特征，并且其演进均遵循降低成本、提高收益的基本原则。

（1）产权的可分性与可让渡性决定了产权演进的路径为由低可分性低让渡率向高可分性高让渡率演进。产权包括所有权、使用权、收益权及处置权四个部分，同时又可以分成不同的比例，因此产权的各个组成部分分别有着自己的演进路径。产权的低可分性显示其所依附的资源的流动性受的制约，原因是需求者可能只需求资源的相关部分，而非全部，产权的低可分性使需求者的成本增加而可能放弃这一需求。产权的低可让渡性源于其低可分性，低让渡性表明资源的低流动性，可能会导致供给需求均得不到满足。产权由低可分与低可让渡向高可分高可让渡演进过程中，还包括如低可分高让渡、高可分低让渡等多种中间状态。产权的这一演进过程就是成本下降，收益增长的过程。

（2）契约的不完备性和成本收益分成的特征决定了契约的可演进性，其演进的基本路径是由显性契约向隐性契约演进。契约完备度的提高会增加契约成本，因此契约存在着完备度弹性区间，这一区间内契约完备度增加所产生的成本低于其产生的收益。契约会在其完备度区间内。契约的成本收益分成特征可以使契约对交易活动中的各个主体的成本与收益加以明晰，契约会由对成本收益分成的低明晰度向高明晰度演进。整体上看，隐性契约的成本要低于显性契约，因此契约由高成本完备度向低成本完备度演进和由对成本收益分成的低明晰度向高明晰度演进的过程也是由显性契约向隐性契约演进的过程。

（3）第三方力量具有强制性，其对交易的监督成本要低于其他的方式。不同的第三方力量其强制力不同，相同强制力下的不同的第三方力量其成本不同。因此第三方力量的演进会由高成本的国家力量向低成本的道德力量演进。

（4）在人的创造性无限的假定下，人的需求存在着不断增长的趋势。人的需求包括物质需求与精神需求。人对物质的需求具有先上升，后趋缓，再下降的总趋势，而对精神的需求则会呈现先缓慢上升，再快速上升的总趋势。因此人的需求总体上会表现为由物质需求向精神需求演进的路径。

（5）主体生存周期有生成、发展、成熟和衰退的特征。交易中的各类主体包括人、资源及组织等均具有上述特征。因此各类主体的演进均会按生成、发展、成熟和衰退的路径进行。

（6）资源的供给与需求间存在着供给大于需求、供给小于需求和供给等于需求三种基本情形。供给与需求的演进路径为供求失衡向供求均衡、低水平均衡向高水平均衡。

产权是制度的核心内核，契约是产权在交易间合理配置的保障，第三方力量是监督；满足多数人的需求是制度生成的基本前提，考虑主体的生存周期及资源供求状况是为了更好地满足多数人的需求。因此，内核与外部约束下制度演进的主导路径是：大多数人的需求演进逻辑约束下的产权配置的演进。由于社会进步是以大多数人的需求得以满足为标志，即制度演进须服从于大多数人的需求演进。因此产权的演进路径要与大多数人的需求的演进路径相匹配，具体如图 1-8 所示。

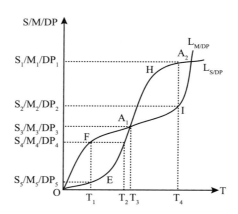

图 1-8　制度演进主导路径：需求演进约束下的产权演进

图 1-8 中，T 为演进时间，DP 为交易中产权的配置，S 为交易者的精神需求，M 为物质需求，$L_{S/DP}$ 为精神需求增长曲线，$L_{M/DP}$ 为物质需求增长曲线。图 1-8 表明：随着时间（T）的演进，交易者的需求及产权配置会向前演进。即随着交易者需求（S/M）的增长，产权的配置（DP）会由低可分低让渡向高可分高让渡演进，与交易者的需求演进相匹配。

（1）人同时有物质需求与精神需求，需求演进会由物质需求主导向精神需求主导演进。图 1 - 8 中 A_1 点以前为物质需求主导型需求，A_1 点至 A_2 点为精神需求主导型需求。A_1 点是物质需求主导向精神需求主导转换的点，在此点交易者的物质需求和精神需求是相同的，即 S_3/M_3，其所对应的产权配置为 DP_3。

（2）从长期来看，物质需求精神需求的演进会呈现出交替主导、螺旋上升的演进趋势。并且是先物质需求主导，再精神需求主导。即图 1 - 8 中 A_2 点后可能会进入一个新的物质需求主导型的需求阶段。其原因可能是人的思想创新会产生新的物质与精神需求，物质需求会通过技术创新来实现，精神需求通过文明文化的创新来实现，后者的创新速度要慢于前者。并且精神需求需要一定的物质需求作为基础。

（3）一般来说，精神需求的成长期及衰退期均长于物质需求，同时精神需求的成长速度和衰退速度均慢于物质需求。即图 1 - 8 中真实的 $L_{S/DP}$ 线比 $L_{M/DP}$ 线更平坦。在实际情形中，物质需求与精神需求两者间的成长期往往与衰退期相对应，因此表现出来的是在物质需求衰退期时，精神需求的增长速度与幅度均高于物质需求的增长速度与幅度。如图 1 - 8 中的 $T_1 - T_4$ 时期，属于物质需求衰退期和精神需求成长期，此时交易者的物质需求由 M_4 增长至 M_2，精神需求由 S_5 增长至 S_1，（$S_5 - S_1$）>（$M_2 - M_4$），精神需求的增长速度与幅度大于物质需求的增长速度与幅度。

（4）在需求演进约束下的产权演进的不同阶段，人的物质需求与精神需求是不相同的，与之匹配的产权配置也包括物质需求的产权配置和精神需求的产权配置。如图 1 - 8 中的 T_1 时期时，交易者的物质需求为 M_4，精神需求为 S_5，物质需求大于精神需求，属于物质需求主导型需求。与 M_4 的物质需求相匹配的产权配置为 DP_4，与 S_5 的精神需求相匹配的产权配置为 DP_5。若 T_1 时期出现物质需求与精神需求不匹配、物质需求与其产权配置不匹配、精神需求与其产权配置不匹配三种情况中的一种或多种，则交易者的收益都会不同程度的受损。

（5）进一步来说，当契约演进、第三方力量演进与产权演进不匹配时，产权的配置水平就会低于需求的水平；当主体生存周期的演进、资源供求的均衡演进与需求演进不匹配时，需求的满足程度就会下降。需求满足程度的下降会直接导致交易者的收益损失，产权配置水平下降会影响到交易者的收益，而"双降"则会使交易者的收益损失更多，如图1-9所示。

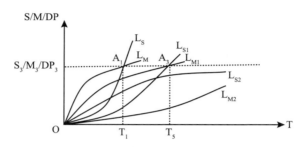

图1-9 产权配置不匹配、需求不匹配与制度演进

图1-9中T_1时期交易者的物质需求、精神需求相同，为M_3和S_3，与之相匹配的产权配置为DP_3。假定这一需求是与主体生存周期和资源供求状态相匹配的交易者的真实需求，此时若产权配置低于DP_3，则交易者需求得以满足的程度就会低于S_3和M_3，即S_3/M_3这一需求得以满足的时间会向后推迟，可能推迟到T_5。推迟时间的长短取决于产权配置、契约、第三方力量间的匹配程度，匹配程度越高，S_3/M_3这一需求得以满足的时间会向后推迟越短，反之越长。社会会陷入长期的衰退之中，图1-9中的L_S和L_M可能右移至L_{S2}和L_{M2}。假定产权、契约和第三方力量完全匹配，而T_1阶段中的交易者的需求是不真实的需求，即S_3和M_3与主体的生存周期和资源的供求状况不匹配，这时就存在着产权配置、契约完备和第三方力量约束的损失或不足。如果S_3和M_3低于实际需求，产权配置、契约完备和第三方力量约束则是损失；高于实际需求，产权配置、契约完备和第三方力量约束则不足。因此，此时交易的真实需求得以满足的时间可能滞后，也可能超前。无论哪种情况，均会产生收益的损失，或为个体损失，或为社会损失。

第三节　制度的选择：强制约束到自我约束

诺思（2014）认为交易费用是生产成本一部分，生产成本包括转型成本与交易费用，转型成本是由土地、劳动力以及资本的投入等组成的。我们认为，交易成本包括生产成本和制度成本。一般来说，降低同样的交易成本，自我约束制度的成本要低于强制约束制度的成本，在这一假定下，两者在促进经济社会发展中的基本规律如图 1-10 所示。

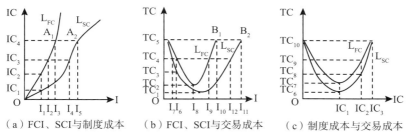

（a）FCI、SCI与制度成本　　（b）FCI、SCI与交易成本　　（c）制度成本与交易成本

图 1-10　制度成本和交易成本视角下强制约束制度、自我约束的制度选择

图 1-10（a）中，I 为制度，IC 为制度成本，L_{SC} 为自我约束制度曲线，L_{FC} 为强制约束制度曲线。图 1-10 表明随着制度（I）的不断优化，其成本（IC）会相应增长。主要结论包括：①自我约束制度的生命周期要长于强制约束制度的生命周期，在图 1-10（a）中，强制约束制度的周期为 $O-I_3$，即对应着 L_{FC} 曲线上的 A_1 点，在 A_1 点后，随着强制约束制度的进一步发展，成本超过其所带来的交易费用的下降，制度会趋于消亡；自我约束制度的周期为 $O-I_5$，即对应着 L_{SC} 曲线上的 A_2 点，在 A_2 点后，随着自我约束制度的进一步发展，成本超过其所带来的交易费用的下降，制度会趋于消亡。两者成本的临界点均为 IC_4。这表明自我约束制度的形成及发展相对缓慢，且具有较长的半衰期，图 1-10（a）中 A_1 点和 A_2 点后的 L_{PC} 和 L_{SC} 曲线说明了这一点。同时

也可以理解为：强制约束制度虽成本较高，但其产生效果的周期相对较短，而自我约束制度产生效果的周期相对较长，因此短期适合选择强制约束制度，长期适合选择自我约束制度。②在强制约束制度的自我约束制度供给充足的情况下，人们会优先选择自我约束制度，如图1-10（a）中，在I_1时，选择自我约束制度的成本为IC_1，选择强制度约束制度的成本为IC_2，选择强制约束制度的成本要多出（$IC_2 - IC_1$）。③在制度成本相同的情况下，治理者的个人偏好或组织偏好会决定选择哪种制度，如在IC_3成本下，治理者可以选择I_2的强制约束制度，也可选择I_4的自我约束制度。这就可以解释为什么在同一历史时期会有不同的治理方式，且取得的效果相同。④在治理过程中，要以自我约束制度建设为基础，其建设速度要快于强制约束制度的建设，否则会出现"制度真空"，阻碍经济社会发展。如图1-10（a）中，当强制约束制度超过I_5时，其成本会迅速增长，此时如果没有相应的自我约束制度加以接替，就会出现"制度真空"，会严重影响经济社会的发展。因此，I_5以后主要是依赖自我约束制度来保障并促进经济社会发展。⑤在基本的物质需求满足后，才会有更高的精神需求的假定下，在人类社会发展中物质还未达到完全满足人需求的情形下，强制约束制度的发展会先于自我约束制度的发展，进一步来说，在物质需求不断增长的假定下，自我约束制度的建设需要与强制约束制度的发展同步。

图1-10（b）中TC为交易成本，图1-10（b）的主要结论包括：①随着制度的发展，交易成本先下降后上升，其原因是制度对交易成本的降低作用是递减的，达到最低点后便不再发挥作用，而制度成本还会继续增长。②强制约束制度的生命周期要短于自我约束制度的生命周期，即图中$I_{11} > I_{10}$，也就是说I_{10}时强制约束制度下交易收益已低于交易成本，而I_{11}时自我约束制度下交易收益才会低于交易成本。③强制约束制度下的交易成本最低点要高于自我约束下的交易成本最低点，即$TC_2 > TC_1$。④制度发展的同一阶段，自我约束制度下的交易成本低于强制约束下的交易成本，如I_6时，$TC_3 < TC_4$。⑤对于交易者而言，同样成本下可以有不同的制度选择，如TC_4下，即可选择I_6或I_9的强制约束

制度，也可选择 I_7 或 I_{12} 的自我约束制度。选择哪种制度会受交易者的选择偏好影响，如果可选择制度较少，其他制度优化的动力就会不足。

图 1 - 10 (c) 显示了制度成本（IC）和交易成本（TC）的关系。主要结论包括：①随着制度成本的增长，交易成本先下降后上升。原因是制度降低交易成本的周期要短于制度的生命周期。图 1 - 10 (c) 中，IC_1 处是制度降低交易成本的终点，IC_3 是制度的消亡点，这一点时制度的成本会大于交易所带来的收益。因此 IC_1 - IC_3 阶段随着制度成本上升的上升交易成本也上升。O - IC_1 阶段制度成本上升幅度要低于 TC 下降幅度；IC_1 - IC_3 阶段 IC 增长而 TC 不再下降，因此增加的 IC 就成了交易成本的一部分，TC 呈上升趋势。②自我约束制度对交易成本的降低作用优于强制约束制度。如 IC_2 成本下，自我约束制度所对应的交易成本 TC_8 低于强制约束制度所对应的交易成本 TC_9。③当"制度成本＋其他成本"大于交易成本时，制度会趋于消亡。[1] 图 1 - 10 (c) 中，IC_3 处 IC＝TC，此时假定其他成本为零，否则制度消亡的时间点还会提前，即 IC 会低于 IC_3。

进一步来说，强制约束制度与自我约束制度的特征共同决定了制度的选择，如图 1 - 11 所示。

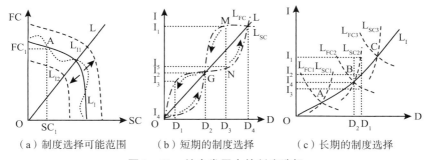

（a）制度选择可能范围　　（b）短期的制度选择　　（c）长期的制度选择

图 1 - 11　社会发展中的制度选择

---

① 交易收益应该大于生产成本、制度成本、其他成本之和，即交易成本。若交易成本大于交易收益，交易就不会发生。

在图 1 – 11 中，SC 为自我约束制度，FC 为强制约束制度，D 为制度发展阶段，I 为制度。图 1 – 11 显示了经济社会发展中的制度选择路径。图 1 – 11 （a）的结论包括：①所有形态的社会均由强制约束制度与自我约束制度组成，两者共同发挥制度对经济社会发展的促进作用，如图 1 – 11 （a）中的 L_I 曲线，即为制度选择的可能曲线。两种制度会呈现出此消彼长的态势，如在 L_I 的 A 点处，其社会治理中的制度由 SC_1 的自我约束制度和 FC_1 的强制约束制度组成。②制度的选择需要与经济社会发展同步，否则会出现制度资源或社会资源的损失。另外，由于社会发展过程中存在着横向上的区域差异、领域差异和纵向上的影响发展水平的要素水平的差异，因此制度可能曲线会向外或向内移动，从而构成制度选择的弹性区间，如图 1 – 11 （a）中的 L_{I2} – L_{I1}。③图 1 – 11 （a）中 L 线为自我约束制度与强制约束制度的平分线，L 线以上部分强制约束制度占优势，其社会的制度状态为强制约束主导型，L 线以下部分自我约束制度占优势，其社会的制度状态为自我约束主导型。这一弹性空间的存在为治理者治理不同环境下的社会提供了多种制度选择。④自我约束制度和强制约束制度的选择应该围绕着 L_I 上下波动，且不超出 L_{I2} – L_{I1} 的范围，波动越大，制度的效果越差，波动越小，制度的效果越好。

图 1 – 11 （b）的主要结论包括：①短期内自我约束制度与强制约束制度共同推动了经济社会的发展。图 1 – 11 （b）中 O – D_2 阶段为强制约束主导，成本相对较高；D_2 – D_4 阶段自我约束主导，成本相对较低。由于经济的发展及社会的发展会由低级到高级，在这一过程中，虽然精神需求最终引领物质需求，但由于每当创新出现时，人的物质需求及精神需求就会增强，两者在特定的历史阶段会表现出或弱或强，因此两者随着经济社会发展的基本规律而具有更替向前发展的特征。因此短期内会出现如图 1 – 11 （b）所示的情形。②随着经济与社会的发展，制度会变得越来越复杂，自我约束制度与强制约束制度均会呈现出增长的趋势。随着制度的增长，制度成本会增长，制度成本的增长会增加交易成本，因而需要保持制度的优化与创新与经济社会发展的同步性，

否则就会存在"制度超前"或"制度滞后"的情形。"制度超前"会透支社会收益,"制度滞后"会使社会收益受损。关于"制度超前",如图 1-11 (b) 中,在 D_2 阶段,如果自我约束制度和强制度约束制度均在 D_2 以右,那么超出 I_2 部分的制度均是制度资源的闲置与浪费,如果其成本过高,则会影响社会的正常运行。关于"制度滞后",如果其中某一时期制度的优化未能与社会发展同步,那么社会进步所产生的收益将会损失。如图 1-11 (b) 中 D_3 时期,假定此时强制约束制度为 I_5,其所要求的自我约束制度为 I_1,而若此时自我约束制度的发展水平仅为 I_2,那么 ($I_1 - I_2$) 就是自我约束制度缺失,这一自我约束制度的缺失会使 D_3 时期的社会收益受损,主要会被"钻自我约束制度空子的人"所侵占,或成为无谓损失。两种制度同时滞后的情况社会收益损失更大,不再赘述。两种制度一个超前、一个滞后的情形,其所带来的损失不再赘述。③图 1-11 (b) 中两种制度随着经济社会的发展不断演进的过程也是制度不断优化与创新的过程,即旧制度不断消亡,新制度不断诞生的过程,这一过程的理想状态是连续平滑的状态,但实际情形可能是不平滑非连续的,如图 1-11 (b) 中所示。其平滑性、连续性越好,制度演进对社会发展的促进作用发挥得越好。④如果一种制度缺失,另外一种制度能否补偿其所产生的损失呢?事实上并不可行。如 D_3 时若强制约束制度为 I_5,而所需自我约束制度低于 I_1,此时,自我约束制度缺失。若此时试图用提高强制约束制度(FC)来弥补自我约束制度(SC)缺失所带来的损失,会适得其反。因为当 FC 与 SC 不同步时,制度的最终效果会由滞后一方决定,也就是说从图 1-11 (b) 中 N 点开始努力提高 FC,即由 N 点向上移,这不仅不能弥补 SC 缺失的损失,且 FC 越强,损失越大,FC 的强化反而使 SC 进一步下降,从而加大了制度损失。所以,此时必须提高 SC 水平,达到 I_1,从而与 FC 的 I_5 保持一致。其背后的根本原因在于:此时人的物质需求得到了较多的满足,需求更多的是精神需求,若加强与物质需求相对应的 FC,只会引发人的不满,并且会进一步使已有的对应着精神需求的 SC 逐渐消失,即图 1-11 (b) 中 SC 会由 M 点向下移。同样,图 1-11 (b)

中 O – D$_2$ 阶段属于物质需求为主的阶段，若只提高 SC，即 SC 由 O 点向上移，而忽视 FC，也会出现"精神需求空白"的"理想主义"。此时的 FC 效果也会下降，即图 1 – 11（b）中会由 G 点向下移动。

图 1 – 11（c）的主要结论包括：①随着经济社会的发展，强制约束制度（FC）呈减少的趋势，自我约束制度（SC）呈上升的趋势。主要原因是人的物质需求边际递减，而人的精神需求呈边际递增，随着人的物质需求不断得到满足，人的精神需求会超出其物质需求，相应地，强制约束制度会减少，自我约束制度会增长。②自我约束制度和强制约束制度存在着一一对应的关系。若不对应则会出现某一种制度损失，进而致使社会发展进程受阻。如 D$_1$ 阶段，对应着 I$_1$ 的自我约束制度和 I$_3$ 的强制约束制度，如果强制约束制度高于 I$_3$，如达到 I$_4$，则会出现强制约束制度的"剩余"。由于一般情况下强制约束力量胜过自我约束力量，此时多出来的强制约束制度（I$_4$ – I$_3$）部分就会替代自我约束制度的功能，不仅增加了成本，还会使自我约束制度的主体积极性受挫，收益受损，主要是精神收益，进而对其遵守约束的行为产生影响。① ③图 1 – 11（c）中 L$_{FC}$ 与 L$_{SC}$ 交于 A 点，A 点是社会发展由强制约束型向自我约束型转化的节点。这一点表明一个国家或地区物质财富的积累达到了较高的水平，国民的物质需求得到了较好的满足。② 此时，国民已经具备了较高的自我约束的基础，实施自我约束的可能性大大提高。因此图 1 – 11（c）中 A 以后应该加强自我约束制度的建设，减少不必要的强制约束制度，充分相信制度主体的自我约束水平。相反，若这一时期强化强制约束制度，弱化自我约束制度，就会使国民的精神需求，尤其是以创新需求为代表的自主能力释放的精神需求受挫，

① 人在满足的物质需求的前提下会谋求更多的精神需求，其中通过自我约束而非强制约束来实现其存在价值是精神需求的重要组成部分。若这一点不能得到较好的满足，或受到阻滞，会表现为其对取而代之的强制约束的反感，从而提高强制约束成本，造成社会损失。

② 一个国家或地区物质财富的积累达到较高水平主要依据三个指标：一是国民总财富；二是国民人均财富；三是国民财富均衡水平。这三个指标的具体标准是由居民的物质需求得到满足的情况所决定的。

从而致使社会进步受阻，出现迟滞，甚至后退的情况，如陷入"中等收入陷阱"。④图 1 – 11（c）中 A 点、B 点和 C 点是社会发展由低级向高级进化的转折点，即 B 相对于 A 是更高级的社会形态，C 相对于 B 为更高级的社会形态。在社会形态转化的过程中，自我约束制度由 L_{SC1} 向外向上移至 L_{SC2}，再到 L_{SC3}，强制约束制度由 L_{FC1} 向外向上移至 L_{FC2}，再到 L_{FC3}。是什么原因促使制度曲线外移呢？人的思想创新引致技术创新与制度创新。而人的需求会同步增长，制度曲线自然外移，从而满足更多人的需求。这就使创新引导下的社会进步形成一个闭合的环。更进一步来说，基于产权、契约和国家的有限性和人类思想的无限性，制度曲线外移也是必然的。制度曲线外移的时点可能在原曲线的任意一点上发生，但一般是在较晚的点上发生，原因是原制度的制度租金较多时，人们容易忽视创新的因素，只有当原制度的租金耗散将尽时，才会出现大规模的自上而下的创新行为。但由于创新需要长期积累，因此需要从一开始就着意于人的创新意识和能力，否则就会出现"欲速则不达"的情况，社会发展受阻而凝滞，甚至后退。

第四节　国家与市场：制度悖论？

在人类社会的制度体系中，国家①与市场始终纠结不清。学者对两者的论述颇多。埃里克·布鲁索（Eric Brousseau，2011）认为市场和政府均属于制度治理的范围，称其为游戏的规则。奥尔森（2000）提出"强化市场型政府"（market-augmenting government），认为一个政府如果有足够的权力去创造和保护个人的财产权利，并且能够强制执行各种契约，与此同时，它还受到约束而无法剥夺或侵犯私人权利，那么这个政府便是一个"强化市场型政府"。政府本身也是一种可以降低交易成

---

①　本书中的国家，主要强调其作为第三方强制力量的功能。因此，从这个意义上讲，国家可以理解为政府。

本的制度。保证交易顺利的最后一个措施是必须有一个强制性的第三方来保证契约的执行。诺思（2014）认为产权以及由此产生的个人契约一般由政治决策过程所界定并实施。这里的政治决策就是强调国家的功能。A. 爱伦·斯密德（2007）认为如果不同的市场权利能产生不同的经济绩效（物品的分配和价格），那么选择权利就是选择绩效。一个人必须感到其努力能带来自身福利的变化。为了激励行为者，必须让其能够获得自身劳动的果实，这是市场经济理念的一个基本点。经济制度的设计比起生产要素所有制的选择包含着更广泛的内容，因为那些所有制以外的制度常常改变要素所有制运行结果。制度设计者必须重视每个参与者对对方有什么期望；为了与对方达成协议，他们能做什么以及如果出现违约又会如何处置。他强调了制度设计要尊重市场原则的理念。重市场？重国家？抑或两者并重？不同学者在不同时期所持的观点往往不同。经济学是历史的经济学，以历史的观点来考察市场与国家，两者均有成功的经验与失败的教训。不妨做出推理：市场与国家都很重要且关系密切，市场与国家能否发挥其作用只是选择时机的问题。因此，在这一假定下，从制度视阈研究市场与国家需要厘清四个问题：①如何理解作为制度的市场与国家？②制度视阈内市场与国家间的逻辑关系是什么？③市场制度、国家制度与制度成本有什么关系？④如何选择国家介入市场的时机与方式？

一、作为制度的市场与国家

从一般意义上讲，所有的制度均具有制度的基本内涵、三个内核及三个外部约束条件，只不过在不同的制度里其侧重的部分有所不同。市场制度和国家制度也是如此。

1. 制度内涵下的市场与国家

制度是通过保障资源有效流动和创造新资源的方式满足人的物质与精神需求，最终促社会进步的一系列规则。市场的基本功能就是为人们提供交易载体，它可以最小化交易成本。资源在市场可以公平快速地流动，在市场中完成交易，人们会获得更多的收益，其需求得以最大限度地满足。国家所具备的强有力的第三方力量可以保证资源流动中其收益不被侵蚀或形成无谓损失，同时国家还可以通过其被大多数人认可的第三方力量来对资源的配置加以调控，以再分配的方式来满足大多数人的需求，从而促进社会进步。市场和国家均具有动态性，两者新功能的不断开发可以为人们提供更多的资源以及更节约成本的交易方式。

2. 制度内核下的市场与国家

制度内核包括产权、契约和第三方力量。市场中所有的交易一旦完成就意味着不同产权在交易者间完成了让渡，产权让渡是市场的基本指标，产权让渡的速率体现着市场的活跃程度。与此同时，所有的产权让渡均会以显性契约或隐性契约的形式加以固定。契约促使交易保持稳定，权力存在着默契均衡，这种权利制度最终是建立在一定程度的宽容和相互依赖的基础之上。不过，一旦出现违约情形，第三方力量会及时介入，保证交易契约的实施。可以说，市场制度中制度"三内核"随时存在并各自发挥着不同的作用，确保每一次交易均能使交易者的需求得到满足，市场制度是制度内核体现最明显的制度类型。国家制度中界定了作为集体行动逻辑的国家与社会中每个个体间的产权，这种产权关系主要是为了更好地配置各类资源，满足多数人的需求。国家与每个公民间均存在着表现上述产权配置关系的契约。这一产权配置关系及契约关系相对稳定，不像市场中交易者间产权关系那样活跃。国家更为重要的功能是其可以作为最强大的第三方力量，这一力量得到全体社会成员的认可。国家制度中第三方力量这一制度内核极其活跃，而产权和契约相对稳定。

3. 制度外部约束下的市场与国家

市场外部约束包括大多数人的需求、主体的生存周期和资源的供求。市场制度中价格机制的存在为不同的交易者满足不同的需求提供了公平的方式，交易者可以根据资源的生存周期及自我的需求周期、成长周期等各类周期来完成交易获得需求。另外，交易者无论是作为供给者还是需求者都可以通过考察市场资源的流动情况来判断供求的关系，从而对自己的供给或需求做出调整。市场通过资源价格变化来显示供求状态，从而做出预警。因此市场是对制度外部约束条件使用最充分的制度，它允许供求关系随着人们的需求及各类主体的生存周期的变化而不断调整，从而更好地满足多数人的需求。国家制度建立的逻辑基础就是满足大多人的需求，在这一起点上，国家可以使用其最强大的第三方力量协调少数人需求与多数人需求间的矛盾、短期需求与长期需求的矛盾，还可以更多地考虑交易中各类主体的生存周期，更好地促进资源于人们之间的配置，以及对市场中由非市场规律引致的各类供求问题加以调控。总之，在国家制度中满足大多数人的需求这一外部约束具有长期性和稳定性，而充分了解并调控各类主体的生存周期及资源供求状态则是国家作为制度更好满足大多数人需求的基本手段。

综上所述，市场制度与国家制度以不同的方式演绎制度的内核及外部约束。在市场制度中，制度"三内核"均具有实时动态变化的特征，而国家制度中产权与契约相对稳定，第三方力量则是实时动态的；市场制度为大多数人的需求得以满足、主体按生存周期生存、供给与需求按非均衡向均衡、低水平均衡向高水平均衡演进提供了足够的空间，而国家制度则为大多数需求得以满足、主体生存周期得以尊重、供求规律得以遵照提供保障。因此市场制度与国家制度从不层面为人类社会的良性发展提供系统的制度保障，成为人类社会基础制度束的两个重要组成部分，从而最小化人类社会发展的成本，最大化人们的需求。

二、制度视阈内市场与国家的关系

市场制度、国家制度同道德制度一样，都属于人类社会生存发展的基础性制度。这三种基础制度中市场制度是第一层次的，道德制度与国家制度是第二层次的。

从广义上来说，市场不受时间和空间的限制，凡是有交易发生的地方就存在着市场规则，即市场制度。市场是为满足人们的需求而产生的，人们在市场中满足需求的基本方式是交易，市场以等价值交易标准来约束所有参与交易的人。价格围绕着价值的上下波动为具有不同信息的人的交易提供了一定的弹性，并且调整着资源在市场中流动的供求关系。货币的出现又进一步降低了交易的成本。可见，供求的存在成为交易的前提，等价交换是交易的保障，价格使交易保持了活力，货币方便了交易。市场制度具备人们为满足需求而进行交易的所有条件，并且所有交易活动均以隐性契约或显性契约的形式加以固化。可以说，市场制度是迄今为止人类社会最为完美的制度设计。这一制度的运行足以满足人们对不同资源的需求，从而促进社会的进步。但是，市场制度得以有效运行的基本假定是所有交易者都会按市场规则来进行交易。在实际的交易中，交易者信息水平的不同、交易者能力的差异等因素为交易者违背市场规则提供了可能。另外，市场制度本身并不提供如何避免交易者违背市场规则的规则，即市场制度不能规避人身上所具有的弱肉强食等动物性特征所带来的诸多问题，如售卖假货、囤积居奇等背离等价交换原则和供求规律的问题。因此，在纯粹的市场制度下，交易者违背市场规则的行为几乎无法完全避免。但目前又没有其他的制度可以取代市场制度，因此理性的选择就是对市场制度加以修正。修正的重点就是交易者行为的"负面清单"。修正需要调动第三方力量，道德制度与国家制度是最常用的两种第三方力量。道德制度的成本要低于国家制度的成本，因为道德制度是一种自我约束的第三方力量，而国家力量则一种强制约束的第三方力量。因此，在市场制度下的所有交易中，大多数都可以通过道德约束来完成，只有一小部分需要国家力量来加以约束。如果所有交易都需要国家力量来约束，那整个社会的交易成本会迅速增长，会导致市场制度因运行成本过高而失去活力。因此，国家制度只需要在道德制度失灵时干预市场制度。

进一步来说，国家主要是用其第三方强制力量规避人们在交易过程中产生的破坏市场制度的行为，而不是改变市场规则。人性的弱点、市场制度的动态演进，客观上要求国家制度的存在是必要的也是必然的，且国家制度应处于不断优化与创新之中，否则就会出现国家制度落后于市场制度发展的情况。因此，国家制度的核心任务之一就是不断提高人的素质，包括道德素质与创新素质。道德素质可以避免人违背市场制度的行为，创新素质可以不断优化市场制度。也就是说，国家制度对市场制度干预要透过交易中不合规则的现象发现其背后人的原因，从而对人行为加以约束。从长期来看，这种约束必然是由强制约束向自我约束转化，即由国家力量的强制约束到道德力量的自我约束。这种约束包括事前、事中和事后三种情形，其成本会依次提高，因此应该优先选择事前约束。

总之，制度视阈下市场与国家的基本逻辑是：市场作为人类社会的核心的制度，其自身不能规避人的非市场行为，道德制度可以规避掉大部分的非市场行为，国家制度主要对道德制度不能规避的那部分非市场行为加以调控。这一逻辑中包括两个基本点：国家干预市场要针对市场中的交易者，而非市场规则；国家干预市场非全程干预，而是适时干预。

三、市场制度、国家制度与制度成本

制度可以降低交易成本，但制度运行本身也有成本，制度存在是因为其成本低于其降低的交易成本。制度成本会随着制度复杂程度的上升而上升，制度的复杂程度包括单个制度内部的复杂化和单个制度组合成制度束后的复杂化两个层面。制度的复杂化是由交易对制度的需求所决定的。在人类社会的基本制度包括市场制度、道德制度和国家制度的假定下，三者的内部复杂化及三者形成制度束的复杂化均会使制度成本增加，具体如图 1 - 12 所示。

在图 1 - 12 中，IB 为制度束，IC 为制度成本，M 为市场制度，H 为道德制度，G 为国家制度。C_3 为市场制度、道德制度与国家制度构成的社会制度束的总成本。其中，C_1 为市场制度成本，$(C_2 - C_1)$ 为道德制度成本，$(C_3 - C_2)$ 为国家制度成本。L_{IC} 为制度成本曲线，其中 OA 为市场制度成本曲线，AE 为道德制度成本曲线，ER 为国家制度成本曲线。

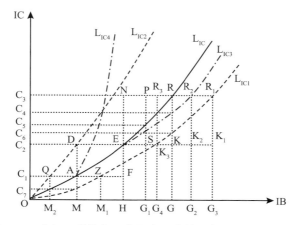

图1-12 市场、道德与国家制度组成的社会制度束与制度成本

（1）总的来看，随着社会制度束由"市场制度"增至"市场制度+道德制度"，再增至"市场制度+道德制度+国家制度"，制度成本呈现增长的趋势，且增长速度越来越快。市场制度、道德制度和国家制度复杂程度相同的情况下（OM=MH=HG），市场制度成本的增长速度低于道德制度成本增长速度，道德制度成本增长速度低于国家制度成本增长速度，即图1-12中（C_1/OM）<[（C_2-C_1）/MH]<[（C_3-C_2）/HG]。这表明在制度选择中要优先选择"市场制度"，其次为"市场制度+道德制度"，再次为"市场制度+道德制度+国家制度"。并且要尽量降低制度的复杂程度，即市场制度能够约束的不需要道德制度参与，市场制度与道德制度能约束的，不需要国家制度约束。但在实际情形中，由于市场制度本身不能解决"资源充足而交易能力低的人不能获得所需求资源"的问题，因此自我约束的道德制度必然存在，而人性的弱点又使强制约束的国家制度必然存在，所以在人类社会的制度束中，市场制度、道德制度与国家制度会同时存在，只不过其重要程度不同而已。进一步来说，无论诺思还是科斯均未能将道德成本纳入制度成本的范畴，因而也就没有解释，也无法解释无效率交易即交易者的利益受损且短期与长期均无法得以补偿的交易会大量存在。换个角度，为什么穷

人与富人均会产生"助人为乐"式的受损交易呢？可能的解释是他们的道德成本是相同的，也表明人类可以在满足了最基本的生存需求，甚至在未满足基本的生存需求的情况下，也会进行交易。一旦道德的自我约束缺失，即道德成本消失，道德成本就会转化成为冒险收益，诸如盗窃、欺骗等行为就会发生，此时强制约束的国家制度成本就会增加。

（2）市场制度、道德制度及国家制度均存在着制度弹性区间，即在制度的某一状态下，其所形成的制度成本存在着差异，这就会形成在制度生存周期内的制度弹性区间。如图 1 - 12 中，在国家制度中，当 IB 处于 G_1 点时，按 L_{IC} 曲线，其所对应的国家制度成本应该是（C_5 - C_2），但 G_1 时国家制度的成本有可能是高于（C_5 - C_2）的（C_4 - C_2）或低于（C_5 - C_2）的（C_6 - C_2）。SP 线就是 G_1 所对应的国家制度弹性线。进一步来说，NRKE 所形成的四边形区域就是国家制度的弹性区间。DEFA 是道德制度的制度弹性区间，C_1AMO 是市场制度的制度弹性区间。制度弹性区间存在的原因在于交易者对制度的理解与熟悉程度不同，因而制度对其进行约束时所形成的成本就会存在差异，理解熟悉程度高，则制度成本就低，反之制度成本就高。更为重要的是，制度弹性区间的存在会使交易者间保持竞争状态，也能更多地激发交易者的潜能。制度弹性区间也是制度活力的动力来源。这就可以解释在同一制度下不同的交易者要满足相同的需求其所付出的制度成本是有差异的这一现象。交易者间的制度成本差异需要控制在制度弹性区内，越接近 L_{IC} 曲线制度越公平，因此道德制度与国家制度除了要保证让每个交易者的道德成本与国家成本尽量相同之外，更要保证市场制度中交易者的制度成本差异不能过大。另外，当市场制度成本超出其制度弹性范围，则需要道德制度加以约束，道德制度成本超出其制度弹性范围，则需要国家制度加以约束。

（3）经济与社会发展的动态变化客观上要求制度实时优化与创新。在社会制度束总成本及市场、道德和国家制度成本不变的假定下，制度优化与创新可以使制度在某一时期用更低的成本促成各种交易，即制度的弹性区间扩大，交易者的潜力得到更大的开发，具体表现为制度成本曲线会整体外移或部分外移。反之，制度的优化与创新停滞则导致某一时点的制度成本上升，制度成本曲线整体或部分内移。在图 1－12 中，市场制度、道德制度及国家制度的整体优化与创新使制度成本曲线外移至 L_{IC1}，制度成本整体下降。以市场制度为例，市场制度的制度弹性区间由原来的 C_1AMO 扩大至 C_1ZM_1O，M 点处的市场制度的制度成本由原来的 C_1 下降至 C_7，市场制度成本的下降和弹性区间的扩大可能是由货币的出现等市场制度优化的因素所形成的。同样，道德制度与国家制度的成本也会下降，制度弹性区间会扩大，制度的生存周期得以延长。相反，制度优化与创新滞后，制度成本曲线内移至 L_{IC2}，制度成本上升，制度弹性区间缩小。市场制度中，制度弹性区间由原来的 C_1AMO 缩小至 C_1QM_2O，市场制度于 M_2 点时其成本就达到了 C_1。进一步来说，如果制度束中只是部分制度优化，其产生的结果则没有整体优化的效果明显。图 1－12 中显示了只优化与创新国家制度的情形。这时成本曲线 L_{IC} 的国家制度部分外移至 L_{IC3}。此时，国家制度的制度成本下降幅度要低于整体优化的幅度，如 G 点的成本由原来的（$C_3－C_2$）下降为（$C_4－C_2$），而整体优化与创新时国家制度于 G 点处的成本会下降至（$C_6－C_2$），比部分优化与创新的成本多下降了（$C_4－C_6$）。L_{IC3} 下的国家制度弹性区间由 L_{IC} 下的 NRKE 扩展至 NR_2K_2E，而 L_{IC1} 下的国家制度弹性区间则是 $R_3R_1K_1K_3$，NR_2K_2E 大于 $R_3R_1K_1K_3$，虽然如此，但 $R_3R_1K_1K_3$ 是市场制度与道德制度同步优化的国家制度弹性区间的扩展，而 NR_2K_2E 却是市场制度与道德制度不优化下的国家制度的弹性区间的扩展，这种扩展出来的区间或者挤出道德制度或市场制度的区间，或者成为无谓损失。因此，若优化三种制度中的某一种，则其产生的效果是有限的，并且有可能对其他两种制度带来阻滞。尤其是只优化国家制度，其越强大，道德制度与市场制度的生存空间可能越小。同样的，如果只优化创新市场制度或道德制度，同样会产生制度优化创新阻滞或无谓损失。相反，如果市场制度、道德制度或国家制度中的一个或两个其优化与创新速度低于经济社会发展变化速度，则会出现制度成本迅速上升，制度生存周期大大缩短。如图 1－12 中，当道德制度与国家制度的优化与创新滞后于经济社会发展时，制度成本曲线会由 L_{IC} 向内移至 L_{IC4}，道德制度与国家制度的制度成本在短期内迅速增长，道德制度与国家制度的弹性区间被挤出，市场制度由于没有道德制度和国家制度与之匹配，会形成"滞涨"，其内部压力无法排出，运行规则极易被破坏，社会制度束生存周期被缩短。总之，社会制度束与经济社会发展同步的优化与创新会降低制度成本，扩大制度弹性区间；反之则会提高制度成本，挤压制度弹性区间。由于市场制度、道德制度与国家制度内在逻辑关系的存在，制度束与制度的优化与创新均会加强对制度成本与制度弹性区间的正负挤出效应，市场制度、道德制度与国家制度三者优化与创新的不同步的负挤出效应增多，正挤出效应减少。

四、国家制度介入市场制度的时机与方式

在大多数人的物质需求还没有得到极大的满足，大多数人精神需求的比例还没有超过物质需求的比例时，社会制度束中道德制度对交易者的约束就会低于国家制度对交易者的约束。社会发展的基本趋势是道德制度约束力量上升，国家制度约束力量下降，社会制度束的总成本下降。当社会进入道德约束力量也下降的时期则意味人的精神需求远远超过物质需求，社会进步仅需要依靠市场制度即可满足大多数的需求的状态。现代社会的基本事实是：大多数人的物质需求未能得到极大的满足，大多数人的精神需求还未超过物质需求。因此，市场制度本身存在的两个"失灵"问题——资源于人们间均衡分配过度不均衡和交易者违背市场规则，只能由道德制度部分地解决。由此可见，人的需求、市场制度、道德制度与国家制度的逻辑关系表明国家制度介入市场制度是必然的。可以推知，处理市场制度与国家制度关系的关键在于国家何时及如何介入市场。

国家制度介入市场可分为一般介入和创新介入两个方面。一般介入强调在社会进步的基本标志是大多数的需求得到满足的假定下，国家介入市场制度的两个起点是：市场制度本身解决不了的资源在交易者间分

配过度不均衡的问题；交易者有意违背市场规则。从宏观上看是市场制度中资源在人们之间分配出现不均衡时，从微观上看是市场规则被交易者破坏时。资源在人们之间分配保持一定程度的不均衡有利于激发人的潜能，保持交易的活力，但过度不均衡则会使大多数人需求得以满足这一社会进步的基本指标变成"一纸空文"。微观层面的市场规则被破坏会直接导致市场中的交易者收益受损。因此，国家介入的宏观时点是资源于人们间分配过度不均衡的情况出现，微观时点是交易者破坏市场规则的情况出现。更进一步来说，国家介入市场还应该包括深层次的创新介入，当市场制度长期处于交易规则无人破坏、资源无过度分配不均衡，但人们的需求却无法得到进一步满足时，国家制度介入市场的时点就出现了，此时国家需要介入市场促其创新。其根本原因在于人为了更好地满足需求而创造了市场制度，从根本上讲，人可以最终推动市场制度的优化与创新，但可能是长期的。国家制度可以利用其第三方力量的优势对市场制度的优化与创新起到加速器的作用。这也是一个国家或地区可以在经济社会发展过程中追赶甚至超越其他国家和地区的原因。因为市场制度容量足够大，所以在国家制度对市场制度的介入中，一般介入和创新介入可以是同步的。

国家制度介入方式选择的逻辑起点是人，而不是市场制度本身，即国家制度不直接干预市场制度的基本规则，而是要对交易者进行约束。一般介入的方式主要是对交易者拥有资源数量的约束和遵守市场规则的约束；创新介入市场制度是激发人的潜能，从而促进市场制度的创新。国家制度介入市场制度的基本路径是从约束人的行为到激发人的创造性与提高人的素养。约束人的行为可以保障市场规则，激发创造性可以提高市场制度效率，提高人的素养可以最终克服市场制度的"失灵"。因此国家制度介入市场制度的方式包括规范交易者交易行为、资源再配置两种直接介入方式和激励交易者、提高交易者素养两种间接方式。其中规范交易者行为和激励交易者为短期方式，资源再配置和提高交易者素养为长期方式。

主要结论包括：①人类社会进步的基本标志是大多数人的需求得以

满足，创新是人类社会进步的根本动力，创新包括思想创新及其引致的技术与制度创新。②制度贯穿于人类社会进步的整个过程，市场制度、道德制度与国家制度是人类社会的基础性制度，其中市场制度属于一级制度，道德制度与国家制度属于二级制度。③制度是通过保障资源有效率流动和创造新资源的方式满足大多数人的物质与精神需求，最终促进社会进步的一系列规则，其内核包括产权、契约和第三方力量，其外部约束条件为满足大多数人的需求、尊重主体生存周期、体现资源供求关系。④制度存在着弹性区间，这一区间的存在既约束了交易者的行为，又激励了交易者，使交易保持了足够的活力。⑤制度约束的主要对象是人，其对人的约束会由强制约束向自我约束演进，强制约束力量主要来源于国家制度，自我约束力量主要来源于道德制度。⑥市场制度、道德制度和国家制度构成社会制度束，三者的成本共同形成社会制度束的成本，其中市场制度成本最低，道德制度次之，国家制度成本最高。⑦市场制度本身不能解决资源配置中的不均问题，道德制度只能部分解决这一难题，国家制度需要适时介入。国家制度对市场制度的干预不能干预市场规则，要对交易者进行干预。另外，国家制度可以利用其第三方力量的优势对市场制度的优化与创新起到加速器的作用。

第二章

市场供求与竞争约束下的
权利配置理论

改革开放 40 多年来，在构建中国特色社会主义市场经济体系的进程中，我国经济快速持续发展。因为之前没有其他成功的经验可以借鉴，所以中国特色的社会主义市场经济体系是在不断自我选择、自我实践与自我完善中构建起来的，目前仍旧在持续创新中发展，并且创新与发展的速度越来越快。在这一过程中，市场在资源配置中基础性作用的地位逐渐得以确立，同时对政府如何保障市场机制发挥作用的认识也不断地深入。

构建中国特色的社会主义市场经济是为了更好地实现资源的合理配置，提高经济运行的效率与质量。市场主导与政府保障的核心内容之一便是围绕着各类资源进行的权利配置，需要解决的主要矛盾之一也就是如何在市场主导、政府保障下实现与各类资源有关的权利的合理配置。权利配置与市场活力密切相关，权利的合理配置不仅是市场保持活力的基本条件，更是提高市场活力的重要动力。随着中国的改革进入新的历史阶段，市场不仅需要保持持久的活力，并且还要不断提升活力水平。这就需要更为科学合理地进行与各类资源相关的权利配置。

当前，国有企业改革进入深水区、民营企业发展面临着新的困难、市场各类主体的潜能需要得到更为充分的激活与开发、政府需要进一步明晰其角色定位、国际贸易也需要国家之间的战略协调等，摆脱这些困境都面临着如何通过权利的配置保持企业、个体、政府、国家活力的问题。而信息化时代客观上加快了围绕着资源而进行的权利配置的速度与频率。因此，无论是宏观层面还是微观层面，确保市场主导和政府保障下的严谨、科学、精准的权利配置对于提高市场活力、推动经济发展尤为重要。因此，本章以市场机制下权利的配置为主要研究内容，从理论上深入探究市场约束下的权利配置机理。

第一节　文　献　述　评

一、权利配置的激励作用及其实现途径

巴泽尔（Barzel，1997）认为，一切社会制度都可以在权利的框架下进行分析。权利是可排他的、可分的、可组合、可让渡、可派生的，这就为权利配置提供了多种路径。权利配置主要配置所有权、使用权、收益权和处置权，各种权利间存在着相互制约、上级权利向下级权利衍生的内在逻辑。权利的不同组合、不同比例构成权利配置的不同结构，不同的权利结构本身无优劣高下之分，来自"母权利"的"子权利"之间可以按不同的比例形成不同的权利配置路径，因而不同的权利配置路径会带来不同的结果，这个结果可以是最终的权利配置效率，也可以是权利配置指导下的收入或收益，也可以是权利配置效益或绩效。

马克思主义经济学和新制度经济学都重视权利配置的重要性，但两者对权利配置影响收入分配的研究角度不同（Bowles et al.，1990）。马克思侧重解释历史长期的、纵向的制度演变，认为权利配置随着生产力发展而变化，并影响生产力发展；新制度经济学则侧重解释当期的、横向的不同合约，更为重视不同类型合约的权利配置，认为交易类型和合约治理模式要相互匹配（许明，2015）。新制度经济学认为生产不再是简单地投入产出的物质转换过程，而是涉及产权转移，权利的转移或

配置受到组织制度的约束，因此产权问题即权利配置是新制度经济学
关注的重点之一，社会上的分配结果和各类不平等都是由个体的权利
配置来实现的（阿玛蒂亚·森，2006）。在交易成本存在的条件下，
科斯（2006）很重视权利配置的作用，他首先强调了权威对生产和分
配的决定性作用；其次，他指出契约安排的理想状态显然是权利应该配
置给那些能够最具生产性地使用权利并且有激励他们这样使用动力的人
（Ronald H.，1992）。威廉姆森等（Williamson et al.，1985）从合约治
理的结构和配置角度，分析了权利配置对要素分配的激励安排。

朱旭光（2009）提出权利配置的机理，权利配置正是通过促使外
部性内部化、减少不确定性、提供有效信息、约束机会主义行为等功能
的发挥，借助交易费用的节约机制，对经济人产生激励和约束，改变资
源在不同主体间配置的相对价格，改变资源的流向和流量，改善资源分
布状况，对资源配置产生确定而有效的影响。姜军松（2010）在研究
权利排他性时发现，排他性权利受到了掌权者的不当干扰，资源配置难
以实现帕累托效率最优，当权利资源禀赋结构越均衡时，权利的非排他
性就越低，权利结构就越合理，社会财富分配就越公平，市场化程度就
越高，制度性激励程度就越强，权利结构与经济绩效变动方向越一致。
田龙鹏（2016）从权利配置的视角研究了市场机制下农村减贫效应的
权利配置机理，形成权利配置视角下的三维立体减贫曲线，对 1978 年
以来我国农村改革的减贫历程进行了动态跟踪，发现随着农民参与权、
收入权和保障权的逐步完善，农民收入水平也在不断提升，农村贫困不
断减缓。郭亮（2012）认为土地增值收益的权利配置必须考虑现有治
理结构的制约，在国家、集体和农户三者间寻求财富分配的平衡点。刘
国林（2014）在对农村宅基地使用权动态配置的可行性及模式探究过
程中发现，随着市场经济的发展和城镇化进程的加快，宅基地使用权静
态配置越来越难与时代相适应，通过市场化流转模式来实现权利的动态
配置是未来宅基地使用权制度改革的趋势和方向。刘长庚、张松彪
（2015）发现造成城乡居民收入分配不公的根本性原因是权利配置不合
理、城乡居民在参与权、收入权和保障权三个方面的权利不平等。卢现

祥（2018）认为中国的制度变迁就是从"权利限制准入秩序"到"权利开放准入秩序"的转变，即改革开放后权利配置从"限制"转变为"开放"，这既有利于我国以价格机制为核心的市场经济体制的形成，也有利于国家治理能力和治理体系的现代化。吴晓佳（2017）对英国、日本、德国、法国、俄罗斯以及我国台湾的农地权利配置研究后发现，将土地权利分配给不同主体、设置不同的权利内容以最大限度地提高土地利用效率是十分普遍的做法。

总之，虽然马克思主义经济学和新制度经济学的研究角度不同，但是都认为权利配置对要素具有关键的激励作用，不同的学者认为权利发挥激励作用的方式有所不同。

二、市场机制与权利配置

张五常（1983）认为，市场只不过是不同的要素合约和权利约束的集合。在市场机制下，权利主体将其拥有的权利配置于权利附着物（载体）上。杨慧丽（2017）在研究矿业用地盘活时，提出了权利市场配置和权利倾斜配置，认为权利配置通常是在市场机制作用下自发完成的。赵德起（2014、2018）从农民权利配置视角研究发现，在市场沿着竞争性均衡轨迹演进的前提下，农民权利配置的多少要与其能力及市场发展水平相一致；从农地权利配置视角研究发现，农民农地契约效率存在损失的原因是农民与农地契约其他主体在农地权利配置、农地信息对称水平、农地信息获取和处理能力上不匹配。田先红、陈玲（2013）从阶层的角度研究地权配置问题，阶层地位的不同，决定了人们在农地大规模流转中的态度、行为逻辑和行动能力的差异，进而导致地权配置上的差异。可见，市场运行离不开权利配置，权利配置是在市场机制下进行的，市场中的权利配置与供求、竞争、市场主体能力等因素有关。

综上所述，学者们较多地研究权利配置的激励功能及其实现路径，普遍认为市场机制与权利配置密切相关，但对市场中如何高效率地实现权利配置研究较少，尤其是市场机制约束下权利配置的理论研究更少。因此，本书将市场供求与竞争下权利配置理论作为主要的研究内容。

第二节　权利与市场关系的内在逻辑

经济活动的重要表现之一是稀缺资源的有效流动。关于市场的一个基本事实是：市场中每一个交易的完成均显性地体现为资源在不同主体间的流动，同时隐性地体现为权利在不同主体间的让渡，即市场中的每一次资源流动均伴随着依附于资源的权利在不同主体间的重新配置。可见，人们所需要的资源在市场中能够实现更高效地流动，保障资源的高效流动是市场的核心功能之一。同时，权利在不同主体间的合理配置也会更有效地促进资源的流动。所以，只有厘清权利与市场的内在逻辑，才能更进一步地解析两者推动资源高效流动的内在机理与路径。

市场的天然属性是在其中发生的交易均源于资源的供求关系以及由此而形成的竞争，并且市场中的供求关系和竞争不会因为市场主体的变化而消失，即所有参与交易活动的主体需要受制于市场中的供求规律与竞争规律。市场中供求与竞争均客观存在，竞争依赖于供求，竞争会改变供求状态。所有的交易者均需要在供求与竞争中完成交易，这是交易者无法改变的。市场中的供求与竞争是市场经济的灵魂。即便如此，市场中的交易者行为会影响到供求关系及竞争关系的变化。即会出现供求均衡、供求失衡（供给大于需求与供给小于需求）以及低水平均衡、高水平均衡的情形，会出现理性竞争与非理性竞争的情形，进而会出现由两者共同作用下的理性竞争均衡（低水平均衡与高水平均衡）、非理性竞争失衡等情形。其中非理性竞争下的供求失衡即为市场失灵，主要表现为垄断。

权利的本质特征是其可分性与可让渡性，可分性包括分成不同部分与不同比例，权利的不同部分可以不同比例完成让渡。权利的这一特征表明权利可以随时完成在不同主体间的配置，即权利的配置可受权利主体的控制。权利可以由非交易主体的第三方完成配置，也可以在交易各主体间完成配置，即权利配置存在着第三方配置和自主配置两种情形。

市场与权利均会促进资源的有效流动，但需要两者协同。市场供求与竞争的客观性要求市场交易中具有主观性的权利配置状态与之保持同步，而市场失灵则要求权利的配置对其进行纠正。即在市场与权利推动下的资源流动中存在着市场优先原则与权利纠错原则。也就是说，权利配置要与正常的供求演进趋势及良性竞争协同，不必改变其趋势，而对于垄断等情况则需要权利配置对供求与竞争的非正常趋势加以纠正。进一步来说，权利的第三方配置与自主配置都要与市场供求状态保持一致，且保证权利配置推动供求由非均衡向均衡、由低水平均衡向高水平均衡演进。当市场失灵时，主要通过权利的第三方配置对供求失衡的情形加以纠正。与此同时，权利的配置要保证市场竞争的存在及激发市场交易主体的竞争潜力，即权利配置要保证宏观主体与微观主体参与交易时其合理的竞争行为不受限制，其潜在的竞争能力得以释放。另外，权利配置可以通过配置所有权、使用权、收益权和处置权的不同部分、不同比例以及权利配置的时间来更有效率地完成与供求和竞争诸多情形的匹配。因此，市场与权利协同推动资源流动还需要遵循精准原则。需特别强调的是，权利配置还需要激发出市场主体的创新能力，这是保证经济持续发展的根本动力。主要是激发交易主体在供求弹性区间和理性竞争区间内释放其创新潜力，以提高供求由非均衡向均衡发展的速度，加快低水平均衡向高水平均衡的演进。即市场与权利协同还要遵循提速原则。

综上所述，在市场优先原则及权利纠错原则下，权利需要在市场供求与竞争良性发展的约束下完成第三方配置与自主配置，当市场供求与竞争背离良性趋势时，权利通过第三方配置完成供求与竞争路径的纠偏。进一步来说，在权利与市场的协同中，精准原则会进一步降低交易成本，提速原则可实现跨越式发展。总之，市场与权利在其内在逻辑约束下的协同才能保证资源的流动更有效率，推动经济良性快速发展。

第三节　基本假定及其解释

以市场与权利内在逻辑为起点研究市场机制下的权利配置，需要明确与市场、权利配置相关的基本假定，主要涉及供求、竞争、垄断、权利的可分性与可让渡性等概念及其相关性。

假定1：交易主体的潜能被激发且通过其理性竞争行为促使供求由非均衡向均衡，由低水平均衡向高水平均衡发展是经济高效运行的重要标志。具体来说：①市场中各主体潜在的创造力是市场经济繁荣与进步的根本动力，供求的非均衡会为开发主体潜在创造力提供合理的弹性区间，低水平均衡向高水平均衡演进同样需要潜在创造力加以推动。②竞争是保持市场活力的重要手段，市场供求的非均衡和低水平均衡均会给竞争提供弹性区间。③交易主体的理性竞争会使市场保持良性运行，非理性竞争则会导致市场运行出现诸如垄断等问题。④供求关系与竞争关系是市场固有的基本关系，不会因交易主体等因素的改变而消失，并且供求关系决定着竞争的广度与深度，即在供求与竞争关系中存在着供求优先原则。

假定2：市场机制约束下的权利配置可以保障并推动经济更高效地运行。具体来说：①市场与权利均可对经济运行起到促进作用，但市场机制以其客观性约束着权利的配置，即权利配置具有较强的可调整性，同时市场机制的多种形态也为权利配置提供了丰富的可调整空间。②市场机制对权利配置的约束包括两层含义，一是市场供求处于弹性区间与竞争理性时权利配置要保障并促进其发展，二是市场供求出现垄断与竞争非理性时权利配置要对其加以遏制。

假定3：市场中的供求失衡存在着供求弹性区间内与弹性区间外的失衡两种情况，供求均衡存在着低水平均衡与高水平均衡两种情况，竞争存在着理性竞争与非理性竞争两种情况，具体的情形如表2-1所示。

表 2 - 1   市场中供给需求关系与竞争的形式

供给与需求关系			竞争	
供给与 需求失衡	供求弹性区间内供求失衡	供给大于需求	理性竞争	交易主体参与 竞争潜力激发 的充分或者不 充分
		供给小于需求	理性竞争	
	供求弹性区间外供求失衡	供给垄断	非理性竞争	
		需求垄断	非理性竞争	
供给与 需求均衡	供给与需求的低水平均衡	供给等于需求	理性竞争	
	供给与需求的高水平均衡	供给等于需求	理性竞争	

  表 2 - 1 给出了市场中供给与需求关系的失衡与均衡下的四种情况和市场中竞争的理性与非理性两种情形，并且给出供求与竞争的对应关系。进一步来说：①市场中供求的弹性区间是为激发主体的创造力而存在的，弹性区间的存在可以更好地利用主体的创造力推进供求由失衡向均衡演进，由低水平均衡向高水平均衡演进。②市场中供求关系演进的基本路径是供求弹性区间外的失衡向供求弹性区间内的失衡演进，进而由低水平均衡向高水平均衡演进。③市场中的理性竞争受道德力量与国家力量的约束，违背道德与国家约束的竞争是非理性竞争。④市场中供求关系一一对应着与其匹配的竞争形式，理性竞争下供求关系是合市场要求的供求关系，非理性竞争下的供求关系为违背市场要求的供求关系。因市场无法控制主体的竞争方式选择，因此既定供求关系下会产生与之不匹配的竞争方式。⑤交易主体参与竞争潜力激发充分意味着理性与非理性竞争度均会变高，不充分意味着竞争度均会变低。

  假定 4：权利的配置包括配置不同的权利和权利的不同比例，可以通过第三方配置和自主配置两种方式完成。权利一般分为所有权、使用权、收益权和处置权四部分；权利配置的比例可以从 0% 至 100%；第三方配置主要指国家配置，即国家利用其强有力的第三方力量将依附于资源的各类权利配置给不同的主体；自主配置强调权利主体可以在交易中自主配置其权利，具体情形如表 2 - 2 所示。

表 2 - 2　　　　　　　　　　　权利配置的不同情况

配置内容	配置比例	配置方式	配置对象
所有权	0 ~ 100%	国家配置 + 自主配置	所有参与交易的主体
使用权			
收益权			
处置权			

　　进一步来说：①权利的配置可以选择配置内容、配置比例、配置方式与配置对象的任意组合。权利的配置具有十分丰富的配置模式。②权利配置内容间存在着内在逻辑，权利的配置要遵循其内在逻辑，否则会出现权利配置的无谓损失。③权利的各部分内容可以进一步衍生出更为具体的权利内容，如承包权、抵押权、经营权等，权利内容在四种权利的基础上具有较大可扩展空间。④权利的配置方式对于所有主体而言，存在着国家配置优先原则，即权利的自主配置需要在国家配置给主体的权利范围内进行自主配置。⑤所有的交易完成交易均需要进行权利的重新配置，交易各主体在遵循权利国家配置优先原则的基础上，完成权利的自主配置。

　　假定 5：所有权、使用权、收益权和处置权的内在逻辑是所有权为一级权利，处置权为二级权利，使用权为三级权利，而收益权则内附于上述三级权利之中，即所有权、处置权和使用权均可获得相关收益，如表 2 - 3 所示。

表 2 - 3　　　　　　　　　　权利各部分间的内在逻辑

权利内容	所有权	处置权	使用权	收益权
权利层级	一级权利	二级权利	三级权利	内附于一二三级权利之中
能否衍生	能	能	能	否

　　权利各部分的内在逻辑关系表明：①上一级权利会包含所有下一级

的权利，而下一级权利则不能包含上一级权利，即所有权会包括处置权、使用权和收益权，处置权会包括使用权，反之则不成立。②收益权的内附性决定了通过拥有所有权、处置权和使用权均可获得收益，但收益权相对于权利内容而言，具有非独立性，也就是说，权利主体需要通过获得所有权、处置权和使用权而获得收益。③所有权、处置权和使用权均可衍生出与之相关的其他权利，这些权利从属于衍生它的权利，其范围往往比衍生它的权利范围小。衍生出来的各种权利其内在逻辑关系与一二三级权利关系一致。但收益权一般不会衍生其从属权利。

上述各个假定主要是为了明晰市场机制下权利配置机理的逻辑起点与基本约束，从而深入研究市场供求与竞争约束下权利配置推动经济发展的一般机理。

第四节 市场供求约束下的权利配置

供求约束下的权利配置主要分为两种情形：一是供求失衡下的权利配置；二是供求均衡下的权利配置。每一种情形下的权利配置均包括国家配置和自主配置。本书假定交易只有两个主体 A 和 B，权利只在这两个主体间进行配置。

一、供求失衡下的权利配置

供求失衡包括在供求弹性区间内的供给大于需求与供给小于需求两种情况，也包括在供求弹性区间外的供给垄断与需求垄断两种情况。

1. 供求弹性区间内供求失衡约束下的权利配置

供求的弹性区间指在一定范围内的供求不均衡，这一范围内供给与需求的主体参与市场活动的积极性会被充分激发出来，但又不会对其他主体的权利造成损害。这一区间内供求不均衡，这种不均衡是市场保持活力的动力。这种情形下的权利配置需要考虑供给大于需求和供给小于需求两种情形下对供给者与需求者权利的国家配置与自主配置，具体的权利配置情况如图 2 – 1 所示。

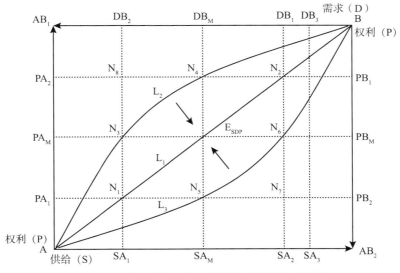

图 2 – 1 供求弹性区间内供求失衡下的权利配置

图 2 – 1 中有两个交易者 A 和 B，其中 A 是供给者，B 是需求者。AAB_2 是 A 的供给，BAB_1 是 B 的需求，总的供给与总的需求相等，即 $AAB_2 = BAB_1$，且每一供给量有与之相对应的需求量，以此来显示供求均衡状态，如 SA_1 供给量对应着 DB_2 需求量，此时供给小于需求；AAB_1 是 A 的权利配置，BAB_2 是 B 的权利配置，权利的总量 $AAB_1 = BAB_2$，即 A 增加 B 就会减少，B 增加 A 就会减少。图中箭头所指方向均指市场供给、需求和权利配置的上升方向。价格影响下的供给与需求存在着此消彼长的关系，权利总量既定下的 A 和 B 的权利配置也存在着此消彼长的关系。AAB_2BAB_1 所构成的方格为供求弹性区间内的权利配置。L 是 A 和 B 的供求状态与权利配置匹配曲线，其中 L_1 为权利完全匹配与供求状态完全匹配，L_2 和 L_3 为非完全匹配。图 2 – 1 显示的主要结论有以下几点。

（1）供给者 A 和需求者 B 的权利配置均与其供求能力正相关，即随着 A 的供给量的增加，其权利配置也会增加。如图中 L_1 上，A 的供给量由 SA_1 增加到 SA_2 时，其权利配置会由 PA_1 增加到 PA_2。随着 B 的需求量的增加，其权利配置也会增加，如图中 L_1 上，B 的需求量由 DB_1 增加到 DB_2 时，其权利配置会由 PB_1 增加到 PB_2。反过来，权利配置也会影响到主体的供求能力。

（2）在供给需求弹性区间 AAB_2BAB_1 内，供给者 A 和需求者 B 在图中任何一点上的供求对应关系和与之相匹配的权利对应关系都会使市场保持活力，但活力的程度不同，A 与 B 的权利配置状态在国家配置与自主配置不断调整中实时变化，与之相适的供求关系也在弹性区间内实时变化，因此市场不会陷入交易者收益受损的状态。如无论是 N_3 点还是 N_6 点，A 与 B 的供求状态和其所对应的权利配置状态均会对市场产生积极的作用，两者均会从市场的经济活动中受益，其受益多于其受损。在这一区间内，除 E_{SDP} 点之外，其他各点均需要对 A 和 B 的权利进行国家配置和自主配置。

（3）在供给需求弹性区间 AAB_2BAB_1 内，只有 E_{SDP} 点是 A 与 B 的供求均衡点，此时 A 和 B 的权利配置也是均衡点，即供求与权利配置双均衡，在这一点之后，市场应朝着更高水平的均衡演进。因此，图 2-1 中除双均衡点外，均需要进行权利配置，以推动供求由非均衡向均衡演进。

进一步来说，图中除 DB_MSA_M 线之外的所有纵线上的各点，A 与 B 的供求不均衡，但每条线上的供求比例相同，权利配置比例不同；除 PA_MPB_M 线之外的所有横线上的各点，A 与 B 的权利配置不均衡，但每条线上的权利配置比例相同，供求比例不同。具体而言，图 2-1 中 DB_MSA_M 线为供求均衡线，此线右侧为供给大于需求，左侧为供给小于需求，即这条线以外的其他点，均属于供求不均衡。如假定 N_2 点的供给为 SA_2，需求为 DB_1，供给大于需求；N_3 点的供给为 SA_1，需求为 DB_2，供给小于需求。图 2-1 中 PA_MPB_M 线为权利配置均衡线，此线以上为 A 的权利配置多于 B 的权利配置，以下为 A 的权利配置少于 B 的权利配置，即这条线以外的其他点，均属于权利配置不均衡。如 N_4 点，A 的权利配置为 PA_2，B 的权利配置为 PB_1，PA_2 大于 PB_1；N_5 点，A 的权利配置为 PA_1，B 的权利配置为 PB_2，PA_1 小于 PB_2。此时，要区分六种情形对 A 和 B 的权利进行配置。

情形一：供求均衡线（$DB_M SA_M$ 线）上除 E_{SDP} 点之外的各点的权利配置。这一情形下供给与需求一致，但 A 与 B 的权利配置与供求水平不一致，此时应该存在着两种可能，第一种可能是国家权利的过度配置，即国家配置某一资源的相关权利超出了达到供求均衡水平的权利，或多配置给了 A，或多配置给了 B，或两者均多配置。这种可能下多配置出来的权利所产生的收益或被 A 获得，或被 B 获得，或为 A 和 B 共同获得，或两者均未获得，成为无谓损失，国家权利资源浪费。因此，这一情况下要对 A 和 B，或 A 或 B 的权利减少国家配置。如图 2 - 1 中 N_4 点，此时供求均衡，但 A 的权利配置为 PA_2，B 的权利配置为 PB_1，不过实际上国家配置给两者的权利均有可能超过 PA_M 或 PB_M，图中 A 的权利超过 PA_M，B 则低于 PB_M，这表明 A 的自主配置能力较强，B 的自主配置能力较弱，所以这种配置下供求虽达到均衡，但存在着权利收益的损失。第二种可能是国家对 A 与 B 的权利配置确如图 2 - 1 中所示，国家并未在权利总量上增多配置，但供求均衡下 A 和 B 的权利配置不均衡。之所以出现权利不均衡但供求均衡的情况，其原因可能是 A 或 B 中一个自主配置能力较强，一个自主配置能力较弱，一般是国家配置权利较少的主体自主配置能力较强，国家配置权利较多的自主配置能力较弱，其结果就形成了供求平衡。如图 2 - 1 中 N_4 点，A 的自主配置能力较弱，用了较多权利取得了 SA_M 的供给；B 的自主配置能力较强，用了较少的权利获得 DB_M 的需求。在这种可能下，B 有可能会产生投机行为，而 A 则会形成路径依赖，两者都会导致市场运行效率下降，因此这种非真实的供求均衡亦需要权利的重新配置。

情形二：权利配置均衡线（$PA_M PB_M$ 线）上除 E_{SDP} 点之外的各点的权利配置。这一情形下权利配置 A 与 B 各占一半，平均配置，但并未形成供求的均衡，无论供大于求，还是供小于求，均需要对权利进行国家配置和自主配置。E_{SDP} 点左侧，如 N_3 点，供给为 SA_1，需求为 DB_2，供给小于需求，而 A 与 B 的权利配置 $PA_M = PB_M$。此时需要增加 A 的国家权利配置，提高其自主配置的能力，从而增加供给，同时减少 B 权利的国家配置，控制其自我权利配置，降低其需求。或采取上述两种配置方法中的一种，从而推动供求向均衡发展。E_{SDP} 点右侧各点的配置情况正相反，增加 B 的国家配置，提高其自主配置能力，增加需求，同步减少 A 的国家配置，控制 A 的自主配置，减少供给，从而推动供求均衡。

情形三：$DB_M E_{SDP}$ 线以右、$E_{SDP} PB_M$ 线以上各点的权利配置。这一区域内供给大于需求，A 的权利配置多于 B 的权利配置。如图 2-1 中的 N_2 点，供给 SA_2 大于需求 DB_1，A 的权利配置量为 PA_2，大于 B 的权利配置是 PB_1。这时供给者权利过剩，需求者权利不足，权利配置的原则是减少供给者国家配置，控制其自主配置，增加需求者国家配置，提高其自主配置能力，从而促进供求向均衡发展。

情形四：$DB_M E_{SDP}$ 线以右、$E_{SDP} PB_M$ 线以下各点的权利配置。这一区域内供给依然大于需求，但供给者的权利少于需求者的权利。如图 2-1 中的 N_7 点，供给为 SA_2，大于需求 DB_1，同时供给者的权利配置量仅为 PA_1，小于需求者的权利配置量 PB_2。这种情形表明国家配置中配置给 B 的权利过多，配置给 A 的权利过少，因此总体上需要调整国家权利配置由 B 至 A。这时供给者 A 用了较少的权利提供较多的供给，而需求者 B 却用了较多的权利提供了较少的需求。这表明供给者 A 的自主配置能力较强，需求者 B 的自主配置能力较弱。因此这时主要是提高需求者 B 的自主配置能力，在其配置能力提升后，再逐步减少需求者 B 权利的国家配置，防止需求者 B 形成惰性。与此同时，控制供给者 A 的自主配置，转移权利配置领域，减少其因不明需求而产生的损失。还要保证逐渐增加其权利的国家配置，只不过对供给者 A 增加国家配置权利的速度要慢于对需求者 B 减少国家配置权利的速度。

情形五：$PA_M E_{SDP}$ 线以下、$E_{SDP} SA_M$ 线以左各点的权利配置。这一区域内供给小于需求，且供给者 A 的权利配置少于需求者 B 的权利配置。如图 2-1 中 N_1 点时，供给量为 SA_1，小于需求量 DB_2，同时 A 的

权利配置是为 PA_1，低于 B 的权利配置量 PB_2。此时，权利配置需要增加 A 的国家配置，同时提高 A 的自主配置权利的能力；减少 B 的国家配置，控制其自主配置。以此来提高供给，降低需求，使供求趋于均衡。但需要注意 A 与 B 权利配置增加与减少的同步性，否则会出现权利配置的无谓损失。

情形六：$PA_M E_{SDP}$ 线以上、$E_{SDP} DB_M$ 线以左各点的权利配置。这一区域内供给小于需求，但供给者 A 的权利却多于需求者 B 的权利。如图 2－1 中 N_8 点，供给量为 SA_1，低于需求量 DB_2，而 A 的权利为 PA_2，多于 B 的权利 PB_1。这种情形表明国家配置中配置给 A 的权利过多，配置给 B 的权利过少，因此总体上需要调整国家权利配置由 A 至 B。同时需求者用了较少的权利提供了较多的需求，而供给者却用了较多的权利提供较少的供给。这表明需求者的自主配置权利的能力较强，而供给者自主配置权利的能力较弱。因此这时主要是提高供给者的自主配置能力，在其配置能力提升后，再逐步减少供给者权利的国家配置，防止供给者形成惰性。与此同时，控制需求者的自主配置，转移权利配置领域，减少其因不明供给而产生的损失。还要保证逐渐增加其权利的国家配置，只不过对需求者增加国家配置权利的速度要慢于对供给者减少国家配置权利的速度。

上述六种情形下的权利配置是不同的供求失衡下权利配置，其基本逻辑是通过权利的重新配置，来提高供给与需求的均衡水平，激发供求者的潜能，防止交易者权利收益受损或无谓损失。这些权利配置都需要国家配置与自主配置相结合，并且坚持国家配置优先原则。还要注重供给者与需求者权利配置的同步性。

（4）L_1 线是和供给与需求状态完全匹配的权利配置曲线，L_2 线和 L_3 线是和供给与需求状态不匹配的权利配置曲线。L_2 线和 L_3 线上（广义来说是 L_1 线以外的所有点）的各点权利配置存在着损失，且离 L_1 线越远，权利配置损失越大，交易效率越低。因此，L_1 线以外的各条线（所有点）均有向 L_1 线靠拢的趋势，L_1 线上各点均有向 E_{SDP} 点靠拢的趋势。L_1 线及其外各点所对应的权利配置方式包括以下两种情形。

情形一：L_1 线上的权利配置。在 L_1 线上，除 E_{SDP} 以外，A 与 B 的供给关系无论供给大于需求还是供给小于需求，与 A 和 B 相匹配的权利配置和 A、B 的供给与需求能力是完全匹配的。如当 A 的供给为 SA_1 时，与其相匹配权利配置应该是 PA_1；此时 B 的需求应该是 DB_2，与之相匹配的 B 的权利配置应该 PB_2。这种情形下，供给小于需求，配置给供给者的权利小于配置给需求者的权利，A 和 B 将与资源有关的权利全部配置完毕，主体的活力保证了市场的活力。但这种情况权利配置的基本原则是"小步渐进"，保证供给主体与需求主体自主配置能力提升的同步性。也就是说，要逐渐减少需求者 B 的权利配置，控制其自主配置，同步增加供给者 A 的权利配置，强化供给者 A 的自主配置能力。这样可使 A 与 B 在积极参与交易中，由供求的不均衡逐渐走向供求的均衡，即会向 E_{SDP} 点靠拢。

情形二：L_2 线与 L_3 线上的权利配置。与 L_1 线相比，在 L_2 与 L_3 线上，同一供给量或需求量下权利配置发生了变化，但供求关系并未发生变化，并未向着更高的供求水平推进，因此 L_2 与 L_3 线上各点的权利配置存在着权利的虚置，并未产生权利的供求效应。在 L_2 线上，如 N_3 点，其所对应的供给是 SA_1，此时的权利配置已经由 L_1 线上的 PS_1 增加至 PS_M；SA_1 对应的需求是 DB_2，与 L_1 线上的需求相比，L_2 线上的需求也未发生变化，但需求者 B 的权利配置减少至 PB_M。权利配置的变化并未改变供求状态，因此（$PA_M - PA_1$）与（$PB_M - PB_1$）的权利是虚置的，其效用可能被第三方侵占或成为无谓损失。L_2 线上的权利配置虚置主要是供给者权利增加虚置与需求者权利减少虚置；L_3 线上的权利配置虚置主要是供给者权利减少虚置与需求者权利增加虚置。因此针对这种情况，权利配置上尽量不增加或减少国家配置，但要增强供给者与需求者手中权力的自主配置能力。

（5）图 2-1 中当供给与需求受到非价格因素影响时，供给量与需求量可能就会出现"错位"对应的情况，如假定供给量为 SA_1 时，其所对应的需求量不是 DB_2，而是其他的情况，可能高于 DB_2，也可能低于 DB_2。此时的权利配置就需要按新的供求状态来配置，以避免按原供求状态配置所导致的损失。这种供求不匹配有三种情形，其所对应的权利配置也有所不同。

情形一：供给与需求量均低于供求均衡 $DB_M SA_M$ 线上供求量，但供求不均衡的权利配置。如图 2-1，假如供给为 SA_1，需求为 DB_1，供给量低于供求均衡的供给量 SA_M，需求量低于供求均衡的需求量 DB_M。此时的权利配置需要同时增加供给者 A 与需求者 B 的国家配置部分，同时要提高供给者与需求者的自主配置能力。需要注意的是，供给者与需求者的权利配置要保持同步性。如果此时继续按 SA_1 对应 DB_2 的供求状态配置权利，就会出现需求权利配置过多的情况，权利收益会受损。

情形二：供给与需求量均高于供求均衡 $DB_M SA_M$ 线上供求量，但供求不均衡的权利配置。如图 2-1，假如供给为 SA_3，与之对应的需求为 DB_2，供给量高于均衡供给量 SA_M，需求量高于供求均衡的需求量 DB_M。此时供求状态已经跨越了这一期的供求均衡线 $DB_M SA_M$，因此需要以下一个供求均衡线为标准进行供给者与需求者权利配置。如果此时继续按 SA_3 对应着 DB_3 进行权利配置，则会出现需求权利配置不足的情况，供求向新均衡发展的速度会受阻。

情形三：供给与需求量一个高于均衡水平、一个低于均衡水平，供求不均衡下的权利配置。如图 2-1 中，假如供给量为 SA_3，高于均衡供给量 SA_M，需求量为 DB_1，低于均衡需求量 DB_M。此时的权利配置是增加需求者的国家配置，加快提高需求者自主配置能力，同时减少供给者的国家配置，控制其自主配置，从而使供求向着供求均衡点演进。

2. 供求弹性区间外供求失衡约束下的权利配置

供求的弹性区间外市场中的供求，如果由供给者主导，需求者被动跟从，称为供给垄断，供给量决定需求量；如果由需求者主导，供给者被动跟从，则称为需求垄断，需求量决定供给量。由供给方或需求方主导的供求状态不能真正反映供求的真实情况，属于供求失衡。供求弹性区间外的供求失衡会使供给者或需求者中的一方受损，因此这种情形下的权利需要重新配置，确保供求状态回归到供求的弹性区间内，避免权利配置不当所形成权利虚置或供给者与需求者的收益损失，从而促进供求向均衡发展。此情形下的权利配置需要从供给垄断与需求垄断两个方面考察国家配置与自主配置的情况，具体如图2-2所示。

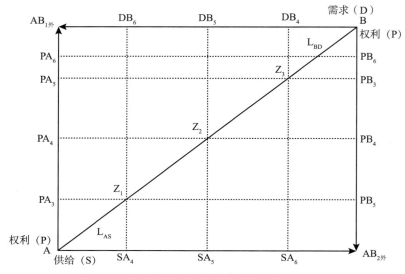

图2-2 供求弹性区间外供求失衡下的权利配置

图2-2中，假定交易中只有两个主体A和B，其中A是供给者，B是需求者。$AAB_{2外}$是A的供给，$BAB_{1外}$是B的需求，"外"表示供给与需求均属于供给需求弹性区间外的供给与需求，总的供给与总的需求相等，即$AAB_{2外} = BAB_{1外}$；$AAB_{1外}$是A的权利配置，$BAB_{2外}$是B的权利配置，权利的总量$AAB_{1外} = BAB_{2外}$，即A增加B就会减少，B增加A就会减少。图中箭头所指方向均指市场供给、需求和权利配置的上升方向。价格影响下的供给与需求存在着此消彼长的关系，权利总量既定下的A和B的权利配置也存在着此消彼长的关系。$AAB_{2外}BAB_{1外}$所构成的方格为供求弹性区间外的权利配置。L_{AS}是A的供给曲线，也是A供给与其权利配置完全匹配的曲线；L_{BD}是B的需求曲线，也是B的需求与其权利配置完全匹配的曲线。L_{AS}和L_{BD}是同一条线。

（1）供给弹性区间外的供求失衡中的供给垄断由供给量决定需求

量，需求垄断由需求量决定供给量，供给量与需求量是相同的，但这并非供给者或需求者真实意愿下的供求状态，存在着供给者损失或需求者损失。因此，需要对供给者和需求重新进行权利配置，消除供给垄断或需求垄断。如图 2 - 2 中，供给垄断下，假如供给者 A 的供给量是 SA_4，那么与之对应的需求者的需求量就是 DB_4，$SA_4 = DB_4$。此时需求者 B 受损。需求垄断下，假如需求者 B 的需求量是 DB_6，那么与之相对应的供给者的供给量应该就是 SA_6，$DB_6 = SA_6$。此时供给者 A 受损。这种情形下的权利配置主要针对供给者或需求者进行，并且要区分供给者与需求者国家配置和自主配置的具体情况。

（2）供给曲线 L_{AS} 或需求线 L_{BD} 上的权利配置。L_{AS} 作为供给垄断下的供给曲线，同时也是供给者 A 与权利配置完全匹配的曲线，其供给量与权利配置正相关，即随着供给量的增长，其权利配置量也应同步增长，反之亦然。如图 2 - 2 中，当供给量为 SA_4 时，其所对应的权利配置应该是 PA_3。PA_3 的权利配置是国家配置且被 A 充分自主配置，使 A 形成了供给垄断，所以需要对 A 的权利进行重新配置。L_{BD} 作为需求垄断下的需求曲线，同时也是需求者 B 与其权利配置完全匹配的曲线，其需求量与其权利配置正相关，即随着需求量的增长，其权利配置量也同步增长，反之亦然。如图 2 - 2 中，当需求量为 DB_6 时，其所对应的权利配置应该是 PB_5。PB_5 的权利配置应该是国家配置且被 B 进行了充分的自主配置，从而形成了需求垄断，因此需要对 B 的权利进行重新配置。这两种情况下的权利配置主要是减少垄断者的国家配置数量。

（3）供给垄断下的权利配置可能及其再配置。[①] 与供给垄断相匹配的供给者的权利配置与需求者的权利配置存在多种可能，每一种权利配置的重新配置方式也有所不同。供给垄断下供给者与需求者权利配置的情况如表 2 - 4 所示。

---

① 供求弹性区间外需求垄断权利配置可能及其再配置与供给垄断及其再配置相似，不再赘述。

表 2 - 4　供求弹性区间外供给垄断下供求双方权利的国家配置可能

情形	国家配置权利总量	供给者国家配置（PA）	需求者国家配置（PB）	供给者需求者权利配置数量关系	权利配置可能状态	
					国家配置	自主配置
情形一	$P_总 = PA + PB$	等于 PA	等于 PB		A 充分 B 充分	
情形二	$P_总 > PA + PB$	等于 PA	少于 PB		A 充分 B 不足	
情形三	$P_总 > PA + PB$	少于 PA	等于 PB		A 不足 B 充分	
情形四	$P_总 > PA + PB$	少于 PA	少于 PB	PA < PB 或 PA = PB 或 PA > PB	A 不足 B 不足	A 充分或者不足 B 充分或者不足
情形五	$P_总 = PA + PB$	少于 PA	多于 PB		A 不足 B 过度	
情形六	$P_总 > PA + PB$	少于 PA	多于 PB		A 不足 B 过度	
情形七	$P_总 = PA + PB$	多于 PA	少于 PB		A 过度 B 不足	
情形八	$P_总 > PA + PB$	多于 PA	少于 PB		A 过度 B 不足	

表 2 - 4 中给出了供给垄断下供给者与需求者权利配置的八种情形。由于供给垄断造成了供求弹性区域外的供求失衡，因此这八种情形下的权利均需要重新配置。这八种情形下权利重新配置总的来看需要减少 A 的国家配置权利，控制其自主配置，同时重点提升 B 的自主配置能力，渐进增加 B 的国家权利配置。八种情形下当 $P_总 > PA + PB$ 时，国家权利配置就会出现虚置，形成权利的无谓损失或被第三方获取。每种情形的权利配置分别从 PA < PB、PA = PB 或 PA > PB 三个方面来理解，具体如下。[①]

情形一：一是 PA < PB 下的权利配置。如图 2 - 2 中的供给量为 SA_4 时，供给者 A 的权利配置为 PA_3，此时需求者 B 的权利配置为 PB_5，$PB_5 + PA_3 = P_总$，国家配置将所有权利全部配置给了 A 和 B。B 的权利配置远远多于 A 的权利配置，但却形成了供给垄断。这表明 A 具有很强的自主配置能力，而 B 的自主配置能力却很弱，远低于 A 的自主配

①　供求弹性区间外供给垄断下的各种情形权利配置的基本思路一致，因此本书仅以情形一和情形二为例加以论述。

置能力。因此权利的重新配置需要视 A 的垄断程度适度减少 A 的国家配置，同时也减少 B 的国家配置，原因是 B 的自主配置能力不足以消化国家配置的权利，形成了权利资源的浪费。另外，在自主配置方面，要控制 A 的自主配置，加快提高 B 的自主配置的能力。二是 PA = PB 下的权利配置。如图 2 - 2 中供给是 SA_5 时，A 与 B 的国家配置相等，即 $PA_4 = PB_4$，$PA_4 + PB_4 = P_总$，国家配置给了 A 和 B 所有的权利。此时 A 的自主配置能力强于 B 的自主配置能力，形成了垄断。因此，权利配置要适当减少 A 的国家配置权利，提高 B 的自主配置能力；或者在 A 和 B 自主配置能力相差不大的情况下，减少 A 的国家配置，同步增加 B 的国家配置。但在这种方式下，如果 B 不提高自主配置能力，长远来看其会形成路径依赖，依赖于国家权利的配置。三是 PA > PB 下的权利配置。如图 2 - 2 中 Z_3 点，供给量为 SA_6，供给者 A 的权利配置为 PA_5，此时需求者的权利配置为 PB_3，$PA_5 + PB_3 = P_总$，国家配置将所有权利全部配置给了 A 和 B。A 的权利配置多于 B 的权利配置，形成了垄断。此时的 A 可能在拥有较多国家配置权利的同时，如果 A 自主配置权利能力强或与 B 相同，其形成垄断是必然的；若此时 A 拥有较多国家配置权利的同时，自主配置能力较弱，但仍旧强于 B，A 同样也会形成垄断，如果 B 自主配置能力较强，强于 A，但由于其拥有的国家配置权利有限，所以 A 也会利用其拥有国家配置权利的绝对优势形成垄断。因此，在 PA > PB 下，无论如何，均需要减少 A 的国家配置权利，增加 B 的国家配置权利，同时控制 A 的自主配置，如果 B 的自配置能力强，则需要较快增加 B 的国家配置权利，若 B 的自主配置能力较弱，则需要先提高 B 的自主配置能力，再根据其自主配置能力情况增加国家配置权利。

情形二：这一情形下 $P_总$ > PA + PB，意味着国家并未将全部权利配置给 A 与 B，一部分权利虚置，这种配置可能会促使供给垄断的产生。一是 PA < PB 下的权利配置。如图 2 - 2 中，当 A 的供给为 SA_4 时，A 的国家权利配置为 PA_3，B 的国家权利配置少于 PB_5，如 B 的国家权利配置为 PB_4，$PA_3 < PB_4$。虽然此时 B 的国家权利配置不足，但依然存在

着供给垄断，这表明 A 具有较强的自主配置能力，而 B 的自主配置能力较低，B 浪费了较多的国家配置资源。另外，（$PB_5 - PB_4$）的权利未进行配置，出现了权利虚置的情况。此时，国家权利配置可适当再减少 A 的配置，同时也要减少 B 的国家权利配置，但要同步迅速提高 B 的自主配置权利的能力，然后在 B 的自主配置能力提高后，逐渐增加其国家配置的权利。二是 PA = PB 下的权利配置。如图 2 - 2 中，当 A 的供给为 SA_4 时，A 的国家权利配置为 PA_3，B 的国家权利配置少于 PB_5，如 B 的国家权利配置为 PB_3，$PA_3 = PB_3$。此是供给垄断下 A 的自主配置能力明显高于 B 的自主配置能力，（$PB_5 - PB_3$）的权利没有进行配置。这种情况下，权利配置要迅速提高 B 的自主配置能力，待其自主配置权利能力提高后，再同步增加 A 与 B 的国家配置。或者直接增加 B 的国家配置的权利，在 B 现有自主配置能力下达到与 A 同样的交易能力，但这往往会形成 B 的路径依赖，会使权利推动经济发展的效率下降。三是 PA > PB 下的权利配置。如图 2 - 2 中的供给量为 SA_6 时，A 的国家权利配置为 PA_5，B 的国家权利配置低于 PB_3，如 B 的国家权利配置为 PB_6，PB_6 少于 PB_3，（$PB_3 - PB_6$）的权利未进行配置。此时，供给垄断的形成可能是由于 A 的国家权利配置多于 B 的国家权利配置水平，且 A 的自主配置能力强于 B 的自主配置能力，此情况下的供给垄断程度大，此时要增加 B 的国家配置权利，并且提高 B 的自主配置能力。或者是 A 与 B 的自主配置能力相同，A 利用其更多的国家配置权利形成了供给垄断，此时要以增加 B 的国家配置权利为主。或者 A 自主配置能力弱 B 自主配置能力强，但 B 的自主配置并不抵消 A 多于其的国家配置权利所产生的影响，也会形成供给垄断，此时要减少 A 的国家配置权利，适当增加 B 的国家配置权利。

二、供求均衡下的权利配置

供求均衡包括低水平均衡与高水平均衡，其演进的基本规律是由低水平均衡向高水平均衡演进。供求低水平均衡时，权利的国家配置与自我配置会推动供求均衡向高水平发展。因此，供求均衡时的权利配置无论是国家配置还是自主配置均需要激发供给者需求者的创新潜力，保证供求由低一级供求均衡弹性区间进入高一级的供求均衡弹性区间，进而推动供求均衡向更高水平演进，同时防止权利配置后权利主体不将其用于创新潜力开发，以致供求逆向演进，甚至超出原供求弹性区间，出现供给或需求垄断。具体的权利配置如图 2 - 3 所示。

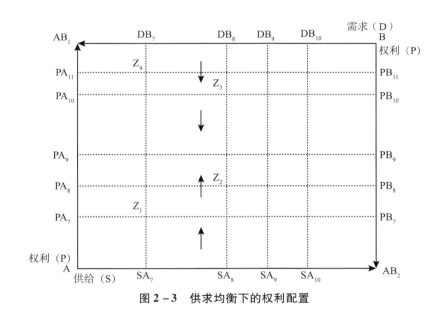

图 2 - 3　供求均衡下的权利配置

在图 2 - 3 中，假定交易中只有两个主体 A 和 B，其中 A 是供给者，B 是需求者。AAB_2 是 A 的供给，BAB_1 是 B 的需求，总的供给与总的需求相等，即 $AAB_2 = AB_1B$；AAB_1 是 A 的权利配置，BAB_2 是 B 的权利配置，权利的总量 $AAB_1 = BAB_2$，即 A 增加 B 就会减少，B 增加 A 就会减少。图 2 - 3 中箭头所指方向均指市场供给、需求和权利配置的上升方向。AAB_2BAB_1 所构成的方格为供求均衡由低水平均衡向高水平均衡演进的权利配置。

（1）图 2 - 3 所显示的供求均衡由低水平向高水平演进过程中的权

利配置与供给和需求各点均一一对应，均为供求均衡点。并且与同一均衡点相对应的 A 与 B 的权利配置有多种可能，每一种可能均可保证供求的均衡。如当 A 的供给为 SA_7 时，其所对应的需求是 DB_7，$SA_7 = DB_7$，供求均衡。此时保证这一水平供求均衡的 A 与 B 的权利配置组合有多种选择，即 SA_7DB_7 线上各点所对应的 A 与 B 的权利配置。如 PA_7 与 PB_7 组合，PA_{11} 与 PB_{11} 组合等，所有组合 A 与 B 的权利之和均等于权利总和。如 $PA_7 + PB_7 = P_{总} = PA_{11} + PB_{11}$ 等。当供求由一种水平均衡向更高水平均衡演进时，其所选择的 A 与 B 的权利配置组合可以不变，也可以发生变化。如当供求均衡线由 SA_7DB_7 线演进到 SA_8DB_8 线时，保持这一供求均衡水平的权利配置可以继续是 Z_1 点对应的 PA_7 与 PB_7 组合，也可是 Z_2 或 Z_3 点对应的 A 与 B 的权利配置组合或其他组合。这表明同一供求均衡可以有不同的权利配置组合，同一权利配置组合可以保障不同的供求均衡水平。上述情况下，A 与 B 的权利中国家配置充分，自主配置也同样充分，所有权利不存在虚置的问题，是供求由低水平均衡向高水平均衡演进的权利配置理想状态。

（2）图 2-3 中 PA_9PB_9 线是供求由低水平均衡向高水平均衡演进的最理想权利配置组合线，所有供求均衡水平下 A 与 B 的国家配置权利都是平均的，两者的自主配置能力也是相同的。$PA_9 - PB_9$ 线以上，A 的国家配置权利多于 B 的国家权利配置，同时也意味着 A 的自主配置能力弱于 B 的自主配置能力。如 Z_3 点，$PA_{10} > PB_{10}$，A 的自主配置能力高于 B 的自主配置能力；PA_9PB_9 线以下，A 的国家配置权利少于 B 的国家权利配置，同时也意味着 A 的自主配置能力强于 B 的自主配置能力。如 Z_2 点，$PB_8 > PA_8$，A 的自主配置能力低于 B 的自主配置能力。这表明 PA_9PB_9 线之外，A 与 B 的国家配置与自主配置负相关。更进一步地说，越远离 PA_9PB_9 线，同一点上，A 与 B 的国家配置差距越大，自主配置能力差距也越大。因此，在国家权利配置与自主权利配置中要充分考虑 A 与 B 国家权利配置与自权利配置的这种负相关关系，避免出现权利的错配，导致供求失衡，甚至垄断。

（3）图 2-3 显示的供求均衡下的权利配置主要根据主体的自主配

置能力来进行权利的国家配置，确保国家配置与自主配置的反向匹配。即主体的自主配置能力弱时，国家配置的权利数量就要增加；主体的自主配置能力强时，国家配置的权利数量就要减少。进一步来说，当主体的自主配置能力弱时，其就需要消耗更多的国家配置的权利；当主体的自主配置能力强时，其消耗的国家配置权利就较少。可见，自主配置能力强的主体使用权利的效率就高于自主配置能力弱的主体。因此，一般来说，供求均衡下的国家权利配置会努力提高各主体的自主配置能力，然后增加或减少主体的国家权利配置，从而提高权利配置的整体效率。具体来说，在某一点时可能通过不同权利配置组合保证供求处于均衡状态，但若要达到更高的均衡水平，需要尽快提高弱自主配置能力的主体的自主配置能力，减少其国家配置的权利。

如图 2-3 中 Z_4 点，A 的国家权利配置为 PA_{11}，B 的国家权利配置为 PB_{11}，$PA_{11} > PB_{11}$。此时，权利配置的思路就是提高 A 的自主配置能力，逐渐减少 A 的国家配置权利，同时同步提高 B 的国家配置的权利，其提高数量要与 A 减少数量保持一致。而 Z_1 点的情况则正好相反。又如当供求均衡曲线由 SA_7DB_7 线向 SA_8DB_8 线演进时，若在 SA_7DB_7 线上选择的 A 与 B 的国家权利配置组合为 Z_4 点，则需要将权利优先配置给 B，因为 B 的自主配置能力强，其通过创新推动发展的可能性更大，但同时也保证 A 自主配置能力的提升，否则易出现供给需求脱离均衡区的情况。如果选择 Z_1 点，则需要将权利优先配置给 A。另外，图 2-3 中 $PA_{10}PB_{10}$ 线和 PA_7PB_7 线中间的区域为供求均衡权利配置组合的优先区，这一区域内，供给者与需求者的自主配置能力都较强，权利配置后的使用效率较高。

总之，供求均衡下的权利配置尽量提高国家配置与自主配置的匹配度，配置的基本趋势逐渐向最优权利配置组合线 PA_9PB_9 线靠拢。

第五节　竞争约束下的权利配置

竞争是市场活力来源之一，而权利的国家配置与自主配置会使市场保持良性竞争。交易主体的理性竞争会保障资源有效流动，促进经济发展，而非理性竞争则会阻碍资源有效流动，迟滞经济发展。道德与国家约束内的竞争为理性竞争，道德与国家约束外的竞争则为非理性竞争。道德约束与权利的自主配置相关，国家约束与权利的国家配置有关，因此需要通过权利的国家配置与自主配置来保障并激发主体的竞争活力，从而提高交易效率。另外，竞争与供求密切相关，理性竞争会使供求保持供求均衡的弹性区间，而充分激发主体的竞争活力会促进竞争由低水平均衡向高水平均衡演进。非理性竞争会使供求偏离供求均衡弹性区间，出现供给垄断或需求垄断。可见，权利配置在保障理性竞争的同时，还需要最大限度地激发主体的竞争潜力，从而推动供求由非均衡向均衡发展，由低水平均衡向高水平均衡演进。竞争约束下的权利配置具体情况如图 2 - 4 所示。

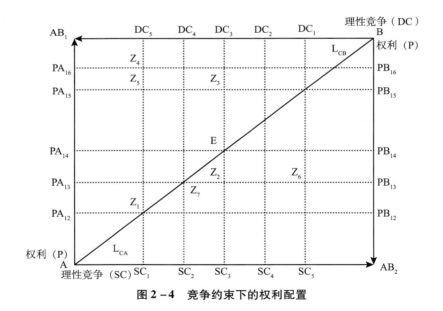

图 2 - 4　竞争约束下的权利配置

在图 2 - 4 中，假定交易中只有两个主体 A 和 B，其中 A 是供给者，B 是需求者。SC 是 A 的理性竞争，DC 是 B 的理性竞争，供给与需求约束下交易所需要的竞争力是相同的，即 $AAB_2 = AB_1B$；AAB_1 是 A 的权利配置，BAB_2 是 B 的权利配置，权利的总量 $AAB_1 = BAB_2$，即 A 增加 B 就会减少，B 增加 A 就会减少。图中箭头所指方向指理性竞争水平和权利配置的上升方向。L_{CA} 是供给者 A 的竞争力约束的权利配置曲线，L_{CB} 是需求者 B 的竞争力约束下的权利配置曲线，L_{CA} 和 L_{CB} 是同一条线。AAB_2BAB_1 所构成的方格为竞争约束下的权利配置。

（1）图 2 - 4 显示了供给 A 与需求者 B 两者理性竞争水平与权利配置量均正相关，即随着竞争水平的提高，其权利配置量也应该随之增加，反之，权利配置量的增加会同步提高 A 与 B 的理性竞争水平。L_{CA} 和 L_{CB} 线是 A 与 B 的竞争力与权利配置的完全匹配曲线，这条线上，在权利与理性竞争力总量不变的情下，权利配置和理性竞争力在 A 与 B 之间存在着此消彼长的特征。如当 A 的理性竞争力由 SC_1 上升到 SC_2，此时 B 的理性竞争力会由 DC_5 下降至 DC_4；与之对应的，A 的权利配置由 PA_{12} 增加至 PA_{13}，B 的权利由 PB_{12} 减少至 PB_{13}。这也表明，这条线上 A 与 B 的竞争力与其权利配置完全匹配，不存在权利或竞争力的损失。如 Z_1 点，A 的理性竞争为 SC_1，与其权利配置 PA_{12} 完全匹配，而此时 B 的理性竞争力为 DC_5，与其权利配置 PB_{12} 完全匹配。其中，（$SC_1 + DC_5$）等于 AAB_2BAB_1 所构成的竞争约束下的权利配置方格中的竞争力总量，即 AAB_2 或 BAB_1；（$PA_{12} + PB_{12}$）等于总的权利。这种情形下权利配置与理性竞争力完全充分匹配，不存在权利配置或理性竞争力的损失。因此，竞争力约束下的权利配置总的原则是根据供给者与需求者的竞争力水平，配置与之相当的权利。这样能够保证供给与需求向均衡演进，并且会进一步向更高水平的均衡演进。

（2）图 2 - 4 中，除 L_{CA} 和 L_{CB} 线各点以外，其他点上的权利配置与理性竞争力的对应关系均存在着权利配置损失和理性竞争力的损失或虚置。如图 2 - 4 中 Z_5 点，其在 L_{CA} 和 L_{CB} 线上方。此时 A 与 B 的权利配置和理性竞争力匹配的情况是：A 的权利配置是 PA_{15}，理性竞争力为 SC_1，B 的权利配置是 PB_{15}，理性竞争力为 DC_5。Z_5 点的权利配置与理性竞争力匹配存在着损失。具体来说，对于 A 而言，若此时其理性竞

争力真实水平为 SC_1，其所需要的国家权利配置仅为 PA_{12}，而配置给 A 的权利却是 PA_{15}，因此就产生了（$PA_{15} - PA_{12}$）的权利配置损失，A 并不能将这些权利充分实现自主配置，A 此时的 SC_1 理性竞争力仅能自主配置 PA_{12} 的国家权利配置，与此同时，PA_{15} 的权利配置却需要 SC_5 的理性竞争力，因此就出现了（$SC_5 - SC_1$）的理性竞争力虚置。对于 B 而言，若此时其真实的理性竞争力为 DC_5，其所需要的国家权利配置应该为 PB_{12}，而配置给 B 的权利却是 PB_{15}，因此就产生了（$PB_{15} - PB_{12}$）的权利配置虚置，同时 B 的理性竞争力只有 DC_1 得以使用，而（$DC_5 - DC_1$）部分的理性竞争力出现了无谓损失。L_{CA} 和 L_{CB} 线下方各点的情况相反，但均存着权利配置和理性竞争力的损失或虚置。如 Z_6 点，对于 A 而言，就存在着（$SC_5 - SC_2$）的理性竞争力损失与（$PA_{15} - PA_{13}$）的权利配置虚置；对于 B 而言，则存在着（$DC_4 - DC_1$）的理性竞争力虚置与（$PB_{13} - PB_{15}$）的权利配置损失。总之，在 L_{CA} 和 L_{CB} 线上方各点的权利配置与理性竞争力的匹配存在着 A 的国家权利配置损失，B 的理性竞争力开发不充分，下方各点的权利配置与理性竞争力的匹配存着 A 的理性竞争力开发不充分，B 的国家权利配置损失。越远离 L_{CA} 和 L_{CB} 线损失越大，越靠近 L_{CA} 和 L_{CB} 线损失越小。上述各种情形下权利配置如表 2-5 所示。

表 2-5　供给者 A 与需求者 B 在 L_{CA} 和 L_{CB} 线外权利配置与理性竞争力匹配各点上的权利配置可能

匹配点所在位置	权利配置损失	权利虚置	理性竞争力损失	理性竞争力虚置	权利配置方案	权利配置后匹配点演进趋势
L_{CA} 和 L_{CB} 线上	A	B	B	A	减少 A 的国家权利配置	向下趋近 L 线
L_{CA} 和 L_{CB} 线下	B	A	A	B	减少 B 的国家权利配置	向上趋近 L 线

（3）图 2-4 中，假定 AAB_2BAB_1 所构成的竞争约束下的权利配置方格中权利与理性竞争均是充足的，即权利为 $AAB_1 = BAB_2$，理性竞争力为 $AAB_2 = BAB_1$，主体的理性竞争力可以充分自主配置所有国家配置

的权利。此时如果权利不能全部配置给 A 和 B，就会出现权利的无谓损失和理性竞争力的无谓损失，具体情形如表 2 - 6 所示。

表 2 - 6　　　　　　　　竞争力约束下权利国家配置不充分的情形

情形	国家权利配置充分情况	与权利配置充分相比 ($P_总 = PA + PB$)		权利配置不充分主体	理性竞争力损失主体
		A	B		
情形 1		少于充分配置	少于充分配置	A 和 B	A 和 B
情形 2	$P_总 < PA + PB$	少于充分配置	多于充分配置	A	A
情形 3		多于充分配置	少于充分配置	B	B

表 2 - 6 显示了国家权利配置不充分而导致的权利损失与竞争力损失的情形。比如情形 1，如图 2 - 4，假如 Z_7 点，A 的竞争力为 SC_2，B 的竞争力为 DC_4，如果此时 A 的国家权利配置 PA_{12}，少于 SC_2 匹配的 PA_{13}，而此时若 B 的权利配置为 PB_{14}，少于 DC_4 所匹配的 PB_{13}，那么这种情形下权利损失为 $(PA_{13} - PA_{12}) + (PB_{13} - PB_{14})$。A 与 B 的理性竞争力出现了双损失，A 的损失为 $(SC_2 - SC_1)$，B 的理性竞争力损失为 $(DC_4 - DC_3)$。这一情形下，要增加 A 与 B 的国家权利配置，确保其理性竞争充分发挥。其他两种情形下的权利配置与理性竞争力损失情况及权利配置情况相似，不再赘述。

（4）图 2 - 4 中，权力配置中如果某一主体较少的权利配置激发了较多的理性竞争力，这表明这一主体的权利自主配置能力强。如果所有主体均出现这种情况，表明所有主体都具有较强的自主配置能力。同样权利配置下，激发较多理性竞争力的主体则具有更强的权利自主配置能力。那么权利要优先配置给拥有更强自主配置能力的主体，减少自主配置能力弱的主体的权利配置。如图 2 - 4 中，Z_2 点时，A 的国家权利配置应该为 PA_{13}，B 的国家权利配置应该为 PB_{13}，如果此时 A 的理性竞争力达到 SC_4，超过了 SC_3；B 的理性竞争力达到 DC_5，超过了 DC_3。此时的 A 和 B 均具有强的自主配置能力，但由于 $(DC_5 - DC_3) > (SC_4 -$

SC_3），因此国家权利配置要优先配置给 A。

（5）图 2 - 4 中，市场中各主体间的充分竞争会使供求由非均衡向均衡，由低水平均衡向高水平均衡演进。主体 A 与主体 B 的充分竞争意味着最优的理性竞争力状态应该是 A 与 B 的理性竞争力围绕着 DC_3SC_3 线左右波动，这样两者保持充分竞争，一旦偏离太多，就可能会出现道德风险，一方会利用其优势竞争力垄断供给或需求。为了保证竞争充分，权利配置要努力向 $PA_{14}PB_{14}$ 线移动，因此权利的国家配置要保证 A 与 B 竞争力的同步性。进一步来说，DC_3SC_3 线与 $PA_{14}PB_{14}$ 线的交点 E 则是权利配置与理性竞争力匹配最优点，此时所对应的供求状态应该是供求均衡。而接下来，权利配置向具有更强自主配置能力主体的配置会形成新一轮的竞争，从而促使供求由低水平均衡向高水平均衡的演进。

本章重点研究了市场供求机制与竞争机制约束下的权利配置问题，详细分析了供求均衡弹性区间内外与供求均衡演进过程中的权利配置，还分析了理性竞争下的权利配置。针对不同情形下的权利配置的损益情况，本书进一步地给出了权利配置的方案。另外，书中权利配置内容及其内在层级关系对市场机制下权利配置的影响是笔者下一步将要深入研究的问题。

|第二篇|
农地权利配置的机理

第三章

农地"三权分置"的
理论与现实逻辑

　　2013 年，中央农村工作会议首次提出将农户承包权和农地经营权分置并行，确定了落实集体所有权、稳定农户承包权、放活农地经营权的基本方向。此后的历次中央一号文件都对"三权分置"提出了进一步的建议，2014 年的中央一号文件同意农地经营权用来抵押贷款，为农地经营权赋予了新的权能内涵；2015 年的中央一号文件要求对与"三权分置"制度相关的法律法规进行修订；2016 年的中央一号文件要求稳定农地承包关系，完善"三权分置"方法；2017 年的中央一号文件再次强调了落实农地集体所有权、稳定农户承包权和放活农地经营权的"三权分置"方法，加速推进农地承包地确权登记颁证，扩大整省试点范围；2018 年的中央一号文件提出全面完成农地承包经营权确权登记颁证工作，实现承包农地信息联通共享，以及完善农村承包地"三权分置"制度，在依法保护集体农地所有权和农户承包权前提下，平等保护农地经营权。此外还提出农村承包农地经营权可以依法向金融机构融资担保、入股从事农业产业化经营。同时，党的十九大也提纲挈领地提出要继续巩固和完善农村基本经营制度，深化农村农地制度改革，完善承包地"三权分置"制度。2019 年的中央一号文件指出要深化土地制度改革，保持农村土地承包关系稳定并长久不变，且研究出台配套政策，确保政策衔接平稳过渡，完善落实集体所有权、稳定农户承包权、放活土地经营权的法律法规和政策体系；2020 年的中央一号文件提出要以探索宅基地所有权、资格权、使用权"三权分置"为重点，进一步深化农村宅基地制度改革试点。可见自 2013 年以来，农地"三权分置"制度作为农地制度的创新，已经逐渐成为推动农村经济发展的新动力，但如何实施与完善还需进一步探究。

对于这个问题，学者们从各个角度对"三权分置"进行了研究解读，但大多都是从微观角度进行的分析。有别于微观层面的细节研究，本章从产权配置的角度分析农地"三权分置"的基本原理，得出农地"三权分置"的理论逻辑，并进一步研究农地"三权分置"的现实逻辑和法理逻辑，最后提出实施农地"三权分置"的路径。

第一节　农地"三权分置"的理论分析

产权是经济所有制关系的法律表现形式，是一束具有排他性、可分割性、可转让性等属性的权利，其本质不在于物本身以及人与物之间的关系，而在于人利用物的权利、预期和责任等，在于因为物的存在以及它的使用所引起的人与人之间相互认可的关系。一方面，产权是人们对财产使用的一束权利；另一方面，产权安排确定了每个人相应于物时的行为规范。同时，产权只有在多个权利主体之间进行权利界定时，才有存在的意义（卢现祥、朱巧玲，2012）。具体来说，产权本质上是一系列财产权利，包括所有权、使用权、收益权、处置权等（吴易风、关学凌等，2010）。

对于农地产权，其本身就是一个权利束，包括所有、使用、收益、处置等子权利，每一项子权利的权益可以由一个主体或多个主体使用，也只有在讨论农地产权在不同主体间的行为关系时，农地产权才有意义。因而，农地产权的本质就是人们对农地的权益在各个主体间如国家、集体、农民、企业以及其他主体的分配。农地产权所包含的所有权、使用权、收益权、处分权等在不同主体间的分配就是农地产权配置的核心内容。

可见，农地权利配置的基本逻辑就是按权利的可分性，分为可分部分和不可分部分，按照不同主体的特征将农地权利的不同部分按不同比例配置给不同的主体。农地权利的所有权是不可分的，而农地的使用权、收益权和处置权是可分的。中国历次农地改革就是这样的权利重新配置。农地的"两权分离"是农地的所有权由集体所有，而农地承包经营权由农户所有。进一步来说，在农地"两权分离"中，农地权利中的所有权完全配置给集体，使用权被细分为承包权和经营权，而这两种权利完全配置给农民，也就是说，上述两种权利只是做了权利归属上整体的配置，而没有进一步将其以不同比例配置给不同的主体。而农地权利中的收益权在实际上却配置给了国家、集体与农户等不同的主体。另外一个权利处置权附着于所有权，同步配置给了集体，农民开始并未获得农地处置权，即不能随意流转农地、抵押农地。

农地的"三权分置"是指农地所有权由集体所有，农地承包权由农户所有，农地经营权由经营主体所有。农地所有权包含了农地权利中的所有权、收益权和处置权。农地承包权包含了农地权利中的使用权、收益权和处置权。农地经营权包含了农地权利中的使用权、收益权和处置权。进一步来说，在农地"三权分置"中，由于农户经营的分散化、个体化和传统化特征使农业经营效率低，进而引入了具有技术化、规模化和集约化特征的经营主体，对农地产权进行了重新分割。农地权利中的所有权仍旧配置给集体。使用权细分为承包权和经营权，承包权由农户所有，经营权由经营主体所有，即使用权配置给农户和经营主体，并根据农户流转土地程度的不同，或者说根据使用权在承包权和经营权之间的分割比例，这种权利在农户和经营主体两者分割之间的比例又有所不同。农地权利中的收益权配置给国家、集体、农户和经营主体，这种收益主要由农户和经营主体所有，国家和集体所占比例较少，农户的收益来自自己耕种或者流转所得，经营主体的收益来自经营土地所得收入。农地权利中的处置权配置给集体、农户和经营主体，集体拥有农地的发包权，农户可以流转农地，或者进行抵押，经营主体也可以对农地进行再流转和抵押。

第二节　农地"三权分置"的现实逻辑

一、农地"三权分置"的必要性

高飞（2016）分析了"两权分离"制度重效率而轻公平、制度体系重利用而轻所有、权利设计重农地承包经营而轻其他农地使用权，使农村发展障碍重重，"三权分置"会克服其弊端。史蕾（2017）从资源配置的视角，分析了"两权分离"的极大的历史功绩，但同时也阐述了两权分离的不足之处，例如制约农业规模经济、制约农业科技进步、制约农地利用效率提高、制约农民市民化和职业化和制约城乡之间资源再配置效应的提升。因而从"两权分离"到"三权分置"是时代和实践的要求。祝天智（2017）对"三权分置"进行了政治学的分析，认为"两权分离"的地权设置无法满足现有生产力水平下生产要素优化配置的需要，阻碍了农业生产力的发展。还有"两权分离"的地权框架不适应当前集体农地所有制实现方式多样化的需要，并且阻碍着城乡一体化发展。

上述学者从各个角度分析了"两权分离"的落后，认为"三权分置"是十分必要的。从现实角度而言，改革开放以后，我国经济快速发展，城乡二元分化格局被打破。一方面技术的发展使农村耕地不像过去那样需要大量的人口；另一方面在国家的城镇化战略引导下，越来越多的农村人口进入城市寻求更好的就业机会，这就导致大量农村人口转移，使农村剩余的人口减少，并且留守人员由于老弱病残或不愿务农等原因导致农地撂荒，有地没人种。同时在"两权分离"下，农户享有农地承包经营权，农业企业以及农民合作社等新型经营主体无法种地，导致有人没地种的局面。总之，农业经营主体发生了变化，"两权分离"保护了旧的经营主体，却阻碍了新型经营主体进行农地耕种，此种现状要求对"两权分离"进行改革。

此外，我国经济的进一步发展需要发挥出农村土地带来的巨大经济效益，努力实现农业现代化。农业现代化要求农业专业化、规模化、集约化发展。但是当下农业经营的个体化和分散化以及农业经营格局的细碎化阻碍了农业的现代化，因而需要进行转变。另外，农业现代化要求大量资金的投入，这就需要非农资本的进入，需要农民对农地进行流转。农地流转可以为农民带来财产性收入，进一步地获得农业现代化经营所需的资金，提高农地经营的效率，释放制度红利。而"两权分离"却阻碍了农地的更好的流转，阻碍了非农资本的使用，因而需要对"两权分离"进行改革。所以由"两权分离"向"三权分置"的转变是十分必要的。

二、农地"三权分置"的合理性

既然农地"三权分置"已经是必然的，那么这样的改革是否是合理的呢？有些学者认为三权无法分置，如单平基（2016）从权能分离的理论和一物一权的角度认为，"三权分置"不符合他物权生成路径的约束，农地承包经营权和农地经营权性质与内容冲突，在同一宗农地上无法并存。陈小君（2014）认为农地承包经营权之外再安排农地经营权违反了一物一权的原则。这些学者主要聚焦于"三权分置"违背了法律上的一物一权的原则。从法律来看，其他学者对这样的解释也提出了质疑，如陶钟太郎、杨环（2017）认为农地经营权的物权塑造并不违反一物一权，对特定物的占有，可分为时间和空间，从时间来塑造可行，通过建立农地特定时间段的占有使用协议，可以通过登记和公示，将农地经营权塑造为绝对权。刘恒科（2017）认为"三权分置"不违反一物一权，因为实际上农地经营权拥有农地所有权的几乎全部权能，农户完全可以设置用益物权，即自物权加用益物权。

按照权利配置的逻辑，农地承包权和农地经营权是对农地产权内容上的重新分配，并将这种权利分配给不同的主体，农地承包权由农户享有，农户拥有了农地权利中的使用权、收益权和处置权。农地经营权由经营主体享有，经营主体拥有农地权利中的使用权、收益权和处置权，因此"三权分置"是合理的。从实践角度看，对农地经营权进行租赁进而集中流转，形成规模经营的上海松花江"三权分置"模式、崇州共营制、克山仁发农地股份合作社等通过入股形成的"三权分置"、湖北沙洋连片耕种通过互换形成的"三权分置"以及山东济宁农业生产托管通过托管形成的"三权分置"等，通过因地制宜，特色改革，取得了很好的效果。既发展了规模经营，提高了农业生产效率，又增加了农民收入，促进了现代化发展。实践先于理论，证明了"两权分离"向"三权分置"的改革是合理的。

进一步来说，农村改革有三条红线不能破，即公有制性质不能改变、耕地红线不能破、农民权益不能受损。"三权分置"的改革，即农村农地集体所有保证了公有制性质不能改变，稳定农户承包权保障农民权益不能受损，放活农地经营权最有可能造成非农非粮风险，但划定经营范围，严厉打击农地投机或通过其他方式，是可以保证耕地红线不突破的。因此，"三权分置"能够不触碰三条红线，是合理的。

第三节 农地"三权分置"的法理逻辑

农地"三权分置"，农地所有权由集体所有，农地承包权由农户所有，农地经营权由经营主体所有。农地所有权是所有权，农地承包经营权根据法律规定是一种用益物权，那么农地承包权与经营权从何而来？各自的内容又有哪些？"三权分置"遵循何种路径？弄清这些问题对于"三权分置"改革十分重要。

首先，承包权属于何种性质，从何而来？张占斌、郑洪广（2017）认为，《中华人民共和国农村农地承包法》规定了农地承包权只有集体经济组织成员才可拥有，所以农地承包权是成员权。朱继胜（2016）

否定了农地承包权的成员权和物权说。成员权即集体成员承包农地的资格，它是取得和维持农地承包经营权，属于过渡性权利，有请求和保有权能，不是现实的物权。物权说是从农地承包经营权中分离出农地经营权后的权利形态，即从农地承包经营权中分离出来，缺乏法理支撑。并提出农地承包权不是以上两种，而是在农地承包经营权之上设立一种权利用益物权—农地经营权后，受农地经营权限制的农地承包经营权，简称农地承包权，其实是用益物权。肖鹏（2017）认为农地承包经营权的身份属性是农地承包权和农地经营权分置的理论基础，农地承包权和农地经营权分置正是为了实现对农地承包经营权的剥离，剥离后，身份属性由农地承包权规范。农地承包权不是财产权，不是用益物权，也不是成员权，而是一种综合性权利。

成员权说、用益物权说、综合权利说，从各自的角度而言各有其理。从农地承包权的设立目的而言，其存在是为了保障农民的基本权益，能保障其基本的生活需要，因此其设立必须有较强对抗性，要起到保障作用。同时这种保障也必须是可以追溯到具体个人的，因而必须是针对农村组织的农户，这要求农地承包权必须兼有成员权。此外农地承包权需要可以转化成农户的基本收入，需要成为一种财产权。总之，从农地承包权的设立目的而言，农地承包权应当设立为兼有成员权和财产权的用益物权。关于农地承包权从何而来，对于存在农地承包经营权的农地，其来源于农地承包经营权的权利内容分割。对于不存在农地承包经营权的农地，其实际就是一种新创的权利，用于保障农户权益。

其次，农地经营权属于何种性质，又是从何而来？张占斌、郑洪广（2017）认为经营权分离出来是要抵押担保的，应当设为物权。温世扬、吴昊（2017）认为农地经营权本质上属于一项派生于农地承包权的债权性权利，是对他人承包农地的债权性利用。"三权分置"实质上是一种"物权—物权—债权"的构造。朱继胜（2016）从可能性和必要性两方面阐述了农地经营权的物权塑造，并且认为农地经营权是在农地承包经营权之上设立的一种以经营农地为内容的权利用益物权。赖丽华（2016）认为应构造物权化和债权化并置的二元农村农地经营权制度，这是因为单一债权化难以对抗第三人的侵权，难以进行融资，流转后财产权关系不稳定。而所有的单一物权化需要进行登记。这不符合国情，且成本巨大，效率低，不利于农地的快速流转。应结合实际，采用不同的方式，同时以登记颁证作为物权性农地经营权的必要条件，未经登记公示的农地经营权为债权。在此基础上，进行修法，单列农地经营权，规定其变动规则，同时原有的农地承包经营权更名为农地承包权。高海（2016）认为应将确权确地的农地债权化，而将确权确股不确地的农地物权化。

物权说、债权说、物权债权二元说，各有其理。农业现代化的关键就在于非农资本的引入以及规模化的经营，这都需要放活经营权。在经营权流转后，需要保障经营主体的权利。农地所有权设为物权，农地承包权是用益物权，农地经营权也应设为用益物权。这样在发生三权之间的冲突时，可以不让经营主体做出过多的让步，从而做出大的牺牲。此外，从长远来看，经营权必须具有较强的对抗性，必须设立为物权。但在现阶段，全部设立为物权需要巨大的制度费用，包括人力成本、时间成本和平台搭建成本等。因而需要根据各个地区的实际，设立物权或者债权。对于已经进行农地流转的，将其设立为物权，进行登记公示。对于尚未进行流转的，为了更好地经营，暂时将其设立为债权。从债权到物权的过渡需要时间与经验，农地经营权的物权设立需要循序渐进。关于农地经营权从何而来，对于存在农地承包经营权的农地，其来源于农地承包经营权的权利内容分割。对于不存在农地承包经营权的农地，其实际也是一种新创的权利，称为农地经营权。

关于"三权分置"的生成路径，张学博（2017）认为学术界目前主张的农地所有权—农地承包经营权—农地承包权和农地经营权的法理逻辑不恰当，内在逻辑应该是农地所有权—农地承包权—农地承包经营权（农地经营权仅为其权能）。肖卫东、梁春梅（2016）认为三权之间存在双层母权与子权、基础权利和派生权利的产权关系，所有权和农地承包经营权是母权和子权的关系，农地承包经营权和农户承包权、农地经营权之间也是母权和子权的关系。黄凯平（2017）认为集体农地来源于农民的私有农地，农户对承包的农地有准所有权，不仅是资格性的成员权，它实质上是自物权，可以派生出用益物权属性的农地经营权，"三权分置"的结构是农地所有权—农地承包权（准所有权）—农地经营权（用益物权）。陈胜祥（2017）探索了"三权分置"的合理路径，即集体所有权上创设出具有成员性质的农户承包权，原承包经营权更名为经营权。陈耀东（2018）认为"三权分置"实现有两条路径，第一条路径是对不存在农地承包经营权的农地，所有权直接派生出农地经营权，第二条路径是对存在农地承包经营权的农地，在其上创立农地经营权，并且保留农地承包经营权，承包权只是一种权能描述，无独立成权的必要。

根据权利配置的理论逻辑，农地所有权派生出农地承包经营权，且这种农地承包经营权完全由农户所有。引入经营主体后，农户和经营主体对农户承包经营权进行了权利内容上的分割，农地承包经营权包含的农地权利中的使用权、收益权和处置权由农户和经营主体共同占有，进行了相应的分割。因而农地"三权分置"的路径是农地所有权—农地承包经营权—农地承包权和农地经营权。但是对于不存在农地承包经营权的农地，农地的"三权分置"就是直接的，即农地所有权直接派生出农地承包权和农地经营权。对于不愿流转农地经营权的农户，则仍旧维持着"两权分离"的状况，在此种情况下，"三权分置"并不意味着"两权分离"的彻底退出。"三权分置"的路径选择决定了三权的内容，也决定了"三权分置"的具体实施方向，农地承包权和农地经营权从农地承包经营权分离，意味着二者共享了农地的使用权、收益权和处置权。农地承包权的获得与退出，农地经营权的流转与获得也是这种权利重新分配的体现。既然"三权分置"的路径很明确，那么农地承包权的内容即为使用权、收益权和处置权。农地经营权的内容为使用权、收益权和处置权，具体表现为生产经营权、获取求偿权、获取补贴权、抵押权和继承权。

第四节　实施农地"三权分置"的路径

"三权分置"，即农地所有权由集体所有，农地承包权由农户所有，农地经营权由经营主体所有。制度的制定既保障三者能在行使其权利时不冲突、不受阻碍，也能落实集体所有权、稳定农户承包权和放活农地经营权。在制度的激励下，同时做好配套措施的支持，使"三权分置"改革能够顺利进行。

一、落实集体所有权、稳定农户承包权、放活农地经营权

1. 落实集体所有权

对农村而言，制度要保障全体农村人的利益，首先必须坚持农村基本经营制度。进一步来说，坚持农村基本经营制度要求必须落实农地集体所有权，如何做到落实集体所有权，需要了解集体所有权的现状。杨玉珍（2017）认为我国农村"三权分置"政策执行的偏差主要表现为集体所有权虚化。杜奋根（2017）认为在我国已经出现农地所有权虚置，农地使用权绝对化等现象。从历次政策的发布内容以及近些年来的改革时间来看，"三权分置"将改革重点放在了农地承包经营权以及其后的农地承包权的稳定和农地经营权的放活上，而忽视了农地集体所有权。农村农地的现状也是集体所有权虚置，对于抛荒农地的现象，由于法律和政策的限制，村集体组织在解决这个问题时往往难以发挥作用，因而需要准确落实农村农地所有权。一方面维持良好的现状，继续推行农村双层经营体制，即集体统一经营和家庭分散经营。对于现在还留有保存的村集体经济和合作经营组织给予支持，让其继续发挥作用，维护好其产权，保障其利益。另一方面对存在虚置现象的集体所有权进行改革，首先对集体进行界定，根据各自的实际对农村集体是村委会还是村集体组织进行准确界定，并且巩固其权利，完善其权利行使机制，定期

进行监督，并允许其行使发包与收包权利。对于难以确定集体概念的，可以用集体经济组织进行代替，如合作社、国有农场等。同时建立好集体经济组织成员的进入和退出机制。

2. 稳定农户承包权

农地承包权由农户所有，保障了农户的利益，发挥了农地的社会保障作用。"三权分置"改革必须稳定农户的承包权，这是现实要求，也是政策导向。不论农地经营权归哪个经营主体，承包权必须是农户的，经营主体的变化不能侵犯承包农户的权益。农户承包权主要体现在从集体承包农地的资格以及对承包农地的处理，进而拓展为从这种资格中获得的收益。对于稳定农户农地承包权，一方面要保障现有的权益，通过承包合同等方式，保障农户获取农地承包的资格和农户权益不受损害，以及保障农户可以从承包农地中获得收益。当承包地因为特定原因如国家建设而被占有时，应给予农户补偿。另一方面要建立好农户农地承包权的进入与退出机制，对退出承包的要给予相应的补偿。此外，要保持农户的农地承包关系长久稳定不变，从而使这种社会保障可以长期发挥作用。

3. 放活农地经营权

"三权分置"的重点在于放活农地经营权，这是因为农地经营权的流转有关规模经营、有关非农资本的注入、有关现代化的经营。农地经营权的导向既需要市场导向，也需要政府政策扶持。关于农地经营权的建设，一方面要保障农地经营权的权利实现，另一方面需要防范相关风险。保护农地经营权，一是要实现对农地经营权的物权，这就要求对相关法律进行修改，在做好农地确权登记的前提下，使农地经营权的物权实现落到实处，让经营主体能够放心大胆进行经营。二是完善农地流转的方式方法，根据实际，运用互换、转包、出租、入股等方式，使农地流转有法可循。同时建立流转服务中心，提供优质服务，为农民和经营主体提供农地的相关信息以及最新政策，以及做好流转合同设计和对农地流转的风险和效益进行评估，使农地流转高效运行。三是培育好新型经营主体，专业大户、农民合作社、种粮好手、农业产业化龙头企业等经营主体已逐渐成为农业经营的主力军。因此，需要对新型经营主体提供政策扶持，并提供充分的社会服务。对新型经营主体的培养，需要发挥优秀企业的示范作用，为其他经营主体提供借鉴指导。四是对农村剩余人员加强教育与技能训练，使他们可以参与农地经营权带来的好处中，如被新型经营主体雇用，而不是被社会淘汰，成为农地经营发展的阻碍。就防范放活农地经营权的风险而言，这样的风险主要指以下两种：一种是农地的非农非粮风险，如非农资本的投机，即占有农地不为耕地而是等升值；另一种是流转出现违约，破坏农民的权益。因此，一要完善对农业经营的准入机制，这需要对新型经营主体的经营资格进行审查。二要规定农地的使用限制，严格禁止农地的非农使用，对农地投机进行严厉打击。三要保障农民权利，为农地流转设立底线，对流转违约实施严厉打击，惩罚所得给予农民，也可设立专门资金，用于这方面的保障。

二、加强配套措施建设

主要措施建立后，需要加强配套措施，对主要政策措施提供帮助，推动其顺利实施。"三权分置"的改革，需要为资本和技术的下乡提供服务和指导，需要建立政府服务和社会服务协调的现代化农业服务体系。具体包括七个方面：一是流转平台和技术使用平台的建设，这需要政府投入专门资金，成立专项部门，从国内外选拔专业人才进行管理。二是信息查询登记机制的建设，可将其融入平台建设中一起建设。三是农地经营权抵押机制的建设，需要先进行农地经营权的确权，然后成立专门的评估机构对农地价值进行综合评估，进而确定农地经营权偿还时的偿还顺序。四是农地信托机制的建设，需要明确权利的内容和边界，在此基础上，建立信托登记制度，公示信托的财产和信托的关系，并依法订立信托合同。五是法律体系的建设，需要完善现有物权法的相关内容，在物权法中，对农地所有权、承包权和经营权进行权利的分割，并理清权利的内容和义务，在此基础上，对农地承包法和农地管理法进行相应的调整，同时需要建立农地经营法和农地信托合同法。六是做好政策协调，需要政府运用好农业补贴，细化补贴项目，明确农地经营权转让的农户和相关主体，明确补贴受益人，且应对受损失的农户进行补偿，并同步完善医疗教育、就业和社会保障等方面的政策，为"三权分置"改革打好坚实的政策基础。七是相关资金的投入，这需要政府的投入和补贴，也需要从社会上合理地进行募集，并对资金的使用进行监督，确保"三权分置"改革的进行。

第四章

农地权利配置效率

产权是界定不同主体获取资源时的行为准则（Furubotn，Pejovich，1972），产权最终的权利配置效率至少受到两方面因素的影响：一是受到客体生产要素属性的影响；二是受到主体生产要素自身特征的影响。农地作为农地产权的客体资源，是农民赖以生存的基础，农地产权的细分和重组与农地权利配置效率密切相关。农民作为农地的承包者和经营者，相对于其他承包者和经营者，一直处于农地权利配置的核心主体地位。国家通过与农民签订农地契约对农地权利进行初始配置后，农民核心主体再对其进行自主配置，而农民对农地自主配置效率又涉及农地的客观产权配置情况和农民核心主体的主观条件。

第一节　文献述评

国外文献研究中，在客体生产要素属性方面，巴泽尔（2011）认为界定资源各种有用性和潜在有用性的属性需要花费相应的信息成本，在技术水平给定的情况下，资源的属性特征将决定产权能在多大程度被界定。而农地作为一种稀缺资源，其所有权属于国家、细碎化等属性特征，使农地产权并未在"合意"水平上清晰地界定，未合意界定的农地产权势必会影响农地产权的配置效率。在降低农业收入流的价格（西奥多·W. 舒尔茨，2013），即降低农业产出成本的同时，也要提高诸多要素的生产与配置效率（速水佑次郎等，2003）。

在主体生产要素属性方面，农民作为生产要素之一，其自身的行为特征会影响客体生产要素的权利配置效率。本书认为影响农地产权配置效率的两大农民自身行为属性包括对农地产权配置的参与度以及配置产权的自身能力大小。关于参与度，冯淑怡（Feng S，2006、2008）研究表明农民参与农地市场有助于提高其资源配置效率、技术效率及农地产出率。关于能力大小，阿玛蒂亚·森（Amartya Sen，2002）认为处于贫困与饥荒中的人主要不是因为资源短缺，而是因为他们的权利被剥夺、能力不足。舒尔茨（Schurz，2016）认为"农民所得到的能力在实现农业现代化中是头等重要的"。确实，处于弱势地位的农民主要不是因为农地资源短缺，而是因为他们对农地权利配置的参与度不足、配置能力不足，往往对已经拥有的农地权利不知以怎样的方式、怎样的比例配置，才造成了农地权利配置效率低下，农地收益不理想等问题。

国内文献研究中，在客体生产要素属性方面，任何一项产权不可能被完全界定（汪丁丁，1996），农地产权同样如此（姚洋，2005）。农地产权从所有权与承包经营权的第一次分离，再到承包权与经营权的第二次分离，农地产权不断明晰，即使农地权利主体对农地权利配置的不同行为会导致不同的权利配置效率，但农地权利的逐渐明晰，尤其是"三权分置"的提出使农地权利配置水平得以优化，党的十九大提出第二轮承包到期后再延长三十年，稳定了农民预期，使农地供求从非均衡状态向低水平均衡甚至高水平均衡过渡。

在主体生产要素属性方面，产权的有效性最终取决于农民自身的参与度和能力在多大程度上得到具体实施。大多数学者按照阶层对农民进行分类：陆学艺、张厚义（1993）等学者将农民划分为八个阶层，即农业劳动者、农民工、雇工、农民知识分子、个体劳动者和个体工商户、私营企业主、乡镇企业管理者、农村管理者等。陈柏峰（2009）

从土地流转的角度，将农民划分为五个阶层：外出经商阶层、半工半农阶层、小农兼业阶层、举家务工阶层和村庄贫弱阶层。贺雪峰（2011）将农民阶层划分为脱离土地的农民阶层、半工半农阶层、在乡兼业农民阶层、普通农业经营者阶层、农村贫弱阶层。武锐霞（2015）把农业劳动者阶层分为三类：纯农户、以土地为主兼顾其他行业的农民、专门从事承包土地经营的农民。林坚（2006）把农民按照金字塔分为三部分：中上层是农村智力劳动者和个体工商户，中下层是雇工和农民工，底部是农业劳动者。可以从各学者对农民阶层的分类中归纳出 4 种农民：低参与低能力农民，如村庄贫弱阶层、农业劳动者；低参与高能力农民，如外出经商阶层、农村智力劳动者、个体工商户、举家务工阶层、半工半农阶层；高参与低能力农民，如雇工和农民工、普通农业经营者阶层；高参与高能力农民，如以土地为主兼顾其他行业的农民、专门从事承包土地经营的农民等。

主体自身特征所决定的行为特点，正是影响产权可实施性的关键（陈利根等，2013）。周文、孙懿（2011）认为现有制度阻碍了农地、劳动力和资金这三个生产要素的最优配置，而这根源于农民能力和权利提升的停滞。赵忠升（2012）认为涉农制度设计必须着眼于农民权益的保护和农民能力的提升。农民能力代表着农民对农地权利的掌控与行使，可以有效降低农地权利在行使过程中的产权公共域，从而降低租值耗散的程度（李宁等，2016），对农民能力的分析及挖掘有助于农民核心主体更好行使农地权利，进而获得较高的农地权利配置效率。多个学者将经济效率差异归因于教育程度差异、思想观念差异、社会地位差异、就业差异、年龄差异、决断力及整体素质差异等（冒佩华，2015；陈志刚等，2005；周文、孙懿，2011；宫敏燕，2013；周柏春等，2016）。现代化背景下能力不足在农民身上表现得更严重，这种能力不会自动产生，需要通过教育、在职培训和提高健康水平等方式对农民进行人力资本投资（邓大才，2013），提高农民的辨别力、判断力、选择力和批判力，使他们能够在多元价值取向之间保持合理的张力。

第二节 权利配置效率的理论假说

一、基本假定及解释

科斯（2014）认为产权可以包括所有权、合约条款或组织内部规则界定的各种使用权以及具体的决策与处置权。张五常（2002）认为产权的基本内容包括行动团体对资源的使用权与转让权，以及收入的享用权。弗鲁博顿等（Furubotn et al.，2006）、巴泽尔（2011）都认为产权一般包括使用权、收益权和让渡权。本书认为产权包括所有权、使用权、收益权和处置权。权利配置的效率模型基于上述四种权利，其基本假定包括：

假定1：权利是可分的、可组合、可让渡、可派生的。完整清晰的产权可以将不同权利的不同部分以不同比例配置给不同主体，相互分离的各个权利部分又可以重新组合形成新的产权，新的产权可以作用在同一主体或不同主体上。产权的不同部分、不同比例于不同主体间的明晰过程又表明产权是可以让渡的。

假定2：权利主体对权利配置的参与度、能力与权利配置效率正相关。即高参与度能力强的权利主体配置权利的效率高，反之则低。若配置给高参与度、高能力主体较少的权利，则主体能力也存在损失；若配置给低参与度低能力主体较多的权利，则权利效率就存在损失。这一逻辑反映了权利配置的基本要求，体现出权利主体参与度、能力对权利配置效率的影响方向。

假定3：市场沿竞争性均衡轨迹演进，权利配置水平要与市场竞争性均衡演进规律保持一致。市场是指导资源配置的主导力量，权利配置要与市场竞争性均衡相一致。与市场竞争性均衡相一致的权利配置水平会提升资源配置效率，提高经济效率，否则就会出现权利配置不当而导致收益损失的情况。

假定 4：制度成本的大小与权利配置有关。制度成本指因为引入制度而增加的成本，与没有引入和实施某项制度以前相比较，由于制度的引入和实施所增加的收益就是制度收益，由于制度的引入所增加的成本就是制度成本。权利配置越不明晰，效率越低，风险越大，市场越不完善，制度成本越高。

假定 5：农地权利配置是以农民为核心主体，同时包括国家、集体、龙头企业、种植大户等多主体在内的权利配置。权利的可分性、可组合性、可让渡性、可派生性决定了农地的不同权利可以在不同主体之间以不同比例进行配置。

二、权利配置效率模型

1. 权利主体与权利配置效率

在交易费用为零的情形下，无论产权如何进行初始分配，都不会影响到最终的资源配置效率；而在交易费用不为零的情形下，不同的产权界定和分配方式，则会带来不同的资源配置效率。按照权利主体在权利运行中是否参与权利使用，权利主体可分为实主体和虚主体，而实主体中按照参与程度的高低又可分为高参与（实）主体和低参与（实）主体。另外，根据权利主体使用权利能力的高低，可将权利主体分为高能力主体和低能力主体。权利主体的划分标准及主体类型如表 4 - 1 所示。

表 4 - 1　　　　　权利主体的划分标准及主体类型

划分标准		主体类型	
是否参与权利使用	是	实主体	高参与
			低参与
	否	虚主体	
使用权利能力高低	高	高能力主体	
	低	低能力主体	

不同权利在不同权利主体之间进行不同的配置后权利配置效率也会不同,主要表现为配置后所带来的制度成本的变化。根据权利主体类型,权利配置可以从以下几个角度理解。

(1)主体参与权利使用程度与权利配置效率。虚实权利主体、实主体参与权利使用的情况与权利配置效率的关系如图4-1所示。

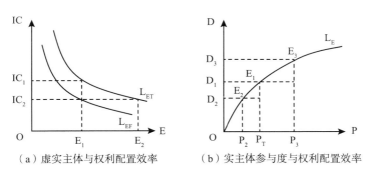

(a)虚实主体与权利配置效率 (b)实主体参与度与权利配置效率

图4-1 权利主体参与权利使用程度与权利配置效率

图4-1(a)表示虚实主体和权利配置效率之间的关系,E为权利配置效率,IC为制度成本,L_{ET}和L_{EF}分别表示实主体权利配置效率曲线和虚主体权利配置效率曲线。随着权利配置效率的提高,制度成本逐渐下降,当权利界定清晰时,不同权利主体的制度成本也不同。在权利配置效率为E_1的条件下,权利配置给实主体使用的制度成本为IC_1,大于配置给虚主体使用时的制度成本IC_2。这是因为实主体在实际参与权利使用的过程中,随着权利使用过程的推进,由于存在着契约不完备和信息不对称现象,因此真实世界中的制度成本要高于契约制定前的制度成本。而虚主体由于并不实际参与到权利的使用过程中,因此制度成本仅为制定契约时所考虑到的成本,必定要小于实主体的制度成本。当制度成本相同都为IC_2时,实主体权利配置效率E_2要高于虚主体权利配置效率E_1。这是因为实主体在权利的使用过程中,可以根据外在条件的变化运用主观能动性对制度的实施过程甚至条件进行调整,以适应真实世界的经济活动状况。

图 4 - 1（b）表示权利实主体的参与度与权利配置效率之间的关系。P 为实主体参与度，D 为权利配置，L_E 为实主体的权利配置效率曲线，假设 OP_T 部分为实主体对权利配置的低参与阶段，P_T 后为高参与阶段。可以看出，随着实主体参与程度的提高，相应的权利配置效率也得以提高。当参与度在低参与阶段 OP_T 之间时，提高一单位参与度所带来的权利配置效率增量要比在高参与度阶段提高一单位参与度所带来的权利配置效率增量要大。这是因为实主体参与程度较低时，可供使用的权利空间较大、权利主体使用权利的意愿较强，因此在低参与阶段提高主体的参与度时，极容易获得权利配置效率的大幅提高。而在高参与阶段，权利主体可使用的权利空间剩余不多、对权利的使用意愿逐渐下降，提高参与度虽然也能带来权利配置效率的提高，但提高幅度不如在低参与阶段时的大，因此在高参与阶段权利主体的参与度的提高带来的效率增量也不如在低参与阶段时大，即随着权利主体参与度的提高，权利配置的边际效用呈递减趋势。在真实世界中，权利附着物的权利配置由权利主体决定，假设虚主体对权利进行初始分配，实主体对权利进行二次分配。那么，一方面，当主体对权利进行配置后，权利配置固定不再变化，此时权利主体参与度决定了权利配置效率，随着参与度的提高，权利配置效率也增加。另一方面，权利配置要与主体的参与度相匹配，匹配度越高，权利配置效率越高，否则就会出现权利配置效率损失的情况。P_T 权利主体与 D_1 权利配置两者匹配时，产生的权利配置效率为 E_1 点水平。若权利主体在 P_T 参与度下的权利配置为 D_2，则存在着参与度的损失（$P_T - P_2$），相应的权利配置效率会由 E_1 下降到 E_2，影响了权利主体的参与热情。反之，若给 P_T 主体配置 D_3 权利，则存在权利配置损失（$D_3 - D_1$）。

（2）权利主体使用权利的能力与权利配置效率。权利配置的效率不仅取决于权利的边界、权利主体的参与程度，而且取决于主体使用权利能力的高低，对权利使用能力强的主体为高能力主体，反之则为低能力主体。高能力主体不仅是权利的直接使用者，更是权利使用后的直接受益者。如果配置给高能力主体较少的权利，那么该主体的能力就面

临损失，不能有效发挥该主体对权利配置的能力，权利配置的效率就会
出现折损。若配置给低能力主体较多的权利，也会造成该主体因能力不
足而产生的权利配置效率的损失。主体能力与权利配置效率的关系如
图 4 - 2 所示。

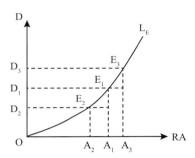

图 4 - 2   权利主体能力与权利配置效率

在图 4 - 2 中，RA 为权利主体能力，D 为权利配置，L_E 为权利主
体的权利配置效率曲线。当权利配置既定时，主体能力越高，权利配置
效率越高，反之则低。当主体能力既定时，对主体配置的权利越多，权
利配置效率越高，即权利配置与主体能力的匹配度越高，权利配置效率
越高。图 4 - 2 表明权利配置与权利主体能力的匹配度和权利配置效率正
相关，即随着两者匹配度的提高，权利配置效率不断增长。如图 4 - 2 中，
A_1 权利主体对应着 D_1 的权利配置，两者匹配所产生的权利配置效率为
E_1 点的水平。若权利主体在 A_1 能力下，权利配置为 D_2，则存在着主体
能力的损失，即为（$A_1 - A_2$），相应地权利配置效率水平会由 E_1 降为
E_2，这会直接影响到权利主体的能力发挥。反之，若权利主体 A_1 能力
下，权利配置为 D_3，则存在权利配置损失（$D_3 - D_1$），虽然多配置了权
利，但权利配置效率依然为 E_1 点水平，这会导致权利主体权利使用浪
费的情形，因此权利主体能力直接影响到权利配置效率，需选择与主体
能力匹配的权利配置。

（3）权利主体参与度、主体能力与权利配置效率。权利主体可依
据是否参与权利的使用分为虚实主体，依据使用权利能力的高低分为高

能力主体和低能力主体，而实主体中又依据参与度的高低分为高参与
（实）主体和低参与（实）主体。因此实主体可细分为以下四种：高能
力高参与主体、高能力低参与主体、低能力高参与主体和低能力低参与
主体。由图4-1可知，权利主体参与度的配置效率曲线是一条边际效
用递减的曲线，由图4-2可知，权利主体能力的配置效率曲线是一条
边际效用递增的曲线，将二者结合可以得到图4-3。

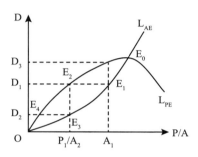

图4-3 主体参与度与主体能力相互作用与权利配置效率的关系

在图4-3中，P、A分别表示权利主体（实主体）的参与程度、权
利主体的能力，D为权利配置。L_{AE}为主体能力下的权利配置效率曲线，
L_{PE}为主体参与度下的权利配置效率曲线。图4-3表明同一权利配置下
对主体参与度和能力的要求不一样，如权利配置为D_1时，主体参与度
为P_1，权利主体能力为A_1。两条效率曲线交于E_0点时，权利配置对参
与度与能力的要求是相同的。E_0点为参与度的极限点，之后参与度会
出现折点，而且E_0点后能力增长也减缓。E_0点以前权利配置对参与度
的要求低于对能力的要求，原因是参与度可以较快提升，而能力的提高
需要较长时间的培养，且参与度需要能力支撑。

权利配置效率需参与度与能力相匹配，若不匹配，权利配置效率由
参与度和能力较低的一方决定，错误的权利配置则将导致主体能力损失
或参与热情损失。如在D_1权利配置下，与之匹配的主体参与度为P_1，
主体能力为A_1。此时两者所对应的效率为E_2和E_1，这种权利配置效率

得以充分展示。若此时 A_1 下降为 A_2，而 P_1 不变，则 A_2 所对应的权利配置为 D_2，权利配置效率在 L_{AE} 曲线上由 E_1 下降为 E_3，（$D_1 - D_2$）部分的权利配置成为损失。而与能力 A_2 对应的参与度效率应为 E_4，因此又产生了（$E_2 - E_4$）的参与度所带来的效率损失。

2. 权利附着物市场供求均衡与权利配置效率

权利附着物的权利配置需要根据权利附着物的供求均衡情况来确定，二者不一致会导致权利配置效率的下降，即权利附着物权利配置要与权利附着物供求均衡情况相一致，否则就会出现权利配置效率的损失。下面分三种情况即 S > D、S < D、S = D 来讨论权利附着物供求均衡与权利附着物权利配置效率的关系，如图 4 - 4 所示。

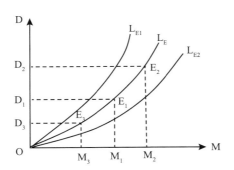

图 4 - 4 供求均衡与权利配置效率

在图 4 - 4 中，M 为权利附着物的市场供求均衡情况，D 为权利配置，L_E 为权利配置效率曲线，L_E 曲线表明随着权利附着物供求均衡水平的提高，即随着权利附着物价格的变化，权利附着物由供求失衡（S > D 或 S < D）向供求均衡（S = D）演进，权利配置的效率会不断提高。如图 4 - 4 中供求均衡由 M_3 - M_1 - M_2 变化时，权利配置效率由 E_3 - E_1 - E_2 变化，对应的权利配置为 D_3 - D_1 - D_2。

如果权利附着物的权利配置与供求均衡水平不匹配，则会出现权利配置效率的损失。如图 4 - 4 中，当供求均衡处于 M_1，而权利配置为 D_2 时，D_2 权利配置所对应的权利配置效率为 E_2，而 M_1 的均衡水平却要求与之相匹配的权利配置为 D_1。由于供求决定效率，此时权利配置就会存在（$D_2 - D_1$）的损失，此时配置效率为 E_1，（$E_2 - E_1$）为虚拟的权利配置效率。若供求均衡处于 M_1，而权利配置为 D_3 时，则存在着（$D_1 - D_3$）的权利配置不足，权利配置效率也会由 E_1 下降为 E_3。

此外，供求关系若受到价格外的其他因素的影响，其供求曲线会外移或内移，相应权利配置曲线也会向上或向下移动，即图 4-4 中 L_E 可能移至 L_{E1} 或 L_{E2}。此时，也要随着供求均衡的变化调整权利配置，否则也会产生权利配置效率损失。进一步来说，技术进步、制度变迁等会促使供求均衡水平由低水平均衡向高水平均衡演进，权利配置也要与之匹配，否则同样会产生权利配置效率损失。

3. 供求均衡、权利主体能力、主体参与度"三约束"下的权利配置效率

权利附着物市场供求客观上约束着对附着物相关权利的需求，供求由非均衡向均衡演进、由低水平均衡向高水平均衡演进的过程中所需要的相关权利在数量上存在着差异。进一步来说，在权利配置与权利附着物的市场供求均衡状况相匹配的假定下，主体能力的高低会影响到权利配置的效率，也就是说，权利配置若与主体能力不匹配，与市场供求状况相匹配的权利配置效率就会降低。再者，主体参与度的高低也会影响到权利配置效率，在权利配置与市场供求、权利主体能力两者均匹配的假定下，若主体参与度与权利配置不匹配，权利配置效率会再一次下降。因此，权利附着物的市场供求均衡水平、权利主体能力、权利主体参与度由主到次地影响着权利配置效率。"三约束"下权利配置效率的损益情况如图 4-5 所示。

在图 4-5 中，M、A、P 分别为市场供求均衡、权利主体能力和权利主体参与度，D 为权利配置，L 为权利配置效率曲线。L_M、L_A、L_P 三条效率曲线的位置关系可以有多种情况，其位置关系与不同的权利附着物市场、主体能力、主体参与度的不同要求相关。不同位置关系对权利配置效率的影响机理一致，这里只选取一种情况加以论述。

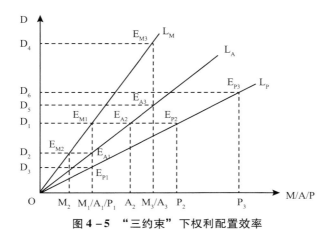

图 4 - 5 "三约束"下权利配置效率

如图 4 - 5 中，假定在 M_1 市场供求状况约束下应配置给权利主体 D_1 的权利，在不考虑主体参与度与能力的情况下，权利（D_1）配置效率为 E_{M1}，权利配置效率没有损失。若此时权利配置高于或低于 D_1，则权利配置就会出现配置剩余或配置不足的情况，其配置效率受损。若此时权利配置为 D_2，其所对应的市场供求水平为 M_2，低于实际供求水平 M_1，则权利配置不足，不足部分为（$D_1 - D_2$），权利配置效率由 E_{M1} 降为 E_{M2}，表现在市场中则为市场活力不足。若权利配置高于 D_1，如为 D_4，则就会产生（$D_4 - D_1$）的权利配置剩余，权利配置效率依然为 E_{M1}，而（$E_{M3} - E_{M1}$）则为虚效率。

进一步来说，在 M_1 市场均衡约束下的 D_1 权利配置，要求权利主体的能力为 A_2，如果主体能力低于或高于 A_2，都会产生权利配置效率损失。如若与 D_1 权利配置相匹配的主体能力为 A_1，则主体能力所带来的权利配置效率会由 E_{A2} 降为 E_{A1}，会有（$D_1 - D_2$）部分的权利配置在主体能力层面上空置，权利配置效率会产生（$E_{A2} - E_{A1}$）的损失，其实质为主体能力不足。若此时（D_1 权利配置下）主体能力大于 A_2，则主体能力会出现剩余，即主体能力损失，如主体能力为 A_3 时会产生（$E_{A3} - E_{A2}$）部分的 D_1 权利配置下的虚效率。

再者，D_1 权利配置下对主体参与度的要求为 P_2，如果主体参与

度高于或低于 P_2 ，均会导致权利配置效率损失，如当主体参与度为 P_1 而不是 P_2 时，主体参与度所带来的权利配置效率会由 E_{P2} 下降为 E_{P1} ，而存在着（ $P_2 - P_1$ ）部分的主体参与度不足，此时需要提高主体参与度。若此时主体参与度为 P_3 ，则存在这（ $P_3 - P_2$ ）的主体参与度剩余，主体的积极性受挫，相应的（ $E_{P3} - E_{P2}$ ）的权利配置效率被虚置，为虚效率。

总之，在 M_1 、 A_2 和 P_2 三条件约束下，与之相匹配的权利配置为 D_1 ，权利配置多于或少于 D_1 均会产生权利配置效率损失。在 D_1 下，其权利配置效率为（ $E_{M1} + E_{A2} + E_{P2}$ ）。但市场均衡水平、主体能力、主体参与度三者在同一时点完全匹配是非常态的，而不完全匹配则是常态，因此在市场供求这一刚性约束下，调整主体参与度和能力会使权利配置效率接近最大化，具体如图 4-6 所示。

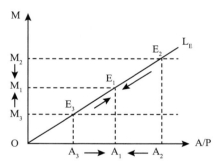

图 4-6 权利主体能力、参与度与市场供求匹配下的权利配置效率

在图 4-6 中，A 为权利主体能力，P 为主体参与度，M 为市场供求水平， L_E 为 A 或 P 与 M 匹配下的权利配置效率。图 4-6 中， L_E 表明 A 或 P 与 M 匹配度越高，权利配置效率越高。图 4-6 中以权利主体能力与市场供求匹配为例，若 A_1 所对应的市场供求为 M_1 ，即当 M_1 市场供求下若主体能力为 A_1 ，则权利配置真实效率最高，为 E_1 。假定与 M_1 相匹配的主体能力不为 A_1 ，或高于 A_1 或低于 A_1 ，如低至 A_3 、高至 A_2 ，此时就会产生围绕 M_1 均衡水平的主体能力区间，即 A_3 至 A_2 这一区间。

这一区间内，由 A_1 至 A_3 或由 A_1 至 A_2，主体能力与市场均衡水平匹配度会降低，直至 M_1 所允许的市场区间的边缘 M_2 和 M_3。这表明当 A 由 A_2 或 A_3 向 A_1 变动时，市场均衡会由 M_2 或 M_3 向 M_1 靠拢，权利配置真实效率会接近最高的 E_1 点。因此，在市场可调整弹性下，存在着权利配置效率的主体能力弹性，即在 M_1 约束下，存在着 A_3 至 A_2 的主体能力区间，E_3 至 E_2 的权利配置效率区间和 M_3 至 M_2 的市场区间。这三个区间的存在，为调整主体能力从而提高权利配置效率提供了可能，这也得证了市场活力的存在。但在 M_1 下，若主体能力低于 A_3 或高于 A_2，则会出现 M_1 下的市场承受区间，即低于 A_3 或高于 A_2 的主体能力会反过来破坏市场均衡水平。这也为市场的优化与创新提供了可能。

第三节　农民为核心主体的农地权利配置效率的理论分析

农地是农地权利的载体，农地权利的收益需要通过市场机制在不同农地主体间完成配置。以农民为核心主体的农地权利配置强调在农地市场供求的约束下，农地权利的配置使农民收益最大化。"三权分置"下农地权利包括所有权、承包权和经营权三种权利。权利主体分别为集体、农民、农民及其他农地经营者。因此，农地权利配置就是对农地所有权、承包权、经营权三种权利进行配置，以农民为农地核心主体的条件下，其效率变化情况就是在农地市场供求状况、农民参与度和农民能力约束下农民收益变化的情况，农民收益增长，则农地权利配置效率高，反之则低。

一、农民角色与农地三权配置效率

在图 4-7 中，M 为农地市场供求状况，M_s 为农地供给大于需求，

M_D 为农地需求大于供给，M_{SD} 为农地供给等于需求。R 为农民角色，R_S 为供给型农民，R_D 为需求型农民，R_{SD} 为供求型农民。DS 为农地所有权配置，DH 为农地承包权配置，DU 为农地经营权配置，LE_{DS} 为农地所有权配置效率曲线，LE_{DH} 农地承包权配置效率曲线，LE_{DU} 为农地经营权配置效率曲线。LE_{DS}、LE_{DH}、LE_{DU} 呈倒 "U" 形，各曲线最高点 A、B、C 分别为农地供求相等时的农地权利配置效率。农地所有权主体为国家（集体）这一虚主体，因此所有权配置的效率相对来说最低；因农地经营权主体为农民及其他类型的农地经营者，经营权的权利行使体现在对经营成果的收益具有自主处置权利，只有依靠经营农地才能最大效用发挥农地价值，获得农地收益，因此农地经营权配置效率相对最高；因农地承包权的主体为农民，核心是维护农民承包地的法定主体地位，以实现现有土地承包关系保持稳定并长久不变，因此农地承包权配置效率介于所有权和经营权二者中间。图4-7中，左右曲线为对称关系，本章只选择左边进行分析。

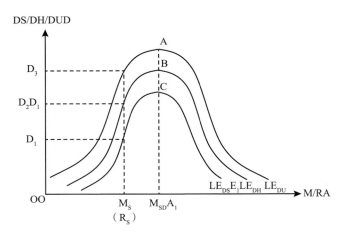

图4-7 农地市场供求约束下农民角色与农地三权配置效率

假定当农地市场供求为 M_S 时（此处假定 M_S 在曲线左侧，当然 M_S 也可在右侧，M_D 同理），即农地供给大于农地需求时，那么在其约束下，农地所有权配置为 D_1，农地承包权配置为 D_2，农地经营权配置为 D_3。在既定的农地三权配置下，若此时农民角色为供给型农民 R_S，则在农地市场供求约束下农民角色与农地三权配置相匹配，农地配置效率提高，农民收入和农地收益增加；若此时农民角色为需求型农民 R_D，则在农地市场供求约束下农民角色与农地三权配置不匹配，农地配置效率下降，农民收入和农地收益减少；若此时农民角色为供求型农民 R_{SD}，则要看该类型农民的供给力量和需求力量哪一方占比大，根据占比关系再决定是否匹配。总之，在农地市场供求约束下，权利配置与农民角色相匹配，则农地三权配置效率提高，农民收入和农地收益增加；若不匹配，情况则相反。

二、农民类型与农地三权配置效率

农地所有权、承包权、经营权的配置要与农地市场供求状况、农民参与度、农民能力三者相匹配，否则就会出现农地权利配置效率低的情况，农民收益受损或农地收益成为无谓损失的情况，具体如图 4 - 8 所示。

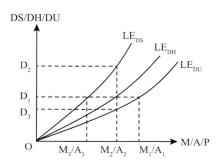

图 4 - 8 农地市场供求约束下农民类型与农地三权配置效率

在图 4 - 8 中，M 代表农地市场供求均衡状况，A 为农民能力，P 为农民参与度，DS 为农地所有权配置，DH 为农地承包权配置，DU 为农地经营权配置，LE_{DS} 为农地所有权配置效率曲线，LE_{DH} 农地承包权配置效率曲线，LE_{DU} 为农地经营权配置效率曲线。在图 4 - 8 中，如只考虑农地市场供求对农地权利配置的影响，假定此时农地市场供求处于 M_2，那么其约束下的农地所有权配置应为 D_2，农地承包权的配置应为 D_1，农地经营权的配置应为 D_3。如果农地所有权配置为 D_1，则 D_1 所匹配的农地供求状况为 M_3，也就是说所有权配置水平低于农地市场供求所要求的水平，农地所有权配置不足，农地市场活跃度降低，权利配置效率下降，农民收益减少。同样，若农地经营权配置不是 D_3 而是 D_1，则与之匹配的农地市场供求为 M_1，于是就造成农地经营权过度配置。

只考虑农民能力对农地权利配置效率的影响。假定图 4 - 8 中农民在三种权利中所对应的能力有差异，即配置给农民所有权、承包权和经营权均为 D_1 时，三权对农民能力的要求分别是 A_3、A_2 和 A_1，A_1、A_2 和 A_3 与 D_1 完全匹配，农地权利配置效率没有损失。如果此时与 D_1 经营权相匹配的农民能力不是 A_1，而是 A_2，则就会存在农民农地经营能力不足的情况，（$D_1 - D_3$）部分的农地经营权配置就会因农民能力不足而形成损失或被其他主体侵蚀。其他两权的情况与此相似，不再赘述。只考虑农民参与度对农地权利配置效率的影响。农民参与度与农地权利配置不匹配，造成农地权利配置效率下降的情况也与上述相同，不再赘述。

进一步来说，农地市场供求状况与农地权利配置不匹配主要会造成农地权利所产生的收益的无谓损失或市场活力不足的情况；农民能力、农民参与度与农地权利配置不匹配主要会造成农民积极性受挫、农地权利被侵蚀、无谓损失等情况。

三、农民角色、农民类型视角下农地三权配置效率

农民在农地市场上既可以是农地需求者，也可以是农地供给者，甚至可以兼有两种角色。因此，在农地供求关系、农民能力和参与度约束下，农地三权配置效率的损益更为复杂，农民角色、类型与农地三权配置如表 4 - 2 所示。

表4-2　　　　　　　　农民角色、类型与农地三权配置

农地供求	农民角色	农民类型	可配置农地权利	农民收益
S > D S < D S = D	供给型 需求型 供求型	高参与低能力 低参与高能力 高参与高能力 低参与低能力	所有权 承包权 经营权	增加 不变 减少

1. 农民角色、类型与农地权利配置

表4-2表明在农地市场供求状况的约束下，农民的角色和类型与农地权利配置的匹配情况会影响农地权利配置效率，并最终影响农民收益。

2. 农地供给大于需求下农民农地权利配置效率

在农地供给大于需求的情况下，农地权利的配置首先要倾向于减少农地供给，促进农地需求，如表4-3所示。

表4-3　　　　农地供给大于需求下的农民角色、类型与农地三权配置

农地供求	农民角色	农民类型	可配置权利	农民收益
S > D	供给型	高参与低能力	所有权 承包权 经营权	增加 不变 减少
		低参与低能力		
		低参与高能力		
		高参与高能力		
	需求型	高参与低能力		
		低参与低能力		
		低参与高能力		
		高参与高能力		
	供求型	高参与低能力		
		低参与低能力		
		低参与高能力		
		高参与高能力		

第一，供给型农民。此时农民只是农地的供给者，农地权利配置在所有权、承包权和经营权的配置中要充分考虑农民作为农地供给者的能

力及参与度。对于高参与低能力的供给型农民，农地权利配置中的三种权利都应降低，从而降低农地的供给，确保农民农地收益不受损；对于"双低"的农民（低参与低能力），则应更多减少农地三权配置，否则会产生无效农地供给，农地权利配置效率大幅下降，农地收益会被侵蚀或成为无谓损失；对于低参与度、高能力的农民，要在三权配置中主要减少与能力有关的权利配置；对于"双高"的农民则要大幅减少权利配置，防止其形成供给垄断，造成权利配置效率下降。另外，特别要注意的是，在总体上减少权利配置的情况下，要充分考虑农民在所有权、承包权和经营权三种权利上能力与参与度的差异。

在图4－9中，A为农民能力，P为农民参与度，LE_{DS}为农地所有权配置效率曲线，LE_{DH}农地承包权配置效率曲线，LE_{DU}为农地经营权配置效率曲线。A_2P_2是农民能力与参与度高低的分界线，假如农民能力在三权上均为A_1，属低能力型，其所对应的参与度在经营权上为P_1，属低参与型，在承包权上为P_4，属低参与型，在所有权上为P_3，属高参与型。由于参与度由高到低为P_3、P_4和P_1，由于能力为低能力A_1，且低于参与度水平，因此在权利配置上应从参与度入手以减少所有权配置为主，这样才能最大限度地提高农地权利配置效率，然后依次减少承包权、经营权的配置。同时，考虑减少与A_1能力有关的所有权、承包权与经营权的配置，从而最大限度提高农地供给大于需求条件下的农地权利配置效率，或减少农民收益损失，或提高其收益。

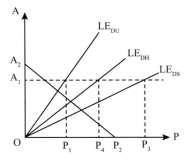

图4－9 农地供给大于需求约束农民三权能力与参与度差异下农民权利配置效率

第二，需求型农民。此时农民只是农地的需求者，农地权利配置在所有权、承包权和经营权的配置中要充分考虑农民作为农地需求者的能力及参与度。对于高参与低能力的需求型农民，对农地的三种权利的配置都应提高，从而促进农地需求，提高农地权利配置效率，进而提高农民农地收益；对于"双低"的需求型农民，则应小幅增加农地三权配置，若增加幅度过大，则会因能力不足和参与度不足而导致无效农地需求，使农地权利配置效率下降，农民农地收益成为无谓损失；对于"低参与高能力"的需求型农民，要在三权配置中主要增加与能力有关的权利配置，次要增加与参与度有关的权利配置，以促进农地需求；对于"双高"需求型农民，农地供给大于需求的客观现状正可以满足该类型农民对农地的需求，因此要大幅提高该类型农民对农地的三权配置，满足"双高"农民对农地权利的需求，提高农民农地收益。

第三，供求型农民。此时农民既是农地的供给者，又是农地的需求者。对于四种供求型农民，农地权利配置是上述供给型农民与需求型农民的结合。

3. 农地供给小于需求下农民农地权利配置效率

在农地供给小于需求的情况下，农地权利的配置首先要倾向于增加农地供给，其次要减少农地需求，农民角色、类型与农地三权配置如表 4-4 所示。

第一，供给型农民。此时农民只是农地的供给者，农地权利配置在所有权、承包权和经营权的配置中要充分考虑农民作为农地供给者的能力及参与度。对于高参与度低能力的供给型农民，农地权利配置中的三种权利都应增加，从而增加农地的供给，提高农民农地收益，提高农地权利配置效率；对于"双低"供给型农民（低参与度低能力），则应大幅增加与参与度和能力有关的三权配置，否则会因浪费农民的参与热情或能力使农地权利配置效率下降，农地收益会增加得过慢或造成无谓损失；对于低参与度、高能力的供给型农民，要在三权配置中主要增加与能力有关的权利配置，次要增加与参与度有关的权利配置，若错误增加权利配置，则会因农民对农地权利配置的参与度不足而带来权利配置的虚效率，或者会因农民能力未有效利用而造成权利配置效率损失，造成农民收益的无谓损失；对于"双高"供给型农民则要大幅增加对农地供给的权利配置，提高权利配置效率，增加农民收益。

表 4-4　　　　农地供给小于需求下的农民角色、类型与农地三权配置

农地供求	农民角色	农民类型	可配置权利	农民收益
S < D	供给型	高参与低能力	所有权 承包权 经营权	增加 不变 减少
		低参与低能力		
		低参与高能力		
		高参与高能力		
	需求型	高参与低能力		
		低参与低能力		
		低参与高能力		
		高参与高能力		
	供求型	高参与低能力		
		低参与低能力		
		低参与高能力		
		高参与高能力		

第二，需求型农民。此时农民是农地的需求者，对于高参与度低能力的需求型农民，农地权利配置中的三种权利都应降低，从而降低农民对农地的需求；对于"双低"的需求型农民，则应更多减少农地三权配置，否则会产生无效农地需求；对于低参与度、高能力的需求型农民，要在三权配置中大幅减少与能力有关的三权配置，小幅减少与参与度有关的三权配置；对于"双高"的需求型农民，则要大幅减少与参与度和能力有关的三权配置，防止其对农地需求的欲望大于农地供给，造成供不应求，维持在既有农地供给下三权配置效率，防止农地效率因需求过大而下降，防止农地收益的无谓损失。

第三，供求型农民。此时农民既是农地的供给者，又是农地的需求者。对于四种供求型农民，农地权利配置是上述供给型农民与需求型农

民的结合。

4. 农地供给等于需求下农民农地权利配置效率

农民角色、类型与农地三权配置如表 4 - 5 所示。到 2020 年、2030 年我国耕地保有量要保持在 18.65 亿亩、18.25 亿亩以上①，因此农地供给数量是有上限的，供给型农民供给农地的数量不能超过该上限。固定的农地供给数量决定了农地的需求数量是一定的，我国农民的数量也是一定的，因此当农地供给等于农地需求时，农民对农地权利的配置要倾向于保持农地供给与农地需求在小范围波动，形成动态的供求均衡。同时要将农民可配置的农地权利明晰化，填补权利空白，对未界定可配置权利重新定义，重新划分边界，提高农地权利配置与农民角色、农民类型的匹配度，同时在参与度和能力方面对农民进行培养，出台政策、搭建平台提高农民配置农地权利的参与度和能力。

表 4 - 5　　　　农地供给等于需求下的农民角色、类型与农地三权配置

农地供求	农民角色	农民类型	可配置权利	农民收益
S = D	供给型	高参与低能力	所有权 承包权 经营权	增加 不变 减少
		低参与低能力		
		低参与高能力		
		高参与高能力		
	需求型	高参与低能力		
		低参与低能力		
		低参与高能力		
		高参与高能力		
	供求型	高参与低能力		
		低参与低能力		
		低参与高能力		
		高参与高能力		

① 《国务院关于印发全国国土规划纲要（2016～2030 年）的通知》，中国政府网，http://www.gov.cn/zhengce/content/2017 - 02/04/content_5165309.htm。

第四节 以农民为核心主体的农地权利[①] 配置效率 (1978~2019 年)

农地三权配置效率不仅与农地权利配置的比例有关，还与农地市场供求均衡水平制约下的农民角色和农民类型有关。农地市场供求均衡水平制约着农地权利配置效率，主要是农地市场供求水平是否与农地三权配置下的农民角色和农民类型相匹配。农地权利从家庭承包经营权与所有权的第一次分离，到承包权与经营权的第二次分离，农民核心主体不论是配置农地承包权还是经营权，最终都是为了提高农地三权的配置效率。因此在既定的农地权利配置下，农地市场供求均衡水平、农民角色和农民类型决定了农地权利配置效率：不同时期农地供求均衡水平不同，进而使农民在应对不同的农地供求均衡水平时产生了三种不同的农民角色（供给型农民、需求型农民、供求型农民），每一种角色的农民又根据参与度高低和能力大小又分为了四种类型（"双低"、低参与高能力、高参与低能力、"双高"）。如果把农地市场供求约束作为一级约束条件、农民角色作为二级约束条件、农民类型作为三级约束条件，则一级约束条件制约二级约束条件、二级约束条件制约三级约束条件、一级约束条件又制约三级约束条件。在三者的制约关系下，农地三权配置效率则不同。随着农地市场逐渐从非均衡水平向均衡水平过渡、供给型农民和需求型农民逐渐平衡、农民参与度和能力逐渐提高，农地供求均衡水平与在既定的农地权利配置下的农民角色和农民类型的匹配度逐渐提高，农地收益和农民收入增加，农地权利配置效率会逐渐提高。

[①] 农地权利现指"三权分置"后的农地所有权、承包权和经营权。但鉴于"三权分置"正式提出是在 2013 年的中央农村工作会议，因此在分析 1978~2013 年农地权利配置效率时对所有权和承包经营权进行分析，在 2013 年以后对所有权、承包权和经营权进行分析。

一、农地所有权、承包权、经营权配置的变化情况（1978～2019 年）

1. 所有权配置

1982 年《宪法》第十条明确规定了农地所有权仍然归集体所有，"农村和城市郊区的土地，除由法律规定属于国家所有的以外，属于集体所有；宅基地和自留地、自留山，也属于集体所有"。无论是承包制前期（1978～1984 年）还是后期（1984 年以后），农地所有权并没有发生变化，依然是集体所有。从 2023 年开始，我国第二轮土地承包将相继到期，党的十九大提出"保持土地承包关系稳定并长久不变，第二轮土地承包到期后再延长三十年"，这意味着土地集体所有、家庭承包经营的基本制度不会改变，集体经济组织成员依法承包集体土地的基本权利不会改变。一方面，农户拥有依法承包集体土地的权利，国家将通过不断完善相关法律法规，保障农民对承包地占有、使用、收益、流转和土地经营权抵押、担保等权利。另一方面，通过进一步完善和规范农村社区集体作为土地所有者的行为，不断健全集体经济组织民主管理制度，确保集体有效行使土地所有权、集体成员平等享有土地承包权。

2. 承包经营权配置的变化情况

承包经营权是一组权利束，包括农地的使用权、收益权和处置权。1982 年的《全国农村工作会议纪要》开始承认家庭承包到户的合法性，预示着土地承包经营权与所有权开始分置。该纪要指出"社员承包的土地，不准买卖，不准出租，不准转让，不准荒废，否则，集体有权收回"，这是对农地承包经营权的限制性规定，但由于农地权利配置与农地供求水平不匹配，1995 年，农业部发布的《关于稳定和完善土地承包关系的意见》对农户流转土地承包经营权的内涵做了正式说明，即在坚持集体所有制和原用途的条件下，农户可以通过转包、转让、互换和入股的形式流转承包地，但仍然必须经过发包方即村集体的同意。第一次分离实现了农村土地承包经营权与集体所有权的分离，承包地可以流转打开了农地市场，使农村集体土地承包经营权的权能发生了改变。

3. 承包权和经营权配置的变化情况

2013 年中央农村工作会议，2014 年中央一号文件明确提出：在落实农村土地集体所有权的基础上，稳定农户承包权、放活土地经营权。2015 年中央一号文件、2016 年中央一号文件都要求"明确现有土地承包关系保持稳定并长久不变的具体实现形式，界定农村土地集体所有权、农户承包权、土地经营权之间的权利关系""要在坚持农村土地集体所有的前提下，促使承包权和经营权分离，形成所有权、承包权、经营权三权分置、经营权流转的格局"。

2016 年 10 月，中共中央办公厅国务院办公厅印发《关于完善农村土地所有权承包权经营权分置办法的意见》，正式提出中国将继续深化农村土地制度改革，实行所有权、承包权、经营权"三权分置"。第二次分离则是在农村土地集体所有权不发生改变的前提下，实行所有权、承包权、经营权"三权分置"。2017 年，党的十九大提出的"第二轮土地承包到期后再延长三十年"是自实行家庭承包经营、承包地"三权分置"后，党中央在完善农村土地经营制度方面的又一重大举措。

二、农地供求变化与农地权利配置效率（1978～2019 年）

自国家全面取消农业税以及确立了农地流转制度的相关法规之后，农地流转得到快速提高。农地流转比例是指农地市场中流转的农地占所有可流转农地的百分比，而市场中进行流转的农地是由农地的供求关系来决定的，农地供求的均衡水平与农地流转比例正相关，因而可以认为农地流转比例与农地供求有着直接的关系（赵德起，2011）。下面以分析农地流转比例来分析农地供求是否与农地权利配置相匹配，进而分析农地权利配置效率。图 4-10 和图 4-11 分别表示全国农地流转比例及增长率，图 4-12 为农民人均纯收入年增长率。

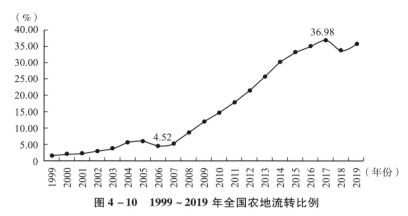

图 4 – 10　1999～2019 年全国农地流转比例

资料来源：1999～2010 年数据来自赵德起（2014），2011～2019 年数据来自历年《中国农村经营管理统计年报》。农地流转比例（%）＝家庭承包耕地流转面积（亿亩）/家庭承包经营的耕地面积（亿亩）。

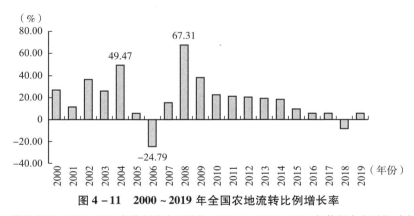

图 4 – 11　2000～2019 年全国农地流转比例增长率

资料来源：2000～2010 年数据来自赵德起（2014），2011～2019 年数据来自历年《中国农村经营管理统计年报》。

根据农地流转比例增长率的变化和农民人均纯收入增长率的变化，可以把自改革开放后的时段分为三个时期，分别是农地市场供求非均衡时期（1978～2004 年）、农地市场供求低水平均衡时期（2004～2013年）及农地市场供求中高水平均衡时期（2013～2018 年）。

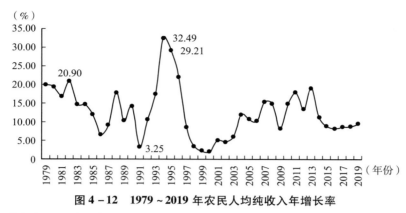

图 4 – 12　1979～2019 年农民人均纯收入年增长率

资料来源：国家统计局。

1. 农地市场供求非均衡时期（1978～2004 年）

（1）非均衡、效率下降时期（1978～1992 年）。首先，从农地权利配置入手。自改革开放后家庭承包责任制实现了农地的"两权"分离，即农地所有权归"集体"，农地承包经营权归农民所有，"保证国家的，留足集体的，剩下的都是自己的"大大提高了农民对农地承包经营权的配置水平。1984 年，中共中央发布的《关于 1984 年农村工作的通知》，规定"土地承包期一般应在十五年以上"，党的十五届三中全会（1998）指出，要坚定不移地贯彻土地承包期再延长三十年的政策又极大稳定了农民对农地的预期。

其次，在既定的农地权利配置下，农地的供给和需求在发生着变化。1993 年，农业部对全国近 3 万农户的抽样调研中，1992 年全国承包农户转包、转让农地分别占承包地农户总数的 2.3% 和承包地总面积的 2.9%，有 4.09% 的供给型农户供给自家部分承包地，只有 1.99% 的供给型农户供给自家全部承包地，相应有 10.68% 的需求型农户[①]。在乡镇企业尚处发展初期阶段至城市经济体制改革之前，经营农地成为农民收入的最主要甚至是唯一来源（刘克春、林坚，2005），但农地供给

---

① 《中国农业发展报告（1995 年）》，中国农业出版社 1996 年版。

和农地需求存在着极度非均衡的状态。而此阶段既定的农地权利配置与农地供求越来越不匹配，这可以从图 4 - 12 中 1979 ~ 1992 年农民人均纯收入年增长率不断下降看出，增长率从 1982 年的 20.90% 一直下降到 1991 年的 3.25%，下降幅度如此之大也说明了在 1992 年之前，受既定农地权利配置下的农地供求非均衡水平所制约的农地权利配置效率也在大幅下降。

（2）非均衡、效率波动时期（1992 ~ 1999 年）。权利是可让渡的，权利配置水平要与市场均衡演进规律保持一致，市场要沿竞争性的均衡轨迹演进。农地供求市场是指导农地资源配置的主导力量，当农地供求水平逐渐处于变化时，农地权利配置要与农地市场竞争性均衡相一致，农地权利配置也要相应调整。1992 年底放开粮食价格、取消统购统销，国家减少了对农地使用权的配置，农地使用权完全归农户所有。1994 年以后，农地非农化及农地流转使农地收益增加，但此时国家农地收益权和市场中其他主体农地收益权配置水平上升，农民因其弱势地位农地收益权反而下降。1995 年，农业部发布的《关于稳定和完善土地承包关系的意见》指出农户可以通过转包、转让、互换和入股的形式流转承包地，这意味着在政策层面农地可以开始流转，农地供求逐渐由非均衡水平向低水平均衡过渡。而 1994 年和 1995 年的农民人均纯收入增长率为改革开放后 40 多年时间里最高的两点（32.49%，29.21%），可以证明农地权利配置与农地供求水平匹配程度在此阶段得到提高，使农民收入增长率大幅提高，农地权利配置效率也相应提高。

但自 1995 年后，农民人均纯收入增长率"跳水式"大幅下降到 1999 年的 2.23%，其背后的原因是权利配置与农地供求不匹配。尽管在个别地方农地承包经营权市场流转呈现加速发展的趋势，但在总体水平上农地承包经营权市场流转的高潮并没有随着新农地政策的推行而到来，市场流转发生率偏低（姚洋，1999）。农民人均纯收入年增长率波动幅度较大，2000 年增长率低至 1.95%。与此同时，如图 4 - 13 所示，农业纯收入增长率早在 1994 年就出现了大幅下降的趋势，农业纯收入从 1994 年的 36.15% 每年持续下降，一直下降到 2000 年的 - 9.19%。

由于此阶段国家并未像上一阶段继续提高农产品收购价格，对农业投入的增长幅度也在降低，因此农民人均纯收入和农业纯收入增长率走势几乎完全相同，波动幅度较大，农地权利配置的效率也因此上下波动，且波动幅度较大。

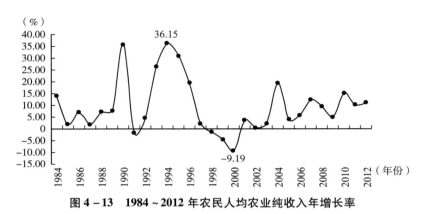

图 4 - 13　1984 ～ 2012 年农民人均农业纯收入年增长率

资料来源：国家统计局。

（3）非均衡、低效率时期（2000 ~ 2004 年）。在图 4 - 11 中 2000 ~ 2004 年农地流转比例增长率平均为 29.97%，比后部平稳阶段（2015 ~ 2019 年）的平均增长率 3.85% 高了近 26.39 个百分点。较高的农地流转增长率意味着农地供给和农地需求增加，农地供求市场活跃，农地流转加快。钱忠好（2003）提出我国农地承包经营权市场流转面临刚性的需求约束，总体水平上呈现需求大于供给的不均衡态势。张照新（2002）根据对浙江、湖南、陕西、安徽、四川及河北六省 824 户样本的调查得出，农地供给仅为需求的 1/3。由此可见此时农地供给和农地需求仍处于非均衡状态。该阶段农地供求与农地权利配置不相匹配，农地权利配置的效率虽然在提高，但整体来说配置效率仍然较低。在农地需求大于农地供给的状态下，农地权利配置首先应该倾向于增加农地供给，减少农地需求，改善农地承包经营权市场流转的外部条件（赵德起，2010），从而促进农地有效供给的形成，提高农地收益，提高农地权利配置的效率。

2. 农地市场供求低水平均衡时期 （2004～2013 年）

首先，分析此阶段的农地权利配置。从 2004 年开始，国家连续出台中央一号文件，通过废除农业税、增加补贴，促进粮食增产、保障农民增收，经营农地收益相对提高，实际上就是国家把农地收益返还给农民一些，提高了承包经营权中农地收益权的配置水平。2006 年 1 月 1 日全面废除农业税，提高了农民对农地承包经营权的配置水平。2008 年，党的十七届三中全会强调农地使用权可以流转，国家于 2008 年两次提高稻谷与小麦的收购价格，两次累计稻谷收购价格提高 9%～10%，小麦最低收购价格提高 4%～7%。

其次，在既定的农地权利配置下，农民对农地的供给和需求在发生着变化。由于前期农地流转的速度并不是非常高，对具体的数据统计方面不是非常及时，自国家全面取消农业税费以及确立了农地流转制度的相关法规之后，一系列政策使农地流转速度加大，2004 年的农地流转比例大幅增长，为 49.47%。2006 年全面取消农业税后，农地流转比例第一次出现下降，增长率为 -24.79%，是唯一增长率为负的年份。2008 年农地流转比例为 8.7%，较前一年增长 67.31%，增长率在三个时期最高。叶剑平等 （2010） 的调研数据显示，截止到 2008 年，16.5% 的农户家庭转入过土地、对农地有需求意愿，15.0% 的农户家庭转出过土地、对农地有供给意愿。

2004～2009 年是农地流转比例增长率波动较大的一段时期，如此高低变化说明了国家政策通过改变农地权利配置对农地供求的影响之大。加上农民对农地经营的积极性空前高涨，惜地意识增强 （方中支，2008），部分外出打工不顺利的农民要求收回以前供给出的农地，农地供给意愿减少。相应地，2004～2009 年农民人均纯收入年增长率出现了小幅下降。农民人均纯收入的下降对应着农地流转比例增长率的下降（2004～2009 年），说明此阶段农地权利配置与农地供求均衡水平的匹配度不高，造成农地权利配置效率的下降。

可以看出，在农地市场供求低水平均衡时期，国家农地政策的目的都是使农地供求市场从非均衡水平走向低水平均衡，使农民核心主体能够在低水平均衡的农地供求市场中获得农地权利配置所带来的红利，提高广大农民核心主体的农地权利配置效率，进而提高农民收入。

3. 农地市场供求中高均衡水平时期（2013～2016 年）

如前面所述，2013～2016 年相继提出"三权分置"。"三权分置"作为一种诱致性的制度变迁，是在坚持集体所有权不变的前提下，将经营权分离出来，实现承包权与经营权的相对独立。伴随着承包权与经营权的分离，农地的使用权、收益权、处置权等基本权能在各经济主体之间发生了分离并重新组合。各项权能在不同主体间的分割与界定，是决定农地资源配置效率的关键因素。2013 年，中国农村承包地流转总量大约 3.41 亿亩，占农民承包经营土地总量的 25.7%。而到了 2019 年，全国家庭承包经营耕地流转面积为 5.55 亿亩，超过承包耕地总面积的 1/3。2013～2019 年的农地流转比例平均增长率为 7.96%。承包权和经营权的分离为农民核心主体更好地配置农地权利提供了前提条件，粮食产量连增，农民人均纯收入于 2015 年突破万元大关，达到 10772 元，比上一年度增加了 8.9%。农地"三权分置"越来越符合农地供求均衡水平，随着农地供求均衡水平逐渐向中高均衡水平过渡，二者之间匹配度逐渐提高，"三权分置"顺应了农地的供求变化，也使农地流转水平得以提高。与此同时，农民收入的增加也说明了农地权利配置效率的提高。

三、农民角色与农地权利配置效率（1978～2019 年）

农民角色分别为供给型农民、需求型农民和供求型农民。供给型农民指转让经营权（承包经营权）的农民，需求性农民指转入经营权（承包经营权）的农民，包括本身已经拥有经营权（承包经营权）的农民和本身没有经营权（承包经营权）的农民，供求型农民指既对农地有需求、又对农地有供给的农民。农民角色作为农地权利配置效率的二级制约条件，受一级条件（农地供求均衡水平）制约。在一级条件的制约下，供给型农民、需求型农民、供求型农民分别会有不同的反应，反应与权利配置的匹配度越高，则权利配置效率越高。

1. 不匹配、低效率时期（1978～2004 年）

在乡镇企业尚处发展初期（1978～2004 年），1982 年中央一号文件规定"不准出租，不准转让"，农地尚未允许流转，农地供求市场尚未形成，而大量调查表明大部分农民已经具有流转承包经营权意识，供给型农民也在不断增长（赵德起，2010）。农地供给和需求处于相当不平衡的状态，遏制了农民供给农地和需求农地的愿望。在既定的农地权利配置下，农地供求均衡水平又制约了农民角色的发挥（一级约束条件制约二级约束条件）。

1984 年中央一号文件鼓励和允许农地向种田能手集中，农地流转满足了需求型农民和供给型农民流转农地的愿望。供给型农民与需求型农民的不平衡与该阶段农地权利配置不相匹配，埋没了本可以由农地流转产生的农地收益，农地供求的不均衡导致了农民对农地权利配置的无能为力，无法有效发挥农民角色，损害了农民收益，此阶段（1979～1984 年）农民人均纯收入增长率一直处于大幅下降状态（见图 4－12），使农地权利配置效率低于理想水平。

1995 年以后在国家政策与市场发展的共同作用下，国家重新配置了农地权利，农民可以开始流转农地，此时农地市场可以逐渐满足供给型农民、需求型农民和供求型农民对农地的流转愿望。此时农地权利的配置逐渐与三种农民角色相匹配，使三种角色的农民可以通过流转农地使农地供求从不均衡向低水平均衡过渡。1994～1996 年农民人均纯收入年增长率在所有年份中处于最高的三点（见图 4－12），农民收入增长率的提高意味着农地权利配置效率的提高。2003 年我国农地需求大于农地供给，需求型农民大于供给型农民。

2. 匹配度提高、中高水平效率时期（2004～2019 年）

2005 年，《农村土地承包经营权流转管理办法》和 2007 年《中华人民共和国物权法》（以下简称《物权法》）的实施，才使农民流转农地的主体地位真正得到确立。随着现代农业市场化的发展，大量青壮年农民进入城市寻求比经营农地收入更高的工作，剩余的老年农民劳动力则成了农地经营权的主要供给者，该供给型农民会将农地经营权流转给愿意继续经营农地的需求型农民，通常是一些种植大户或专业大户（黄祖辉、王朋，2009）。2008 年党的十七届三中全会明确强调了农地使用权可以流转，当年农地流转比例为 8.7%，较前一年增长 67.31%，增长率为所有年份中最高的一年。图 4 - 14 显示了 2010～2019 年家庭承包地流转去向及比例，分别流向了农民、专业合作社、企业和其他主体。可以看出每年农地向专业合作社、企业集中流转趋向虽然明显，但流入方仍以农民为主。2016 年中央一号文件提出"加快形成培育新型农业经营主体的政策体系"。面对新型经营主体的出现，需要保障农民的核心主体地位。

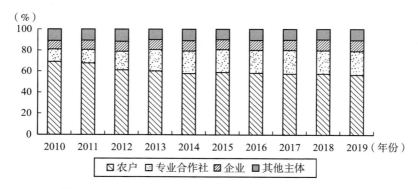

图 4 - 14　2010～2019 年农地流转入各个主体的面积比例

资料来源：历年《中国农村经营管理统计年报》。

从图 4 - 14 可以看出，供给型农民将农地转入给需求型农民的比例最大，其次为专业合作社。流入农户的面积比例一直最大，2014 年流入农户的面积占流转总面积的 58.37%，虽然较前几年有所下降，但仍然占据了一半以上，可以说农民仍是农地流入的主体，农民仍处于农地权利配置的基础和核心地位。何欣等（2016）基于 2013 年和 2015 年两轮 29 个省份全国性代表农户的追踪调查数据得出，2013 年和 2015

年相比参与农地流转的农户比例由 24.1% 上升至 31.4%。其他经营主体参与农地流转的比例上升很快，2015 年，11.9% 的普通农户将土地供给了新型农业经营主体（何欣等，2016）。从图 4 - 14 整体来看，2010 ~ 2019 年农地流转给农户平均占比 60.36%，流转给农民专业合作社平均占比 19.60%，流转给企业平均占比 9.55%，流转给其他主体平均占比 10.49%。

四、农民类型与农地权利配置效率（1978 ~ 2019 年）

农民类型有四种，分别是高参与高能力农民、高参与低能力农民、低参与高能力农民和低参与低能力农民。农民参与度与农民能力的相互作用对权利配置效率的影响如下：

第一，高能力高参与农民主体不仅对权利的配置有着较高的诉求和较高的主观能动性，而且对农地权利配置的参与更为积极，如种粮大户和龙头企业均是高能力高参与主体，在既定的政策下，该类型主体积极参与农地权利的配置活动，以期获得较高的收益，因此此类主体对权利配置的参与度和自身的能力可以产生较高的权利配置效率。

第二，高能力低参与农民主体是自身使用权利的能力较强却对农地权利配置参与程度不高，如家中存在外出务工青年的农户，由于外在因素和内在因素的作用，使该主体并不积极参与农地权利配置的经济活动，使该主体能力与权利配置水平不符，造成主体能力的损失，权利配置效率较低。

第三，低能力高参与农民主体虽然自身使用权利的能力欠佳，但由于对农地权利的配置也存在较高的诉求和较高的积极性，因此会借助其他力量或者通过第三方参与到农地的权利配置过程中，如参加农民合作社的农户，通过借助第三方的力量及平台来使用农地权利，并获得相应的收益。主体的参与度提高范围有限，当参与度提高到一定程度时，再往上提高的可能性较小近乎为零，此时需要通过提高主体能力来提高权利配置效率，而低能力高参与主体如若配置权利的能力得不到提高，必定会存在权利配置效率的损失。

第四，低能力低参与农民主体自身使用权利的能力不高，而且由于外在因素如信息不对称或者内在因素如劳动能力的缺失等，造成对农地权利配置的参与程度降低。如家中青年外出务工而只剩老人或幼童的农户，该主体本身对农地权利配置积极性和热情不高，而且若无其他信息平台或者第三方力量的帮助，只能以较低的参与程度进行农地权利的配置。因此低能力低参与主体对权利配置的效率也存在损失，且损失要比上述两种主体的配置效率损失要大。不论在承包制前期，还是承包制后期，每个阶段都存在着低参与低能力农民，他们通常是青壮年外出打工后剩余的没有劳动能力的老年人和儿童。该类型农民对农地权利配置的参与度有限，只能转让农地经营权，靠转入户经营农地来获得农地上的部分收益。

农民类型作为三级约束条件，不仅受一级条件（农地供求）约束，还受二级条件（农民角色）约束，在一级、二级约束条件下，农民类型与农地权利配置相匹配的程度越高，农地权利配置效率越高。国家初始配置后的二次配置完全交由农民进行自主配置，农民作为农地权利配置的实主体，选择空间拓宽，自主性不断增强，成了生产决策的主体（李宁等，2017）。尽管农地所有权依然归农民集体所有，但经营权完全由农民自主配置，这意味着农民权利趋于完整，权利得到增强，提高了农民对农地产出的长期预期水平，调动了农民生产积极性，参与热情高涨，因此农民对承包经营权中的使用权和处置权配置的参与度显著提高。不同权利主体的力量会导致农地产权结构有不同的变革趋势和走向，协调好农地权利各类主体之间的关系意味着尊重农地市场本身的规律，让农地市场在资源配置中起决定性作用。最重要的是在平等地位的基础上，充分尊重农民群体在市场中通过契约自由选择和交易农地产权的权利。

1. 匹配度提高，"阶段性高效率"时期（1978～1984年）

承包制前期（1978～1984年），"交够国家的，留足集体的，剩下的都是自己的"弱化了国家和集体的农地收益，强化了农民的农地收益（程世勇，2016），调动了农民的生产积极性，此时农民对农地权利配置的参与度较前一期（人民公社时期）有着大幅度提高，在当时的特定历史时期来看属于高参与度，但是在改革开放后的几十年中来看，属于低参与度。此外，在使用农地权利能力方面，农民核心主体受当时的经济社会环境、思想观念、文化教育程度、科技水平等因素的影响，并非高能力主体。承包制前期农地权利由所有权和承包经营权组成，"相对"高参与、低能力的农民主体收入的主要来源是依靠经营农地获得的收益，此时几乎没有其他可靠且稳定的收入来源，农民既是农地的承包主体，又是经营主体，因此农地承包权和经营权合二为一的农地权利配置符合当时的农民主体的阶段性特征，农民类型与农地权利配置的匹配度较高，此阶段农地权利配置的效率较前一阶段有所提高，但与 1978 ~ 2016 年整体相比属于低效率时期，故可称为"阶段性高效率"时期。在此阶段提高农民核心主体参与度和能力时，可供使用的农地权利空间较大、农民核心主体使用权利的意愿较强，极容易获得权利配置效率的大幅提高。

2. 匹配度降低，效率下降时期（1984 ~ 2004 年）

承包制后期（1984 年以后），1984 年中央一号文件中开始鼓励和允许农地向种田能手集中，意味着国家开始意识到农地权利应交由相对高参与、高能力的农民主体来配置。但由于改革开放不久，农地权利配置的高参与低能力主体、低参与低能力主体相对占比偏大，高参与高能力主体占比极小，因此国家用"种田能手"来区分农地权利主体，让更多权利流到"双高"农民主体手中，提高权利配置效率，以少数带动多数，提高农地收益。同时随着 1984 年乡镇企业"异军突起"，城市用工制度的松动，以及市场化改革的深入，大量农民纷纷离开家园外出谋生（包先康，2014），部分农民放弃了对农地权利的配置，农民参与度也随之降低。农民参与度和能力的变化使得二者与农地权利的配置匹配度降低，1984 年后农民人均纯收入增长率一直下降，在该阶段农地权利配置的效率也降低。

3. 匹配度较高，高效率时期（2004 ~ 2019 年）

随着经济快速发展，人口结构、经济结构、生产技术以及市场规模等因素的变化使农民思想观念发生了变化，传统的农民意识在弱化，日益发达的商品交换动摇了小农意识，形成了市场意识：自足知足、患得患失、平均主义等观念体系正在逐渐瓦解，而渐渐发展出包括竞争意识、合作意识、契约意识和法律意识、风险意识、权利意识在内的市场意识，积极求变、主动创新精神的出现代表着农民能力的提高（包先康，2014），增强了农民对农地的权利配置的意识，农民整体素质得到提升，农民配置农地权利的能力得以逐步提升。

虽然由于各种原因使农民并非使用农地权利的高能力主体，但由于农民核心主体对农地信息有着天然优势，对收集和处理农地信息比别的主体也具有更直接的优势，因此家庭承包制在提高农民参与度的同时，也间接提高了农民使用农地权利的能力，参与度的提高带动了能力的提高。具体来说，参与度的提高主要涉及权利主体的主观能动性，极易得到提高。但能力的提高则涉及一系列因素的影响，而且能力提高耗时耗力，不可能在短时间内得到大幅提高，但随着高考恢复等一系列政策的实行，农民能力会逐年得到提高，因此该阶段的农民核心主体仍定位为高参与低能力主体。

总体来说，此阶段农民作为农地权利配置的高参与低能力实主体，家庭联产承包责任制使低能力的农民主体参与了农地承包经营权的配置过程，参与度的提高无形之中又带动了能力的提高。在国家配置的基础上，农民对农地权利进行自主配置，使农地权利配置效率显著提高，释放了农地权利重新配置的红利。

五、农民收入与农地权利配置效率（1978～2019 年）

1. 农地权利配置效率高速增长时期（1978～1984 年）

改革初期（1978～1984 年）农村经济体制重大变革，农业快速发展，粮食产量快速增加，农产品收购价格大幅度提高，农民收入高速增长，农民对农地权利配置效率也处于高速增长时期。

农民人均纯收入由 133.57 元提高到 355.3 元，年均增速在 17% 以上。人均农业纯收入由 17.9 元增加到 198.4 元，年均增速 75.83%。其中 1983 年人均农业纯收入较前一年增长 351.69%，是增长率最高点，也是唯一增长率过百的点。中国农业总产值在 1979~1984 年增长了 455.4%，中国农业产出增长 42.23%（林毅夫等，1992）。农产品平均价格提高了 53.8%，农产品价格提高意味着国家对农地收益权的配置比例进行微调，将农民所能配置的收益权比例提高，将部分农地收益让渡给农民；农民人均纯收入和农业纯收入的提高也意味着农地权利配置效率的提高。此阶段国家与农民签订农地契约后带来了农地权利配置效率的大幅增长，获得了巨大成功。

2. 农地权利配置效率低速增长时期（1984~1992 年）

此阶段年农业增长放慢，农业生产不景气对农民收入的不利影响，在很大程度上被农村非农产业，尤其是乡镇企业迅速发展所抵消。1985~1991 年农民纯收入仅从 397.6 元增加到 708.6 元，年均增速为 10.45%，比上个时期年均增速 17.73% 低了 7.28%，增速下降幅度达 41%，可见此阶段的农地权利配置效率大大低于上个时期，并且持续低速增长。在国家实行"双轨制"的价格体系下，粮食收购价格偏低，且增长缓慢，尤其是 1990 年和 1991 年，农产品收购价格下降，使农民人均纯收入扣除物价因素后年均增长率只有 0.7%，其中 1989 年还实际下降 1.6%（赵德起，2010）。这一期间农民因价格变动利益净损失为 504.26 亿元。农民收入增长停滞和徘徊成为十分突出的问题。加之国家对农业投入不断减少，农民只能通过自己增加农业投入来保证农地收益。此阶段国家对农地收益权的配置比例轻微提高，农民能够配置的农地收益权比例小幅降低。

3. 农地权利配置效率大幅波动时期（1992~2004 年）

1992~1996 年农民收入出现了恢复性增长，其间农民人均纯收入年均实际增长 5.6%。这一阶段主要靠农产品特别是粮食两次提价，对应着提高了农地承包经营权中收益权配置水平，1994 年和 1996 年提价幅度都超过 100%，同时增加农业投入，对农民收入增长做出重要贡献。1992 年底放开粮食价格、取消统购统销，使国家丧失了对农地使用权的配置权利，农地使用权完全归农户所有。1994 年以后，农地非农化及农地流转使得农地收益增加，但此时国家农地收益权和市场中其他主体农地收益权上升，农民因其弱势地位农地收益权反而下降。基于此，农民收益在这一阶段不尽如人意。

农业方面的纯收入出现了连续下降的情况，纯收入中的农业收入从 1997 年的 976.2 元下降到 2000 年的 833.93 元，至 2003 年才回升到 885.7 元，但也未能达到 1997 年的水平（不包括价格因素）。同时对应的农业纯收入增长率早在 1994 年就出现了大幅下降的趋势，从 1994 年的 36.15% 每年持续下降，在 1996 ~ 1997 年的下降幅度更为惊人，从 19.48% 下降到 2.21%，此后的几年中增长率在 - 9.19% 与 3.56% 之间波动。

整体来看，此阶段由于国家并未像上一阶段继续提高农产品收购价格，对农业的投入的增长幅度也在降低，因此农民人均纯收入和农业纯收入增长率走势几乎完全相同，波动幅度较大，农地权利配置的效率也因此上下波动，且波动幅度较大。

4. 农地权利配置效率小幅波动时期（2004 ~ 2019 年）

国家于 2008 年两次提高稻谷与小麦的收购价格，两次累计稻谷收购价格提高 9% ~ 10%，小麦最低收购价格提高 4% ~ 7%（赵德起，2010）。农民纯收入从 2004 年的 2936.4 元增加到 2019 年的 16020.7 元，是 2004 年的 5.46 倍，是改革开放初期 1978 年的 119.92 倍。其中家庭经营性收入稳定增加，工资性收入成为重要来源，政策转移性收入和财产性收入比重提升。

2013 年提出"三权分置"后，承包权和经营权的分离为农民核心主体更好的配置农地权利提供了前提条件，粮食产量连增，农民人均纯收入于 2015 年突破万元大关，达到 10772 元，比上一年度增加了 8.9%。党的十九大明确发出的政策信号，有利于稳定农民预期，有利于推进农业的规模化经营，培育以家庭农场、农业企业为主的新型农业经营主体，引导更多资金、技术、人才流入农村和农业。

基于以上四个阶段的分析，可以勾勒出 1978 年后，以农民为核心主体的农地权利配置效率曲线，如图 4 – 15 所示。其中第一阶段（1978 ~ 1984 年）配置效率快速增长。第二阶段（1984 ~ 1992 年）配置效率低速增长，两个阶段配置效率波动幅度最大。第三阶段（1992 ~ 2004 年）的配置效率处于大幅波动时期。第四阶段（2004 ~ 2019 年）处于小幅波动时期。从整个图形来看，农地权利配置效率为大小"M"形波动，意味着随着农地供求均衡水平从非均衡水平到低水平均衡再到中高水平均衡、农民角色和农民类型与农地权利配置的匹配程度从低到高的过程中，农地权利配置效率也由大幅波动向小幅波动逐渐过渡。

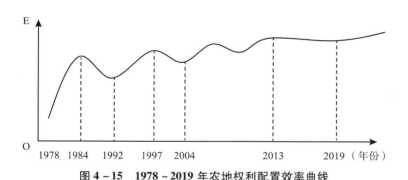

图 4 – 15　1978 ~ 2019 年农地权利配置效率曲线

六、农地市场供求、农民角色和农民类型制约关系

农地市场的供求状况（一级制约条件）、农民角色（二级制约条件）、农民类型（三级制约条件）三者是否与农地权利配置相匹配与农地权利配置的效率正相关，匹配度越高，效率越高。改革开放后，农地权利配置发生变化，所有权与承包经营权分离和"三权分置"使农地供求（一级）从非均衡状态逐渐过渡到低水平均衡，再过渡到高水平均衡。在一级条件制约下，产生了三种农民角色（二级），不同的农民角色面对不同的农地供求水平有不同的反应，若反应与农地权利配置匹配程度较高，则农地权利配置效率则随之提高，反之亦然。在一级条件和二级条件制约下，每种农民角色又包含着四种农民类型（三级），按

照能力和参与度分为"双低""双高""低高""高低"。若农民类型与农地权利配置的匹配度高，则权利配置效率也高，反之亦然。因此在一级条件制约二级条件，二级条件制约三级条件，一级条件制约三级条件下，应着手于提高三种条件与农地权利配置的匹配度，进而提高农地权利配置效率。

在产权制度理论的基础上构建五个假定，提出权利配置效率的理论假说，分析了权利主体、权利附着物与权利配置效率的关系。权利主体对权利配置的能力和参与度与权利配置效率存在正相关关系，在既定权利配置下，参与度和能力需与其相匹配，若不匹配，权利配置效率由参与度和能力较低的一方决定。同样地，权利附着物的权利配置需要根据权利附着物的供求均衡情况来确定，二者不一致则会导致权利配置效率的下降。

本章进而将该理论模型应用到农地的权利配置效率分析中，通过分析国家主体配置农地权利情况入手，在既定的权利配置条件下，分析对应的农地供求均衡水平（一级条件）、农民角色（二级条件）和农民类型（三级条件），若三者与农地权利配置的匹配度高，则对应的农地权利配置效率提高，反之亦然。

本章的结论是：农地权利配置效率不仅与农地客体的属性有关，还与配置农地权利主体的属性有关。农地所有权主体国家（集体）会通过观察一级条件、二级条件、三级条件而优化农地权利配置，在既定的权利配置下，农地供求水平发生变化，当农地供求均衡水平（一级）不断与农地权利配置相匹配，农地权利配置的效率也随之提高；在一级条件制约下，农民角色（二级）与农地权利配置越相匹配，农地权利配置的效率越高；在一级和二级条件制约下，农民类型（三级）与农地权利配置越相匹配，农地权利配置的效率越高。因此要从提高农地的供求均衡水平、提高三种农民角色与农地权利配置的匹配度、提高农民对农地权利配置的参与度和能力三方面着手，提高三者与农地权利的匹配度，进而提高农地权利配置效率。

建议：在农地"三权分置"条件下构建农地流转信息实体平台和

网络平台，解决供给型农民、需求型农民、供求型农民农地信息不对称的状态，使三种角色的农民能够及时了解农地流转信息，进而提高农地流转比例，使农地供求向着更高的均衡水平过渡。设立"农民学校"，对农民提供知识型、技能型服务，提高农民对农地流转、经营的意识，提高农民主体对农地权利配置的能力和参与度，培育新型经营主体。国家对农地经营权配置进行进一步细分，完善农村土地"三权分置"，出台更多利好政策稳定农民预期，提高农民收入，提高农地权利配置效率。

第五章

农地集体所有权配置
由"虚"入"实"的机理

　　土地是人们衣、食、住、行的物质基础，土地制度是国家的根本经济制度，也和一国经济发展、社会稳定关系密切。我国是世界上实行最严格的土地管制制度的国家之一，因此作为我国土地制度重要部分的集体土地所有制受到严格的限制。为了保证国家粮食安全，保障农村和整个社会的稳定，实现各产业协调发展，对集体土地所有权行使进行合理的限制是可以的，但随着市场化的进程，集体所有的农地收益不断增长，不过农地集体所有权的虚置使农民并不能充分分享集体农地带来的收益。因此，解决农地集体所有权虚置的问题十分迫切。

　　本章的研究思路是首先对相关农地集体所有的文献进行梳理与评价，然后对集体所有农地权利配置由"虚"入"实"的相关理论进行阐述，结合 1949～2018 年我国集体所有农地的收益配置情况，分析农地集体所有权虚置的表现与原因，最后针对问题提出相应的对策建议。

第一节　文献述评

一、农地产权制度的研究

　　建立一种既科学又合理的农地制度，需要将制度经济学和产权经济学结合起来。土地的产权制度是研究农地制度的中心环节。张术环（2005）指出，农地产权制度具有稳定、约束和激励等功能。经济因素是农地制度的变革的根本原因，其实这说到底是生产力发展的必然结果。郭碧娥（2008）站在产权的角度，分析了我国家庭联产承包责任制中权能的缺失和非效益性，并依据产权理论，提出了解决我国农地制度现存问题的办法。王万茂、钱忠好（1997）鉴于我国全国各地不同的土地特征、现实的国情，归纳总结了我国过去进行的土地改革，提出我国农地应该因地制宜采取复合所有制。钱忠好（1999）认为农地的复合制与农地私有制、农地国家管理制均不同，我国采用国家拥有土地所有权基础上的农民个人所有制是社会发展的要求，它是我国农地改革的方向。李全伦（2007）指出，土地产权应该跳出传统产权逻辑，即建立直接产权和间接产权分离的框架，对国家、农村集体、农户这三者之间的土地关系重新解释，重新界定土地直接产权、间接产权的行使范围及行使方式。

从上述文献可知，建立科学合理的农地制度需要我们了解产权制度，了解产权制度与农地之间的关系，从产权角度解决农地现存的主体虚置问题。

二、农地制度变迁绩效的研究

任何一种制度的实施以及实施之后是否长久有效、是否能得到社会大众的支持，最重要的衡量指标就是其产生的绩效是否能弥补制度成本，我国在新中国成立以后经历了数次土地改革，每次改革都极大促进了当时农业的发展，因此总结上述改革规律对于今后的农地改革有很大的借鉴意义。袁林、赵雷（2008）对主要制度的绩效进行了比较，经过分析认为家庭联产承包责任制创新后，制度约束与锁定是经济低效率的主要原因。常季清、尉京红（2006）认为，土地制度应是有效率的且该效率应是长期性的，而其效率的标准则是是否与经济发展水平相适应，与效率对应的则是公平，公平的农地制度意味着与环境相适应，走可持续发展道路。李学军、朱宏（2003）认为农村土地制度创新是"非帕累托创新"，只有在土地制度立法、稳定土地承包制关系、培育农民利益团体并增强其谈判力等方面充分发挥国家的作用，才能真正增进土地制度效率，促进农村经济体制改革。

从上述文献可知，我们构建的农地制度，解决农地问题时需了解分析以前农地改革的成绩与问题，结合实际找出合适的可解决现存弊端的农地制度。

三、农地所有权改革问题的研究

关于农地所有权改革，学者们观点各异，有的认为农地所有权归农民所有，有的认为归农民和国家所有，还有人认为应继续归农村集体所有。周其仁（2002）提出，集体所有制由于历史、法律等原因，其先天发展不足，需停止实行集体所有制。直到今天，其仍然没有必要再存在，最符合产权制度安排的只有产权私有化，发展市场经济必须要建立明确的土地产权制度，将农地产权归给农民个人，确定私人占有制度，将相关财产权、使用权等权能分归给农民，土地所有权归给农民。产权主体多元化思想是农地归农民和国家共同所有的典型思想代表，意指国家和农民共同持有土地产权的思想。秦晖（2000）指出，国家应该对土地垂直管理，中央直接派出机构管理地方土地，以确保国家对农地的整体规划，同时要让农民获得相应的征地补偿。允许农户拥有产权，其作为产权主体享有对土地的占有支配权，有利于提高农民积极性，进而拉动投资增长，实现粮食增产。贾生华（1996）提出，依据土地利用类型，可以将农地集体所有制分为村集体所有权主体、乡镇集体所有权主体，其行使主体分别是村民委员会、乡镇政府。土地所有权问题是非常复杂的，和农户、国家以及集体的方方面面密切相关，与民生建设、社会和谐发展也息息相关。我国学者也从各个角度对其农地所有权进行了深入的分析研究，也提出了有很多建设性的意见。随着城镇化的发展，农民农村问题也逐渐出现，所以选择解决问题的方法很重要。

第二节　集体所有农地权利配置由"虚"入"实"的理论分析

近年来，无论是土地承包、土地流转，还是土地调整等环节，土地承包权在实践中受到了侵害，既影响了社会治安，又导致农民增收缓慢。目前我国土地制度是如何形成的？农民土地财产权的影响因素有哪些？从制度方面看，我国农地制度的形成是政治、经济等因素综合作用的结果，这些因素也带来了很多问题。

一、集体所有农地的产生

1. 政治诉求："耕者有其田"的农地制度

传统的社会主义理论认为，如果想实现人自由、平等的发展，我们只能采取公有制制度这一种途径。传统社会主义理论的价值追求是公有制，马克思是第一个对集体所有制做出论述的，苏联第一个将其付诸实践。我国在苏联的影响下，学习苏联模式，构建集体所有制，集体所有权是农地产权制度在法律上的具体表现之一，因为其并没有遵守经济规律，因为土地所有制问题是抽象的，而土地使用权问题是具体的，二者不可以对立，结果引起农村经济发展缓慢（童列春、岳正华，2005）。1978 年为了解决产权归属问题，我国在农村开始了改革，确立了"统分结合的双层经营体制"。法律上以集体所有权、农地承包权的分离为原则，建立成熟的农地产权激励制度，大大提高了农民的积极性。

2. 经济需求：重工业优先发展战略

我国以农地集体所有权为核心的土地制度的形成除了国家行政权力的推进，还有很多经济因素，这种经济动机是当时国家主张加快发展重工业战略，建设社会主义现代化工业国家。为了实现这一目标，我们需要建立一种新的、可集中分配经济资源，建立相应的国有化、集体化的微观管理机制，最终形成高度集中的计划经济体制。为了将优先发展重工业的战略落到实处，我们一方面在农村进行土地改革，另一方面通过1954年《宪法》将农地集体所有权予以固化。

3. 制度固化：以农地集体所有权为中心的农地管理制度

无论是政治上的诉求，还是经济战略的实施，都要求农地产权制度以法律形式予以固化，其体现在《中华人民共和国土地管理法》（以下简称《土地管理法》）中关于集体土地所有权及其土地征收的有关条文中。

二、集体所有农地的核心主体与收益状况

1982年《宪法》第十条规定：农村和城市郊区的土地，除由法律规定属于国家所有的以外，属于集体所有。因此农地集体所有权的法定主体是农民集体，而农民集体是一个没有法律人格、抽象的集合体，所以我们假定农民为农村集体农地的核心主体。

地租理论是经济学领域重要的理论，因此，要探索中国土地制度存在的问题以及基于土地要素的农民权利和权利的缺失，有必要进一步运用地租理论，从农地所有权人立场看，地租作为收益手段而存在，但从使用者立场看，地租本质是其为获取经营权所支付的费用，土地使用者只要付出相应的价款，就会获得使用权，并享有这一权利所带来的相关利益，其实在日常生活中，农民对土地享有的各种权利会通过各种经济收益的形式体现出来。

三、集体所有农地权利对集体农地收益的影响

集体农地的权利包括所有权、收益权、处置权、使用权等，这些权利的配置均会对集体农地收益产生影响。

对集体农地产权主体、客体的界定会影响集体农地收益配置，确定清晰的农地所有权主体，可以规避实践中承担责任主体少、利益分享主体

多的推诿扯皮局面，清晰的农地所有权主体会使集体组织对农民更有约束力，并提高农民的生产积极性，最终使集体农地生产出更多的收益。

农村集体作为集体农地的所有者，村民作为集体农地的核心主体，应该拥有集体农地的法定处分权，即只有经过集体和农民同意，土地方能流转；此外，村集体和农民也享有对农地用途的处分权，也有权在集体经济组织之间进行流转土地，农村集体经济组织对土地的支配、处分的权利会使农村获得农村集体土地入市的权利，有权参与市场定价，从而取得农地收益。

村集体和农民作为所有权人应该是农地流转收益的享有者。在市场交易中，用地单位应与村集体和农民协商，确定双方满意的价格后实现土地流转。此外，因为地租是所有权人才能得到的收益，在农民承包集体土地后将土地转包给其他农户所收取的租金具有租金的性质，应交给村集体，村集体可运用这一收益进行村建设，最终实现村民们共享收益，同时也体现了农民为集体农地核心主体的地位。

第三节　集体所有农地的收益配置（1949~2018年）

我国农村土地制度自新中国成立经历了四个发展变革阶段。第一阶段的"土改"运动实现了农民土地所有制；第二阶段的农业合作化运动，初步实现了土地由农民所有向集体所有的转变；第三阶段我国建立了家庭联产承包责任制，大大提高了农民的生产积极性；第四阶段进一步完善家庭联产承包制，积极推动农村土地流转。

一、1949~1953年农村土地制度与农民土地权益

新中国成立后，全国各地继续实行"土改"政策，"土改"完成后人民政府颁发土地所有权证书，并允许土地所有者自由经营，并有自行

出租土地的权利，这是经由法定后的物权，即确定了农民对土地的所有权。政府通过"土改"提高了农民的生产积极性，得到了农民的大力支持。这次土地改革既满足了广大农民对土地的要求，也满足了国家当时的政治需要。通过此次"土改"，我国基本形成比较完善的农业制度。

二、1953 年底至 1978 年农村土地制度与农民土地权益

第一次"土改"确定了农民所有的土地制度，这一制度虽提高了农民的生产积极性，但小农经济形式不利于农业实现多种经营和规模化发展，因此农业生产合作社应运而生，合作化阶段分为互助组、初级社、高级社，逐渐将农民土地所有权个人所有转化为集体所有。国家鼓励农民组织起来，按照自愿互利的原则，引导农户进行联合生产，组成互助组，即便农民参加互助组的目的是追求利益最大化，但国家的目的是实现对农业的社会主义改造，不过此时的农民依然是土地的所有者，可随时退出互助组（刘永倍，2014）。

1953 年 12 月 16 日，中共中央做出《关于发展农业生产合作社的决议》，这体现了农业生产初级社的迅速发展。与互助组不同的是参加初级社时，农民须以土地作股投资入社，土地由农社统一管理，以按劳分配逐步替代按资分配，因此，农户逐渐失去对土地、农具等财产的占有、经营及收益分配权（汪雪萍，2016）。

高级农业生产合作社阶段和农村人民公社阶段。我国从 1956 年开始开展高级农业合作社运动，一直持续到 1960 年结束。农村人民公社是从 1958 年开始，1980 年结束。1956 年《高级农业生产合作社示范章程》的颁布是我国农业合作社运动进入高级阶段的标志。我国农地产权得以在短期内顺利转变为集体所有。

三、1978 年底至 2005 年农村土地制度与农民土地权益

这一时期我国农村土地由集体经营开始转向家庭承包经营，到

1983 年，国家已经出台相关政策对家庭承包经营予以肯定。截至 1981 年底，全国农村生产队建立农业生产责任制的已有 90% 以上，1981 年农村实行家庭联产承包责任制的达到 98.3%。土地承包经营使农民虽然所有权与使用权分离，但却获得了土地经营自主权与收益权，使农民生产积极性得到提高。不过土地承包经营权也有局限性，因为承包权不稳定，所以土地期收益也不稳定，这挫伤了土地生产者的投资积极性。因此我们应该确立稳定的土地承包权。1984 年以后我国颁发了很多土地承包经营制度，逐渐形成了"农村土地集体所有、家庭承包经营、稳定土地承包权、鼓励土地使用权流转"的农村土地制度框架。

四、2005 年新农村建设以来的农村土地制度与农民土地收益

家庭联产承包责任制之后我国农村生产力得到了解放，但随着市场经济发展与城市化进程的推进，农民的比较收益却日益降低，因此有很多农民开始进城务工，为了不丧失农地收益，农民通常会将土地承包给其他农民，同时随着家庭联产承包责任制的持续推进，也逐渐显示出这一制度经营范围小，规模小等缺点，因此农业集约化经营成了日后农地改革的方向与目标。2005～2020 年，国家出台了一系列政策着重解决农村日益暴露出来的弊端，例如 2006 年一号文件深入总结了征地制度改革中的经验，并提出根据地方实际状况，进行各种差别化的农业生产，不断完善承包权流转机制。2008 年中央一号文件指出禁止以"以租代征"等形式来满足建设用地的需求，建立完善成熟的土地承包权登记制度。该制度使农民的土地不仅可以耕地种粮，还可根据需要进行切换改变，拓宽了农民实现土地权益的形式。2016 年中央一号文件也明确指出在及时总结农村集体经营性建设用地入市改革试点经验的基础上，继续推进农村集体经营性建设用地入市改革试点工作，适当提高农民集体和个人分享的增值收益。党的十八大以来，以习近平同志为核心的党中央深入推进农村土地制度改革，扎实推进农村土地承包经营权确

权登记颁证工作，实现了农村承包地的"三权分置"，深化了农村"三块地"改革。2020 年中央一号文件指出，要积极破解乡村发展用地难题，坚守耕地和永久基本农田保护红线。完善乡村产业发展用地政策体系，明确用地类型和供地方式，实行分类管理。同时，保障重要农产品有效供给和促进农民持续增收。

第四节　农地集体所有权虚置的表现及原因

一、农地集体所有权虚置的表现

1. 国家行政权弱化了集体所有权

一是国家行政权削弱了集体对土地的使用权与处分权。我国法律对集体土地流转进行了严格的限制，集体土地若想流转，只能通过国家征用变成国有土地。集体作为农地的所有权人，除了在农业、宅基地、乡镇企业、乡村公共建设用地等方面具有决策权外，在商业用途等方面缺乏处分权。二是国家行政权削弱了集体的收益权。首先，国家通过颁布相关法律对农地的用途进行了严格的限制，从而影响了农地的收益。其次，国家通过行政权将集体土地收归国家所有，然后高价转卖给所需企业，其中的差价则收归国家所有，而作为农地所有权人的集体，在此次交易中，所获利益甚微。依照产权理论，所有权人拥有占有、使用、处分、收益等权利，可是集体拥有的所有权仅仅是名义上的，其权能被国家行政权削弱，不再是完整的所有权。

2. 土地承包经营权对所有权能的替换

农村土地承包经营起源于 20 世纪 80 年代的家庭联产承包责任制，土地承包经营是由过去的集体所有、集体组织生产劳动转变为"家庭承包经营为基础、统分结合的双层经营体制"。国家通过一系列法律法规逐渐强化了土地承包经营权，严格限制村集体的处置权。承包经营权的初始内容是农户服从集体的安排，从集体利益出发，集体有权合理对农地进行调整，然而今天，土地承包经营权已经不仅仅是使用权的范畴。因为承包经营权缺少约束，农户自身的利益也受到影响，更是影响了集体对农村基础设施的改善等（叶建雄，2009）。综上所述，农地承包经营权逐渐变成占有、使用、收益分配和部分处置权相结合的承包权。农户与集体之间的关系也发生转变，集体在失去农地基本权益的同时，也失去了收益，而农民个体利益也无法得到保障。当农民基于土地承包经营权获得土地流转收益时，意味着承包权兼具了所有权的性质，实质上也说明了农地集体所有权高度弱化的现状（李翔，2012）。

二、农地集体所有权虚置的原因

1. 主体虚位

一项权利必须有明确的主体和客体，由主体按照法律规定依法行使权力，然而，在农地集体所有权中，主体界定模糊。一方面，在目前的法律中，农地所有权主体包括乡镇农民集体、村农民集体和村民小组三种模式。在日常生活中，村民小组是主要主体，但是在农村很多地区，村民小组渐趋退出历史舞台，取而代之的是村委会，由村委会对外行使民事权利与义务。在内部组织结构上，既没有组织机构，也不能独立进行经济核算，财务工作只能由村直接管理，村民小组逐渐演变成使用者的角色，村委会成为所有权的主体。另一方面，我国法律对"农民集体"的概念并未做出清楚的界定，对其构成要素及其职能也没有详细规定，正是由于这种不清晰，导致"农民集体"与农户之间利益冲突的产生。因此从本质上来看，"农民集体"仍然停留在空客状态，不能成为法律关系中的主体。由于权利主体的缺失，导致承担责任主体少，利益分享主体多的局面（李曼、张松松，2004）。

农地集体所有权主体缺位，导致面临突发事件时，没有切实的主体解决问题，缺少解决途径，从而实现管理农地的职能，这也是农户与集体利益受损的原因。同时由于主体虚置，导致集体无权制定相关政策，面对国家征地的行政权力，集体也只能服从，无法维护集体以及农户的根本利益（齐勇，2011）。

主体虚置归根结底是由于一块土地的权利主体过多，没有真正做到权责统一。若想实现农户利益最大化，前提是要壮大集体的力量，而目前首先要做的就是建立权责统一的主体，该主体对内能够处理农户之间的矛盾，对外能够维护集体和农户的利益。

2. 监管机制的缺失

权利若没有有效的监督，必然滋生腐败现象。我国农地集体所有制一个突出问题就是对农地所有权管理者缺乏有效的监督。依照《物权法》的规定，村委会或村集体经济组织是农地所有权的行使主体，但从目前实践情况来看，村委会是农地所有权的真正行使主体。而我国宪法规定，村委会作为基层群众自治组织，乡县等上级政府部门不得对其进行行政领导，这就导致相应的监督机制与措施无法对其进行监督，而村委会内部也没有监督机构，甚至即使有监督机构，也无法独立行使监督权，监督机制的丧失，极易出现村委会领导人肆意侵占农户利益的现象（张蕊、桂菊平，2010）。

3. 所有权权能不完整

依据《中华人民共和国民法典》，所有权是指所有人对自己拥有的财产享有的占有、使用、收益、处分的权利。其中收益权和处分权是核心权能。由于我国农地的最终处置权属于国家，所以农地集体所有权是一种不完整的权利。一是处分权的确实可以从以下规定看出。《土地管理法》第三十六条第二款和第三款分别规定："禁止占用耕地建窑、建坟或者擅自在耕地上建房、挖砂、采石、采矿、取土等""禁止占用基本农田发展林果业和挖塘养鱼"。我们都知道这些规定的目的是加强对耕地的保护，然而这些规定也说明了国家对农村集体土地处分权的控制。二是农地使用权受到限制。《中华人民共和国农村土地承包法》（以下简称《农村土地承包法》）相关规定要求，土地承包经营期内，要对个别承包经营者之间承包的土地进行调整的，须报乡镇或县级人民政府批准；村民申请宅基地，须经乡镇人民政府批准。从以上规定可知，国家通过手续审批制度，严格限制了集体对农地的使用权，虽然这些规定的初衷是为了保护土地资源有效利用，但实质上它也造成了农地集体所有权、使用权的名不副实。三是部分收益权的丧失。首先，国家通过行政权力低价收购农民的土地，然后高价卖给所需企业，所赚取的差价收归政府所有，而集体作为土地的所有者却没有取得任何收益。其次，按照正常规律，农民承包集体土地需缴纳一定的费用，但在税费改革之后，在减轻农户负担的同时，集体的收益也减少了，特别是在农业税取消之后，村集体基本失去了收入来源。最后，基于土地承包权，农民经土地转租给其他农户，所获得的租金归农户自己所有，但从根本上来说，村集体作为土地的所有人，这部分租金应归集体所有才对，但集体却无权分享这部分利益，这也说明了村集体收益权的缺失（习佳佳，2015）。

第五节 农地集体所有由"虚"入"实"的路径

农地集体所有制是我国广大人民通过实践探索出来的伟大创举，在我国历史上发挥了巨大作用，为我国经济发展做出了突出贡献，然而通过前面的论述我们也知道，现阶段农地集体所有权面临着严峻问题，尤其是所有权虚置问题尤为突出，若想实现土地的保障功能，必须解决所有权虚置问题，通过土地产权制度的完善，也会使有限的土地资源得到优化配置，发挥产权的激励约束作用，从而保护农民的合法权益。因此，本章的重点在于如何将构建农村集体所有权，真正落实集体所有权的权能。

一、明确农地产权主体

1. 法律要明确规定"农民集体"作为农地所有权主体的构成要素以及运行规则，清楚界定农地产权代表和执行主体

我国现行法律规定，属于村农民集体所有的，应由村集体经济组

织、村民委员会代表集体行使所有权;如果土地属于村内两个以上农民所有,则由村民小组或村内各集体经济组织行使所有权;若土地属于乡镇农民集体所有,则由乡镇集体经济组织行使所有权(张志强、高丹桂,2008)。但村民委员会、村民小组以及乡镇集体经济组织都只是名义上的所有权主体,在实际上并不享有权利。因此若想实现所有权实化,首先,必须对"农村集体"这一概念进行清楚界定,本书认为将村民委员会作为农地的唯一主体比较恰当。因为村民委员会组织机构和选举制度比较健全,能够维护村民的意愿。其次,村民委员会的范围相对村民小组范围较大,这一点有利于日后农地在集体范围内的流转,更有利于实现规模经营。再次,与乡镇集体经济组织比较,村委会与农民的联系更加亲密,这一优势有利于个体农户与集体的沟通。最后,村委会行使农地所有权,方便村委会利用所获收益构建农村基础设施,更有利于为农民服务(崔宝敏,2010)。

2. 将村委会与农民的权利与义务进行明确界定

村委会作为农地所有权的主体,依法行使对农地的占有、使用、收益及处分权,且有权在土地上设立用益物权及担保物权。在目前的家庭联产承包责任制下,农民享有对农地的占有、使用及收益的权利,这体现了财产的可分割性,村委会作为所有权主体享有处分权。同时,农民基于土地承包经营权,在承包期内任何人不得干涉农民对土地行使权利,因此农地的处分权由村委会和农民共有。只有这样,当政府利用行政权征收土地时,村委会作为所有权主体就可以代表农民与政府谈判,从而在土地转让或征收过程中保障农民的利益不受损害(王利明、周友军,2012)。

二、土地确权以实现产权明晰

我国法律依据城乡二元社会划分土地产权边界,城市土地划归没有经过专业的论证。以区域范围为标准,我国法律规定农民集体分为乡镇农民集体、村民小组范围内的农民集体以及村范围内的农民集体这三个层次，但却有一个缺点，即农民集体应拥有的土地并不是按照这三个层次进行划分，因此土地管理部门首先需做好土地确权工作，尤其将土地之间的产权边界进行明确界定划分，以确保产权明晰。地籍管理制度是保证土地产权明晰的重要手段，所以要完善地籍管理制度，颁布准确登记的权利证书，只有这样才能保护农民的利益不受侵犯。所以应明确划分农村集体土地之间的边界，严格划分国有与集体的边界。在日常生活中，许多农地纠纷都是源于产权不明、边界不清，所以土地确权能够使各权利主体在权利范围内充分行使权利，防止侵权事件的发生（胡彪，2010）。

三、收益权能的落实

1. 承包土地的农民要向集体缴纳一定的费用，这是集体收益权能实现的必然要求

国家为减轻农民负担宣布取消农业税，然而农业税在减轻农民负担的同时，也掐断了村集体的收入来源，村委会只能依靠政府补贴维持日常开支，集体无收益的问题让村委会陷入了财政危机。因此我们可以看出，农业税的减免对农民来说有利有弊，其弊端就在于导致村集体无收入来源，不利于村委会为民服务，构建农村建设。所以要落实村委会的收益权必须要求农民缴纳承包费用，同时村委会要保证资金使用的透明度，将收取的费用落到实处，做到取之于民、用之于民（高广飞，2012）。

2. 国家在征地时要给集体合理的补偿

现行的国家征地机制是不合理的，国家通过行政权征得农地，然后转手卖给所需企业，在这过程中农民只获得较少的补偿，集体更是无权分享这一收益，其中的价差则全部归国家所有，这严重损害了集体的受益权能。同时，政府基于农地的当前收益给予农民补偿，是考虑了农民的使用权，而集体作为土地的所有者，其收益权却被忽视，所以政府在征地过程中，不仅要基于土地的当前收益，更要考虑土地的未来收益给

予它的所有权人即集体一定的补偿，从而实现集体的收益权。

3. 政府需对农村集体建设用地使用权流转收益与增值部分合理分配

农地纠纷一部分原因就是土地流转收益分配不合理，村集体作为农地的所有权人，有权获得土地流转收益与增值收益。政府应建立健全农地分等定级和估价体系，给农地流转提供价格基础，随后建立科学完善的土地流转收益分配体系。依据产权理论所述，土地流转收益应归所有权人及使用权人所有，国家仅征收小额增值税，村集体获得这部分收益后，要将收益运用在村建设上，以改善提高农民生活。

四、处分权能的落实

1. 赋予村集体调整农地的权利

我国法律规定，禁止集体调整农民土地，承包关系长久不变，国家出台此项政策的目的是希望土地成为农民生活的保障，但从现实发展来看，此项政策已严重影响了农民自身以及村集体的发展。因为随着时间流逝，有的家庭人口增多，却没有相应人口的土地，而一些家庭人口减少，土地却不曾减少，甚至随着城镇化的发展，一些家庭已经不再务农，但却仍占据着土地，集体也无权去调整，若这些家庭将土地承包出去还好，若这些土地一直荒芜，则是土地资源严重的浪费，所以国家应赋予集体调整农地的权利，根据实际情况将土地分配给需要的家庭，以实现公平公正，提高土地资源的利用率。

2. 国家对集体的处分权进行合理的限制

目前我国的征地制度规定，国家基于"公共利益"有征得土地的权利，然而我国法律对"公共利益"的范围却没有明确的界定。国家在征地范围缺少明确的规定，有关"公共利益"的含义、界定也不严谨，从而导致土地征用权的不规范使用（王立刚，2011）。随着城市化的发展，由于城市土地有限，一些地方政府会打着"公共利益"的名义征收土地，却将土地用于房地产等商业用途，严重损害了农民和集体的利益。集体权利的弱化和土地承包权的强化，使村集体成为松散的集体，政府利用行政权力与农民达成不对等谈判，利用农地赚取差额收益，政府给集体的补偿也是很小的，在这个过程中，政府取代了集体，成了土地真正的所有权人，集体只有农地管理权，而农民则只有经营权。

五、完善监督机制

首先，要培养农民的法律意识，使其学会运用法律武器维护自己的合法权益，各地都要设立侵权举报机构，以方便农户行使监督权。其次，村委会内部应完善监督机制，各个部门相互制约，同时村委会成员须经全体村民选举产生，保证村干部选举的公开透明。最后，要有独立的部门监督村委会行政权力的行使，使权利的行使真正落到实处，以保障村委会真正为百姓做实事。

第六章

农地征收收益配置的机理

　　我国以实现农业现代化为农业发展的目标。但就目前情况看，农业发展依旧存在短板。为了解决这一问题，党中央提出农地"三权分置"的政策方针，以满足农业发展的要求，为农业现代化提供新的方向。"三权分置"的政策实施不仅可以保护农民对承包地的财产权益，还能够赋予新型经营主体更多土地权能。这有利于新型农业生产经营主体获得更多的农村土地资源，有利于提升土地资源的配置效率，有利于使我国的农业发展方式实现新型变革。可以说，农村土地"三权分置"为中国特色新型农业现代化提供了新路径。

　　"十三五"规划中提出"三权分置"的政策，在这种政策背景下，本章通过对农地增值收益形成机理的分析，和各方利益主体参与分配现状的研究，为我国农村土地征收的收益配置提供合理的意见，这具有重要的理论和现实意义。结合相关理论，对农村土地征收的增值收益的形成机理进行分析，为各方参与者合理进行利益分配提供了理论依据。对农村土地征收收益的分配现状进行分析，可以更清楚地认识当前分配不合理的种种原因，为分配制度和相关配套制度的改革理清思路。

第一节 文 献 述 评

一、"三权分置"相关理论研究

在 2014 年"三权分置"理念提出之前,就已有学者对其相关问题进行了研究。一些学者认为,农村土地承包经营权是用益物权的一种,所以属于完整的民事权利,而"承包权"与"经营权"的分置就等同于两个不相容的物权处于一物,这就不符合传统的"一物一权"原则。一些学者从"权能分离"的角度出发,认为土地经营权不能是一个单独的权利,因为它依托于承包经营合同。另外,支持"三权分置"的学者认为,这种政策的实行有助于推动农村土地制度改革,对农村土地权利流转也是百利无害,并就此给出了确权登记等法律方面的意见。

农村土地收益配置问题是征地改革的核心,同时也是征地改革的难点。毛泓等(2000)学者在研究农村土地征收收益如何在不同主体间进行配置问题时,认为应该以产权所有关系为依托,在不同主体间进行配置,也就是说农村土地收益配置要以农村集体组织与农民个体这两个产权主体的关系进行合理配置。周诚(2006)认为农村土地增值的收益配置应以"全面产权观"原则来进行,认为"合理补偿失地者,剩余归公,支援全国农村"是合理的配置方案,由此精炼出"公私兼顾"的配置原则。谢青等(2006)认为土地的价格补偿和土地的机会成本补偿是农村土地征收补偿的两个重要方面。刘江涛等(2012)认为当前配置农村土地征收收益权利的依据是集体成员权和土地承包收益权,农村土地征收过程中应当保障农民凭借农地承包权所获的收益,同时加强对村委会的监管力度。

二、农村土地收益配置研究

首先，我国的学者普遍认为收益分配的主体包括农民、农地使用者、村集体和地方政府。周诚（2006）认为农村土地收益配置应"公私兼顾"，在合理公平的条件下对农民进行补偿，剩余的收益则要归公，用于农村的发展建设。大部分学者都认为对农村土地征收的补偿过少，侵害了农民的利益。任辉等（2011）认为，农民在土地征收中所获得的补偿远小于政府所得，分配比例十分不均衡。苑韶峰等（2012）借助物元模型得出，相较于政府而言，农民所得到的增值收益过少，甚至趋近于0。

其次，在对引起农地收益配置不合理的因素研究中，李剑阁、韩俊（2006）认为，政府对农村土地市场具有垄断力量，使地方政府挤出了农民收益。并且地方政府将农地用于抵押贷款来进行发展建设。钟怀宇（2007）在研究农村土地收益配置时，认为农民权益受损主要因为权利主体界限不明确，产权不够清晰。肖屹等（2009）认为政府对农村征地市场具有垄断力量，由此造成了征地市场上的不均衡。进而引发市场失灵，造成了农民权益损失。刘爱军（2009）对农村土地征收中的制度难点进行分析，如征地补偿利益的界定模糊、没有科学合理的征地补偿标准和计算方法、农村土地征收的程序制度存在缺陷等。周其仁（2013）认为，只有从根本上对征地制度进行改革，为农民集体建设用地提供合法入市的途径，才可以更好地解决农民征地收益受损的问题。

最后，在对农村土地征地收益进行合理配置方面，李青等（2006）提出，要使农村土地成为地方政府的可持续收入来源就要对现有财税体制进行改革，调整重费轻税的情况，对农地征收财产税要以市场为依据，完善农地税收及补偿制度。对于农地收益的使用，地方政府应当取之于民，用之于民，并且使农民可以分享城镇化所带来的收益。刘守英（2008）认为要认清国有土地与农村集体土地的产权权益关系，防止农村建设用地的过度国有化，对集体建设用地的流转进行更深层次的研究，并严格禁止集体建设用地非法入市。贺雪峰（2014）认为多元化的保障机制是农村土地征收补偿的重要部分。要建立多元保障机制来保证农民的权益，防止农民土地被征收后老无所养，病无所医。总的来说，国内学者的研究包含了农地征收制度改革、农地收益来源、农地征收补偿标准等方面。多数学者认为，当前制度虽然对推动城镇化起到了一定作用，但同时也侵害了农民权益，并且缺乏法律法规对权利的限制以及政府官员征地寻租的监管。要解决农村土地征收收益配置的问题，就要从完善制度、明确产权、科学设定农地征收补偿标准等方面来着手。

第二节　"三权分置"视角下农地征收收益配置的理论假说

"三权分置"是指形成所有权、承包权、经营权三权分置，进行权力的分置有利于提高土地的使用效率，进而提升收益。在"三权分置"的背景下，所有权、承包权和经营权既可以相互协调发挥作用，又可以各司其职，发挥功能。本节主要阐述的是"三权分置"视角下农地收益配置的相关理论。主要研究的问题是"三权分置"的一般机理，在市场均衡的条件下"三权分置"与农地收益配置的关系。

一、基本假设

假设1：农地收益随着权利细化程度而提高。众所周知，交易的发生必然会有相应的投入，但是产权界定一直是经济所面对的难题。也就是说，交易成本随着权利配置效率的提升而降低，权力的有效配置会使得供给者与需求者都会从中受益。反之，权利的低效率配置会使得交易成本上升，导致交易双方利益损失，由此，权利在政府和农民之间的配置需要提升效率，降低交易成本。如果提升权利配置效率被作为降低交易成本的方式，那就要求买卖双方的交易所得大于配置成本，并且还要好于其他降低交易成本的方式。也就是说，权利配置成本越低，权利配置效率越高，则交易双方的所得就越多。

假设2：权利配置主要指的是配置所有权、承包权、经营权。"三权分置"和农地收益之间存在正相关关系。农村土地之间的关系就是在社会发展的某一阶段上人们在使用土地时所发生的人与人之间的关系，是土地制度、土地政策、土地改革、土地金融和土地税等问题的概述。农村土地之间关系是生产关系的重要组成部分，农村土地关系随着土地生产力的变化而变化，而土地关系也反作用于土地生产力。

假设3："三权分置"对农村土地增加收益的作用在市场机制下得以实现，"三权分置"结构要与市场供求均衡水平相协调。我们知道经济运行的主要载体就是市场，市场决定资源的最优配置，同时，市场也不是一成不变的。市场随着经济的不断发展由低水平均衡向高水平均衡演进。权利配置作为降低交易成本的一种方式，需要在市场供求均衡机制下发挥作用，也就是说，权利配置效率要与市场的供求结构保持一致，如果不一致，就会产生权利配置的损失。

二、"三权分置"下农村土地收益的一般机理

农村土地收益分配的主要依据是农村土地的产权界定，各个产权主体依据其农村土地产权获得收益。因为产权主体之间的利益需求不同，所以产权主体之间在征地活动中存在博弈关系。首先，为了确定农村土地征收收益分配中各产权主体之间的行为，我们把行为主体简化为征地方和被征地方，进而构建博弈树，分析他们的策略组合模式，博弈图如图6-1所示。其次，通过构建中央政府与地方政府的委托—代理模型以及集体组织与农民个体之间的委托代理模型，来分析征地过程中各个主体的行为范式和农村土地征收收益配置，具体博弈过程如图6-2所示。

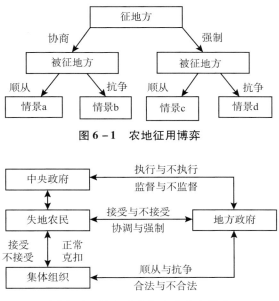

图 6 - 1 农地征用博弈

图 6 - 2 地方政府与中央政府博弈

将征地过程中的博弈假定为完全信息博弈。由于政府对征地市场具有垄断力量，因此征地过程当中，政府可以主导农村土地的征收，也就是说征地方有先动优势，而被征地方则根据征地方采取的行动来进行决策。虽然征地方先采取行动，但是在这个博弈过程当中，博弈双方都可以预测对方和自己行为所产生的收益或者损失。博弈过程具体如图 6 - 1 所示，双方可能达到的策略组合有：情景 a、情景 b、情景 c 和情景 d 这四种情况。情景 a 时，征地方采取协商行动，而被征地方选择顺从，此时的征地博弈成本最低，双方可以达到最优策略均衡，这是显然是最优的均衡状态。情景 b 时，征地方采取协商策略，被征地方选择抗争，那么征地双方则会无法达成协议，也就是说土地征收不能实现。假如此时征地方强行进行土地征收，那么和情景 a 相比较，被征地方抗争、上访的成本将会增加，征地收益缩减。情景 c 时，如果征地方采取强制措施，被征地方采取顺从行动，在征地可以进行的情况下，征地方采取强制措施的策略收益大于采取协商措施的策略收益，也就是说使协商成本降低。

相反，被征地方因为被强行征地，所获得的补偿由此降低，即强行征收农村土地使额外成本增加，因此总的来看，总收益小于情景 a。情景 d 时，征地方实行强制的行动策略，而被征地方根据他们的行动选择抗争，那么被征地方被强行征收的损失由于被征地方进行抗争得到了一些补偿，但是双方为此付出了代价。和情景 a 相比，征地效益在总体上产生损失，因此不是最优策略。和情景 c 相比，损失的减少使得总效益有所增加。综上所述，情景 a 就是征地博弈过程当中的最优策略，博弈主体都获得了最大收益。但是，在现实中往往难以实现。情景 d 是当征地方采取强制行动时候所形成的最优策略，被征地方采取顺从策略会使自己受益减少，而增加征地方收益。实际情况是征地过程中往往以较低的价格进行征收，而被征地则会进行抗争。因此，情景 d 的决策形式比较吻合现状，由上述分析可知，这就是实际情况下征地博弈的最优均衡。

农村土地征收收益配置的产权主体，也就是政府、农村集体组织与农民在征地过程中采取各自的策略，通常符合委托—代理理论。中央与地方政府以及农村集体组织与农民的农村土地征收中的利益分配不能协调统一，尤其是现实生活中，往往存在信息不对称因素，各个主体之间的利益会产生矛盾。通常来说，中央政府有促进经济可持续发展的职责，这就需要其考虑整体和长远利益，而地方政府需要实现其管辖范围内的经济发展，并使其个人利益提升。由于现实的复杂因素，中央政府不可能对土地征收情况进行全面的指导，因此，中央政府通常会委托地方政府代为管理，政府内部中央与地方形成了委托—代理的关系。

第三节　"三权分置"视角下农地征收收益配置的实证分析

一、"三权分置"视角下农村土地收益配置的现状

通过整理并分析农地增值额、农地补偿水平和农地市场价格的数据

发现，在农村土地征收过程当中，失地农民获得的征地补偿小于农地增值，也就是说，农民的农地权益受到侵害。农村土地市场价格高于农村土地补偿，农地增值也高于农地补偿，并且农村土地市场价格与增值相差无几，也就是说，当前农村土地的补偿标准偏低，而地方政府拿去了大部分的农村土地征地收益。

集体组织和农民得到的土地收益占比小于30%，与政府所取得相比，征地收益分配比例存在不协调的问题，中央政府和地方政府的农村土地收益所占比例很大。因此，在农村土地征收收益配置之中，农民仅仅可以获得小部分的土地收益。总之，在农村土地征收收益配置中，政府获得了大部分的农地收益，而农民的收益只占小部分，权益受到损失。

如表6-1所示，农村土地征收收益大部分被政府拿走，集体组织只获得较少的部分，而农民所获得收益占比不到10%。因此，政府在农地征收中获得了大部分利益，而农民的利益受到侵害。在农村土地征收过程中，农村土地征收收益依据其征地主体进行配置。被征地农民的农村土地权益类型包括承包经营权和使用权，收益构成包括安置补助费、

表6-1　　　　　　　　　农村征地收益构成及分配

收益主体	收益构成	权益类型	收益分配比例（%）
被征地农民	安置补助费、青苗补偿费、地上附着物补偿费、部分土地补偿费	承包经营权使用权	5~10
农村集体组织	部分土地补偿费	土地所有权	15~20
地方政府	土地出让金、耕地占用税（50%）、土地增值税、城镇土地使用税、土地管理费、新增建设用地使用费（70%）、耕地闲置费、新菜地开发建设基金、土地登记费等	土地管理权	50~60
中央政府	耕地占用税（50%）、新增建设用地使用费（30%）	土地管理权	15

青苗补偿费等;农村集体组织的农村土地权益类型为土地所有权,农地补偿费是其主要的收益组成;地方政府的土地权益类型为土地管理权,土地出让金、土地增值税等构成其收益;中央政府的土地权益为土地最终管理权,耕地占用税、新增建设用地使用费构成其收益内容。

二、农村土地征收收益配置存在的主要问题

1. 农村土地产权主体界限模糊

农村土地所有权是对农地全面的支配权,处于重要位置。我国的农村土地从所有权角度出发,主要包括国家所有和集体所有两种,因此,清晰界定政府权力和土地实际拥有者权利就尤为重要。也就是说,明确收益分配关系的前提是对产权进行明确界定。虽然,在我国计划经济体制时期实行"三级所有,队为基础"的权界限定,并且这一限定影响了如今《土地管理法》中所规定的农村土地三级所有的结构,但是,这依然不符合现行市场经济体制的内在逻辑。而在法律上,"虚设"现象在农地所有权问题上表现较为突出,这就使农村土地征收中的收益配置与权利主体不能完全对应,收益的标准也无法统一度量。倘若收益主体与产权相对应,那么政府首先应该被排除在外。因为现有的政策没有对政府参与分配进行清晰的界定,所以地方政府往往是根据以往经验,按照初次分配和再分配的原则来获取收益。即使《物权法》有"确权"的规定,但制度设计依然有待完善。

2. 农村土地发展权制度缺失

农村土地发展权在我国还没有得到完全承认,学者们对此意见不一,相关的理论也是处于初级水平,这使我国制度体系中缺乏与农地发展权相关的制度。农地发展权属于动态土地发展权的一种,就是农村土地被征收后能够得到的土地增值收益,在归属方面,相关学者也是各持己见:"涨价归公""涨价归私(农)""私公兼顾"。总的来说,还是要处理好增值收益在哪里分配、怎么进行分配的问题。土地在被国家征收后,所有者就不再享有使用这块土地获得最大收益的权

利，国家应该对这部分增值收益进行补偿。从现行的法律来看，这项权利保护存在缺失。就目前来讲，我国在农转非的过程中，虽然存在利益分配不协调的问题，但对于侵害农民和农村集体组织的何种权利的界限依旧模糊。

3. 地方政府所占农村土地收益比例过大

土地出让金可以理解为一段时间的租金或地租。就目前的状况来看，地方政府具有垄断力量，有权利干预农地出让价格，这就制约了市场在农村土地征收过程中的作用，降低分配效率的同时，又造成了收益分配的不公。因此，失地腐败现象屡禁不止，并且容易引起地方政府过度依赖土地财政而使土地锐减，还会造成开发商的成本增加，企业难以维持经营，进而造成当地的经济发展与社会发展不协调。另外，就目前来看，地方政府拥有管理土地出让金及税费收益的权利，这导致地方政府有动机大量出让土地。"招拍挂"制度的实施造成了土地市场交易价格大于底价的现象，制度的缺失使地方政府获得大部分的土地增值收益。这就引起许多地方政府迷恋于"多征多用""低进高出"，"以地生财"成了开发区推动发展的主要资金源泉，所造成的直接后果就是耕地资源锐减，粮食安全得不到保障。

4. 农民社会保障制度不完善

目前，我国已进入城镇化的快速发展阶段，数据显示，2017 年我国城镇化率已经达到58.52%，预计到2025 年城镇化率将超过65.5%，[①] 而土地的供求矛盾将会逐渐恶化，全国耕地面积逐年下降，失地农民数量也呈现上升趋势。与此同时，农民的社会保障也成了社会发展需要解决的重要问题。

从 2011 年到 2015 年，农村社会养老保险参保人数与实际领取养老待遇人数有着较大的差异，另外与城市居民相比，农村社会养老保险参保人的数量较少且增长速度缓慢。因此，需要完善农村社会保障制度，

---

① 《"十四五"时期中国农村发展高层论坛在京举办〈中国农村发展报告2020〉发布》，http：//www. cssn. cn/xnc/202008/t20200819_5171677. shtml。

加大资金投放量。当前,农村医疗保险补助呈逐年上升趋势,但是补助金额与物价水平不协调,农村医疗的保障水平依旧较低。由于农村医疗保险制度不完善、服务通道不畅通,使缴费报销的成本甚至大于得到补偿的费用,因此要尽快解决支付渠道问题,实现异地结算,尽快落实全国一卡通,以方便农民缴费和报销。尽快建成合作医疗管理机构和定点医院、定点药店均可以当场报销的医疗服务体系。

第四节　优化农地征收收益配置的对策建议

一、全面推进土地承包经营权确权颁证工作

由于土地承包经营权依附于土地,因此推进土地承包经营权确权颁证工作就尤为重要。2017 年的中央一号文件明确要在 2020 年前完成土地等农村集体资源性资产的确权登记颁证工作,继续扩大各省市的落实范围。土地承包经营权可以高效有序流转得益于土地承包关系确定,2019 年的中央一号文件也强调要保持农村土地承包关系稳定并长久不变。因此,土地才可以实现效用最大化。抵押解禁的中央政策明确规定了土地承包经营权流转过程中要坚持底线,即"坚守土地公有制性质不改变,耕地红线不突破以及农民利益不受损"。这条底线也是稳定承包关系、促进土地承包经营权流转的红线。

二、完善农村土地发展权制度

要想完善收益分配制度,就要加快承认农地发展权的进程,加快农地发展权在法律方面建设,进而改善农民权益受损状况,进一步形成新的土地权利配置方法,使农民和集体经济组织的权益有所保障。在设置农地发展权制度时:首先,要明确农地发展权主体,使其与农地所有权

主体相对应。其次，需要政府发挥引导作用，使农地发展权合理入市。政府介入的第一步是出让农地发展权，通过建立合理的农村土地市场交易平台，进而形成规范合理的农村土地市场机制。最后，确定农地发展权补偿标准。根据农地征收用途来预期涨幅、评估增值收益，建设更好、更合理的农村土地征收收益配置机制。

三、明确农地收益分配比例

国家、村集体、失地农民和土地开发商都是土地收益分配的主体，在收益分配方面，不同的利益主体因收益构成的不同而得到不同比例的分配，如农民就需衡量维持其生计的最低保障，并根据这一标准对其进行收益分配。政府要实现经济社会发展的目标，就要对不同收益主体制定合理的农村土地征收收益分配标准。村集体以农村集体土地所有权为标准来参与分配并得到相应的份额；土地开发商以投入的资本和劳动力为标准来确定其收益。为加强对地方政府的监管力度，防止地方政府过度依赖土地财政，可以使农村集体建设用地直接进入市场，减少地方政府的垄断力量，但是这种做法会使地方政府遭受损失，为保证政府利益可以采取纳税的方法。

四、完善农民的社会保障制度

对于农转非的农民，失去土地就代表失去了他们赖以生存的经济来源，鉴于这种现象，征收土地后要想使他们可以继续生活，除了给予补偿费用，还需要建立完善的社会保障制度来保证农民的生活。这就需要有效解决农民养老和医疗问题，以及由于理财能力缺失引发的货币化安置的问题，鉴于此，可以强制性地把一部分收益用来为农民购置养老、医疗和失业保险，使农民的生活有合理的保障。同时，还要尽快实现异地结算、方便结算，实现全国一卡通，方便交费也方便报销。2020年中央一号文件中明确指出要适当提高城乡居民基本医疗保险财政补助和个人缴费标准，提高城乡居民基本医保、大病保险、医疗救助经办服务水平，地级市域范围内实现"一站式服务、一窗口办理、一单制结算"，方便缴费也方便报销。此外，提高农民知识水平也具有重要意义，可以对农民进行知识培训，并鼓励他们自主工作。也可以对农民进行思想教育，引导他们合理消费，避免挥霍浪费。

| 第三篇 |

农地权利配置与农民收入

第七章

农地"三权分置"促进
农民收入增长的逻辑

　　"坚持农村土地集体所有，实现所有权、承包权、经营权'三权分置'，引导土地经营权有序流转。"[①] 保留承包权，顺应农民拥有流转经营权的意愿，实现承包经营权分离成承包权和经营权，这是我国农地制度的又一大创新。2015 年，中央一号文件就提出，要科学地区分农地所有权、农户承包权、土地经营权三权之间的关系，这需要对三权各自的定义和权能进行分析，同时也需要这种新形式的经营权进行及时界定。对于农地所有权、承包权、经营权三权之间的内在逻辑，学术界从不同的角度进行了讨论与研究，说法也各有不同。多年来，研究农民收入的相关文献很多，但是很少有能够直接从农民权利配置与农民收入增长关系的角度对农民收入增长深入研究的文献。本章根据权利的可分性及可让渡性，把"三权分置"分为所有权、收益权、使用权和处置权，进而研究农地"三权分置"促进农民收入增长的内在机制，在此基础上，运用数据包络分析（data envelopment analysis，DEA）方法，对"三权分置"对农民收入增长的效率进行研究。

---

　　① 《关于引导农村土地承包经营权有序流转发展农业适度规模经营的意见》，http：//www. gov. cn/xinwen/2014 – 11/20/content_2781544. htm。

第一节 文 献 述 评

一、农地权利配置与农民收入

从国外来看，土地私有化是大部分国家的土地政策主张，土地可以自由交易，并且可以进入市场进行交易。这与我国的土地制度有很大的不同。丹宁格和金（Deininger and Jin，2005）论述了中国行政性土地调整与农地流转市场的关系；费德和菲尼（Feder and Feeney，1991）阐述了有清晰产权的土地资源对提高农业投资和农业生产力有很大的作用。土地产权的明确还会减少交易成本，把生产要素配置给生产效率最高的农户，形成一定的规模经济，最终提高农业生产力；唐忠（1999）认为"目前专家学者对农地制度的相关研究不能仅仅局限于土地所有权的归属上，应该更多关注农地怎样被利用的环节"。产权之所以得以产生，其根源还是在于资源的稀缺性。同时，产权的界定和分配与资源的利用和保护息息相关。一个良好的产权制度，能够促使资源能得到更加充分的利用和保护，激励产权主体有效配置资源从而提高自身利益；秦兰兰（2007）借助产权学派提出的有效产权的四个特征，即排他性、可转让性、可行使性、可分割可剥离性，来具体分析我国现行的农地产权，指出我国农地产权结构中的农地所有权和农地使用权都是残缺的，残缺的产权给农地资源配置带来了负面影响，造成农地流失严重，农民权益受到侵害，农地违法现象增多等问题。根据分析，笔者提出可以通过明晰农地所有权主体，加强土地立法，培育农地市场等措施来改进现行的农地产权结构的对策；李腾飞、文峰（2014）概述了多位学者对制度及产权的观点，并结合政府政策，支农政策等来分析新中国成立之后到现在我国农地产权制度的演进历程，并对每个时期的经济绩效进行分析，从而论证了自己的相关观点。最后分析农民土地收益受损的表现及原因，得出由于产权界定模糊与产权不完整导致了农民土地收益受损；乔榛、焦方义、李楠（2006）通过对中国农业增长影响因素的理论分析，得出中国农业经济制度的变迁显著影响了1979年以来农民收入的增长；赵德起、姚明明（2014）认为产权包括所有权、处置权、使用权和收益权四个部分。权利配置即将所有权、处置权、使用权和收益权按不同比例配置给农民。在这种前提下，他们主要研究了市场经济条件下的农民权利配置与农民收入关系，即农民权利配置水平的提高是如何促进农民收入增长的。由图表和实证分析得出农民权利配置水平越高就越能提高农民的收入水平。

二、农地流转与农民收入

钱忠好、冀县卿（2016）利用江苏、广西、湖北和黑龙江4个省份的调查数据评估现行农地流转政策的执行效果，探讨如何进一步改革和完善现行农地流转政策，结果表明我国政府推进耕地流转的努力取得了一定成效。农地流转行为日益活跃，促进了耕地集中，增加了农民收入，农地流转满意度不断提高。农地流转基本遵循"依法自愿、有偿"的原则，在管理的方面，家族管理、集体管理、合作管理和企业管理共同发展。但是，农地流转的总体水平不高，农地行政调整时有发生，农地流转的自愿程度下降，农地流转合同签订的比例不高，政府在指导和管理农地流转中的作用也不大，农地流转问题突出。因此，要适时进行农地集体所有制改革，农村土地流转不仅要坚持自愿原则，而且要积极发挥政府在引导和管理土地流转中的作用；采取明确的农地产权，大力发展农村教育；对流转土地的农民给予适当的经济补偿，并针对其开展农业职业培训；王春超（2011）从农户的角度分析了农地流转的原因，从经济资源配置角度分析了影响我国农民收入增长的关键因素，其研究发现，农民参与市场配置对于收入增长具有重要作用。本章主要探究了资源配置的市场参与对农民收入增长的影响路径。提高农民土地和劳动力资源的利用以及市场参与度是增加农民收入的重要途径。如果政府部门能够从上述两方面展开工作，制定相应激励政策，将有效促进农民收入持续增长，缩小城乡差距。本书为农民收入增长领域提供了进一步的视野。

目前，国内外关于农地流转的研究成果虽然已经比较丰富，但仍存在一些不足。农地流转的实证研究主要限于对部分地区的调查和分析。然而，从东、中、西三大区域来看，对农地流转的现状全方位进行比较分析的文献很少。现有的理论研究主要集中在对农地流转的规模经济理论研究上，对农地流转促进农业适度规模经营机制的研究还非常有限。国内外理论界对土地流转制度和土地流转收益两个方面进行了深入的研究，并且越来越关注农民在土地流转中的作用，这对于提高土地流转的效率和公平性具有重要意义。然而，关于农地"三权分置"促进农民收入增长的内在机制和效率研究还没有一个完善的体系或结论。

第二节　农地"三权分置"的内在逻辑及效率的理论分析

我国农地权利配置环境中存在着多种形式的交易费用，30多年来农地制度变迁就是按照使交易成本降低这一路径来的。遵循这一内在逻辑，我国农地制度未来变迁的方向必然要降低总交易费用，这就意味着需要减少制度环境的不确定性、尊重当事人尤其是农民的认知、进一步推进分权化的改革。

根据权利的可分性与可让渡性，以提高权利主体的收益为思路起点，尤其是农地权利的核心主体是农民的收益。权利一般包括所有权、使用权、收益权和处置权，其内在权属如表7-1所示。

表7-1 　　　　　 农地"二权分置"与"三权分置"的权属范围

"二权分置"		"三权分置"	
所有权	所有权，收益权	所有权	所有权，收益权
承包经营权	使用权，收益权，处置权	承包权	使用权，收益权
		经营权	收益权，处置权

由表7-1可以看出，"二权分置"下承包经营权包括使用权、收益权和处置权，而"三权分置"下承包权和经营权一分为二，都各自保留一部分收益权，但是使用权和处置权分开，使权属更加明确。

一、农地市场供求与农地"三权分置"效率

在我国，普通农户拥有农地的目的是为了维持生产和获取利润。而作为家庭基本生存资料的土地，一般会流转，而流转出的农地是以获取利润为目的。农地"三权分置"的推出即是为了降低农地流转的成本，提高农地流转的规模，因此从农地流转的供求态势可以看出农地权利配置的效率。

1. 有效供给不足

我国农地的供给现状是人多地少，资源紧缺，户均耕地规模比较小。由于社会保障体系不健全，一半以上的农村居民都享受不到足够的社会保障，而农地这时就承载着比较重的社会保障功能，但是随着耕地的减少，越来越少的农地流出，只有非农就业的农户才有机会选择转出土地。再者，我国农地的市场化程度很低，家庭劳动不足，出于太辛苦以及长期在外工作等被动的原因，他们会自发地将土地流转给未面临相同问题的亲戚、朋友或邻居，在这种情况下的土地流转，多以口头协商为主。

以土地规模经营效益提高为目的的土地流入户只占其中一小部分，土地经营还有一定效益但土地流入的较少。当前流入土地户主要以散户为主，这种散户流转给散户的模式并没有改变土地流转速度慢、规模小的问题，他们取得土地只是为了提高自身劳动效率，而非规模化经营。

农户对土地的需求大于供给，就存在农地市场有效供给不足的问题，这时，人们主要对土地享有的是使用权和收益权，而处置权并没有很好地被利用起来，农地权利配置的效率自然就不高。

2. 有效需求不足

影响农地流转市场有效需求的原因有两个方面：一是非农业就业机会。当社会上非农产业就业机会增多，而农地所带来的收益比较低时，人们就会倾向于转出土地而不是转入土地，这时，农户对土地的有效需求就会不足。二是非农户对农地的需求。当农地经营带来的利润比较高时，大量的工商资本就会流入农地市场，这可以促进农地的规模化经营，但是当农地经营所带来的利润低于预期时，工商资本就会流入其他区域。

而导致我国农业经营利益比较低的原因主要有两方面：一方面是农户收入增长缓慢，使农户不愿意继续从事农业经营，降低了农户的生产积极性，从而降低了对扩大农地经营的需求。另一方面则是由于农地利润低、风险高、投资回报率低，导致农业生产效益低，工商资本不愿流入。究其根本，这种低效益引起的农村土地流转市场有效需求不足现象的主要原因农业经营成本过高。农业经营成本高是由于我国农地规模小而造成的。农业土地经营规模小，难以使用农业机械，不能节约劳动时间，使农业劳动生产率低下，经营成本难以降低。在这种有效需求不足的情况下，农户想转出农地，而工商投资不愿意流入农地，导致农民无法有效使用对农地的处置权，即使将使用权和处置权分离开来，权利没有被充分利用，农地权利配置效率也依旧不高。

3. 供求均衡

如前面所述，有效供给不足和有效需求不足均会影响农地权利配置效率。只有当供求达到均衡时，权力配置中的使用权和处置权才能被充分利用起来，从而提高权利配置效率。

二、农民能力

一方面，农村老龄化问题导致农村青壮年养老压力急剧增大，现如今农村人口从事农业生产，依然无法保证家庭有足够的收入来源，为了贴补家用以及赡养老人，农村适龄劳动力外出打工现象增多，从而导致农村劳力不足，大片农田闲置，进而间接影响粮食和蔬菜价格，限制了农村的发展。另一方面，从维护自身权益的角度来看，虽然作为一个具备良好法律意识和拥有维护自身权益能力的农民，在其合法权益受到损害时，他能够及时并且理性地进行侦查和论证，但是还是会受到被冠以合法性之名的公共权力的伤害，即所谓的"合法伤害"。总体而言，大多数农民在这些伤害面前处于弱势地位。一是他们的文化素质低，缺乏解决问题的有效手段；二是他们没有足够的法律知识，不敢于用法律来维护自己的权益。即使农地流转规模变大，使用权和配置权得到了充分利用，但农地权利配置效率却没有得到实质性的提高。

三、效率约束下农地"三权分置"的逻辑

承包经营权一次分离使农村经济增长中更加兼顾效率和公平。然而，新形势下农民的土地权利和市场能力受到了抑制，导致农业农村经济中出现了新的瓶颈，现有的家庭联产承包责任制度阻碍了农村土地配置效率的提高，从而阻碍了农业的规模经营以及农业生产效益的提高。因此，随着土地制度改革的深化，在"三权分置"背景下，集体经济组织成员均等地享有农户承包权，保证了集体经济组织成员对土地的拥有，解决了其流转土地经营权的后顾之忧，从而促使其财产收入增长并维护了土地财产权益，表达了公平理念。

效率约束下的农地"三权分置"逻辑就是把承包经营权分为承包权和经营权，而承包权强调使用权，经营权强调处置权，即"三权分置"合理地把所有权、处置权、使用权分开来，农地集体所有和农民拥有承包权、经营权均包含了农地收益权。即农民可以对这种权利实现不同比例的组合，从而达到权利配置的均衡，防止权利损失，使复合权利的配置更有效率。

因此要建立健全农业投入保障制度、农业补贴制度、农产品价格保

护制度以及农业生态环境补偿制度。为保证粮食安全，国家应对基本农田保护区的农民所承担的机会成本实行财政补贴，增强农民参与基本农田保护的积极性。促进以工代农，加大鼓励工商业资本投入农地，使农地市场供求达到均衡，从而提高农地权利配置效率，提高农民生产能力。

第三节　农地"三权分置"促进农民
收入增长的实证分析

一、数据包络分析法

数据包络分析是评价多指标输入、输出系统的较为有效的方法，是评价多个决策单元的好方法。

我们可以这样衡量效益：效益 = 产出/投入，其中，产出与投入均指单一变量的投入与单一变量的产出。当有 m 种投入、s 种产出，这个公式就不适用了。这时候用 DEA 法就比较合适。下面就是运用 DEA 法对全国 23 个省份的数据进行了分析。

二、决策单元及评价指标的选取

由于农地所有权、承包权以及经营权是三种比较抽象的权利，无法进行实证研究，本章以数据的可获得性以及指标含义的最佳表达为原则，分别选取农村居民固定资产投资、农地流转比例、农产品生产价格指数、农用机械总动力四种变量来间接表达这四种权利。

一般来说，农户家庭收入主要包括 3 个方面：一是从事农业生产的经营性收入；二是财产性收入，如出让财产经营权所获得的租金收入，或财产运营所获得的红利收入、增值收益等；三是非农工资性收入，如在非农部门工作获得工资性收入。当然，农民还可能获得其他形式的收入，比如政府种粮补贴、转移性支付等，但农业经营性收入、财产性收入和非农工资性收入构成了农户家庭收入的绝大部分。相关关系如表 7 - 2 所示。

表 7 - 2　　农民权利配置相关变量、收入来源与权利匹配情况与效率影响因素

相关变量	收入来源	所属权利		效率影响因素
农村居民固定资产投资	财产性收入	所有权	收益权	农民能力
农地流转比例	经营性收入	处置权	收益权	市场供求
农产品生产价格指数	经营性收入	处置权	收益权	市场供求
农用机械总动力	经营性收入	使用权	收益权	农民能力

根据 DEA 的研究方法，本章以 23 个代表省份作为决策单元，结合农地"三权分置"的特征和我国农地的实际情况及数据的可获得性，我们选取以下投入产出指标：将投资农用机械总动力（x_1）、农村居民固定资产（x_2）、农产品生产价格指数（x_3）、农地流转比例（x_4）作为投入指标，将农民纯收入（y_1）作为产出指标。投入产出数据如表 7 - 3 所示。

表 7 - 3　　　　　　　　2013 年投入产出数据

地区	农民纯收入（元）	农用机械总动力（万千瓦）	农村居民固定资产（亿元）	农产品价格指数（上年 = 100）	农地流转比例（%）
河北	9102	10763	564	105	27.65
山西	7154	3183	287	106	3.00
内蒙古	8596	3431	145	103	15.60
辽宁	10523	2632	316	101	6.00
吉林	9621	2730	254	100	9.90
黑龙江	9634	4849	332	101	25.80

地区	农民纯收入 （元）	农用机械总动 力（万千瓦）	农村居民固定 资产（亿元）	农产品价格指数 （上年=100）	农地流转比例 （%）
江苏	13598	4406	391	103	30.00
浙江	16106	2462	588	103	23.50
安徽	8098	6140	531	104	50.00
福建	11184	1337	282	103	27.80
江西	8781	2014	415	102	29.80
山东	10620	12740	913	106	27.30
河南	8475	11150	899	103	33.00
湖北	8867	4081	510	102	21.60
湖南	8372	5434	616	102	41.71
广东	11669	2565	513	104	14.40
广西	6791	3383	524	103	18.80
重庆	8332	1199	144	103	37.30
四川	7895	3953	571	103	30.90
贵州	5434	2241	271	102	10.46
云南	6141	3070	346	105	18.80
陕西	6503	2453	351	107	10.00
甘肃	5108	2418	121	106	16.10

资料来源：《中国统计年鉴》，农地流转比例来自各省份调研报告。

以表7-3所列数据来看，单从农地流转比例看来，可以大致看出，农地流转比例较高的省份，大多数农民纯收入也较高，例如河北、江苏、山东、福建。但不完全有效，例如安徽，土地流转面积占耕地面积的比例将近50%，但并没有引起很高的农民纯收入。湖南的农地流转比例高达41.71%，而农民纯收入为8372元，似乎也并不明显。所以从表7-3可以获得的最直接的信息是农地流转比例在一定程度上与农民收入成正比，会促进农民收入的增长，但农地流转比例越高农民收入并不一定就越高,还要受到其他因素的影响,而农地流转比例只是"三权分置"中的一部分,我们再分别引入农用机械总动力、农村居民固定资产、农产品价格指数三个自变量,使之能表达出农地的所有权。

三、计算结果

本章对我国 23 个省份农地"三权分置"对农民收入的效率分析进行测算,结果如表 7 - 4 所示。

表 7 - 4　　　　　　　　　实验结果

地区	DEA 效率值（θ）	投入冗余量				产出不足量
		s_1^-	s_2^-	s_3^-	s_4^-	s_1^+
河北	0.570	7903.694	0.000	0.000	2.455	0.000
山西	1.000	0.000	0.000	0.000	0.000	0.000
内蒙古	1.000	0.000	0.000	0.000	0.000	0.000
辽宁	1.000	0.000	0.000	0.000	0.000	0.000
吉林	0.993	0.000	0.000	1.116	0.000	0.000
黑龙江	0.786	768.003	0.000	0.000	0.000	0.000
江苏	1.000	0.000	0.000	0.000	0.000	0.000
浙江	1.000	0.000	0.000	0.000	0.000	0.000
安徽	0.524	3035.286	0.000	0.000	23.857	0.000
福建	1.000	0.000	0.000	0.000	0.000	0.000
江西	0.660	0.000	0.000	0.000	3.801	0.000
山东	0.641	10206.291	307.874	0.000	2.301	0.000
河南	0.526	8688.000	311.000	0.000	9.000	0.000
湖北	0.602	1296.268	0.000	0.000	0.000	0.000
湖南	0.525	2995.903	33.709	0.000	18.233	0.000
广东	0.895	0.000	75.394	1.792	0.000	0.000
广西	0.465	858.890	10.308	0.000	0.000	0.000

地区	DEA 效率值 （θ）	投入冗余量				产出不足量
		s_1^-	s_2^-	s_3^-	s_4^-	s_1^+
重庆	1.000	0.000	0.000	0.000	0.000	0.000
四川	0.497	1323.244	0.000	0.000	6.482	0.000
贵州	0.566	0.000	0.000	9.122	0.000	0.000
云南	0.509	0.000	0.000	0.000	0.000	0.000
陕西	0.582	0.000	0.000	8.842	0.000	0.000
甘肃	0.732	0.000	0.000	22.845	0.000	0.000

资料来源：国家统计局。

我们首先要明确的是我们研究的是农地"三权分置"对农民收入的效率分析，而不只是单纯地研究收入高低，我们得出的 DEA 效率值是三种权利配置对收入的效率影响分析。

从 DEA 效率值来看，我们可以看出山西、内蒙古、辽宁、江苏、浙江、福建、重庆 7 个省份的 DEA 有效，而这 7 个省份中，并不是每个省份的农民纯收入都很高。其中辽宁、江苏、浙江、福建 4 个省份农民纯收入较高，而山西、内蒙古、重庆收入一般，但其 DEA 效率值有效，说明其配置效率较高。

从投入冗余量来看，河北的农用机械总动力存在过量的投入，而其他方面的发展情况与农用机械总动力的投入量不匹配，从而导致农民收入的效率值偏低。其中最值得一提的是安徽和湖南，这两地存在农地流转比例过高的情况。造成这种情况的主要原因是此地区的农村土地流转普遍采用委托代耕的方式，从土地流转的组织形式上来看，土地流转大多是在农民与农民之间进行的，土地流转市场主体缺乏大型的家庭农场、私营农村、社区集体农场、大企业的农业车间、土地入股的股份制农业企业和农业企业集团等新型土地流转主体。在参与土地流转的经济主体方面也比较单一，再加上其他方面的投入不足，导致农民收入效率值偏低。

在农村居民固定资产方面，山东、河南存在过量的投入，湖南、广东、广西也存在一定程度的过量投入，这种过量投入是相较于其他几种而言，并不只是数量上的过量投入。

总之，DEA模型分析恰好表明了"三权分置"权制的可分性及可让渡性的内在逻辑，能够提高权制主体的收益，具体表现为农民的纯收入。而这种有效性要求这几种权利之间存在最有效率的一种配比，当农村居民固定投资代表的所有权和收益权、农地流转比例代表的处置权和收益权、农产品生产价格指数代表的处置权和收益权，以及农产品生产价格指数代表的处置权和收益权等各种权利配置达到最低比率时，"三权分置"才能对农民收入产生最大效率。

由实证研究可以看出，要想提高权制主体的收益，并不能单纯地从提高农地流转比例等某一方面入手，要从各方面着手，统筹兼顾，才能提高效率，避免浪费。

第一，在农用机械总动力方面，对于农地流转比例较高的省份，要加大农业科技投入，同时适当控制农地流转比例，以使其能与农用机械总动力等其他因素的投入量相匹配。第二，建立农村土地流转的有形市场，为农民进行土地流转提供有形的服务中心并制定统一的工作流程，畅通土地流转渠道，规范土地流转行为。第三，建立土地流转运行机制，完善土地流转与土地需求信息表，并在农村服务中心发布，使有流转需求的农民能够进行有效的协商与流转。第四，促进农地流转中一级市场和二级市场的形成。在初级市场，农村集体经济组织可以通过承包、出租、转让等方式将土地使用权转让给其他主体。同时，非农产业发展、社会保障制度等诸多因素也决定了二级市场的发展。第五，加快农业基础设施建设，夯实农村软硬件基础，农村基础设施建设的水平直接关系到农业生产和农业产业化的推进。今后应着力加快水利、交通、电力等农业基础设施建设，不断推进农业产业化的硬件基础设施建设。第六，加大项目投资和金融支持力度，加快发展农村金融市场，促进农地有效流转。从农村金融市场的发展现状来看，我国农村金融市场尚不发达，市场效率较高，但市场利润较低，商业银行参与积极性不高。因此，一方面要促进土地市场的发展，另一方面土地市场的发展也要反馈农村金融市场的进步。

我国农地产权改革实现承包经营权的分离，减少了交易成本从而显著提高了制度绩效。为了保证农地制度改革的成功，未来农地权利的配置也应当按照这种内在逻辑进行。因此，需要逐步推进农地分配制度改革。具体而言，需要分别制定和实施短期、中期和长期的农地制度改革方案。从短期来看，应建立措施完善的制度体系，丰富农户土地承包经营权的内涵，完善法律法规，切实保护农民土地权益不受其他主体侵害，坚持家庭联产承包责任制；从中期来看，要根据农地制度环境的变化，不断调整农地制度结构，为解决我国城乡二元结构问题创造条件，实现城乡一体化，促进农地资源的市场化配置；从长远来看，有必要明确未来中国农地制度改革的基本模式，提出中国农地制度改革的长远目标。

第八章

农地权利的国家配置、农民
自主配置与农民收入

　　农地的权利配置对农民收入的影响巨大，因此对农地权利配置如何调整来进行研究是非常有意义的。改革开放以后农民收入增长基本可以分为五个阶段。改革开放以后，国家将土地的使用权配置给了农民，大大激发了农民的生产积极性，农民收入快速增长，1979~1984年农民收入的增速是爆炸式的。1985年后农业政策发生了明显的变化和调整，农业为国家的工业化提供更多的农业剩余以支持城市经济和工业的发展，也直接导致在1985~1996年农民收入增速变缓。1992~1995年，由于邓小平"南方谈话"，市场经济和乡镇企业等的快速发展也促进了农民收入的增长。1996~2003年，我国对农民的权利配置比较少，与此同时农民收入增速很低，远低于城镇居民收入增速。而自2004年之后，中央政府开始重视农村发展与农民收入增长，从2004年至2020年连续七年发布与农村问题相关的中央一号文件，开始对农民的权利配置进行优化和改进，直接使农民收入在2004~2014年的年均增速快速上涨，比之前有了显著提高，2015~2019年，农民收入的年均增速开始趋于平稳。综上所述，可以明显看出农民权利配置的优化对农民收入增长的影响，良好的农地权利配置状况将大大促进农民收入的增长，而不适宜的农地权利配置则会导致农村发展僵持不前，甚至倒退。

第一节 文 献 述 评

近些年来，国内学者从农地权利与农民收入增长各个方面进行了研究。赵德起和姚明明（2014）通过实证分析了1994～2011年农民权利配置与农民收入增长的关系，认为以国家配置为主的配置方式，与国家支农支出、农地流转比例、农用机械总动力有关的权利配置和其对农民收入增长影响系数的匹配不当，收益权配置为主的配置偏好共同导致农民权利配置效率偏低，影响到农民收入增速长期低于GDP增速；吴方卫、蒋小兴（2003）认为应该重新确立土地权益归属，加快城镇化和工业化进程，消除城乡壁垒来促进农民收入；冒佩华、徐骥（2015）认为鼓励和推进土地经营权流转可能是促进我国农民收入增长和完善现有农地制度的一个新途径；但是刘鸿渊（2010）认为寄希望于农地集体流转来解决"三农"问题是不现实的，必须认真思考和冷静对待，若不顾现实条件，一味鼓励城市资本进入农村，强制性进行农地集体流转则可能会引发新的社会问题，不仅会造成农地的滥用，危及国家的粮食安全，而且还会损害农民利益，因而必须严格控制和管理；刘鸿渊、刘可（2015）认为农民财产性收入增加面临制度与环境双重困境，因此必须以改革创新农村产权制度为突破口，加强环境建设，为农民财产性收入增长创造良好的条件；冯英（2006）认为权利缺失必然导致利益受损，在土地征收过程中，现有的制度安排使其利益得不到切实保障，因而从制度层面上对农民的权利进行合理配置是保障其权益的根本途径。

还有一些学者从国家和农民自身的角度来研究农民收入增长。王春超（2011）通过研究发现了农户将自家的关键性经济资源参与市场配置对收入增长的重要性，认为采取相应的激励政策提高农户对土地资源和劳动力资源的利用程度和市场参与程度，使之成为提高农民收入的重要途径；王波（2005）从宏观层面对影响农民收入的主要因素进行了实证，提出要从宏观经济运行环境入手促进农民收入增长；朱湖根、万伦来、金炎（2007）通过实证研究发现财政支持农业产业化经营项目对农民收入增长影响显著；汤鹏主（2013）认为中央政策是农民收入增长的风向标，只要政策到位，就一定可以促进农民收入增长；冯招容（2003）认为经济体制不完善制约生产要素的积累、投入与资源配置，直接影响农民收入，应该以制度创新克服、消除体制性障碍，确保农民收入增长。

第二节　农地权利国家配置、自主配置促进农民收入增长的理论分析

一、假定及解释

一是权利配置包括初次配置和二次配置。初次配置主要是第三方强制力量（以国家为主）对某种权利的各个主体进行权利配置；二次配置主要指各权利主体对自己手中的初次配置的权利进行的二次配置。从对收益的影响能力来看，初次配置居于主要地位，二次配置居于次要地位。二是主体拥有某种权利意味着可能获得相应的收益，所有权、处置权、使用权和收益权给主体带来的收益依次递减。不同的权利给主体带来收益的方式与多少存在着差异。三是短期内权利所带来的总收益不变，初次配置与二次配置所产生的收益成反比。长期内，随着权利收益的变化，权利会得到重新配置。

二、农地权利配置促进农民收入增长的机理

1. 农地的国家配置、农民自主配置与农民收入增长

农地的权利配置包括国家配置和农民自主配置，两者是此消彼长的

关系。根据权利的可分性，将权利的一定比例分配给国家和农民自身。农地权利的国家配置是指在农地的权利配置中由国家来占主导权，对权利如何使用，农地使用、交易、收益等多个环节来进行控制。而农民自主配置则是将农地的权利交还给农民，让农民自己来决定农地如何使用、是否交易、如何收益等问题。

如图 8-1 所示，在初期，农民收入水平比较低，国家配置对收入的影响能力要高于农民自主配置，国家配置更能促进农民收入的增长。而随着农民收入的不断提高，国家配置对农民收入的影响能力开始不断降低，而农民自主配置对收入的影响能力开始提高。达到一定程度之后，农民自主配置对农民收入的影响能力就超过了国家配置。也就是说，当农地权利配置水平达到一个比较高的阶段时，将由国家配置占主导转为由农民自主配置占主导。这时提高农民自主配置水平将对农民收入增长起到更加重要的作用。

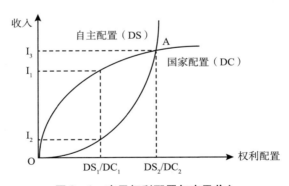

图 8-1　农民权利配置与农民收入

如果国家和农民处于高水平而不配置权利，就会存在权利的"闲置"。假设国家和农民处于 A 点水平，但是国家配置低于 DC_2，那么国家配置带来的收入将会低于 I_3。同样地，如果自主配置低于 DS_2，那么自主配置带来的收入也将会低于 I_3。这样就会导致农民收入远远低于 $2I_3$，造成效率的浪费。

农地权利的国家配置与农民自主配置的错位会导致农地权利收益损失。假如农地权利配置水平在 DS_2/DC_2 阶段，DS_2 的国民自主配置和 DC_2 的国家配置是最适宜的。假如在这个阶段，农地权利的农民自主配置是 DS_2，但是农地权利的国家配置却在 DC_1，这样就会导致农民最终获得的收益是 $I_3 + I_1$，而将国家配置从 DC_1 提高到 DC_2，就可以使农民的总收入达到 $2I_3$。同样地，假如农地权利配置水平在 DS_2/DC_2 阶段，农地权利的国家配置是 DC_2，但是农地权利的农民自主配置在 DS_1，也会出现收益的损失，在这样的情况下，农民的收益为 $I_3 + I_2$，而将农民自主配置从 DS_1 提高到 DS_2，农民收入将会提高到 $2I_3$。

DS_1 的自主配置和 DC_1 的国家配置给农民带来的收益为 $(I_1 + I_2)$，其中自主配置带来的收入为 I_2，国家配置带来的收入为 I_1。在这个阶段明显国家配置还占有主要地位，自主配置处于次要地位。国家配置带来的收入高于自主配置。

而 A 点意味着农民自主配置权利的水平得到增长，其可以不需要更多的第三方力量来帮助其权益，在 A 点之后，农民自主配置权利所带来的收入已经超过国家配置权利所带来的收入。假定 DS_2 和 DC_2 下农民收益应为 $2I_3$，但若农民收益低于 $2I_3$，则表明国家配置或者农民自主配置收益受损。在总的权利为 $(DS_2 + DC_2)$ 的假定下，若 DS_2 收益低于 I_3，农民自主配置能力不足，而同时若 DC_2 收益也低于 I_3，则国家配置能力也不足，于是权利配置出现无谓损失。如果 DC_2 下国家力量有余而 DS_1 下农民力量不足，那么应增加国家配置而减少农民自主配置。同样地，如果 DS_2 下农民力量有余而 DC_1 下国家力量不足，那么则应该增加农民自主配置，减少国家配置。

2. 不同权利中农民自主配置、国家配置与农民收入的关系

根据我们前面的假设，所有权、处置权、使用权和收益权给主体带来的收益依次递减。不同的权利给主体带来收益的方式与多少存在着差异。在模型中进一步加入农民自主配置水平的影响，随着农地权利农民自主配置水平的提高，各种权利对农民收入的促进则越加明显，如图 8-2 所示。

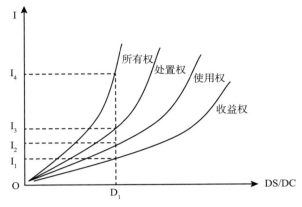

图 8 - 2　农地权利国家配置、自主配置与农民收入

图 8 - 2 表示的是在不同权利下农民自主配置、国家配置与农民收入之间的关系。无论是所有权、使用权、处置权、收益权，都是随着自主配置和国家配置的提高，农民收入也相应提高。但是彼此提高程度又有所不同。在农民自主配置水平提高时，所有权明显对农民收入的促进作用高于其他权利，然后依次是使用权、处置权、收益权。如 D_1 权利配置下，所有权收益为 I_4，处置权收益为 I_3，使用权收益为 I_2，收益权收益为 I_1，依次递减，$I_4 > I_3 > I_2 > I_1$。

任何一种权利配置都会给农民带来收入的增长，但是权利配置要与农民能力和国家能力相匹配，否则会出现农民收益损失或权利配置不足。如图 8 - 2 所示，随着权利配置水平的提高，权利所带来的收入也随之不断提高。D_1 的农民自主配置（或国家配置）与所有权、处置权、使用权和收益权所对应的收入分别是 I_4、I_3、I_2、I_1。但是假如权利配置与农民能力不匹配，即农民自主配置低于 D_1 水平，那么各种权利所能带来的收益也势必会沿着曲线向左下移动。

不同权利的错配会导致收益损失，包括权利错配和多少错配。权利配置存在最适宜的配置组合和最佳配置量。如果权利配置低于最佳配置量，那么将会降低农民收入。同样，如果权利的错配，也会不利于农民收入增长。

无论是农地权利的国家配置还是农民的自主配置水平的提高都对农民收入增长有一定的积极意义，但是在不同阶段两者起到的作用效果差别很大。我们应该根据国家所处的阶段，适当调整农地权利的国家配置和农民自主配置，提高我国的权利配置水平，进而促进我国农民收入。

第三节　农地权利国家配置、自主配置与农民收入的实证分析（1979～2019 年）

农地所有权、承包权和经营权与"四权"也存在着一一对应的关系，农地的所有权对应着"四权"中的所有权，承包权对应着处置权，经营权对应着使用权。

自 1979 年以来，我国农民人均纯收入快速增长，在 1979 年仅为 160.2 元，而到了 2019 年，已经达到了 16020.7 元。短短 30 多年，我国农民人均收入上涨数十倍。表 8－1 和表 8－2 是我国 1979～2019 年农民人均纯收入变化状况以及 1993～2019 年农民收入结构变化状况。

表 8－1　　　　　　　　1979～2019 年农民人均纯收入变化

年份	农民人均纯收入（元）	增长率（%）	通胀率（%）	实际增长率（%）
1979	160.20	19.55	2.00	17.55
1980	191.33	19.43	6.00	13.43
1981	223.40	16.76	2.40	14.36
1982	270.10	20.90	1.90	19.00
1983	309.80	14.70	1.50	13.20
1984	355.30	14.69	2.80	11.89
1985	397.60	11.91	9.30	2.61
1986	423.80	6.59	6.50	0.09
1987	462.55	9.14	7.30	1.84

年份	农民人均纯收入（元）	增长率（%）	通胀率（%）	实际增长率（%）
1988	544.94	17.81	18.80	-0.99
1989	601.51	10.38	18.00	-7.62
1990	686.31	14.10	3.10	11.00
1991	708.55	3.24	3.40	-0.16
1992	784.00	10.65	6.40	4.25
1993	921.60	17.55	14.70	2.85
1994	1221.00	32.49	24.10	8.39
1995	1577.74	29.22	17.10	12.12
1996	1926.10	22.08	8.30	13.78
1997	2090.10	8.51	2.80	5.71
1998	2162.00	3.44	-0.80	4.24
1999	2210.30	2.23	-1.40	3.63
2000	2253.42	1.95	0.40	1.55
2001	2366.40	5.01	0.70	4.31
2002	2475.60	4.61	-0.80	5.41
2003	2622.20	5.92	1.20	4.72
2004	2936.40	11.98	3.90	8.08
2005	3254.93	10.85	1.80	9.05
2006	3587.04	10.20	1.50	8.70
2007	4140.36	15.43	4.80	10.63
2008	4761.00	14.99	5.90	9.09
2009	5153.20	8.24	-0.70	8.94
2010	5919.00	14.86	3.18	11.68
2011	6977.30	17.88	5.55	12.33
2012	7916.60	13.46	2.62	10.84
2013	8895.90	12.37	2.62	9.75
2014	10488.90	17.90	1.92	15.98

续表

年份	农民人均纯收入（元）	增长率（%）	通胀率（%）	实际增长率（%）
2015	11421.70	8.89	1.44	7.45
2016	12363.40	8.24	2.00	6.24
2017	13432.40	8.64	1.59	7.05
2018	14617.00	8.82	2.07	6.75
2019	16020.70	9.60	2.90	6.70

注：2013 年之后只有农民人均可支配收入，没有农民人均纯收入。可以理解为农民人均可支配收入是农民人均纯收入指标的延续。

资料来源：国家统计局。

表 8 – 2　　　　　　　　　**1993 ~ 2019 年农民收入结构变化**

年份	农民人均纯收入（元）	工资性收入（元）	家庭经营收入（元）	财产性收入（元）	转移性收入（元）
1993	921.60	194.51	678.47	41.61	7.02
1994	1221.00	262.98	881.86	47.59	28.56
1995	1577.74	353.70	1125.79	57.27	40.98
1996	1926.10	450.85	1362.47	70.19	42.59
1997	2090.10	514.54	1472.70	79.25	23.61
1998	2162.00	573.59	1466.01	92.03	30.37
1999	2210.30	630.25	1448.34	100.17	31.55
2000	2253.42	702.30	1427.27	45.04	78.81
2001	2366.40	771.90	1459.63	46.97	87.90
2002	2475.60	841.70	1485.36	49.51	99.02
2003	2622.20	917.77	1541.85	65.56	97.02
2004	2936.40	998.38	1747.16	76.35	114.52
2005	3254.93	1175.03	1845.55	87.88	146.47
2006	3587.04	1373.84	1929.83	100.44	182.94
2007	4140.36	1594.04	2194.39	128.35	223.58
2008	4761.00	1852.03	2432.87	152.35	323.75

续表

年份	农民人均纯收入（元）	工资性收入（元）	家庭经营收入（元）	财产性收入（元）	转移性收入（元）
2009	5153.20	2061.28	2525.07	170.06	396.80
2010	5919.00	2432.71	2835.20	201.25	449.84
2011	6977.30	2958.38	3223.51	230.25	565.16
2012	7916.60	3443.72	3530.80	253.33	688.74
2013	8895.90	4029.84	3789.65	293.56	782.84
2014	10488.90	4152.20	4237.40	222.10	1877.20
2015	11421.70	4600.30	4503.60	251.50	2066.30
2016	12363.40	5021.80	4741.30	272.10	2328.20
2017	13432.40	5498.40	5027.80	303.00	2603.20
2018	14617.00	5996.10	5358.40	342.10	2920.50
2019	16020.70	6583.50	5762.20	377.30	3297.80

资料来源：国家统计局。

根据表 8-1、表 8-2 中农民收入的变化情况，可以将 1979～2019 年分为五个阶段。

第一个阶段，1979～1984 年，农村进行经济体制改革，实行家庭联产承包责任制，将一部分农地权利配置给了农民，极大调动了农民生产积极性，大大提高了农地的生产能力，农民收入大幅增加。农民纯收入增速连续六年达到两位数，1984 年农民纯收入达到 355.3 元，是1979 年的 2.2 倍。在这一阶段，农地权利的国家配置水平下降，农民自主配置水平提高，权利配置是有效率的。

第二个阶段，1985～1991 年，处于相对低速增长阶段（由于从1990 年开始农民人均纯收入计算方法由按原定的国家牌价计算改为用合同定购综合平均价计算，因此 1990 年的增长率异常）。其间多方面对农业投入重视不够，农村居民纯收入年均增长速度明显低于第一阶段，甚至个别年份出现了负增长。在这段时间农地权利的国家配置明显是不足的，低于当时的最佳的国家配置水平。农地权利的国家配置不足直接导致农民收入增长放缓。在这一阶段，农地权利的国家配置水平是降低的，自主配置水平没有变化，农地的权利配置是低效率的。

第三个阶段，1992～1996 年，处于较快增长阶段。这期间，邓小平南方谈话，党的十四大提出建立社会主义市场经济体制，农产品价格全面放开，农村经济结构得到优化，加上这期间农业生产形势较好，价格改革农产品受益，农业生产效益有了很大提高，农民收入较快增长，农民来自第一产业的收入明显增加。一方面，农产品价格放开，相当于将农产品的一部分收益权配置给农民，因此这一阶段农地权利的国家配置水平降低，农民自主配置水平提高，权利配置是有效率的。另一方面，农地权利配置主要是影响农民收入中的经营性收入和财产性收入。从表 8－2 中可以看出这段时期经营性收入是在快速增长的，也侧面证明了权利配置是有效率的。

第四个阶段，1997～2003 年，处于低速增长阶段。这段时期国家通过连续几年加大宏观调控，其间农产品出现结构性过剩，市场价格持续回落，伴随着东南亚金融危机，出口受阻，进一步加剧了通货紧缩局面。在这一宏观背景下，农民纯收入增速从 1996 年的 13.78% 回落到 1997 年的 5.71%，并且一直到 2003 年，连续 7 年农民纯收入增速在低位徘徊。经营性收入也明显增长缓慢，甚至有几年出现了负增长，这一阶段农地权利的国家配置水平是增加的，而农民自主配置水平下降，权利配置是低效率的。

第五个阶段，2004～2019 年，处于较快增长阶段。这期间，党中央、国务院高度重视农民收入问题，中央围绕促进农民增收、提高农业综合生产能力、建设社会主义新农村和发展现代农业，连续多年出台"一号文件"，取消农业税和农产品特产税，推行了粮食直补和综合补贴等新政策。一方面调动了农民生产积极性，拓宽了农民增收途径，减轻了农民负担。这一阶段国家加大对农村发展的扶持力度，农地权利的国家配置水平是提高的。另一方面，取消农业税等政策也增加了农地权利的农民自主配置水平。农民收入增速逐渐加快，农民纯收入增速都在

6.2% 以上，2014 年农民纯收入增速达 15.98%，为 2001~2019 年近 19 年来最高点。其间农民收入中的经营性收入也快速增长，从 2004 年的 1747 元涨到了 2019 年的 5762.2 元。农地权利配置是有效率的。

总体来说，我国在第一阶段、第三阶段和第五阶段农地权利的配置是比较有效率的，其中第一阶段和第三阶段都是农地权利的国家配置水平下降，农民的自主配置提高，而第五阶段农地权利的国家配置水平和农民自主配置水平都得到了提高；第二阶段和第四阶段农地权利配置是低效率的，第二阶段是因为国家配置水平不足，而第四阶段是国家配置水平过高。

第五阶段农地权利的国家配置水平和农民自主配置水平都提高了，然后提高了农民收入，促进了农村发展，这也证明了之前我国农地的权利配置是存在着可利用但未利用的空间的。我国农地权利的国家配置水平和农民自主配置水平并未达到一个最佳的状态。

具体建议包括以下四点：一是做好农民权利的宣传工作。现在我国农民对自己拥有哪些权利，国家有哪些政策，依然十分模糊。这种模糊也导致我们无法有效地配置农民权利。如果对自己的权利都不了解，又怎么配置呢？为了能够更好地配置农民的权利，政府还应加大宣传力度，让农民知道自己手里有哪些权利是受法律保护的，有哪些行为是被国家禁止的。现如今我国农民对农地权利的支配能力较弱，这不利于农民收入增长。

二是保证农民土地的承包经营权的长期稳定性。在不改变集体所有制的前提下，国家不妨让农民获得土地的长期承包经营权，明确土地不再重新分配，禁止村委会干预村民转让和租入土地的行为。也就是说，将土地除所有权之外的处置权、使用权、收益权全部配置给农民。只有这样，才有利于经济效率的提高和农民的收入增长。否则农民的承包经营权是有很多限制条件的，而且很多利益团体都可以干涉农民的决策，进而降低资源配置效率。

三是严格规范基层村干部行为。我国应建立起有效的约束和监督机制，避免乡村基层干部可能产生的各种机会主义行为。正是因为乡村干部的权力过大，所以才导致其存在寻租的空间。若要避免寻租行为，就应该规范和限制乡村基层干部的权力，避免其侵害村民的利益。乡村干部应该作为一种公共服务的提供者，而不是一个当权者。

　　四是宅基地的处置权配置给农民。国家可以适当放开对宅基地的限制，允许宅基地自由买卖，也可以让城镇居民来购买宅基地。现在宅基地的限制是非常不利于农村的发展的。放开宅基地买卖，可以让城镇居民进入农村宅基地市场，在此情况下，宅基地的需求必然大增，而供给不变，因而宅基地的价格会上涨，农民卖出自己的宅基地，可以让农民获得更多的财产性收入。而且宅基地的放开，也有利于城市房产泡沫的降温和城镇化发展。重庆地票制度也是一个可以学习的正面例子。将宅基地放到土地交易所去拍卖，企业在交易所买到建筑用地的指标，农民可以得到拍卖宅基地的钱。最终，耕地增加了，农民获得了财产性收入，收入增长了，而且还促进了城镇化，一举多得。

第九章

政府约束力与农民收入

自改革开放以来，农民收入持续增长，1980～2016年平均增长率达到7.9%，人均可支配收入达到13954元。从原因看，首先，家庭联产承包责任制提高了农民的生产积极性，增加了农民的经营收入。其次，随着工业化进程，农民的工资性收入也成了农民收入重要的一部分。最后，"三权分置"使农地经营权流转可能成为农民收入的新增长点。但与城镇增长相比，存在着"双低"的现象，我国2020年实现收入倍增的目标需要农民收入快速发展，而"三权分置"下如何提高农民收入是当前的焦点，其中基于强政府、弱农民背景下的政府约束力研究是这一焦点的关键之一。

不少学者对农民收入问题做出了相关研究。张志敏（2009）认为，需要转变政府职能，破除"全能政府"的弊端，认为政府应该是一个集服务、责任、回应性于一体的有限政府。自改革开放以来，我国政府职能转变取得了很大的进展，但是一些越位、错位、不到位等一些问题仍然存在。郭亮（2017）认为压缩地方政府的非正式权利空间、重新建立农地的多方的权利平衡是促进城市性良性发展的重要保障。许萌（2006）认为，政府在农业增收过程中扮演着多种角色。董亚男（2012）认为，有效政府是自由主义和干预主义相争辩而形成的融合生物，需要经历角色选择与角色的塑造两个时期，有效政府不仅干预还要服务于市场。陈志勇、陈思霞（2014）认为，相对较差的制度环境容易引起地方政府不平衡的权利配置。由上可知，政府在社会经济发展中扮演着重要的角色，推动社会经济的发展，有必要提高政府的约束力水平。

自"三权分置"制度提出以来，农地的流转在增加农民收入中产生了巨大的影响。杨仕兵、魏雪（2016）认为，农地承包经营权的收益为农民提供了生存保障，农民入股后，农地经营收益具有不确定性，让农民收入也面临着不确定性。冒佩华、徐骥（2015）利用平均处理效应（average treatment effect）和受处理的平均处理效应方法，通过农地经营流转对农民收入影响的研究，表明农地流转对农民的收入有显著的影响，认为农地经营权的流转能够促进农民收入的增长。李常健、杨莲芳（2016）认为，农地流转可能会面临因为合同违约、权利不明确等原因对农民权益造成损失的风险。宋宜农（2017）认为，农村农地流转制度的改革能够促进新型城镇化的发展，增加农民的收入，提高农民的生活水平。由上可知，在"三权分置"制度下，农地流转对农民的收入有直接或间接的促进作用，有时也会因合同违约或者权利不明确对农民收入产生负效应。

研究表明，政府约束也不可避免地影响着农民的收入问题。刘姝威、李闻纹、兰辉全（2013）认为，增加农民收入的路径首先是应该加大政府对农村教育的财政投入，支持、鼓励农村青壮年提高文化水平，增加高素质人才，这是发展农村合作社和增加农民收入的基础。李超、商玉萍（2016）通过对收入差距动态平面数据模型的分析，认为农民收入差距主要来自经济发展水平、产业结构升级、教育水平、政府的控制程度以及自身等一些因素。邓金钱（2017）通过构建农村经济的福利函数，分析得出政府的干预和人口的流动性拉大了城乡收入差距，其中政府的干预是主要因素。崔海峰（2014）通过对一系列的数据分析得出，提高农民收入水平需要政府和农民共同的努力。由上可知，政府的行为对农民收入有很大影响，提高政府约束力水平有利于提高农民的收入。

综上所述，在先前学者研究的文献中，诸多都是关于政府约束力、"三权分置"与农民收入、政府约束与农民收入等的探讨，以及对政府约束力、"三权分置"和农民收入三者单独或者两者之间关系的研究，但是在现阶段缺乏对三者关系的深入探讨。尤其是"三权分置"的农地制度是当前关注的焦点问题，基于此视角下对农民收入的政府约束的研究更是鲜少，本章在"三权分置"的视角下对农民收入的政府约束力的影响做出了深入全面的分析。

第一节　政府约束促进农民收入增长的假说

政府的行政效率会受到信息的局限性和流通迟缓性因素的影响而低下。由于政府利益的局限性，政府会出现谋利冲动，政府利用自身的强制力量，采取违背经济发展的相关政策或制定一些不合规定的经济政策来获取部分利益，这在一定程度上增加了政府的运行成本，降低了政府的行政效率（范慧，2010）。此外，由于信息流通的迟缓、信息的不完全，政府也会出现不当的干预或者无效率的干预行为，降低政府的行政效率。因此，对政府的权利进行约束成了关键，限制政府的谋利冲动，保证社会的整体利益。同时，搜寻全面的信息并及时做出干预，注重权力与服务的适当性，提高政府的行政效率（戴青兰，2010）。这就要求政府必须适应市场经济的不断变化，加强政府约束的控制力，提高政府的约束水平进而提升行政效率。

一、农地"三权分置"下政府约束促进农民收入增长的基本假定

1. 政府约束水平与农民收入正相关

在提高政府约束水平时，一方面，政府克服自身的谋利冲动，运行成本下降，农地市场中的农地收入量增加，农地的供求均衡水平提高，农民获得收益增加（赵德起，2013）。另一方面，政府要促进市场优化，政府运行效率提高，信息更加透明，资源得到有效的配置，农民选

择以合理的价格将全部或部分农地流转给愿意耕种的农民或农村专业合作组织，承包者可以从经营农地中获得更多的收入，即家庭经营性收入增加，出包者在获得地租的基础上，还可以进城务工以增加工资收入，即财产性收入和工资性收入增加，体现了农民收入的增长（戴钧，2011；苏志东等，2016）。

2. 政府约束水平与农地供求均衡水平相互影响

农地市场供求的高水平竞争性均衡体现了农户经济的良好发展。在此假定下，由于政府运行成本会转移给农地供求者和需求者，农地的供给和需求成本增加，降低了农地的供给能力和农地的需求愿望，收入增加不能补偿供给的成本增加，供给与需求只能维持现状，此时，农地市场的供求均衡水平较低，这意味着政府约束水平较低，应当加强政府约束。若农地供给成本增加，收入增长能补偿供给成本的增加，意味着农地供给能力提高、需求愿望增加，此时，农地市场的供求达到更高水平的均衡状态，即政府约束水平提高（赵德起，2013；李齐，2016）。

3. 政府约束主要通过权利配置实现

政府约束是为了促进农民收入的增长，而农地所有权、处置权、使用权和收益权等权利的合理配置是促进农民收入增长的主要实现形式。通过国家调控以及农户自身的权利配置降低农地供求者交易之间的成本，农民利用剩余的资本提高农地供给水平和增加农地的需求愿望，提升了农地市场的供求均衡水平，权利配置节省的农地市场上的交易成本越多，农地市场的供求均衡水平提高幅度就越大，政府约束水平提高越快。因此，权利配置是通过市场供求机制发挥作用，权利配置水平必须与农地市场的供求均衡水平一致（张毅等，2016）。

二、农地"三权分置"下政府约束促进农民收入增长的理论模型

1. 相关变量间关系

（1）农地供求与农民收入增长。随着农地供给者与需求者能力的

不断提高，农地市场中，农地的供给和需求不断增长，农地市场的供求逐渐由不均衡走向均衡状态，再由低水平的供求均衡走向高水平供求均衡状态，即农地市场达到了高水平竞争均衡状态，此时，农地市场经济发展良好，农民的收入随之提高。反之，农地供求均衡水平越高，农民得到的收益越多，意味着农民的收入增长越快。

（2）农地三权与农地供求。在农地"三权分置"下，农地承包经营权的分离，使农地流转更加灵活，农村的生产力实现了又一次飞跃（郜永昌，2013）。农地"三权分置"的核心是合理地划分农地承包权和农地经营权的权利范围，明确权利主体，防止交易中产生纠纷，降低农地在流转交易中的成本，防范"三权分置"产生负面效应，这也是能够充分发挥"三权分置"功能作用的关键所在。农地三权的合理配置保证了农地的正常流转，在市场机制中，农地流转比例是受农地供求水平影响的，而农地的流转伴随着农地经营权的流转，两者具有正相关关系，因此，农地三权的流转比例受农地供求水平的影响（赵德起，2011；盖国强，2001），当农地供给量大于农地需求量时，农地的供求水平取决于农地的需求量，随着农地需求量的增加，农地供求水平提高，农地的流转比例也随之增加，但是存在供给者损失；当农地供给量小于农地需求量时，农地供求水平取决于农地的供给量，随着农地供给量的增加，农地的流转比例也随之增加，但是存在需求者损失。只有在农地高水平竞争市场上，农地供需出清的情况下，农地流转比例随农地供求量同比例增长，此时不存在供求者或需求者损失，但这一切都是以农地权利，尤其是承包权和经营权的合理配置为前提的。

（3）农地三权与农民收入。农地"三权分置"明确权力主体，避免了农地在流转时产生不必要的纠纷，降低了农地流转成本，保障了农地的合理流转，且农地供求者和需求者能够获得更多的收益（韦鸿、王琦玮，2016）。农地所有权、承包权和经营权三者的合理配置与农民收入的增长有密切的关系，拥有农地所有权的农民可以获得相应的地租，落实好农地所有权，利于促进农民收入的增加（黄娜，2015）；农民签订长期稳定的土地流转合同，稳定农地承包权，农民能有稳定收益，农民自身承包土地自身经营的,还会获得一定的经营成果,不断促进农民收入的增长(黎霆等,2009);土地的承包权与经营权分离时,农民可以从承包户手中购得土地经营权,土地得到充分的利用,农民获得更大的经营成果,对农民收入增长产生重大影响。

(4)"农地三权"配置中政府约束与农地供求。在市场中,往往存在政府谋利冲动,政府利用自己的职权获取更多的利益,在土地市场中,政府会通过配置农地三权而获得更多的收益,产生了额外的成本,政府配置农地三权的水平低,土地的所有权、承包权和经营权没有得到合理配置,土地的流转性较低,土地没有得到充分的经营性利用,即农地供求均衡水平较低,农民获得的地租、经营性成果等收益较少,进而影响了农民的收入水平(肖卫东、梁春梅,2016)。为促进农民收入水平的增长,即提高农地供求均衡水平,对政府行为进行限制即加强政府约束。

2. 模型构建

农地三权与农地供求的分析表明:农地供求的均衡是以农地的所有权、承包权和经营权的合理配置为前提的,即以农地"三权分置"为基础,农地流转会更加灵活,农地供求均衡水平达到更高水平,农地收益较高。简言之,农地"三权分置"促进农地供求实现高水平竞争性均衡,农地供求高水平竞争性均衡带来农地高收益。进一步来说,农民收入会因农地权利的合理配置而得到提高,即农地权利配置水平越高,农民收入越高。根据基本假定,政府可以通过干预农地权利配置、农地市场供求以及直接干预农民收入三者来影响农民的收入。上述三个要素中,政府约束水平影响农民收入的具体情况如图9-1所示。

在图9-1中,L_{TP}为农地三权配置的政府约束曲线,L_{SP}为农地市场供求均衡水平的政府约束曲线,L_{PI}为农民收益的政府约束曲线。三条线均表明:随着政府约束水平的提高,农民收入增长。其中L_{TP}曲线位于最上方,其政府约束水平对农民收入影响最大,其次是L_{SP}曲线和L_{PI}曲线,这表明同一政府约束水平下,农民收入的增长幅度不同,如在R_3的政府约束水平下,L_{TP}、L_{SP}、L_{PI}分别对应着I_1、I_2、I_3。因此,在提高政府约束水平时，需要首先选择对农民收入影响最大的政府约束类型。进一步来说，农民收入达到某一水平需要不同类型的政府约束同时发挥作用，否则就会存在着政府约束的滞后或超前，从而造成成本增加。如当农民收入处于 I_2 水平时，需要 R_2 的 L_{TP} 政府约束水平、R_3 的 L_{SP} 政府约束水平、R_1 的 L_{PI} 政府约束水平。如果 L_{TP} 政府约束水平低于 R_2，则 L_{TP} 政府约束滞后，农民收入水平整体上会下降，会低于 I_2；如果 L_{TP} 政府约束水平高于 R_2，则 L_{TP} 政府约束超前，但由于其他政府约束水平较低，因此农民收入水平也不会得到提高。

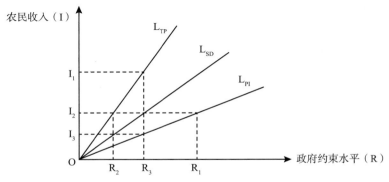

图 9 - 1 "三权分置"下的政府约束水平与农民收入

第二节　政府约束与农民收入的描述性分析

一、数据来源

本章以山东省为案例，基于 2016 年、2017 年、2018 年、2019 年山东省国民经济和社会发展统计公报以及各年的统计年鉴，以山东省农村人口作为研究对象，研究农民平均可分配收入与政府约束力的关系。山东省统计局本着公正、真实、及时的态度为协调本省的数据统计而工作，数据更加真实客观，能够反映出真实的研究结果。

二、数据分析

　　根据山东省 2016～2019 年的统计年鉴以及国民经济和社会发展统计公报，2016 年、2017 年、2018 年和 2019 年四年的具体收入情况如表 9 - 1 所示。2016 年山东省农村居民的平均可分配收入为 13954 元，比上年增长 7.9%；2017 年山东省农村居民的平均可分配收入为 15118 元，比上年增长 8.3%；2018 年山东省农村居民平均可分配收入为 16297 元，比上年增长 7.8%；2019 年山东省农村居民的平均可分配收入为 17775 元，比上年增长 9.1%。根据人均纯收入的数据计算出收入各部分与上年的增长率（见表 9 - 2），结合 2013 年国民经济和社会发展统计公报中对 2008～2013 年的农村居民人均纯收入及增长速度折线图得出 2008 年至今的数据统计折线图，如图 9 - 2 所示。

表 9 - 1　　山东省 2016～2019 年农村居民人均可分配收入情况　　单位：元

收入类型	2016 年	2017 年	2018 年	2019 年
人均可分配收入	13954	15118	16297	17775
纯经营性收入	6267	6730	7194	7799
工资性收入	5569	6069	6550	7165
财产性收入	359	391	429	456
转移性收入	1760	1928	2124	2355

资料来源：山东省国民经济和社会发展统计公报。

表 9 - 2　　2016～2019 年山东省农村居民人均各收入与上年的增长率　　单位：%

收入类型	2016 年	2017 年	2018 年	2019 年
人均可分配收入	7.9	8.3	7.8	9.1
经营性收入	7.0	7.4	6.9	8.4

续表

收入类型	2016 年	2017 年	2018 年	2019 年
工资性收入	8.4	9.0	7.9	9.4
财产性收入	9.9	9.0	9.8	6.4
转移性收入	9.4	9.6	10.2	10.8

资料来源：山东省国民经济和社会发展统计公报。

图 9 - 2 2008 ~ 2019 年农民收入变化

由表 9 - 1 可知，比较 2016 年、2017 年、2018 年和 2019 年的收入情况，2016 年家庭纯经营性收入占 45%，工资性收入占 40%，财产性收入占 3%，转移性收入占 13%；2017 年家庭纯经营性收入占 45%，工资性收入占 40%，财产性收入占 3%，转移性收入占 13%；2018 年家庭纯经营性收入占 44%，工资性收入占 40%，财产性收入占 3%，转移性收入占 13%；2019 年家庭纯经营性收入占 44%，工资性收入占 40%，财产性收入占 3%，转移性收入占 13%。显然家庭经营性收入是农村居民的主要收入构成，但近几年，由于人们观念及农村制度的改变，农地流转的增加，使家庭纯经营收入的影响程度有所降低（陈禄青，2013）；同时，工资性收入也是农民收入的重要的组成部分；政府转移性支付，主要是指政府对农户的农业补贴收入；财产性收入占农民收入的比重最低（腾秀梅、林亦平，2016）。

山东省农村居民人均收入逐年递增，根据政府约束假说，政府约束力由松散型的政府约束向紧密型政府约束转变。

表9－2、图9－2显示了山东省农村居民人均收入的各个构成部分的增长率变化趋势。显然，人均可支配收入的增长率逐年减低，家庭纯经营收入、转移性收入和财产性收入都有下降的趋势，但是家庭人均经营收入的增长率始终是最低的，而转移性收入的增长率是最高的，同时，财产性收入的增长率波动幅度大。

综上所述，可以得出两个结论：其一，政府约束力不断提升，但是约束力水平不高。农村居民人均可分配收入逐年递增，但是增长率却逐渐降低，这是当今农村经济发展所面临的一个难题。当前我国高度重视农村的发展问题，中央一号文件中多次提到农地流转问题，不断深化农村集体产权制度的改革。通过数据分析可知，家庭纯经营性收入是农民收入的主要构成部分，重视农民农地制度也是解决问题的重点，在"三权分置"制度下，农地产权更加明确，农地流转逐渐渗入农村居民的观念之中，部分农户愿意将农地流转进行产业化经营，这在一定程度上增加了农户家庭纯经营性的收入，根据政府约束假说理论，在家庭纯经营性收入方面，政府的约束力增强，但是约束力的程度还不足（赵德起，2008）。其二，政府的干预与农户收入有很强的关联性。根据前面的数据分析，转移性收入对农户的收入没有太大影响，但是近几年来增长率最高，政府对农户农地、农业经营的补贴产生了很强的效应，说明政府的干预对农户收入有很强的相关性，但是转移性收入增长率却在降低，反映出政府的约束力水平仍然很低，需要进一步提高政府约束力水平（张学辉、王如渊，2009）。

第三节　政府约束与农民收入的实证分析

根据前面的理论模型可知，政府约束水平越高，农地权利配置水平越高，农地供求均衡水平也就越高，此时，在农地市场，农地的供给量与需求量较高，相应地，农地流转面积随之增加。在农地"三权分置"下，农民的经营权、承包权得到了保障，为了满足个人生活需求，农民会延长农地的流转年限，保证农地的合理使用（李勇、杨卫忠，2014）。政府约束水平的提高不可避免地增加了农地的流转成本，提升农地的流转价格。农地流转面积增加、流转年限的延长以及流转价格的提升能够增加农地的收益，提高农民收入（刘金蕾等，2014；徐鲜梅，2015）。为了进一步研究政府约束对农民收入的影响状况，在"三权分置"视角下，找出促进农民收入新的增长点，促进我国农村地区更好更快地发展，本章选择农地流转的流转面积、流转年限以及流转价格三个要素与农民收入的线性关系进行实证分析。

一、数据来源

山东省是一个传统的农业大省，对于农地的研究更具有普遍性。本章数据主要来源于山东省统计局，以及查阅相关网站并借鉴前人调研报告。2015年底，山东省有73910个耕地村完成了农地确权登记颁发证工作，占总数的95.9%；确权耕地面积8815.6万亩，占家庭承包户数的94.6%。当时，全省农村农地流转面积已达2569.5万亩，占家庭农地承包经营面积的27.3%，比2012年提高了十五个百分点；加之开展农地托管服务、建立紧密型生产基地所覆盖面积，全省承包农地经营规模化率达到了40%以上。本章采用了鲁力翡关于山东农村地区农地流转的调研数据（鲁力翡，2015），调研包括三个区域：济宁市两个县的两个村、临沂市两个县6个村共以及威海荣成两个县的两个村，发放问卷223份，有效问卷202份，有效问卷率90.58%。

调查问卷涉及202户家庭，其中有102户有农地流转的情况，占总样本的50.5%。在样本农户中平均每户有3个劳动力，常年在家务工有1.5人，半务工人数占0.8人，说明农村的劳动力大多是以务农为主。农户平均承包耕地大约为4亩（0.292公顷），流转农地最多

18 亩（1.2 公顷），可见农地都是小规模经营。在家庭收入中，打工收入要高于农地收入，说明经济收入仍然低下。另外，在调查地区，农地流转价格平均每亩 700 元，流转年限最少 3 年，最高 20 年，平均流转年限 8 年。

二、模型选择

本章选择以农户收入（Y）为因变量，以农地流转面积（X_1）、农地流转年限（X_2）和农地流转价格（X_3）为自变量，建立一个多元线性回归模型，运用 SPSS 分析软件对模型进行检验，能够更直接地观察从农地流转方面影响农户收入的因素，分析在所有权确权、稳定承包权和放活经营权的前提下，探究促进农民收入的增长点，便于对政府约束力提供政策建议。

三、变量选择

模型的因变量是农民的收入，自变量是农地的流转面积、年限和价格。农地流转面积是指农户流转的农地总量，流转面积越多，农民收入越多；农地流转年限是指农户将农地进行租赁的时间期限，一般而言，年限越长，农民收入越多；农地流转价格是指农户租金农地所得到的收益，流转价格越高，农民收入越高。

四、构建模型

通过调查问卷所得数据观察，农民收入与农地流转面积、农地流转年限以及农地流转价格有线性关系，因此可以建立多元线性回归方程：

$$Y = \alpha_0 + \alpha_1 X_1 + \alpha_2 X_2 + \alpha_3 X_3 + \varepsilon$$

其中，Y 表示农民收入，α 表示常数，X_1 表示农地流转面积，X_2 表示农地流转年限，X_3 表示农地流转价格，ε 表示随机干扰项。

采用 SPSS 软件对数据进行分析，分析结果如表 9 – 3 所示。

表 9 – 3 样本数据统计

变量	N	最小值	最大值	均值	标准差	方差
	统计量	统计量	统计量		统计量	统计量
流转面积 X_1	202	4	18	4.379	1.833	3.360
流转年限 X_2	202	3	20	8	4.934	24.344
流转价格 X_3	202	450	800	700	68.454	4685.950
农民收入 Y	202	2300	150000	30000	1237.546	1.531E6

由表 9 – 3 知，农民流转面积分布在 4 ~ 18 亩，由于方差较小，分布比较集中；农地流转年限主要分布在 3 ~ 20 年，方差相对较小，分布较集中；农地流转价格主要分布在 450 ~ 800 元，方差较大，分布较松散；农民收入在 2300 ~ 150000 元。

表 9 – 4 回归系数分析

变量	非标准化系数		标准化系数	t
	α	标准误差		
常数	– 4964.785	5397.463		– 0.828
流转面积 X_1	3542.750	365.470	0.481	8.452
流转期限 X_2	735.632	136.100	0.230	5.112
流转价格 X_3	23.554	10.435	0.150	2.314

由表 9 – 4 可以得出多元线性回归方程：

$$Y = -4964.785 + 3542.750X_1 + 735.632X_2 + 23.554X_3$$

标准化多元线性回归方程：

$$Y = 0.481X_1 + 0.23X_2 + 0.15X_3$$

五、模型的检验

1. 拟合度检验

由表 9 – 5 中的 $R^2 = 0.627$，可以说明农地流转因素对农民收入的解释度为 62.7%，拟合度良好，符合实际情况。

表 9 – 5 模型分析

R	R^2	调整 R^2	标准估计误差	更改统计量				
				R 方更改	F 更改	df1	df2	Sig. F 更改
$0.785^α$	0.627	0.625	6745.857	0.627	114.362	3	198	0.000

2. t 检验

在 0.05 显著水平上，自由度为 $n – 5 = 198$，$t_{0.025}(198) < t_{0.025}(205) = 1.96$，因为流转面积的 t 值为 8.452，流转期限的 t 值为 5.112，流转价格的 t 值为 2.314，三个值均大于 1.96，所以各变量显著，t 检验通过。

3. f 检验

由表 9 – 5 可看到，$F = 114.362$，$n = 202$，$n – k – 1 = 197$，因此在 0.05 显著水平下自由度为（4，197），经查表可知，$f(4，197) < 114.362$，通过 f 检验。

综上可知，农地流转面积、流转期限以及流转价格对农民的收入有显著影响，并存在着线性相关关系。当农地流转面积增加一个百分点时，农民收入也增加 0.481 个百分点；当农地流转期限延长一个百分点，则农民收入增长 0.23 个百分点；农地流转价格增加一个百分点，则农民收入相应增加 0.15 个百分点。在三个影响农民收入的因素中，农地流转面积的增加，农民收入增长率最高，政府约束水平低，即在农地流转面积因素上，政府约束懒散；农地流转价格增加，农民收入增长率最低，政府约束水平高，即在农地流转价格因素上，相对来说政府约束紧密；在农地流转期限因素上，政府约束水平相对较低，政府约束相对懒散。

第四节　政府约束与农民收入的结论与对策

一、结论

1. 政府约束面临挑战

近几年来，我国农村的经济制度不断改善，政府对农村发展重视程度提高，不断完善农户农地确权制度，鼓励农户进行农地流转，政府对农户进行农业补贴，一号文件中不断出台新的农地政策，致力于解决我国的"三农"问题。一系列的农地政策使农户的生活得到很大的改善，在政府约束力下，农户的人均收入不断增加，然而，人均收入的增长率却在降低，说明在某一方面政府约束力水平仍然不够高，仍然面临巨大挑战。

2. 在农民收入各个构成部分中，政府约束力水平不均衡

通过对收入来源各部分增长率的数据研究，发现任何一个构成部分的政府约束力的增强都会促进农民收入的增加，由于政府的干预会对经济的发展产生正反两方面的效应，在政府约束的理论假说下，政府能够适当地选择是否干预农村经济的发展，因此，只要增加政府的约束力水平，农民收入就会相应增加。在农民收入结构中，家庭纯经营性收入占的比重最高，但是增长率在降低，政府约束力最强，说明在该部分政府约束力水平在下降；工资性收入占的比重次之，但是增长率在降低，说明政府对工资性收入的约束力较强，约束力水平较低；财产性收入和转移性收入的比重最低，增长率也在降低，相比较而言，政府对财产性收入和转移性收入的约束力比较强，政府的约束力水平最低。

3. 农地的流转面积、流转期限和流转价格与农民收入呈正相关关系

农地流转面积增加、流转期限的延长以及农地流转价格的升高都会引起农民收入的增加。通过实证分析得出，流转面积的增加是提高农民

收入的主要因素，其次是农地流转的期限，对农民收入影响最小的是农地的流转价格。

二、政策建议

1. 政府重视农村农地流转制度，鼓励农户进行产业化经营，提高经营性政府约束水平

农地本身是一种财产价值，农地的流转能够给农户带来财产性收入，同时，利用流转的农地进行规模化生产可以给农户带来更多的家庭经营性收入。根据本章的分析，家庭经营性收入占收入的主要部分，提高家庭经营性收入是增加农户收入的重要增长点。虽然农户的农地流转意识有所提高，但是流转水平仍然不高，农村中还存在一部分搁置农地，这就需要政府鼓励农户进行农地流转，在"三权分置"的农地制度下，加强农地确权工作的进行，明确农地承包权和经营权，增加对农地的流转补贴，鼓励农户规模化生产。同时，鼓励外出务工的农户流转农地，健全农村产权流转交易市场，逐步建立进城落户农民在农村相关权益的退出机制，积极引导支持进城农户自愿有偿转让相关权益，开展农业产业化经营。

2. 明确农地所有权，发展多种形式的股份合作制组织，提升财产性政府的约束力水平

所有权的本质在于农民对集体农地的共同所有，农民主体拥有农地的所有权，保证行政力量不再凌驾于农民的所有者权益之上。通过推进农村集体资产确权到户以及股份合作制改革，让农民利用农地和集体资产所有权入股农业生产合作社和农村经济合作组织，发展多种形式的股份合作，让农民也成为公司的股东，参与合作社分红，农民为获得分红会更加积极地承包或者经营农地，维持农民的增收。

3. 加强政府在农村农地流转中的监督与管理作用

在我国"三权分置"的农地制度下，政府对宏观调控政策发挥着重要的作用，政府具有指导、监督的作用。政府必须充分发挥好监督

与管理职能，提高权利缺失型政府的政府约束力水平。在农村地区建立农村农地流转信息网站，为农户提供符合当地水平的农地流转面积、期限和价格等信息，积极引导农户自觉进行农地流转，同时帮助农户建立正规的农地流转关系，鼓励流转双方建立长期的农地流转合同，稳定农地的承包权，保证农户的长期收益。另外，增加对农户的补贴力度，鼓励农户使用现代化技术进行农业生产，提高生产效率，降低农户生产损失。

第十章

农地经营权流转与农民收入

　　现阶段，"三农"问题仍是我国社会主义市场经济面临的主要问题，农民收入是"三农"问题的核心。当前，增加农民收入面临着多方面的制约，一些制度安排或是在一定程度上阻碍了市场作用的发挥，或是由于界定不够清晰等原因对农民的财产权利保护不够有力，从而对增加农民收入造成制约（何绍周等，2012）。农地经营权的流转与农民的财产性收入、工资性收入和家庭财产性收入都密切相关。近年来，政府逐渐重视农村土地经营权流转和相关制度的健全，党的十七届三中全会通过的《中共中央关于推进农村改革发展若干重大问题的决定》提出："加强土地承包经营权流转管理和服务，建立健全土地承包经营权流转市场，按照依法自愿有偿原则，允许农民以转包、出租、互换、转让、股份合作等形式流转土地承包经营权，发展多种形式的适度规模经营。有条件的地方可以发展专业大户、家庭农场、农民专业合作社等规模经营主体。"（中共中央文献研究室，2009）这体现了新的政策精神——允许甚至鼓励农地市场化流转，以达到规模化、技术化和市场化效应。随着农地经营权流转的范围扩大，经营权流转对于农民收入的影响也越来越大，但同时暴露的问题以及还需逐步调整和改善的方面也逐渐增多，缓解固有矛盾、解决新增问题迫在眉睫。在很长一段时间内，放活经营权，完善经营权流转的相关制度对于贯彻"三权分置"的实施重点，稳定持续的增加农民收入都具有重要意义。

第一节 文 献 述 评

一、农村土地流转对农民收入增长的影响

对于农地经营权流转与农民收入增长的关系，李瑶鹤、胡伟艳（2016）从农民收入来源结构视角分析农村土地流转对农民收入的潜在影响，提出农地流转与家庭经营性收入具有一定的正向关系；促进农地有效流转，可以实现农民剩余劳动力转移，增加农民工资性收入；在土地流转过程中，只要流转交易符合相应的条件，就可以使农户获得土地流转补贴，增加农民转移性收入；农地流转可以增加财产性收入。封雨（2014）通过实证分析得出结论：一方面，土地流转，原种地农民可获得较高并且稳定的有偿出让收入；另一方面，承租农户收入也十分显著，将土地资源集中整合，规模化生产作业，提高土地产出率的同时，获得更高的耕作收益，总额也大幅提高。

在农地流转提高农民收入的同时，农地流转中存在的问题会阻碍农民增加收入。郭熙保（2014）提出农村土地承包经营权的转让仍受到严重限制，会进一步阻碍农地利用效率的提高和规模化经营的进程，阻碍农民工进城落户和社会保障体系的推行；钱忠好（2012）指出，对农村土地承包经营权的保护不足，流转仍需规范化并加强法律制度的保障。

二、农地流转的路径及对策

刘迪尧（2013）提出要完善土地承包经营权流转市场，逐步形成土地流转的市场竞价机制。搭建交易平台，发展土地流转市场的中介机构，充分利用政府行政资源，建立完善县、乡、村三级土地流转服务平台。在扩展农民土地承包经营权的基础上，还可进行宅基地使用权抵押

贷款试点。宅基地和房屋使用权的抵押可以使农民拥有的财产变现，增加其财产性收入。黄延廷（2012）提出要着力健全农业经营制度，扩大农业规模化经营。通过各种形式的联合与合作，把分散的农户有机地组织起来，不仅能扩大农业经济规模，有利于实现生产专业化、标准化和现代化，有利于延伸农业产业链、提高农业产业化水平，而且也是稳定增加农民收入的有效渠道。唐文金（2008）提出做好经营权流转的准备工作。对农村土地进行估值，了解农民意愿。土地流转进行与否和方案的制定首先要考虑的是农户意愿，政府在土地流转中的行为和角色也要建立在农户流转意愿的基础上。张婷（2015）通过数据分析得出农地流转对农民各项收入有显著的促进作用，具体路径体现为：一是农地流转的发展为农民的规模化经营、农业生产的现代化创造了条件，促进农民家庭经营纯收入增加；二是释放的农业劳动力转移至非农产业，促使农民获取更多的工资性收入；三是农地流转租金促使农民获取更多财产性收入；四是达到一定规模的流转主体获得规模流转补贴，进而增加了转移性收入。冒佩华、徐骥（2015）提出政府首先要减少农地具体运作中不必要的行政干预，确保农地经营权能够有效流转；其次要让更多的农户家庭能够有资格和能力参与到土地流转中；最后还需以规范、完善的农地经营权流转市场为基础和平台，鼓励农户参与土地流转，实现规模效益。

　　学者们的研究表明农地流转对农民收入增长有促进作用，同时也存在着流转不畅的问题。本章着重从规模化和技术进步视角利用调查数据分析农地流转存在的问题，进而提出加速流转的路径与对策。

第二节　农地经营权流转促进农民收入增长的理论分析

　　农地经营权流转能够使农地流出方、流入方和整个社会都获得利益。通过农地流转，流入方获得充分的农地资源，可以进行规模化、技术化的农业生产活动,增加收入;流出方可以获得流出农地的资金,同时从农地中解放出劳动力加入第二产业和第三产业中获取工资性收入;农业生产效率提高、劳动力合理安置又使社会增加了产出和财富,促进社会和谐、人民幸福。

一、基本假定

1. 农地产权明晰

产权理论认为经济分析的首要任务就是界定产权,通过权力的交易使社会总产品达到最大化。在马克思经典著作《资本论》中,土地产权被阐述为包括土地产权制度、土地产权全能理论以及土地产权商品化及市场配置理论等(洪名勇,1998)。而其中最主要的问题在马克思看来就是对土地产权的界定。农地经营权流转的前提必然是农地产权明晰,一方面,产权不明确会影响农地的流转,产权明确即农地的归属权明确,则会促进经营权流转,保障农地交易顺利进行,进而保证农地资源有效配置;另一方面,农地产权明晰会充分调动农民进行农业活动的积极性,发挥利用农地创造财富的主观能动性,进而增加收入,产权不明确则会造成相反的效果。因此明确的产权对农地经营权流转以及促进农民收入增加都起到了必不可少的关键性作用(肖军、高继宏,2000)。自 2016 年起,全国各地开展农地确权,保证农地资源都具有明确的产权。

2. 农地经营权自由流转

市场经济充分运用市场的力量配置市场的资源,即运用市场中"看不见的手"来管理市场,调动市场的积极性。而尽量减少或者禁止干预市场的行为。最佳的土地流转方式就是把土地资源放置于市场,由市场对其进行配置,政府只是做引导性的工作,充分利用市场的力量才是盘活农地流转的根本途径(杜瑞赟,2016)。国家实施"三权分置"的重点——放活经营权,农地经营权流转正在市场化,由农地的供求关系决定。

二、理论分析

1. 农地经营权流转与农地的市场供求间的关系

市场中的农地经营权流转是由农地的供求关系决定的。当市场中农地的供给量大于需求量时，农地经营权的流转量由对农地的需求量决定；当农地的需求量大于供给量时，农地经营权的流转量由农地的供给量决定；当供求均衡时，农地经营权的流转量由农地的供给量和需求量共同决定。

2. 规模化与农地收益

土地经营规模适度扩大对农业生产绩效的提高具有正面效应（钱贵霞、李宁辉，2005）。在农业活动发展初期，农地分散，技术化和专业化程度低，农民生产效率低收入有限，农地流转之后，农地集中，农民就可以扩大生产，实现规模化和专业化，从而增加农地收益。我国农村普遍实行家庭联产承包的小规模经营形式，农地资源短缺，农村人口大，多年以来难以改变。传统的家庭联产承包的小规模经营方式虽然能够发挥家庭生产经营的优势，增强农民生产的积极性（王琦，2011），但是随着我国经济水平的提高和粮食需求量的逐年递增，这种小农经营的方式阻碍了农业经济的进一步发展。首先，小规模的生产方式无法充分有效地利用农地资源。单独的农户不具备使用现代化农业设备的条件，缺乏对于农地长期投资的能力，更容易受到自然灾害的影响。农业劳动生产力无法提高，效率低，农产品竞争力不足，农民的收入和效益自然大打折扣。其次，农业的效益相对低导致近年来农村外出打工人口不断增多，耕地抛荒现象时有发生，许多地方青壮年出外打工、经商后，其承包田就靠妇女和老人耕种，实际上种田成了"副业"，以能提供家人口粮为满足，很少精耕细作，使我国本来稀缺的农地资源不能得到充分有效使用（郭熙保、赵光南，2010）。这种小规模经营模式使广大农民陷入了"低收入→低投资→低产出"的恶性循环。农业水平得不到提高，农民的知识水平和生活水平难以增长，农地收益将持续偏低

（亢晓红，2012）。据中国改革发展研究院完成的 29 个省份 700 农户问卷调查显示，29.2% 的被调查农民所在村曾经实行或正在实行土地规模经营。但实行规模经营的土地占农用地的比重并不高，40.5% 农民回答"只占小部分"，21% 的农民回答"不到一半"，只有 12.2% 的农民回答"大部分农用地实行了规模经营"（夏锋、张娟，2008）。针对我国目前农地还处在规模经济的初期，利用农地流转发展规模化经营对于普遍地区具有增收的作用，因此我们必须加快改革现行农地制度，改变农地小规模经营的现状，促进农地流转制度健全，推动农业专业化、集约化、规模化经营，以降低农产品成本，增加农地产出率，通过农地经营权的有效流转促进农地收益增长（王琦，2011）。

3. 技术进步与农地收益

农地经营权流转有利于发展和应用先进的农业技术，从而通过提高生产率，改进农产品质量，增加农产品的品种来促进农地效益最大化（黄祖辉、钱峰燕，2003）。首先，先进的农业技术可以提供先进的技术条件和方法，例如提高化肥有效使用率、农地有效灌溉比例等，促进农业高效化；其次，当前我国农产品市场上低档产品，普通产品占据绝大部分比例，这大大降低了农地收益，运用先进农业技术来改变传统生产方式，发展优质高效农业，提高农产品的竞争力，促进农产品优质化发展；最后，应用农业技术培育新品种能够增加农产品种类，促进农产品多样化。通过农业高效化、农产品优质化和多样化来促进农地效益最大化。

4. 农地收益增长与农民收入增长

促进农民收入持续增长，对于流入农地的农民来说，重点是增加家庭经营性收入，从农产品价格上升、经营成本降低中获利。对于流出农地的农民来说，主要是促进工资性收入增长，由于在流转市场上，流出方处于信息不完全的弱势地位，流入方不会以高于农地农用价值的价格转入农地，农地收益会被流入方侵占。流出农地的农民将承担潜在的损失，如果从农地中解放出来的劳动力没有参与到第二、第三产业中，那么从理论上来说，农地经营权流转使这部分农民丧失的成本和获取的收入几乎持平甚至减少了收入。只有解决农民就业问题才能使农民从农地流转中获益，使农民的收入与农地收益同步增长。而转出农地的农民收入取决于他们从事其他工作的技能和能力。

第三节　农地经营权流转促进农民收入增长的实证分析

一、样本及问卷

本书采取由调查人员利用调查问卷进行入户访问的方式。共访问了某某省某某县三个乡镇、21 个村的 120 户农户，其中，有效样本为 104 户。调研内容主要分为四个部分：第一部分为农户的基本情况，具体包括户主的基本情况、家庭收入情况、家庭经营土地情况等；第二部分为农地流转的基本情况，具体包括转入地的基本情况和转出土地的基本状况，关于土地的来源、用途、流转方式以及是否签订流转合同等内容；第三部分为农户的土地流转意愿等内容。

二、劳动力结构

从受访的 104 户农民的情况来看，从事农业生产经营的农户具有以下两个特征：一是从事农业生产活动的主要是中老年农民。近年来，随着大量青壮年年轻农民外出务工，留在家里的多为留守儿童与留守老人，因此在农地上进行农业生产经营的人大多数为中老年农民。从户主的平均年龄来看，3 个样本乡镇农户户主的平均年龄为 50.60 岁。二是与全国平均耕地水平相比，该省平均耕地比较多，家庭平均农地面积为20.18 亩，更利于进行农地流转进而实现大规模机械化生产。

三、收入结构

目前，我国农民家庭经营收入仍是农民最主要的收入来源，但占比已经呈现逐年下降趋势。农民工资性收入逐年增加，直到 2015 年超过家庭经营性收入，成为农民收入的最主要来源。因此，农民家庭经营性收入和工资性收入是最主要的收入来源，是影响农民收入最关键的要素。

调查得到的基本信息如表 10 – 1 所示。根据数据可得：人均年收入在 5000 ~ 100000 元的家庭占比例最大为 50.96%，有 70.19% 的家庭收入的主要来源是农地自主经营，说明大部分的农户家庭还是靠农业生产活动获取收入，大部分劳动力集中在农地上，而将流转农地作为收入主要来源的只有 0.96%，主要是因为目前农地流转的租金低，不足以支撑一个家庭的经济支出，所以不需要进行耕作后，这些家庭的收入来源主要是通过打工或其他形式获取。对比全国数据，由于本地区农地经营权流转程度较低，家庭经营性收入仍是主要来源，随着农地经营权流转的开展，城市化进程加快，生产结构调整，工资性收入有很大的提升空间。

表 10 – 1 农民收入与农地流转

信息类别	选项	频数	频率（%）
人均年收入	5000 元以下	10	9.62
	5000 ~ 10000 元	53	50.96
	10000 ~ 20000 元	36	34.62
	20000 元以上	5	4.81
收入主要来源	农地自主经营	73	70.19
	在家务工	9	8.65
	流转农地	1	0.96
	外出务工	12	11.54
	其他	9	8.65

信息类别	选项	频数	频率（%）
家庭耕地面积	5 亩以下	3	2.88
	5～10 亩	17	16.35
	10～30 亩	45	43.27
	30 亩以上	39	37.50
是否有流转意愿	是	68	65.38
	否	36	34.62

资料来源：根据调查问卷整理。

四、农地流转的比例

调查样本农地流转的基本情况如表 10－2 所示。据统计，在调查的农户家庭中，转入农地的有 18 户，占调查样本总数的 17.31%；从转出情况来看，33 户家庭有转出农地的现象发生，占调查样本总数的 31.73%。进行农地流转的 306 亩农地，占总农地面积的 20.45%。由此可见，调查地的农地经营权流转已经开始展开，但是仍然低于全国平均水平 33.3%（2015 年底），规模不大。

表 10－2　　　　　　　　农地流转基本情况

样本乡镇	农地流转（户）		农地流转面积（亩）
	转入	转出	
乡镇一	6	18	118
乡镇二	8	4	156
乡镇三	4	11	102
合计	18	33	376

资料来源：根据调查问卷整理。

五、农地流转用途

据调查，该县有可耕地 205 万亩，常年粮食作物种植面积稳定在 180 万亩，主要品种有玉米、水稻、高粱、杂粮。表 10 - 3 为 2016 年土地流转千亩以上的大户及流转面积，流转的用途单一，均为大田玉米。结合调查问卷可知，目前的流转范围小，规模化程度还很低，地方缺乏农地流转的交易平台。

表 10 - 3　　某某县 2016 年农地流转千亩以上大户及农地用途

序号	姓名	流转面积（亩）	所在乡镇	流转用途
1	农户 1	3000	甲镇	大田玉米
2	农户 2	2000		
3	农户 3	3000	乙镇	
4	农户 4	2000		
5	农户 5	2000		
6	农户 6	1000		
7	农户 7	2300	丙镇	
8	农户 8	1600		
9	农户 9	1200		
10	农户 10	1100		
11	农户 11	1100		
12	农户 12	1070		
13	农户 13	1050		
14	农户 14	1050		
15	农户 15	1027	丁乡	
16	农户 16	1200	戊镇	
合计		25697		

资料来源：根据当地县政府走访结果。

六、农地流转与农民收入

根据调研的农户收入状况，流入农户、流出农户与未参与农户的人均纯收入情况如表 10-4 所示。由数据可知，参与土地流转的农户的人均纯收入要大于未参与流转的农户。转出农户的人均纯收入略高于转入户，一方面是因为转出农地的农户把劳动力从农地中解放，外出打工或者进行自主经营获取工资性收入和经营性收入，另一方面说明了农地流转在一定程度上可能会影响农村居民的收入水平。

表 10-4 　　　　　　参与流转与未参与流转农户的收入情况 　　　　单位：元/年

农户类型	转入农户	转出农户	未参与农户
人均纯收入	11155.56	11230.09	10484.74

资料来源：根据调查问卷数据计算。

七、农业技术的应用

在调查的 104 户农户中，有 41 户表示应用了先进的农业技术，但是只局限在简单的机器播种和机器收割，对农业技术的其他方面都了解甚少，例如育种耕作技术和信息化管理等，只有正在打造绿色品牌的某乡镇的几家农户系统学习过农业技术知识并尝试应用。调查问卷显示所有的农户均愿意学习先进的农业技术。

调研的主要研究结论包括以下几点。

1. 转入农地的农民收入增加

如表 10-5 所示，农地转入后，农民的收益是原来的 126.60%，有了大幅的提高。家庭总收入也得到了提高。农地转入后，成本要加上一定的租金，农户因此提高积极性，努力改善种植方法，提高生产效率来增加产量。对于一部分已有农地面积较大并资金充足的农户，机械化生产水平较高或者扩大农地规模后能进行机械化生产，这实际上减少了生产的平均成本，还有一部分农户希望转入周边的农地大规模的转变生产模式，大棚种植蔬果增加生产时间和收益。

表 10 – 5 农地转入后农民收入变化情况

类别	转入前	转入后
农地每亩净收益（元/年）	548.9	663.8
农地每亩成本（元/年）	535.2	508.7
农地每亩收益（元/年）	1084.1	1372.5
家庭总收入（元）	33428.57	36625

资料来源：根据调查问卷数据计算。

2. 转出农地的农民收入增加

由表 10 – 6 可知农地转出后每亩的净收益比转出前自耕时增加了53.06%，说明转出的农地效率得到了大幅提升，转出农地后的家庭总收入比转出前增加了35.06%，反映了农地流转确实能促进农民的收入增长。在农地收益低、农业生产活动受气候等影响大的情况下，一些农户更愿意转出农地获得稳定的租金，劳动力从耕作中解放出来投入到第二、第三产业中。

表 10 – 6 农地转出后农民收入变化情况

类别	转出前	转出后
农地每亩净收益（元/年）	513.4	785.8
家庭总收入（元）	24750	33428.57

资料来源：根据调查问卷数据计算。

3. 转入农地的农户收入提高不显著

由调查数据可知，转入土地的农户的农地收益虽然有所提高，但是收入提高很少，原因在于流转大户均种植玉米，虽然实现了一定程度上的规模化，产出增加，但由于农户掌握的信息有限，没有合适的销售渠道，农产品的价格降低，导致农民收入提高不显著。

4. 农业技术应用程度低

一方面，农民对农业技术的认知水平较低，固然有学习农业知识的想法，但实际上缺乏学习的途径和积极性；另一方面，农民掌握的资金有限，不足以应用先进农业技术进行生产。

第四节　农地经营权流转促进农民收入增长的路径与对策

一、农地经营权流转促进农民收入增长的路径

1. 规模化经营促进农民收入增长

通过农地流转，农民集中零散农地，扩大农地规模，实现规模化、专业化、机械化的农业生产，规模化能够使生产的固定成本因为分摊得到降低，技术化、机械化能够提高生产效率，增加农业生产的效益。从而使转入农地的农民增加家庭经营性收入。通过建立农民专业合作社把农户组织起来，不仅能有序扩大农业经济规模，稳定增加农民收入，还可以通过政府的支持得到更好的信息平台和金融等服务。农地的规模应根据各地实际情况具体问题具体分析，我国各地气候类型和耕种形式存在很大差异，生产条件各不相同，对于不同的区域，要做到全面调查分析，掌握规模化的程度和阶段，使农地达到规模经济。

2. 技术进步促进农民收入增加

提高农业技术，提高化肥使用效率和有效灌溉比例，增加耕地肥力，应用农业机械，通过提高农业生产率来提高农地收益进而增加农民收入；在农业生产中强化农技推广，发展优质高效农业，实施农业品牌战略，不断提高农产品竞争力，通过产品优质化、产品多样化，满足现代社会对优质农产品的需求，充分利用现代农业技术进步成果，积极发

展农产品初加工和深加工，延长农业生产链，提高农产品附加值，发展外向型龙头企业，增加农民收入；通过农业技术进步使机械更多的代替劳动力，将劳动力从农地中解放出来，促进劳动力转移来增加农民收入。

二、农地经营权流转促进农民收入增长的对策建议

1. 积极发展农民专业合作社，提高农业组织化程度

发展农民专业合作社是促进农地经营权流转并与我国国情相适应的一种方式，也是国家在改革中强调过的。2007 年 7 月 1 日正式实施的《中华人民共和国农民专业合作社法》为农民专业合作社的发展提供了有力的法律保障。国家相关部门得到的权威数据显示：截至 2020 年 11 月底，全国农民合作社数量达 224.1 万家，入社农户超过 1 亿户，各级示范社超过 15.7 万家（黄祖辉、钱峰燕，2003）。但是，我国农民专业合作社依然处于发展的初级阶段，整体水平不高，规模普遍较小，带动力不强，这次调查的黑山县全县示范社共有 12 个，其中蔬菜 2 个，甘薯 1 个，大田 2 个，果树 3 个，生猪 2 个，农机 2 个，但是通过走访了解到，存在着部分合作社为达到指标而成立的现象，实际上并没有尊重农民意愿为农民谋求福祉。此外，合作社内的组织和管理工作至关重要。因此，发展农民专业合作社，要遵照自愿加入的原则，加强管理。

2. 完善农地经营权流转市场，引导农地经营权合理流转

完善农地经营权流转市场，首先政府应该逐步推动落实农村土地的确权和权证登记，保证农地产权的明确和到位，把农地流转市场的培育作为关键任务，并不断地规范和完善农地流转市场的交易准则，保障市场交易的合法、合规、合理，减少不必要的交易费用。其次要搭建交易平台，建立农地流转市场的中介机构，政府要在其中发挥职能，充分利用行政资源，建立完善县、乡、村三级土地流转服务平台，逐步形成土地流转的市场竞价机。最后，金融管理部门应制定集体建设用地抵押融资办法，鼓励金融机构在农村开展抵押融资试点（张婷，2015）。根据

各地区具体情况，政府要依法引导和推动农地经营权的流转，在遵循农民意愿的基础上，促进农地集中到种地能手处，发挥具有专业知识和技术的农民在生产中的作用（刘淑俊、张蕾，2014）。

3. 延长农业产业链，多样化农作物销售渠道

调整农业产业结构，流转后在适宜的条件下，大规模发展特色农业、市场农业，引导和带动农民融入新型农业发展道路。延长农业产业链，生产特色农产品，发展农产品加工业，形成优势产业带。在销售上，一方面，发挥政府的宏观调控，为当地农产品寻找销路；另一方面，推动农业信息的流通，利用网络拓宽农作物的销售渠道，增加农民收入。

4. 加大农业生产技术投入，推动农业生产工具创新

创新农业生产技术，加大对农业生产技术的投入，加快创新选育优质良种技术、农作物耕作栽培技术、改良土壤技术、化肥和平衡施肥技术、动植物病虫害防治技术、畜禽饲养技术、水产养殖技术等，提高生产率，优化农产品品质，增加农民收入。创新农业生产条件，推动农业生产工具技术创新，推广机械化生产，升级农业基本设施，将大大提高农业生产效率，建造现代化农场，促进农业转型和农民增收。

5. 组织农民技术培训，创新农业管理技术

创新生产者技术是重中之重，包括农业生产劳动者与管理者科学技术知识的丰富、劳动技能的提高及管理技能的进步等。政府应加大对农村教育的投入，组织农户学习先进的农业生产技术。逐步运用现代化的管理手段和管理方法，特别是运用电子计算机等现代信息技术，来代替传统的管理手段等。现代化的管理技术对规模化和信息化的农业生产必不可少，现代化的管理手段和方法能节省大量的劳动力，实时掌握耕种情况及时进行调整，运用数据分析和模拟软件监控、管理，节约成本，提高效率。

6. 加快发展非农产业，提高农民劳动技能

首先，要大力发展乡镇企业。因地制宜发展乡镇企业不仅能够为当地农民提供大量的就业机会，吸收农村剩余劳动力并增加农民的工资性

收入，还能够促进地方经济增长，增加地方财政收入，为当地农业现代化、规模化发展增强经济保障。因此，我们必须持续对乡镇企业发展提供支持和鼓励，发挥出乡镇企业对繁荣农村经济、调整农村产业结构、吸纳农村劳动力、增加农民收入、促进农业现代化和国民经济发展的重要作用（尹晓红、田传浩，2016）。其次，是要合理稳妥地推进城镇化进程。推进城镇化进程，要完善户籍制度和社会保障制度，把符合落户条件的农业转移人口逐步转为城镇居民，并使转入城镇落户的农民享有与当地城镇居民同等的权益；加快农业人口进入非农产业，从而达到减少农业人口、实现农业规模经营，提高农业劳动生产率，增加农民收入的重要途径，也是建设现代农业，化解"三农"问题，促进城乡经济协调发展的有效途径。最后，国家人力资源和劳动社会保障部门及农村扶贫机构应大力加强农民的劳动技能免费培训力度，采取适合农民的培训方式，提高农民的劳动技能，以更好地适应新岗位，增加工资性收入。

第十一章

农地收益权配置与农民收入

　　拥有收益权即能对拥有的财产享受合法的收益（冀县卿，2010）。就农地收益权与农地收益而言，自党的十一届三中全会以来，家庭联产承包责任制（许筠、冯开文，2011）使农民得到了部分农地收益权，体现为农民农地收益除上交给国家和集体外，都归自己所有。这一农地收益权的配置使农民收益得以较快增加。近年来，随着城镇化进程加快，农地作为一种稀缺固定资产，产生的收益尤为可观，因此农民农地收益权愈加受到重视（李功奎，2006）。《物权法》中明确了对农民农地收益权的保护，党的十八届三中全会通过的《中共中央关于全面深化改革若干重大问题的决定》中的农地鼓励政策保障了农民享有更为充分的农地收益权。但由于农民的弱势地位，其拥有的农地收益权所产生的农地收益并未得到充分的保证，往往被其他主体侵蚀或成为无谓损失。商春荣等（2004）认为，农业生产中农民不能完全控制其收益权；陈志刚等（2003）认为，经济次发达地区的农民对农地收益权需求较强；王静（2011）认为农地流转中供给小于需求，农民的收益权未得到充分保证；田静婷（2010）认为，在征地过程中农民并没有真正享受到土地的权利，政府征收农业用地价格是政府的单方面规定的标准，大部分土地出让金收入由中央或地方政府获得，农民的合法权益受到严重侵害；施敏（2014）认为，农地承载的若干功能，如国家粮食安全和保障功能、地方政府财政职能等的冲突导致了农民权益的多重主体对农地权益的争夺；贺雪峰等（2010）认为，水利建设的投资应通过机制建设提高农业资金的使用效率，避免农民收益权的损失；冀县卿（2010）认为明晰土地产权并赋予农民更多的剩余索取权和剩余控制权，可以减少效率损失，实现中国农业的持续增长。基于此，本章主要研究农民农地收益权的优化配置问题。

第一节　农地收益权配置与农民收入关系的理论分析

一、基本假定及解释

假定1：权利配置水平与收入正相关。资产有效性信息使权利的让渡和获取产生了交易成本，使任何一项权利都不能完全被界定（巴泽尔，2006）。这也意味着权利配置水平存在差异，可以通过提高权利配置水平降低交易成本。如果权利配置水平低，则交易成本就会上升，因此提高权利配置水平可以降低交易成本，并且提高权利主体的收益。

假定2：国家可以通过配置农地所有权、使用权、处置权和收益权来提高农民收益。收益权是建立在其他三种权利的基础之上，产权所有者可以通过行使使用权和处置权来获得收益权的实现，也可以无须使用权和处置权的参与，仅通过所有权获得收益权的相关收益（赵德起、姚明明，2014）。这一假定意味着农民收益权的配置主要通过国家来完成，国家配置收益权有四种途径，即配置所有权、配置使用权、配置处置和直接配置收益权。

假定3：农业技术进步和规模经营与收益均存在正相关关系。科研投入的大小与农业技术进步呈正相关，农业技术进步与农业收益和非农收益呈正相关，且农业技术进步与农民收入呈正相关（张群等，2012）。农地流转以实现农地生产的适度规模经营与农民收入正相关，土地经营规模效应可以带来收入效应，收入效应反过来会促进规模效应（王力，2012）。

假定 4：市场均衡沿竞争性轨迹配置，权利配置要与市场均衡演进规律保持一致，这有助于权利主体收益的提高。市场竞争性均衡是指在竞争性市场中达到均衡状态，即在均衡性市场运行过程中达到供给和需求相等的市场出清状态（罗伯特·S. 平狄克，2013）。经济于"看不见的手"的市场中运行，市场经济最优均衡为充分竞争下的供求均衡，随着市场经济均衡水平从低到高演进，权利配置的合理化使交易费用不断降低。均衡条件下，市场完善，价格灵活，微观主体的资源投入受自身利益支配，资源配置必将受到市场价格的制约（厉以宁，2013）。与市场竞争性均衡相一致的权利配置水平可提升资源配置效率，否则权利配置的丧失会降低经济运行的效率。

二、农民农地收益权配置与收入关系的理论模型

自实行"大包干"以来，农民对农地拥有了部分收益权。同时"留足集体"部分表明国家还保留了部分农地收益权。1984 年以后，国家这部分权益随着经济的发展而逐渐让渡给农民。不过，随着经济市场化的进程，农民通过农地获得收益更多地需要在市场中完成。包括出售农产品、流转农地等，但由于信息不完备，农民在市场中处于弱势地位，农民在农地流转中获取与其相匹配的农地收益，即农地收益权会有所损失，相应地收益也会受损。现阶段，农民农地收益主要来自农地在市场中流转后所产生的收益。农民的农地收益权会部分地被市场中强控制力的购买者获得（赵德起，2008）。因此，基于现有农民农地收益权在市场中存在着被侵蚀情况的现状和农地收益在市场机制下不断增长的事实，在市场主导农地资源配置的前提下，农民农地收益权配置的基本逻辑应该是在市场机制下，国家不断扩大农民的农地收益权，同时保护好农民已有的农地收益权，从而确保农民获得与农地收益、与其所拥有的农地收益权相匹配的收入。

1. 农地权利配置与农民收入

（1）农地权利配置与交易成本。科斯（2006）认为，产权流转存在交易成本，发现交易、确定交易方式以及缔结契约都存在很高的成本。交易成本的大小与产权明晰度、交易规模和市场完善程度有关。设农地交易成本为 TC，其是农地交易规模 S（农地经营规模）的函数，并且随着交易规模的扩大，交易成本出现边际递增的趋势（钱忠好，2005），如图 11－1 所示。

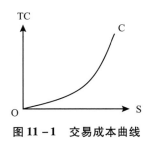

图 11－1　交易成本曲线

（2）农地收益配置与农地租值。巴泽尔（2006）认为完全界定产权的交易成本很高，不完整的产权界定将使部分产权的价值处在公共领域，使一部分财富进入公共领域，私人就耗费资源去攫取它。

张五常（2014）也认为，没有界定完全的产权可能会处于公共领域而导致租值消散。我国农地产权制度下的农地收益权的规定远未达到归属清晰和权责明确的标准，使有些领域处于权利未规定范围之内。对有价值财产的产权界定会存在租值，但无主的或产权界定不完全的财产价值则会消散。农地市场租值消散、农地收益权界定程度与农地收益的关系如图 11－2 所示，其中 R_M 为农地市场租值消散程度，L_F 为农地收益权界定程度，I_P 为农地收益，I_F 为农民收入。图 11－2（a）中原点 O 为农地收益权完全未界定，即界定程度为零；B 点为收益权完全未界定时对应的农地市场租值完全消散，即消散程度为 100%，此时对应图 11－2（b）中 C 点，农民获得的农地收益趋向于零；A 点为农地收益权完全界定，即界定程度为 100%，此时对应图 11－2（b）中 D 点，农民几乎获得全部的农地收益。图 11 - 2（a）表明随着收益权界定程度的增加，农地市场的租值消散越来越少。当界定程度由 O 点增加到 A 点时，租值消散逐渐减少，沿 B 点向 A 点过渡，此时对应图 11 - 2（b）中，随着农地市场租值消散越来越少，农地收益沿着 CD 曲线由 C 点逐渐增加到 D 点。又根据假定 1 可知农地收益权与农民收入成正相关，如图 11 - 2（c）所示，随着农地收益的逐渐增加，农民收入也随之增加。

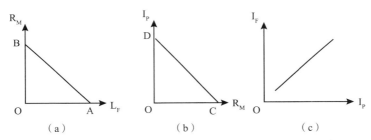

图 11 - 2 租值消散程度、收益权界定程度与农地收益之间的关系

2. 农地市场的竞争性均衡与农地收益权配置

（1）农地市场的竞争性失衡到竞争性均衡。农地资源固定且稀缺，因此农地的供给基本恒定，农地的均衡价格由农地市场需求状况决定。如图 11 - 3 所示，农地供给曲线 S 为一垂线，农地需求曲线 D 为向右下方倾斜的曲线。此时农地需求决定农地价格，当 D 增加到 D_1 时，P_0 增加到 P_1。

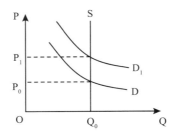

图 11 - 3 农地供求曲线（供给不变）

　　随着市场化改革的进一步加强，土地稀缺性日益明显，对农地市场化的需求也越来越高，根据钱忠好、牟燕（2013）的研究，农地市场化水平与城乡收入差距呈倒"U"形关系，如图 11 - 4 所示，农地市场化临界值 A 点为 25.33%，而现阶段我国农地市场化程度处于 OA 之间，应加大农地市场化改革力度，使农地资源的价值获得显现，从而实现农地收益的高效开发，进而有效提高农民收入。

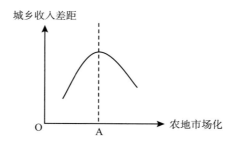

图 11 - 4　农地市场化程度与城乡收入差距的关系

　　工业化、城镇化使对土地的需求日益增多，而征用是非农化的唯一合法途径，故对农地非农化的需求面积逐渐增加。如图 11 - 5 所示，其中 P 为农地价格，Q 为农地供给面积，农地供给为 S_1，需求为 D_1，在假定图 11 - 4 中 A 点为市场的竞争性均衡点，此时农地价格为 P_1，农地面积为 Q_1。随着农地非农化的需求增加，农地需求曲线不断由 D_1 移

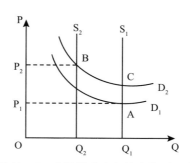

图 11 - 5　农地供求竞争性失衡到均衡

动到 D_2，竞争性均衡由 A 点沿 AC 曲线逐渐过渡到竞争性失衡 C 点，随着农地供给面积逐渐减少，农地供给曲线 S_1 不断向左移动到 S_2（其中 S_2 为耕地红线 18 亿亩），C 点的竞争性失衡沿着 BC 曲线逐渐过渡到新的竞争性均衡 B 点，此时市场重新达到竞争性均衡。

（2）农地市场的低水平均衡到高水平均衡。

图 11 – 6（a）中，L_R 为农民农地收益权配置水平，$A_{S/D}$ 为农地供求能力，$C_{S/D}$ 为市场机制下农地供求能力曲线。图 11 – 6（a）表明，随着农地收益权配置水平的提高，农地供求能力不断增强。原因是随着农地收益权配置水平的提高，各主体对农地收益权配置积极性提高，相应的外部环境也随之增强，信息不对称减少，使得各主体对农地供求能力不断增强。图 11 – 6（b）中，L_M 为农地市场供求竞争性均衡水平，C_{LM} 为市场供求竞争均衡曲线。随着各市场主体对农地供求能力的提高，内部环境的加强导致外部环境加强，使外部市场信息趋向于完备，外部市场的竞争性供求均衡也得之相应提高。当各市场主体对农地供求能力增强时，农地市场中供给与需求都会得到相应程度的满足，当满足程度逐渐提高，农地市场由低水平均衡过渡到高水平均衡。图 11 – 6（b）中 B 点为市场非均衡与均衡的分界点，即当农地市场中各主体对农地的供求能力在 A_1 时，农地市场首次达到供求的竞争性均衡，其水平为 L_{M1}。B 点以上的曲线为低水平市场竞争性均衡向高水平市场竞争性均衡演进的路径。

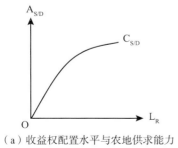
（a）收益权配置水平与农地供求能力

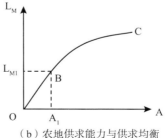
（b）农地供求能力与供求均衡

图 11 – 6

（3）农地市场均衡演进中收益权在不同主体间配置时收益的变化。在假定 4 市场供求竞争性均衡下，可假设市场主体有两个，分别是强控制力购买者配置收益权与农民自主配置收益权，则收益权配置路径如图 11 - 7 所示。

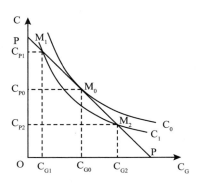

图 11 - 7　市场供求竞争性均衡下二者配置收益权的路径

其中配置收益权程度方面，C_P 为农民自主配置，C_G 为强控制力购买者配置，C_0，C_1 为收益权配置效用曲线，P 为收益权配置预算曲线。M_1 点为（C_{G1}，C_{P1}），M_2 点为（C_{G2}，C_{P2}）M_0 点为（C_{G0}，C_{P0}）。

在技术水平和规模经营水平不变的条件下，假设收益权配置预算 P 既定，农民自主配置收益权水平和强控制力购买者配置收益权水平之和为 100%，即 C_{P1} + C_{G1} = 100%、C_{P2} + C_{G2} = 100%、C_{G0} + C_{P0} = 100%。在 M_1 点和 M_2 点下，收益权配置效用水平 C_1 均比 M_0 点的效用水平 C_0 小，因此 M_0 点是强控制力购买者与自主配置效率最高点。自家庭联产承包责任制以来，两主体收益权配置水平如图 11 - 7 的 M_2 所示，强控制力购买者占用了大部分收益权配置水平，农民缴纳各种法定税费后所剩无几，农民自主配置收益权水平较低。随着财政体制改革以及税费改革，收益权配置水平不断由 M_2 向 M_0 移动，逐渐向最优配置水平过渡。

3. 规模变化对农地收益权权利主体收益的影响

随着生产规模的不断扩大，规模报酬呈倒"U"形变化。舒尔茨

（2003）认为，传统增产的途径首先是规模经营。实践证明，在农地供给充足条件下，土地适度规模经营具有成本低、效果好、规模效益明显等特点。因此，农地经营者适度规模经营农地能趋向于收益最大化。为了实现规模报酬，应合理推进农地流转促进农地集中，打破现阶段我国农地细碎化问题，提高农地产出效益，从而增加农民收入。在假定 3 下，农地规模水平与其收益的关系如图 11-8 所示。

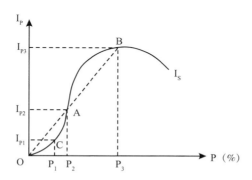

图 11-8　农地规模水平与其收益的关系

其中，I_S 为农地规模收益曲线。当农业技术水平不变时，边际报酬递减规律使得农业用地规模收益曲线 I_S 呈倒 "U" 形。随着农地收益权配置程度的提高，在 A 点之前，农地规模收益随着农业规模的扩张以递增的速度增加，在 A 点之后，农地规模收益随着农业规模的扩张以递减的速度增加，直至 B 点农地收益最高，在 B 点之后随着农地收益权配置水平的提高，农地收益递减。我国农地收益权配置与农地规模收益正处于点 A 点之前，如点 $C(P_1, I_{P1})$，即面临着增加农地经营规模就能带来递增收益的情况。

4. 技术进步对农地收益权权利主体收益的影响

技术进步和农地规模化均会提高农地收益，但其与农地收益权的配置需要相互匹配，否则会造成技术进步和农地规模化对农民收益的弱影响或逆影响，如 "农业踏车效应" 会影响农地收益。如图 11-9 所示，技术进步导致农产品成本减少，农产品供给增加，使农产品供给曲线 S_1 向右移动到 S_2。农产品价格需求弹性低，价格的大幅下降会导致收益减少比成本减少得更多，最终使农产品收益降低，农民于农地上产生的收益进而减少，农民收入下降。

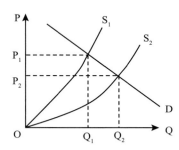

图 11 - 9　不同技术条件下农产品供给与需求曲线

农地经营规模不是越大越好，如上述模型中，长期规模经营必然受到规模报酬递减和农地总量的约束，此时必须加以农业科技投入以打破固有约束，持续带来收益增长。在假定 3 下，农地收益权配置水平与农地收益关系的一般机理如图 11 - 10 所示。

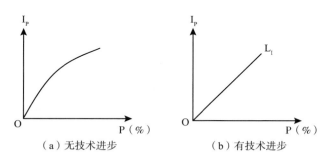

（a）无技术进步　　　　（b）有技术进步

图 11 - 10　农地收益权配置程度与农地收益的关系

其中，P（％）为收益权配置水平（0～100％），L_1 为收益权的收益曲线，I_P 为农地收益。图 11 - 10（a）表明，在无技术进步的假设下，随着农地收益权配置水平的提高，农地收益以递减的速度增长，最终到达平缓。图 11-10（b）表明，在存在技术进步的假设下，随着农地收益权配置水平的提高，农地收益持续增长。

第二节 农地收益权配置与农民收入关系的定性分析

一、农民农地收益权配置与农民收入关系分析

自改革开放以来，农地收益权配置有以下特点。

1. 国家对农民农地收益权的占有存在"路径依赖"

自"大包干"以来，在农地收益分配上实行"交够国家的，留足集体的，剩余的都是自己的"，但自 1994 年分税制改革后，基层政府为满足国家财政需要，不断对农民增加税费征收，农民负担增加，农民农地收益权被部分剥夺。自 2004 年农地可以依法流转后，国家低价征用农地，收去大部分农地转让收益，农地收益权经常无法得到保障。臃肿的基层组织以及不合理的国家税收制度，使农民农地收益权在"路径依赖"的作用下无法发挥最佳配置水平。正如第二部分理论分析的图 11-7 所示，农民农地收益权在强控制力购买者与农民自主之间进行配置，较低的农民自主收益权配置水平使农民失去农地流转热情，农地流转积极性不高。国家对农地收益权的配置偏好和权利的非持续性导致农民权利构造与市场发展水平不协调、供求失衡，因此加强对农地流转相关利益主体的监管显得极为重要，避免农民农地收益被相关利益主体无形剥夺。而党的十八届三中全会通过的《中共中央关于全面深化改革若干重大问题的决定》保障了农民享有更充分的农地收益权，使农民农地收益权配置水平由非均衡 M_2 点（见图 11-7）逐渐向均衡点 M_0 过渡。

2. 农地收益权现行配置方式使农民自主配置收益权能力存在"惯性依赖"

虽然实行"大包干"使农民拥有农地的经营决策权（廖小军，2005），但农民专业合作组织内部民主管理机制尚未形成，领导人、专业大户或者农村能人拥有决策权和控制权，而普通会员无决策权和监督权（宋茂华，2007）。普通农民的决策权得不到保障，全国近70%的农村人口几乎无法真正拥有决策权，成为弱势的"失语群体"（赵万一，2012）。农民对农地收益权的配置能力"惯性依赖"于领导人和专业大户，加之农民受到市场结构、政策、自身文化程度等限制，个体化的小农经济生产方式没有根本改变，并且农民各项权利均存在不同程度的虚化和缺失，使农民一直处于权利配置的弱势地位，不能有效施展配置能力，在一定程度上影响了农民收入。要想逆转农民的弱势地位，亟待加强农民自身建设，培育新型农民，减少农民与农地市场间的信息不对称，构建农地流转信息平台，使农民及时掌握相关信息，变农地收益权的被动配置者为主动配置者。

3. 农地市场视角下农地增值收益分配机制缺乏"创新路径"

在我国现行制度下，虽然国家持续提高征地补偿标准，但农地非农化过程中农民和集体组织享受到的征地补偿费用仍然较低，约在3%～16%（诸培新、唐鹏，2013）。如上述第二部分理论分析的图11-2所示，农地所有权不明晰造成农地收益权不清晰，未界定的权利流到公共领域造成租值消散。农地所有权主体模糊会影响到收益权，农地使用权不稳定及收益权残缺导致农民农地收益减少，进而导致农民收入下降。农地征收价格与出让价格相差悬殊，在长江三角洲地区，农地征收价格为37.5万～45万元/公顷，农地一级市场出让价格为210万～525万元/公顷（孟勤国，2009），出让价格大约为征收价格的5.6～11.7倍，而农地市场价格又是出让价格的5倍左右（范利祥，2006）。在目前农地增值收益分配结构中，农民仅占5%～10%，农民处于弱势地位，严重违背市场经济公平与效率原则（范怀超、白俊，2016）。因此现有的提高农地产值标准及补偿倍数的补偿路径无法使农民持续分享农地增值收益。

进一步来说，图 11-11 显示了改革开放以来农民农地收益权的"W"形演进路径。

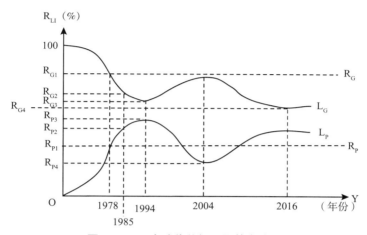

图 11-11　农地收益权配置基本路径

在图 11-11 中，横轴 Y 为年份，纵轴 R_{LI} 为农地收益权，R_G 为国家农地收益权，R_P 为农民农地收益权，L_G 为国家农地收益权曲线，L_P 为农民农地收益权曲线。图 11-11 表明：①1978 年以前，农地收益权绝大部分归国家所有。②1978 年后，农民拥有部分农地收益权，即 R_{P1}，国家拥有的农地收益权下降为 R_{G1}，其中 $R_{P1}+R_{G1}=100\%$，国家和农民两主体拥有全部农地收益权。③1985 年后，农产品市场逐步放开，农民农地收益权逐步增加，国家农地收益权进一步减少，但农地收益权部分地被市场其他主体所占有。以 1985 年为例，R_{P2} 与 R_{G2} 之和不等于 100%。④1994 年以后，农地非农化及农地流转使得农地收益增加，但此时国家农地收益权和市场中其他主体农地收益权上升，农民因其弱势地位农地收益权反而下降。⑤2004 年以后，国家农地收益权下降，但农民农地收益权上升速度却低于国家农地收益权下降速度。农民自主配置农地收益权的能力依然较弱，国家让渡给农民的农地收益权所产生的收益被市场其他主体所侵蚀。

　　与农民农地收益权变化相对应的，自改革开放以来农民收入也有着类似的演变过程。1994～2018 年，农村人均纯收入与年增长率分别如图 11 - 12 和图 11 - 13 所示。

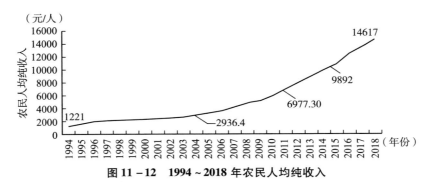

图 11 - 12　1994～2018 年农民人均纯收入

资料来源：国家统计局。

图 11 - 13　1994～2018 年农民人均纯收入年增长率

资料来源：国家统计局。

　　图 11 - 12 表明 1994～2018 年农民人均纯收入（可支配收入）增长幅度较大，从 1221 元增长到 14617 元。但分时期来看，前 10 年即 1994～2003 年人均纯收入收入增长平缓，后 14 年即 2004～2018 年人均纯收入以指数级形式增长，2014 年后增长趋缓，总体来看人均纯收入 2018 年是

1994 年的 11.9 倍。从年增长率指标来看，如图 11 – 13 所示，1994 ～ 2000 年农民人均纯收入年增长率呈下降趋势，从 32.49% 下降到 1.95%，这一下降趋势对应前述图 11 – 11 中农民自主配置农地收益权 1994 ～ 2004 年下降部分，农民自主配置农地收益权水平的下降导致了该时期农民人均纯收入年增长率的大幅下降。1994 ～ 2004 年年增长率增长缓慢的原因主要归于亚洲金融危机的爆发、乡镇企业效益下滑、农民大量外出务工、农产品低价运行和农村经济结构的战略性调整（江宗德，2011）。

　　2004 年之前农民收入低速增长，党中央从 2004 年至 2020 年连续 17 年发布以"三农"为主题的"中央一号文件"，采取一系列惠农政策。2004 年开始年增长率攀升至 11.98%，扭转了长期较低的局面。但 2004 年以来由于受农产品价格波动、环境日益恶劣、天灾等因素的影响，农民收入增长率波动幅度较大，其中，2011 年年增长率为 17.88%，是近年来最高的一年。2012 ～ 2014 年农村居民人均纯收入增速分别为 13.46%、12.37% 和 11.2%，均高于同期城镇居民收入增速（分别为 12.63%、9.73% 和 9%）（Zhang L and Wang Y，2014）。2015 年以后，增长速度有所放缓。因此，加大国家配置农地收益权的让渡比例，逐渐给予农民更多自由自主配置农地收益权，成为农地收益权优化配置与农民收入增长关系中待解决问题的重中之重。

二、农地资源市场配置的演进

　　近年来，农地流转范围由发达地区拓宽到欠发达地区等各种不同类型的地域组织，农地流转类型由耕地拓宽到林地、草原等。第三产业和城市居民的增长将刺激对农地的需求（Zhang L and Wang Y，2014）。农民农地已由过去供给不足逐渐转变为需求不足（洪名勇、龚丽娟，2016）。从需求视角来看，三个农地需求主体对流转需求如表 11 – 1 和表 11 – 2 所示。

　　2009 ～ 2013 年小规模经营农户明显减少，其中增长幅度最大的是 200 亩以上的农户，增长 21.44%。

表 11 - 1　　　　　　　农地流入面积占承包土地的比例　　　　　　　单位：%

需求主体 1，2	流入土地/承包土地		流入土地/农地流转	
	2009 年	2013 年	2009 年	2013 年
1. 农业专业合作社	1.06	5.23	8.87	20.36
2. 农业产业化企业	1.06	2.43	8.87	9.44

资料来源：国家统计局。

表 11 - 2　　　　　　　　　　需求主体 3

需求主体 3（万户）		2009 年	2013 年	增长率（%）
3. 家庭农场（经营耕地）	10 亩以下农户数	19023.6	2266.4	-88.09
	10 ~ 30 亩以下农户数	2762.8	2711.8	-1.85
	30 ~ 50 亩以下农户数	582.3	673.6	15.68
	50 ~ 100 亩以下农户数	189.5	225.8	19.16
	100 ~ 200 亩以下农户数	60.8	62.9	3.45
	200 亩以上农户数	23.8	28.9	21.43

资料来源：国家统计局。

杨建云（2005）认为，在北方农地的经营效率低于南方，流转不易；宋言奇、王常雄（2005）认为，经济发达地区比不发达地区的就业机会多、创新性强，流转相对容易；邓检等（2015）认为国家三农支出、农村平均每户常住人口和农业各税对农地流转影响最大。如第二部分理论分析中图 11 - 1 所示，农地产权的不清晰增加了交易成本，减少了农地收益，减弱了对农地的需求与供给。钱忠好、冀县卿（2016）对江苏、广西、湖北和黑龙江四省区（2006 ~ 2013 年）104 个有效样本村、1113 户有效样本农户进行调查后得出样本村农地流转比例从 2006 年的 8.18% 增加到 2013 年的 21.99%，提高了 13.8 个百分比，但总体农地流转比例 8 年平均值仅为 13.29%。近年来流转面积快速增长，如图 11 - 14 和图 11 - 15 所示，到 2018 年底，流转面积达到 5.3 亿亩，占家庭承包经营耕地面积的 38.1%，比上年同期增长 1.1%。

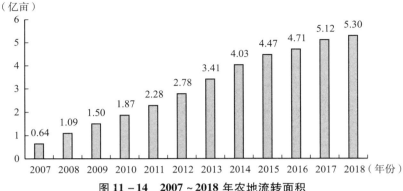

图 11 - 14　2007~2018 年农地流转面积

资料来源：笔者整理。

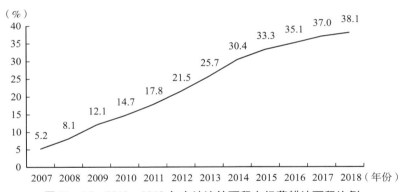

图 11 - 15　2010~2018 年农地流转面积占经营耕地面积比例

资料来源：国家统计局。

三、适度规模经营对农地收益和农民收入的影响分析

　　农地细碎化会导致农地的规模不经济从而制约农地收益的增长，而解决农地细碎化的有效办法就是适度规模经营。

　　从粮食产量考察农地规模经营所带来的收益，我国粮食总产量从1994~2019 年先下降后上升，如图 11 - 16 所示。

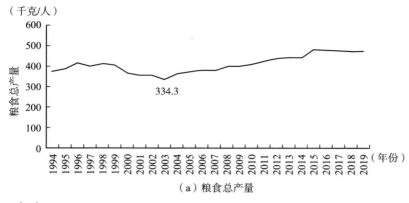

（a）粮食总产量

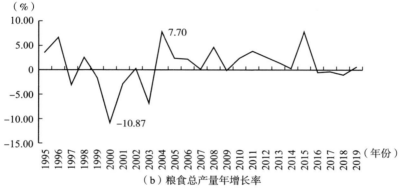

（b）粮食总产量年增长率

图 11 - 16　粮食总产量及年增长率

资料来源：国家统计局。

粮食总产量最低点在 2003 年，为人均 334.3 公斤，1997 年、2008 年和 2009 年基本持平，分别为 401.7 公斤、399.1 公斤和 398.7 公斤。1994～2003 年的年均增长率为 - 1.1%，2004～2014 年的年均增长率为 2.66%。从图 11 - 16（b）可以看出，2004 年年均增长率最高，为 8.35%。

在目前典型的家庭农场经营规模中，有 50 亩以上（浙江宁波），100～150 亩（上海松江），150～500 亩（湖北武汉），更有的高达 1275 亩（吉林延边）（何勇等，2013）。将细碎农地规模改造集中起来适度规模经营有利于促进农业科技进步，进而农地产生规模经济提高农地收益，进而增加农民收入（伍开群，2014）。稳定的地权和外出务工的收入使农民不会为了经营规模而将农地流转出去，进而使细碎化的农地难以成片耕作，农地细碎化倾向更加严重（贺雪峰、龚春霞，2010）。规模经营可以带来经济效益，可通过农地流转扩大农地规模，提高农地利用效率，进而增加农民收入（曹瑞芬、张安禄，2015）。根据据推算，到 2030 年我国劳均耕种面积将达到 10.05 亩，而家庭农场平均规模将达到 400.5 亩（苏昕等，2014）。

四、农业技术进步对农地收益和农民收入的影响分析

根据我国国情，朱希刚（1997）把农业投入分为三类：物质费用投入、劳动力投入和耕地使用。根据索罗模型，农业科技进步率计算公式如增长速度方程所示：

$$\delta = \frac{Y_t - Y_0}{Y_0} - \alpha \frac{K_t - K_0}{K_0} - \beta \frac{L_t - L_0}{L_0} - \gamma \frac{A_t - A_0}{A_0}$$

假定 $\alpha + \beta + \gamma = 1$，即规模报酬不变。其中 δ 为农业科技进步率，α、β 和 γ 分别为耕地的物质费用、劳动力和产出弹性，上式中 Y_0、K_0、L_0、A_0 是基年的农业总产值、物质费用、农业劳动力数和耕地面积，而 Y_t、K_t、L_t、A_t 则是计算年对应的数据。陆文聪、余新平（2013）对中国"七五"至"十一五"期间的科技进步率测算后，得出结论：农业技术进步与农民农业收入增长存在正相关关系。

农业科技的进步需要国家财政的支持，但中国的支农支出结构不合理，农业科技三项费用占支农支出比重过低。从图 11 - 17 中可以看出，我国财政支农支出每年逐步增加，从 1994 年的 399.7 亿元，增加到 2004 年的 1693.79 亿元，再到 2014 年的 14173.83 亿元，再到 2019 年的 22862.8 亿元。但农业科技三项费用占财政支农支出的比重在 1994 ~ 2019 年年均仅为 2.2%，始终没有超过 5%，而发达国家的比重则达到 10% 之多。

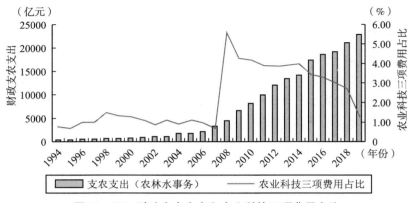

图 11 - 17　财政支农支出和农业科技三项费用占比

资料来源：国家统计局。

改革开放以来，我国农业科技政策体系逐渐趋于完善，但由于我国现代农业科技投入的涉及部门多，各地区农业发展水平差距极大，现代农业科技投入产出效率与科技资源均配置仍然存在许多问题（韩占兵，2016）。唐朱昌、吕彬彬（2007）认为，农业三项科技费用是财政农业支出中影响最重要的部分。赵霞、穆月英（2009）认为，农业三项科技费用最少，但却对农民增收影响最大。三项费用占比长期处于极低水平是我国农业科技发展缓慢的重要原因，因此重视对农业科技的投入和推广农业现代科技对提高农地收益有着关键作用，依靠技术进步提高农地单产，进而提高农民收入（韩林，2010）。

第三节　农地收益权配置与农民收入关系的定量分析

一、数据说明

本章选择了 1994 ~ 2019 年 6 个相关变量的时间序列数据进行计量

分析。变量体现了农民在农地收益权方面的权利配置，并且对应了农民收入结构中的经营性收入。

本章选取了家庭经营收入中第一产业净收入（OI）作为与农民收入相关的变量；选择了农林渔牧总产值（AFFA）、农产品生产价格总指数（APPI）作为与农地收益相关变量；选择了粮食总产量（GOG）作为与适度规模相关变量；选择了财政支农支出（FAS）、农业机械总动力（TPAM）作为与科技进步相关变量。所选变量如表 11 – 3 所示。

表 11 – 3　　　　　　　农地收益与农地收益权配置相关变量

年份	经营性净收入中第一产业净收入（元/人）	农林渔牧总产值（亿元）	农产品生产价格总指数（上年 = 100）	粮食总产量（千克/人）	财政支农支出（亿元）	农业机械总动力（亿瓦特）
1994	711.90	15750.50	139.90	373.50	399.70	3380.30
1995	956.46	20340.90	119.90	387.30	430.22	3611.80
1996	1099.04	22353.70	104.20	414.40	510.57	3854.70
1997	1220.00	23788.40	95.50	401.70	560.77	4201.60
1998	1192.40	24541.90	92.00	412.50	626.02	4520.80
1999	1139.00	24519.10	87.70	405.80	677.46	4899.60
2000	1090.67	24915.80	96.40	366.00	766.89	5257.40
2001	1126.60	26179.60	103.10	355.90	917.96	5517.20
2002	1135.00	27390.80	99.70	357.00	1102.70	5793.00
2003	1195.60	29691.80	104.40	334.30	1134.86	6038.70
2004	1398.05	36239.00	113.10	362.20	1693.79	6402.80
2005	1469.60	39450.90	101.40	371.30	1792.4	6839.80
2006	1521.30	40810.80	101.40	379.90	2161.35	7252.20
2007	1745.10	48893.00	118.50	380.60	3404.70	7659.00
2008	1945.90	58002.20	114.40	399.10	4544.01	8219.00
2009	1988.20	60361.00	97.60	398.70	6720.41	8749.60
2010	2231.00	69319.80	110.90	408.70	8129.58	9278.00

续表

年份	经营性净收入中第一产业净收入（元/人）	农林渔牧总产值（亿元）	农产品生产价格总指数（上年=100）	粮食总产量（千克/人）	财政支农支出（亿元）	农业机械总动力（亿瓦特）
2011	2519.90	81303.90	116.50	425.20	9937.55	9733.50
2012	2722.20	89453.00	102.70	436.50	11973.88	10255.90
2013	2839.80	96995.30	103.20	443.50	13349.55	10390.70
2014	2998.60	102226.10	99.80	445.00	14173.83	10805.70
2015	3360.20	101893.50	101.70	481.80	17380.49	11172.80
2016	3475.20	106478.70	103.40	479.00	18587.40	9724.60
2017	3601.10	109331.70	96.50	477.20	19088.99	9878.30
2018	3726.50	113579.50	99.10	472.40	21085.59	10037.20
2019	3991.00	123967.90	114.50	475.00	22862.80	10275.80

资料来源：1995～2020 年《中国统计年鉴》和《中国农村统计年鉴》。

二、计量检验及结果

本章首先以农林渔牧总产值（AFFA）、农产品生产价格总指数（APPI）分别作为被解释变量，粮食总产量（GOG）、国家支农支出（FAS）、农业机械总动力（TPAM）作为解释变量进行多元回归分析，以考察农地收益与经营规模、农业科技投入之间的关系。

其次以经营性净收入中第一产业净收入（OI）作为被解释变量，农林渔牧总产值（AFFA）、农产品生产价格总指数（APPI）作为解释变量进行回归分析以考察农民收入与农地收益之间的关系。

1. 平稳性检验

对各变量作时间序列分析图，从时序图可看出，各序列显著非平稳。为使其平稳，将其对数化，记为 lnOI、lnAFFA、lnAPPI、lnGOG、lnFAS、lnTPAM。使用 ADF 单位根检验对取对数后的序列进行平稳性检验，结果如表 11-4 所示。

表 11 - 4　　　　取对数后一阶差分平稳的变量 （ADF 单位根检验）

变量	检验形式	ADF统计值	10%临界值	10%是否平稳	变量	检验形式	ADF统计值	10%临界值	10%是否平稳
lnOI	(c, t, 0)	-1.763	-3.269	否	ΔlnOI	(c, t, 0)	-3.997	-3.277	是
lnAFFA	(c, t, 0)	-1.281	-3.269	否	ΔlnAFFA	(c, t, 0)	-4.295	-3.277	是
lnAPPI	(0, 0, 0)	-0.863	-1.607	否	ΔlnAPPI	(c, t, 0)	-4.042	-3.277	是
lnGOG	(c, t, 0)	-1.092	-3.269	否	ΔlnGOG	(c, t, 0)	-4.058	-3.277	是
lnFAS	(c, t, 0)	-1.904	-3.269	否	ΔlnFAS	(c, t, 0)	-3.698	-3.277	是
lnTPAM	(c, 0, 0)	-3.463	-2.650	是					

注：Δ 表示差分算子，检验形式 （c, t, k） 分别表示单位根检验方程中所含的常数项、时间趋势性项和滞后阶数。

通过以上平稳性检验可以得出，在 10% 的显著性水平下，农业机械总动力 （TPAM） 取对数后直接零阶平稳，其余变量均为取对数后一阶差分平稳，均为一阶单整变量，即 $lnOI \sim I(1)$，$lnAFFA \sim I(1)$，$lnAPPI \sim I(1)$，$lnGOG \sim I(1)$，$lnFAS \sim I(1)$。

2. 经营规模、农业科技进步与农地收益的格兰杰因果关系

因协整检验和格兰杰因果检验只能对同阶单整变量进行检验，因此剔除农业机械总动力 （TPAM），将农林渔牧总产值 （AFFA）、农产品生产价格总指数 （APPI） 分别作为衡量农地收益的变量，变量粮食总产量 （GOG） 作为农地经营规模变量、支农支出 （FAS） 作为农业科技进步变量，分析农地收益与经营规模、农业科技进步之间的格兰杰因果关系，如表 11 - 5 所示。

由表 11 - 5 可知，粮食总产量 （lnGOG） 和支农支出 （lnFAS） 是农林渔牧总产值 （lnAFFA） 的格兰杰原因，不是农产品生产价格总指数 （lnAPPI） 的格兰杰原因。因此根据 E - G 两步法，以农林渔牧总产值 （lnAFFA） 为被解释变量，以粮食总产量 （lnGOG） 和支农支出 （lnFAS） 为解释变量做长期协整关系检验。

表11-5 经营性净收入中第一产业净收入与其余
变量的格兰杰因果关系分析

原假设	样本容量	F值	随机概率	检验结果
lnAFFA 不是 lnGOG 的格兰杰原因	19	3.1498	0.0742	接受
lnGOG 不是 lnAFFA 的格兰杰原因		7.9250	0.0050	拒绝
lnAFFA 不是 lnFAS 的格兰杰原因	20	0.0284	0.8681	接受
lnFAS 不是 lnAFFA 的格兰杰原因		14.689	0.0013	拒绝
lnAPPI 不是 lnGOG 的格兰杰原因	19	6.8454	0.0084	拒绝
lnGOG 不是 lnAPPI 的格兰杰原因		0.8144	0.4628	接受
lnAPPI 不是 lnFAS 的格兰杰原因	20	0.1030	0.7522	接受
lnFAS 不是 lnAPPI 的格兰杰原因		1.0039	0.3304	接受

第一步，协整回归。用普通最小二乘法（OLS）估计 lnAFFA 和 lnGOG、lnFAS 之间的方程，结果如表11-6所示。

表11-6 lnAFFA 与 lnGOG 和 lnFAS 的回归估计

变量	估计数	标准差	T值	伴随概率
C	4.3016	1.2153	3.5396	0.0023
lnGOG	0.4905	0.2125	2.3084	0.0331
lnFAS	0.4395	0.0133	33.006	0.0000
R^2	0.9896	AIC	-2.6155	
调整后的 R^2	0.9885	SC	-2.4662	
F值	858.5741	DW	1.2916	
概率	0.0000			

得回归方程：lnAFFA = 4.3016 + 0.4905 × lnGOG + 0.4395 × lnFAS

              （1.2153）   （0.2125）   （0.0133）

$R^2 = 0.9896$，调整后的 $R^2 = 0.9885$，说明回归方程的拟合优度较好。DW = 1.2916，介于 0 与 2 之间，表明存在正相关关系。各参数对应的 T 值的伴随概率均小于 0.05，说明显著性检验通过。

第二步，对残差序列进行单位根检验。表 11 - 7 表明，在显著性水平 1% 下，t 检验统计量值为 - 5. 1611 小于临界值 - 3. 8085，拒绝原假设，证明残差序列是平稳序列。因此农林渔牧总产值（lnAFFA）和粮食总产量（lnGOG）、支农支出（lnFAS）存在长期均衡关系。

表 11 - 7　　　　　　　　　残差序列的 ADF 检验

		t 值	伴随概率
ADF 统计量		- 5. 1611	0. 0005
检验水平	1%	- 3. 8085	
	5%	- 3. 0207	
	10%	- 2. 6504	

由长期均衡方程和 lnGOG 和 lnFAS 前面的系数可以看出，粮食总产量对农林渔牧总产值的弹性系数是 0. 4905，支农支出对农林渔牧总产值的弹性系数是 0. 4395，即粮食总产量每增加 1%，农林渔牧总产值增加 0. 4905%，支农支出每增加 1%，农林渔牧总产值增加 0. 4395%。这表明粮食总产量的提高和支农支出的增加对农林渔牧总产值具有显著的正向效应。

粮食总产量作为衡量农地规模经营的间接代表变量，支农支出作为农工业科技进步的间接代表变量，农林渔牧总产值作为农地收益的代表变量，以上分析可以得出农地经营规模、农业科技进步与农地收益确实存在正相关关系。农地流转促进了细碎农地的集中，将集中起来的适度规模的农地交由种田能手经营，提高了农地产量，进而提高了农地收益。国家支农支出促进了农业的发展，对农地收益也存在着正向提高效应。二个解释变量对农地收益的影响程度大致相同，但从细微差别来看，农地经营规模对农地收益的影响略大，大了 0. 051 个百分点。可见粮食总产量、支农支出对农林渔牧总产值的贡献是非常显著的。保证粮食有效供给、稳定支农支出对我国农民收入和农地收益的增长至关重要。

3. 农民收入与农地收益变量的格兰杰因果关系

将经营性净收入中第一产业净收入（lnOI）作为本章所分析的农民收入，作为被解释变量。农林渔牧总产值代表农地收益（lnAFFA），农产品生产价格总指数（lnAPPI）衡量农产品价格，可以作为衡量农地收益的指标，将二者作为解释变量，分析被解释变量和解释变量的格兰杰因果关系，如表 11 - 8 所示。

表 11 - 8　　　　　经营性净收入中第一产业净收入与其余
变量的格兰杰因果关系分析

原假设	样本容量	F 值	随机概率	检验结果
lnOI 不是 lnAFFA 的格兰杰原因	20	12. 8964	0. 0023	拒绝
lnAFFA 不是 lnOI 的格兰杰原因		14. 6707	0. 0013	拒绝
lnOI 不是 lnAPPI 的格兰杰原因	20	0. 1577	0. 6963	接受
lnAPPI 不是 lnOI 的格兰杰原因		22. 2553	0. 0002	拒绝

由表 11 - 8 可知，农林渔牧总产值（lnAFFA）、农产品生产价格总指数（lnAPPI）是经营性净收入中第一产业净收入（lnOI）的格兰杰原因，而且经营性净收入中第一产业净收入（lnOI）也是农林渔牧总产值（lnAFFA）的格兰杰原因。

以经营性净收入中第一产业净收入（lnOI）为被解释变量，以农林渔牧总产值（lnAFFA）、农产品生产价格总指数（lnAPPI）为解释变量做长期协整关系检验。使用 E - G 两步法用普通最小二乘法（OLS）估计 lnOI 和 lnAFFA、lnAPPI 之间的方程，结果如表 11 - 9 所示。

表 11 - 9　　　　　lnOI 与 lnAFFA 和 lnAPPI 的回归估计

变量	估计数	标准差	T 值	伴随概率
C	1. 3959	0. 4748	2. 9403	0. 0087
lnAFFA	0. 6912	0. 0171	40. 347	0. 0000

续表

变量	估计数	标准差	T 值	伴随概率
lnAPPI	− 0. 2975	0. 0930	− 3. 2002	0. 0050
R^2	0. 9892	AIC	− 3. 2914	
调整后的 R^2	0. 9880	SC	− 3. 1422	
F 值	824. 2175	DW	0. 9210	
概率	0. 0000			

得回归方程：$\ln OI = 1. 3959 + 0. 6912 \times \ln AFFA - 0. 2975 \times \ln APPI$

$$(0. 4748) \qquad (0. 0171) \qquad (0. 0930)$$

$R^2 = 0. 9892$，调整后的 $R^2 = 0. 9880$，DW = 0. 921，介于 0 与 2 之间，表明存在正相关关系。各参数对应的 T 值的伴随概率均小于 0. 05，说明显著性检验通过。下一步对残差序列进行单位根检验。表 11 − 10 表明，t 检验统计量值 − 4. 1902 小于 1% 水平的下的临界值 − 3. 8868，拒绝原假设，证明残差序列是平稳序列。所以经营性净收入中第一产业净收入（lnOI）与农林渔牧总产值（lnAFFA）、农产品生产价格总指数（lnAPPI）存在协整关系。

表 11 − 10　　　　　　　　残差序列的 ADF 检验

		t 值	伴随概率
ADF 统计量		− 4. 1902	0. 0055
检验水平	1%	− 3. 8868	
	5%	− 3. 0522	
	10%	− 2. 6666	

由长期均衡方程和 lnAFFA 和 lnAPPI 前面的系数可以看出，农林渔牧总产值对第一产业净收入的弹性系数是 0. 6912，农产品生产价格总指数对第一产业净收入的弹性系数是 0. 2975，即农林渔牧总产值每增

加1%，第一产业净收入增加0.6912%，农产品生产价格总指数每增加1%，第一产业净收入减少0.2975%。农民依靠农地获得收入，农、林、渔、牧的产值均为农地收益，农地收益的增加对我国农民收入水平的提高具有显著作用。农产品生产价格总指数的增加反而会带来农民收入的减少，这可能是因为农产品生产价格的增长速度低于农产品投入要素的价格的增长速度，进而导致农民收入的减少（罗誉，2010）。可见农地收益对农民收入存在着显著的正向效应，农产品生产价格总指数对农民收入存在着负向效应。

本章的主要结论包括：①改革开放以来农民收入增长与其农地收益权的配置密切相关。②农地收益权呈"W"形的演进路径，农民的农地收益权存在着配置比例较低、被市场其他主体所侵蚀等权利损失的情况。③农地规模化和技术进步进一步增加了农地收益，但这些收益增长却未能促进农民收入的同步增长。④农民农地收收益权自主配置能力较弱，国家对农民农地收益权的保障力度不够。国家对农地收益权的占有存在"路径依赖"，而农民自主配置收益权能力存在"惯性依赖"。

优化配置农地收益权的相关建议包括：①加大国家农地收益权的让渡比例，持续适度增加农民农地收益权。②适度控制农地流转规模，加强市场中农地流转的监管，防止农民农地收益被侵蚀。引导农民开设家庭农场，进行适度规模经营。③建设与农地流转有关信息平台，培育新型农民，提高其自主配置农地权利的能力。④加大农业科技投入，构建现代农业经营体系，推进农业现代化。

第十二章

制度创新、技术进步和规模化
经营与农民收入

　　1978～1984 年家庭联产承包责任制的建立为我国农民收入迎来了第一个高速增长期。1985～2003 年期间，我国农民收入增速放缓、收入结构改变、收入差距拉大，直到 2004 年以后农民收入才再次进入高速增长阶段。农民收入在改革开放后没有实现连续、持续的高速增长，甚至出现了低于城镇居民增速和 GDP 增速的"双低"现象。改革开放以来农民收入增长的波动式的路径使农民收入持续稳定增长具有了许多不确定性，当前经济下压力增大又使全面建成小康社会目标约束下的农民收入持续快速增长面临着诸多挑战。因此需要从供给侧结构性改革的角度探索农民收入倍增的新路径，而制度创新、技术进步和规模化经营是农村供给侧结构性改革的三个重要着力点。本章以制度创新、技术进步和规模化经营为切入点对农民收入的增长变化进行研究，以期找到使农民收入持续稳定增长的新路径。第一节为引言，第二节和第三节为制度创新、技术进步、规模化经营与农民收入增长之间的关系描述性分析和计量分析，第四节提出相应对策建议。

第一节　文献述评

一、制度创新与农民收入增长

萝莉·林奇和萨布丽娜·沃夫（Lynch L. and Lovell S. J. , 2003）认为由于信息的不畅通以及交易费用的存在使农地流转无法发挥最大的效应，必须通过政府的行政干预力给予一定的保障，才能实现农民的利益；贝斯利和布尔查迪（Besley and Burchardi K. B. , 2012）等使用斯里兰卡的数据研究发现促进产权的巩固有利于实现固定资产作为抵押品的流通进而促进了农民收入的增长；刘俊杰、张龙耀（2015）等通过对枣庄 143 个农户的调研发现农村土地产权制度的改革影响了生产效率；借助 2000 年和 2012 年农户家庭微观调研数据，冒佩华、徐骥（2015）认为政府对农地调整的直接干预导致了农地细碎化、经营权不稳定等，使我国农地流转市场发展之后严重影响了农民收入水平的增加；刘耀森（2012）在对 1978～2010 年的实证研究中得出农产品生产价格并未对农民收入的增长有显著的作用；缴益林（2013）在对全国自 1990～2011 年国家财政在农业方面的补贴和农民人均收入的研究后发现农民人均收入与农业补贴的走势基本相同。

二、技术进步与农民收入关系

吴海涛、丁士军和苏希尔·潘迪（Wu H. , Ding S. and Pandey S. , 2010）等通过搜集云南地区 2000 年、2002 年和 2004 年的农户数据发现，技术采用与农民收入呈现正相关关系，持续不断的技术进步能够保证农民收入增长；贝尼迪托·孔瓜拉和伊卡·达恩霍夫（Cungua B. and Damhofer I. , 2011）年通过对莫桑比克 2005 年数据的研究发现技术进步与农民收入增长并没有显著的正相关关系，那些拥有市场的人才能真正实现收入的增长；邬德林、张平（2015）在对农业技术进步进行实证分析后发现：虽然农业科研对农民收入有正向影响，但是农业技术推广会使我国农民多元化收入程度出现降低；陆文聪、余新平（2013）年通过实证检验科技进步与农民收入增长的关系后，否定了农业技术进步与农民收入增长负相关的观点；在王爱民（2014）的研究中，我们看到技术进步主要是通过提高生产率、提高产品的多样性和质量、促进农村劳动力转移方面影响农民收入的；李旻晶（2014）利用湖北省农民人均机械动力和人均化肥施用量研究了技术进步与农民收入的关系，研究表明人均机械动力对我国农民收入的影响十分显著；杨义武、林万龙（2016）运用动态广义矩阵估计方法对农业技术进步的增收效应进行检验，发现农业技术进步对我国农民的纯收入以及工资性收入具有显著的促进性作用。

三、规模化经营与农民收入关系

珍妮·克莱格（Jenny Clegg，2006）通过调研中国农业合作社经营改革在中国的发展，发现农业规模化经营有利于农民的创业和安置，有利于提高贫困农民的收入水平；金松青和克劳斯·戴宁格（Jin S. and Deininger K.，2007）在对中国最具代表性的九个农业大省的调研后发现农地流转对本地的福利水平、生产力水平都有积极的影响，但是存在一些制约因素影响了农地流转的交易成本；莫雷诺和阿莱格里（Moreno and Arnalte，2011）等在对亚太经合组织的国家中 135 个农户的调研发现积极走合作化的道路并形成一定的经营规模可以使农场得到更好的发展；李文明等（2015）基于 22 个省（区市）1552 个水稻种植户的调查数据分析了水稻的适度规模经营问题，认为推进农业适度规模经营必须坚持因地制宜；朱颖（2012）认为只有通过将土地进行适度的集中发展专业合作社培养专业的粮食生产者才能保证我国粮食生产的稳定性，提高农民的收益；黄延延（2011）通过对农地适度经营的静态分析和动态分析发现，技术、劳动力、资本等因素都会影响农地的经营规模，但是如果要保持较高的农业生产效率就得进行适度的规模经营，规模过大或过小都会造成农业生产效率的损失；魏晓莎（2015）通过对日本农地适度规模经营做法的研究发现，小规模的农地经营模式无法适应我国农业现代化的发展要求，因此农业适度规模经营是实现农业现代化的关键也是促进农民收入增长的重要措施。

四、制度创新、技术进步和规模化经营协同发展研究

樊胜根、古拉提·阿肖克和苏拉特·苏哈迪奥（Fan Shenggen, Gulati Ashok and Thorat Sukhadeo, 2008）通过建立经济模型研究印度的农业补贴对农业发展的影响，发现农业补贴的存在使得贫困减少并且有利于农户采用新的技术促进了印度农业的发展；马卡德和沃斯（Markard and Wirth, 2016）等对技术的合法性进行了相关研究，发现只有当制度更加健全且不断创新时才能促进技术的演进与创新。张士云等（2014）在对美国和日本规模化进程的相关数据分析后发现两国政府运用立法、农业支持政策等手段最终促使本国实现了适度的规模化经营；季玉福（2012）通过对比美国、荷兰等国家农业现代化的发展路径，发现只有通过土地的适度集中才能实现农业的现代化发展；胡新艳、罗必良（2012）从农民收入角度研究了我国现代农业发展的政策推演，指出通过技术创新、组织制度的创新以及行业机构的调整才能实现现代农业增加农民收入。

国内外学者对于影响农增收的因素的研究主要集中在了制度创新、技术进步或者规模化经营的某一个方面，特别是对于制度创新对农民收入的影响又根据制度的三个要素分别从产权、契约以及政府约束等方面进行了比较详细的分析。但是这些分析往往是针对制度创新、技术进步以及规模化经营中的某一个方面或者某两个方面，没有对三者之间的关系以及三者是如何共同影响农民收入进行分析。

第二节　制度创新、技术进步、规模化经营与农民收入关系的描述性分析

一、农地制度创新促进农民收入增长

1. 农地制度创新初始阶段我国农民收入变化的分析（1978～1984 年）

如表 12 – 1 所示，1978～1984 年是我国农地制度创新开始阶段，家庭联产承包责任制的实施为我国农业产出的增长贡献了约 50%。与此同时国家也通过提高农产品价格、增加财政支农支出、发展乡镇企业等方式实在各方面进行改革，农民获得土地的使用权和部分收益权，为我国农民增收创造了条件，农地制度创新初期阶段我国农民收入高速增长。

表 12 – 1　　制度创新、技术进步、规模化经营以及农民收入演进分析

年份	农民收入变化	制度创新演进	技术进步演进	规模化经营演进	主要影响因素
1978～1984	高速增长	制度创新初始阶段： 生产制度：家庭联产承包责任制 农产品价格：提高农产品统购价格 支农支出：增长较快 乡镇企业：发展较快 农地产权制度：农民获得土地的使用权和部分收益权	发展初期：农业贡献率较低只有 32.26%	人民公社向家庭联产承包责任制转变期：土地细碎化现象比较严重	制度创新
1985～1991	波动增长	发展和完善阶段： 生产制度：继续完善和发展家庭联产承包责任制，承包期延长至 30 年 农产品价格：取消统购统销，并于 1994 年和 1996 年两次提高农产品价格 乡镇企业：1992 年以后迅速发展 农地产权制度：农民获得了部分农地处置权，承包经营权继续稳定		初始化阶段：农地流转比例较低，土地细碎化现象仍突出，规模化经营比例低	制度创新和技术进步
1992～1997	触底回升				

年份	农民收入变化	制度创新演进	技术进步演进	规模化经营演进	主要影响因素
1998～2003	缓慢增长	制度停滞发展阶段： 生产制度：30 年承包经营期以法律形式得以确定 农产品价格：下降 乡镇企业发展：发展速度降低 农地产权制度：继续稳定农地使用权，农地处置权水平低	加速发展期：农业技术贡献率达到了 48.72%	停滞发展：农地承包流转受到过度干预，发展缓慢，规模化经营发展受到限制	技术进步
2004～2016	高速增长	制度优化与再创新阶段： 生产制度：家庭承包经营为基础、统分结合的双层经营体制 农产品价格：上升 农地产权制度：取消农业税，收益权进一步提升；自由流转土地，处置权水平提升		规范化阶段：《中华人民共和国农村土地承包法》颁布，促进农地自由流转，规模化经营发展	三者共同

资料来源：笔者整理。

（1）农民收入增长率变化：制度创新初期所释放的效益非常巨大，这段时期我国农民的收入从 1978 年的每年 133.6 元增长至了 1984 年的每年 355.33 元，增加了 2.65 倍。扣除物价因素的影响，年增长率平均为 16.48%。受到制度因素的推动农民收入的增长率同时超过了城镇居民收入的增长率和 GDP 的增长率，实现了改革开放以来我国农民收入的第一次高速增长。

（2）农民收入结构变化：工资性收入所占比重下降，家庭经营收入所占比重上升，到 1983 年，农民家庭经营性收入超过工资性收入，成为农民最主要的收入来源。两种收入的贡献率与比重变化趋势保持一致，转移性收入和财产性收入贡献率水平较低，并呈现下降趋势。

（3）城乡收入差距变化：城乡居民收入差距呈现逐渐缩小的趋势。农民收入不仅在增速上快于城镇居民的收入，而且二者之间收入比不断缩小，并在 1983 年时达到最低（1.82）。出现上述情况的原因有：第一，自 1978 年以来确立的家庭联产承包责任制随着中央各项政策的颁布逐渐完善，并得到了推广，随着政策的放开农民获得了较大的生产经营的自主权；第二，这段时期对于农业多种经营、乡镇企业发展的多种支持和扶持拓宽了农民收入的来源，使农民的非农收入大大增加，极大地促进了农民收入的迅速增长。

2. 农地制度发展完善阶段我国农民收入变化的分析（1985～1997年）

如表12－1所示，在农地制度发展和完善阶段，家庭承包责任制得到了继续的推广和完善，承包期延长至30年，并作为我国一项基本制度稳定下来。同时粮食价格"双轨"制开始实行，取消统购统销，并且国家于20世纪90年代先后两次提高农产品收购价格。农民获得了部分农地处置权，承包经营权利继续稳定。虽然这段时期是我国农业制度不断发展和完善的时期，但也是制度效益不断降低的时期。农民收入增长受到影响，出现了下降的趋势。

（1）农民收入增长率变化：在制度的发展和完善期间，我国农民人均收入从1985年的397.6元增长至1997年的2090.13元，增长了5.25倍。同期，农民收入名义增长率平均为14.9%，较上一时期下降了2.83个百分点；扣除物价因素的实际增长率平均为4.44%，较上一时期下降了12个百分点。本期农民收入的增长率低于城镇居民收入的增长率。

（2）农民收入结构变化：家庭经营性收入在农民人均收入中的比重仍然居于最重要的地位，比重超过70%，但是呈现下降趋势。家庭经营收入对农民收入的贡献率除个别年份外一直是最高的；工资性收入在农民收入中的比重排第二位并且逐年上升，到1997年时达到了24.62%；但是受到当期经济环境的影响，其对农民收入的贡献率出现较大幅度的波动；转移性和财产性收入所占的比重不高，在5%左右徘徊。

（3）城乡收入差距变化：城乡居民收入差距继续扩大，从1985年的341.5元扩大至了1997年的3070.17元，扩大了近9倍；城乡居民收入比波动上升，到1993年时达到了2.80∶1，1994年以后有所下降，但是仍然保持在2.5∶1的水平上。虽然这个时期是制度发展和完善的时期，但是同时也是制度激励作用降低的一个时期，受到当期国家政策和当期政府行为约束的影响，农民收入没有呈现像制度最开始创新时期那样巨大的激励作用。

3. 农地制度停滞发展阶段我国农民收入的变化分析（1998～2003年）

从1998年至2003年，农地制度发展进入停滞阶段。中央未就"三农"问题出台过一号文件，这段时期对于"三农"的重视程度下降。在这一阶段，30年承包经营期以法律形式得以确定，农产品价格下降，乡镇企业发展缓慢。继续稳定农地使用权，农地处置权水平低。同时制度运行一段时期后所带来的制度成本上升，制度收益下降，制度发展进入了停滞阶段，这一时期我国农民收入增速也大大放缓了。

（1）农民收入增长率变化：这一时期我国农民收入从1998年的2161.98元增长至了2003年的2622.2元，增加了460.22元，增长了1.21倍。名义增长率最高未超过6%，年均实际增长率仅为3.8%，低于同期GDP和城镇居民的实际增长率。受到国际环境以及国内政策的影响，我国农民收入在这个阶段增速十分缓慢。

（2）农民收入结构变化：家庭经营性收入的比重继续下降，至20世纪90年代末期出现连续三年家庭经营性收入的贡献率为负值的情形，但平均来看，家庭经营性收入在收入中的首要地位并未改变。工资性收入比重逐渐上升，1999年和2000年对农民收入的贡献率超过了100%。转移性和财产性收入比重提升，但是对农民收入的贡献率一直较低。

（3）城乡收入差距变化：城乡收入差距绝对数从1998年的3263.12元增加至2003年的5850元，增加了近1.8倍。城乡居民收入比持续上升，从2.51∶1上升到3.23∶1。随着制度继续运行，运行成本不断增加，单纯地进行制度的修修补补已经无法给制度带来新的发展活力。同时受到当期国际经济环境的影响，我国农民面临极大的压力，通过制度优化提高农民收入刻不容缓。

4. 农地制度优化与再创新阶段我国农民收入的变化分析（2004～2016年）

农民收入较低、城乡收入差距过大的问题在2004年以后再次引起了国家的高度重视。如表 12 - 1 所示，农地制度发展进入制度优化与再创新阶段，形成家庭承包经营为基础、统分结合的双层经营体制，农产品价格上升。取消农业税，收益权进一步提升；自由流转土地，处置权水平提升。从 2004 年开始党中央连续出台中央一号文件来强调"三农"问题，我国农民收入再次进入了高速增长阶段。

（1）农民收入增长率变化：在经历了 1998～2003 年个位数增长后，农民收入再次迎来一个高速增长期。除 2008 年以外农民收入的名义增长率都在 10% 以上，农民收入从 2004 年的 2936.4 元猛增至 2015 年的 10772 元。同时 2010 年以后农民收入的实际增长率超过了我国 GDP 和城镇居民收入的实际增长率。

（2）农民收入结构变化：家庭经营性收入和工资性收入在农民收入中的比重开始逐渐持平，工资性收入对农民收入的贡献率不断提高，到 2015 年时工资性收入对农民收入的贡献率达到了 48.04%；转移性和财产性收入对农民收入的贡献率出现了较大的飞跃，2013 年时曾达到 59.91%。

（3）城乡收入差距变化：自 2004 年以后我国城乡居民的绝对差从 6486 元增至 2015 年 19773 元，城乡居民收入差距的绝对数继续扩大；但是城乡收入比在 2009 年以后开始下降，到 2015 年时已经下降到了 2.73∶1，经历了一个"U"形发展过程。总体来看，城乡收入差距有缩小趋势。2004 年以后国家在制度方面综合性的改革带来了新的机遇，再次调动了农民生产的积极性。中共中央对农业支持力度的加大也直接引导了地方政府对农民问题的关注，为我国农村发展奠定了一个良好的基础。

二、农业技术促进农民收入增长

1. 农业技术初步发展时期农民收入的变化分析（1978～1997 年）

改革开放初期，国家就重视农业技术的应用与推广，政府通过对农业技术的支持不仅推动了农业机械动力和化肥施用量的大幅度增加，同时也为农业技术的推广培养了一批人才。如表 12 - 1 所示农业技术发展初期，农业技术进步率年均只有 32.26%，农业技术的发展还不是影响农民收入的最主要因素。改革开放初期我国农业发展主要是受到制度的影响，1984 年以后随着制度效益的降低，技术才成为我国农业发展中比较重要的一环。1985~1991 年，我国农业生产资料价格上升幅度较大，并且国家优先发展工业的政策使农业获得政府支持降低。此时农业技术的进步和普及使我国农业得以继续发展。从农民收入增长看，我国农民收入实际增长率为 2.8%，1991 年时农民人均收入达到了 708.5元，比 1984 年增加了 310.95 元，呈现缓慢增长趋势；从农民收入来源看，家庭经营性收入仍然是我国农民收入最重要的来源，粮食产量从1985 年的 37910.8 万吨增加至 1991 年的 43529 万吨，增加了 5618 万吨。农用机械动力的普及和化肥施用量的增加为制度效益降低时期农业产出的增长贡献了 32.51%。

2. 农业技术加速发展时期农业收入的变化分析（1998~2016 年）

1998 年以后我国农业技术进入了高速发展时期，1998~2016 年农业技术进步率达到了 48.72%，农业技术成为促进农业发展最重要的推动力。1998~2003 年我国农业不仅受到制度停滞发展的影响，而且还受到国际环境的影响，但是在农业技术的推动下我国农民收入仍然有一定的增长。首先，受到农业技术进步的影响，农民收入年均实际增长率达到 3.8%，虽然比以往各期水平都要低，但是仍然有一定的增长；其次，在农业技术的推广下农业生产中出现了大量的剩余劳动力，这些劳动力的解放使其可以从事非农业生产，从而获得更多的收入，因此这段时期工资性收入在农民收入中的比重持续上升。2004 年以后，制度的全面改革引起了技术更大的进步。中央一号文件为农业技术的进步和推广提供了有力的政策支持。根据陆文聪等（2013）的测算我国农业技术的贡献率从"六五"期间的 0.4077 增长至了"十一五"期间的0.5035，农业技术推动了农业生产结构的优化，同时提高了农业资源的利用效率。

三、规模化经营促进农民收入增长

1. 规模化经营初期农民收入的变化分析（1992～1997 年）

规模化经营初始阶段，受到国家政策的鼓励和支持，农户开始通过转包、转让等形式开展农地的流转。这个阶段虽然农地的流转速度提高但是流转比例仍然较低，规模化经营的作用并没有得到最大的发挥，土地细碎化现象比较严重。尽管如此，这个时期农民收入出现了"触底回升"的现象。在经历了上个阶段低速缓慢的增长以后，农民收入在规模化经营初期出现了一个较为明显的提升。与这一时期农产品价格提高、乡镇企业发展等相协调，规模化经营进一步推动了农业的发展。1992～1997 年我国粮食的播种面积从 110560 千公顷增加到了 112912 千公顷，粮食产量从 44265.8 万吨增加至 49417 万吨。农民收入的年均名义增长率达到了 11.4%，实际年均增长率达到了 5.4%；工资性收入比重上升，非农产业就业人数到 1997 年时达到了 1 亿 3000 多万人，比 1992 年提高 33%。

2. 规模化经营发展受限阶段农民收入变化分析（1998～2003 年）

1998～2003 年同样也是农地制度停滞发展的阶段，这个阶段国家政策重心的转移以及恶劣的国际经济形势使我国农业发展也遭受了严重的打击。这一阶段农地承包流转受到过度干预，发展缓慢，规模化发展受到限制。受到这些因素的影响，我国农民收入再次进入了缓慢增长的阶段，年均实际增长率仅为 3.8%。1998～2000 年三年间家庭经营性收入的贡献率为负值，粮食产量降低了 8160 万吨；城乡收入比从 2.5∶1 上升至 3.2∶1。

3. 规模化经营规范化阶段农民收入的变化分析（2004～2016 年）

从 2004 年以后，我国规模化经营的发展进入规范化时期，国家通过法律的形式明确了对于承包经营权的保护。这一阶段国家颁布《中华人民共和国农村土地承包法》，促进农地自由流转，规模化经营发展。农地制度的改革也为我国规模化经营的发展提供了保障。这段时期我国农民收入再次进入高速增长期。农民收入的年均名义增长率达到了12.54%，年均实际增长率达到了8.95%，并从2010年开始超过了我国GDP和城镇居民收入的增长率。随着规模化经营的普及，越来越多的农户选择将农地流转出去，农民收入结构更加完善。转移性和财产性收入在农民收入中的比重在2015年时达到了20.29%，对农民收入的贡献率持续增长。

四、制度创新、技术进步、规模化经营协同促进农民收入增长的分析

通过对我国农地制度、农业技术、农地规模化经营以及农民收入演进路径的分析，农民收入的增长在不同时期受到三者的影响各不相同。

1. 改革开放以后农民收入的第一个高速增长期主要是由于制度创新引致的

这个阶段农地制度的改革、农产品价格体制的革新以及国家出台的大批涉农政策为我国农业发展带来了巨大的活力。制度释放出的巨大激励作用为农民收入的提升奠定了基础，同时在国家各项政策的扶持下农业技术发展势头迅猛。1984年国家在确定了土地承包期15年不变后，农民打消了疑虑，加大了对农业生产的投资，农用机械总动力从1983年开始到1990年一直保持了7%以上的增长。农民收入在一个时期实现高速增长是在制度的推动以及农业技术的进步共同推动的。这一时期，受到国家政策的影响，农地流转比例很低，农地没有形成规模化的经营。

2. 在经历了农民收入高速增长期后，农民收入增速放缓

这一时期农地制度经历了发展和完善以及停滞发展两个阶段。这一时期农民收入高速增长后进入增速放缓阶段，主要是由制度创新和技术进步引致的。国家在原有的农地制度上进行修补和完善，包括将土地承包经营权延长至30年，在1994年和1996年两次提高农产品收购价格，这些制度的修补和完善也释放了一定的激励作用。同时随着双层经营体

制的推广，人地矛盾问题开始显现出来。农地经营过于分散，导致土地细碎化；在农地流转过程中，来自地方政府的干预影响了农民流转农地的意愿。另外由于农地承包经营过程中有近 1/3 的农户没有与集体订立承包合同，没有通过正式的文件确立农户与集体的权利和义务，致使农民的合法权益不能得到全面的保障。农地规模化经营虽然得到了初步的发展，但我国农地频繁调整、农地流转合同期限较短且不完善制约了农地市场的发展，规模化经营受到了阻碍，发展十分缓慢，无法对农民收入产生较大的推动作用。技术的进步成为这个阶段农民收入得以增长的重要因素，这个阶段我国农业机械动力从 1994 年到 2000 年一直保持了 7% 以上的增速，农业技术贡献率达到了 40% 以上，为这一时期我国农民收入增长贡献了巨大的力量。

3. 2004 年以后我国农民收入再次迎来了一个高速增长期

这一时期农地制度创新为农村经济发展带来了新的活力，同时农业技术得到制度的保障实现了更快的发展，农地市场的规范化也为规模化经营创造了条件。这个时期农民收入的高速增长是受到制度、技术和规模化经营三个因素的影响，因此增速非常快，增长十分显著。

第三节　制度创新、技术进步、规模化经营促进农民收入增长的计量分析

一、指标的选择

如表 12 - 2 所示，制度创新的指标分别选取了人均粮食产量、财政支农支出、农产品生产价格指数、农民人均储蓄以及乡镇企业农村就业人数，这五个变量分别代表了家庭经营收入、转移性收入、财产性收入以及工资性收入；技术进步指标选取了农用机械总动力以及化肥施用量，这两个指标主要代表了家庭经营收入；而规模化经营指标

则选取了粮食播种面积以及农地流转比例，分别代表家庭经营收入和财产性收入。

表 12 - 2   相关指标说明

指标	变量名称	变量	收入类型
制度创新	人均粮食产量	x1	家庭经营收入
	财政支农支出	x2	转移性收入
	农产品生产价格指数	x3	转移性收入
	农民人均储蓄	x4	财产性收入
	乡镇企业农村就业人数	x5	工资性收入
技术进步	农用机械总动力	x6	家庭经营收入
	化肥施用量	x7	家庭经营收入
规模化经营	农地流转比例	x8	家庭经营收入
	粮食播种面积	x9	财产性收入

资料来源：作者整理。

二、数据说明

　　农民人均收入水平、人均粮食产量、粮食播种面积、农用机械总动力、化肥施用量、财政支农支出、乡镇企业农村就业人数的相关数据取自《中国统计年鉴》（2016）、《中国农村统计年鉴》（2015）、《中国农业年鉴》（1980～2015）；农产品生产价格指数取自《中国统计摘要》（2016）；农地流转比例取自土流网、《全国农村固定观察点调查数据汇编2000～2009》；农民人均储蓄取自《中国金融年鉴》（2016）。为了消除物价因素的影响，使用消费者物价指数（consumer price index，CPI）对农民的人均收入水平和财政支农支出进行平减，得到实际的农民人均收入水平和财政支农支出水平；同时农产品生产价格指数使用1978年为基期的定基指数。为了研究农民收入水平与其他变量之间的相关关系，需要建立回归方程，回归方程的建立需要所有的时间序列变量必须是平稳的。因此需要对各变量进行平稳性检验。

三、实证检验

1. 单位根检验

实证中所涉及的各变量都是时间序列变量，首先使用单位根检验来判定各变量是否平稳。其次为了避免时间序列数据异方差，ADF 检验是基于各变量取对数后的检验结果。根据表 12 - 3 单位根检验的结果，发现取一阶差分后各变量在 10% 的水平下实现平稳，均服从一阶单整，序列可能存在协整关系。

表 12 - 3　平稳性检验

变量	检验形式	ADF 统计值	1% 临界值	5% 临界值	10% 临界值	10% 是否平稳
lny	(c, t, 0)	- 0.6689	- 4.2268	- 3.5366	- 3.2003	否
Δlny	(c, 0, 0)	- 3.4513	- 3.6267	- 2.9458	- 2.6115	是
lnx1	(c, t, 6)	- 1.2319	- 4.2845	- 3.5628	- 3.2152	否
Δlnx1	(0, 0, 6)	- 2.8158	- 2.6416	- 1.952	- 1.6104	是
lnx2	(c, t, 0)	- 0.9882	- 4.2268	- 3.5366	- 3.2003	否
Δlnx2	(c, t, 0)	- 5.9695	- 4.2349	- 3.5403	- 3.2024	是
lnx3	(c, t, 1)	- 2.6867	- 4.2349	- 3.5403	- 3.2024	否
Δlnx3	(c, 0, 1)	- 4.2138	- 3.6329	- 2.9484	- 2.6128	是
lnx4	(c, 0, 3)	- 1.0273	- 3.6394	- 2.9511	- 2.6143	否
Δlnx4	(0, 0, 4)	- 1.8298	- 2.6392	- 1.9516	- 1.6105	是
lnx5	(c, 0, 0)	- 2.5942	- 3.6210	- 2.9434	- 2.6102	否
Δlnx5	(c, t, 1)	- 3.6156	- 4.2436	- 3.5442	- 3.2046	是
lnx6	(c, t, 2)	- 1.7970	- 4.2436	- 3.5442	- 3.2046	否
Δlnx6	(c, 0, 0)	- 3.6248	- 3.6267	- 2.9458	- 2.6115	是
lnx7	(c, t, 1)	- 1.0262	- 4.2349	- 3.5403	- 3.2024	否
Δlnx7	(0, 0, 0)	- 3.6554	- 2.6307	- 1.9503	- 1.6112	是

变量	检验形式	ADF 统计值	1% 临界值	5% 临界值	10% 临界值	10% 是否平稳
lnx8	(c, 0, 0)	−1.8559	−3.9203	−3.0655	−2.6734	否
Δlnx8	(0, 0, 0)	−2.3212	−2.7282	−1.9662	−1.6050	是
lnx9	(c, t, 1)	−2.0070	−4.2349	−3.5403	−3.2024	否
Δlnx9	(0, 0, 0)	−4.2448	−2.6307	−1.9503	−1.6112	是

注：检验类型 c 代表常数项，t 代表趋势项，m 代表滞后期数。
资料来源：《中国统计年鉴》《中国农村统计年鉴》《中国农业年鉴》《中国统计摘要》《全国农村固定观察点调查数据汇编 2000~2009》《中国金融年鉴》。

2. 格兰杰因果关系检验

在自由度为 37 的情况下通过格兰杰因果检验研究各变量之间是否具有因果关系，检验结果如表 12-4 所示。从表 12-4 中可以看到：在自由度为 37（lnx8 为 16）的情况下，人均粮食产量、财政支农支出、乡镇企业农村就业人数、农地流转比例以及农民人均储蓄都是我国农民人均收入的格兰杰原因。这些变量都对我国农民人均收入的增长产生了影响；同时人均粮食产量、政府财政支农支出和农民人均储蓄与农民人均收入是双向因果关系。

表 12-4　　　　　　　　　　　格兰杰因果关系检验

原假设	自由度	F 值	随机概率	是否是格兰杰原因
lnx1 不是 lny 的格兰杰原因	37	2.9740	0.0937	是
lny 不是 lnx1 的格兰杰原因		3.3947	0.0741	是
lnx2 不是 lny 的格兰杰原因	37	20.4602	0.0705	是
lny 不是 lnx2 的格兰杰原因		3.6351	0.0651	是
lnx3 不是 lny 的格兰杰原因	37	0.0039	0.9504	否
lny 不是 lnx3 的格兰杰原因		0.5057	0.4818	否
lnx4 不是 lny 的格兰杰原因	37	6.7674	0.0136	是
lny 不是 lnx4 的格兰杰原因		8.2324	0.0070	是

原假设	自由度	F 值	随机概率	是否是格兰杰原因
lnx5 不是 lny 的格兰杰原因	37	14.4669	0.0006	是
lny 不是 lnx5 的格兰杰原因		0.9690	0.3319	否
lnx6 不是 lny 的格兰杰原因	37	0.1748	0.6785	否
lny 不是 lnx6 的格兰杰原因		0.0170	0.8969	否
lnx7 不是 lny 的格兰杰原因	37	2.3529	0.1343	否
lny 不是 lnx7 的格兰杰原因		0.1492	0.7071	否
lnx8 不是 lny 的格兰杰原因	15	11.8634	0.0044	是
lny 不是 lnx8 的格兰杰原因		1.1595	0.2287	否
lnx9 不是 lny 的格兰杰原因	37	1.9649	0.1700	否
lny 不是 lnx9 的格兰杰原因		1.0650	0.3094	否

资料来源:《中国统计年鉴》《中国农村统计年鉴》《中国农业年鉴》《中国统计摘要》《全国农村固定观察点调查数据汇编 2000~2009》《中国金融年鉴》。

3. 协整分析

在对各变量进行单位根检验时,已经验证所有变量都符合一阶单整,那么这些变量之间可以采用 E - G 两步法进行协整检验。使用计量软件 EViewS9.0 对各变量进行协整检验:以我国农民的人均收入作为被解释变量,以人均粮食产量、粮食播种面积、农用机械总动力、化肥施用量、财政支农支出、乡镇企业农村就业人数、农产品生产价格指数、农民人均储蓄作为解释变量,分析变量之间存在的长期协整关系。由于农地流转比例存在缺失值,如果将农地流转比例加入其中做协整分析将会影响其他变量观察值的个数,这样不利于探究其他解释变量与被解释变量之间的关系,故先将农地流转比例剔除,利用剩余的解释变量来做协整分析,结果如表 12 - 5 所示。

针对 D - W 值偏小的情况,进行拉格朗日一阶、二阶检验,以确定是否存在残差序列相关,得到的结果如表 12 - 6、表 12 - 7 所示:发现不存在残差的序列相关。

表 12 - 5 协整检验

解释变量	系数	标准差	t 值	伴随概率
常数项（c）	13. 4093	5. 8013	2. 3113	0. 0281
人均粮食产量（lnx1）	1. 6297	0. 3082	5. 2868	0. 0001
财政支农支出（lnx2）	- 0. 0407	0. 0522	- 0. 78	0. 4417
农产品生产价格指数（lnx3）	0. 2652	0. 0948	2. 7972	0. 0091
农民人均储蓄（lnx4）	0. 3963	0. 0814	4. 8645	0. 0001
乡镇企业农村就业人数（lnx5）	- 0. 3812	0. 0665	- 5. 7289	0. 0001
农用机械总动力（lnx6）	0. 7941	0. 2148	3. 6965	0. 0009
化肥施用量（lnx7）	- 1. 0451	0. 227	- 4. 6023	0. 0001
粮食播种面积（lnx9）	- 1. 5243	0. 5707	- 2. 6709	0. 0123
R^2	0. 9954		F - statistic	787. 51
Adjusted R^2	0. 9942		D - W 值	1. 6203

资料来源:《中国统计年鉴》《中国农村统计年鉴》《中国农业年鉴》《中国统计摘要》《全国农村固定观察点调查数据汇编 2000 ~ 2009》《中国金融年鉴》。

表 12 - 6 残差序列的 LM 检验（1 阶）

Breusch - Godfrey Serial Correlation LM Test			
F - statistic	1. 349140	Prob. F (1, 28)	0. 2552
Obs * R^2	1. 746808	Prob. Chi - Square (1)	0. 1863

资料来源:《中国统计年鉴》《中国农村统计年鉴》《中国农业年鉴》《中国统计摘要》《全国农村固定观察点调查数据汇编 2000 ~ 2009》《中国金融年鉴》。

表 12 - 7 残差序列的 LM 检验（2 阶）

Breusch - Godfrey Serial Correlation LM Test			
F - statistic	0. 651934	Prob. F (2, 27)	0. 5290
Obs * R^2	1. 750538	Prob. Chi - Square (2)	0. 4167

资料来源:《中国统计年鉴》《中国农村统计年鉴》《中国农业年鉴》《中国统计摘要》《全国农村固定观察点调查数据汇编 2000 ~ 2009》《中国金融年鉴》。

如表 12 - 8 所示，通过对残差序列 e 单位根检验，估计的残差序列 e 在 1% 的水平拒绝原假设，因此可以确定残差序列是 0 阶单整。残差序列满足 e - I(0)，因此可以断定这些变量之间存在协整关系。

表 12 - 8 残差单位根检验

变量	检验形式	ADF 统计值	1% 临界值	5% 临界值	10% 临界值
e	(c, 0, 0)	- 4.9284	- 3.6210	- 2.9434	- 2.6102

资料来源：《中国统计年鉴》《中国农村统计年鉴》《中国农业年鉴》《中国统计摘要》《全国农村固定观察点调查数据汇编2000~2009》《中国金融年鉴》。

由于农地流转比例存在了缺失值，为了减少缺失值对其他变量观察值的影响，单独针对农民人均收入水平和农地流转进行协整检验，检验结果如表 12 - 9 所示。检验结果中发现 D - W 值为 0.4775，属于存在序列自相关的区间，故需要引入农民人均收入和农地流转比例的滞后期，再次构建方程，得到结果如表 12 - 10 所示。此时得到 D - W 值是符合要求的。

表 12 - 9 农地流转协整检验

变量	系数	标准差	t 值	伴随概率
C	6.1841	0.0666	92.8463	0.0000
lnx8	0.3245	0.0300	10.8112	0.0000
R^2	0.8862		F 值	116.881
adjusted R^2	0.3245		D - W 值	0.4775

资料来源：《中国统计年鉴》《中国农村统计年鉴》《中国农业年鉴》《中国统计摘要》《全国农村固定观察点调查数据汇编2000~2009》《中国金融年鉴》。

通过对农地流转比例的协整分析可以看到农地流转对农民人均收入的影响需要滞后一期才能看到，进一步对残差进行平稳性检验得出：估计的残差序列 e1 在 1% 的水平拒绝原假设，因此可以确定残差序列是 0

阶单整。如表 12 - 11 所示,残差序列满足 e1 - I(0)。故农民人均收入水平和农地流转比例存在协整关系。

表 12 - 10   滞后一期农地流转协整检验

解释变量	系数	标准差	t 值	伴随概率
C	0.4151	0.2283	1.8183	0.0940
lnx8	0.0038	0.0215	0.1754	0.8637
lny(-1)	0.9400	0.0373	25.2286	0.0000
lnx8(-1)	0.0356	0.0194	1.8327	0.0918
R^2	0.9983		F - statistic	2485.212
Adjusted R^2	0.9979		D - W 值	1.8545

资料来源:《中国统计年鉴》《中国农村统计年鉴》《中国农业年鉴》《中国统计摘要》《全国农村固定观察点调查数据汇编 2000~2009》《中国金融年鉴》。

表 12 - 11   残差 e1 单位根检验

变量	检验形式	1% 临界值	5% 临界值	10% 临界值	ADF
e1	(0, 0, 0)	-2.7282	-1.966	-1.6050	-1.6415

资料来源:《中国统计年鉴》《中国农村统计年鉴》《中国农业年鉴》《中国统计摘要》《全国农村固定观察点调查数据汇编 2000~2009》《中国金融年鉴》。

这些解释变量对农民人均收入水平的影响不同。其中,人均粮食产量、农业机械总动力、农产品生产价格指数以及农民人均储蓄与农民收入是正相关关系,其中对农民收入影响最大的是人均粮食产量,影响系数是 1.6297,第二大的是农业机械总动力,影响系数是 0.7941,第三的是农民人均储蓄,影响系数是 0.3963。粮食播种面积、化肥施用量、财政支农支出以及乡镇企业农村就业人数与农民人均收入是负相关关系,如表 12 - 12 所示,与我们预想的结果出现了差距。

表 12 - 12　　　　影响农民收入的变量系数、收入来源及指标

序号	解释变量	影响系数	收入来源	相关指标
1	人均粮食产量	1.6297	家庭经营收入	制度指标
2	农用机械总动力	0.7941	家庭经营收入	技术指标
3	农民人均储蓄	0.3963	财产性收入	制度指标
4	农产品生产价格指数	0.2652	转移性收入	制度指标
5	农地流转比例	0.0356	财产性收入	规模化经营指标
6	财政支农支出	- 0.0407	转移性收入	制度指标
7	乡镇企业农村就业人数	- 0.3812	工资性收入	制度指标
8	化肥施用量	- 1.0451	家庭经营收入	技术指标
9	粮食播种面积	- 1.5243	家庭经营收入	规模化经营指标

资料来源：《中国统计年鉴》《中国农村统计年鉴》《中国农业年鉴》《中国统计摘要》《全国农村固定观察点调查数据汇编 2000~2009》《中国金融年鉴》。

这可能是由以下几个原因导致的：第一，虽然规模经营可以促进农民收入的增加，但是规模经营并不是意味着规模越大越好，只有根据地方的具体自然环境和技术条件实行适度规模经营才能使农民收入增长，规模过大或者过小都不利于农民收入的增加；第二，虽然在之前的研究中林毅夫曾验证了化肥施用量与农民收入正相关，但是随着化肥施用量的增长有可能会出现化肥滥用的风险，也对农业的持续发展造成了不良的影响；第三，财政支农支出对农民收入的影响为负有可能是因为财政支农支出的结构不完善，对农林水利事业费用的支出过大反而不利于农民收入的增长；第四，乡镇企业吸纳就业人数的增加也并未如预期那样能够提高农民的人均收入，这可能是因为随着农村剩余劳动力的增长，人工费用下降，农民不能像之前那样获得较高的收入造成的。劳动力素质水平偏低，造成我国劳动力较为廉价，农民无法像以前那样通过外出务工获得较高的收入，反而因为大量劳动力的存在造成了收入的降低。

四、基于制度创新、技术进步和规模化经营视角的 VAR 检验

1. 对制度创新指标的主成分分析

主成分分析是由皮尔逊提出的一种统计方法，可以通过正交变换从原有的多个具有相关关系的变量提取出不会降低数据信息的几个综合指标。由于制度指标存在 5 个变量，使用主成分分析法可以从中筛选出合适的因子并建立 VAR 模型。

（1）KMO 和 Bartlett 球度检验：在表 12 - 13 中看出 KMO 测量值为 0.746，接近 1；同时 Bartlett 球度检验的显著性水平为 0.000 小于 0.05，说明数据适合进行主成分分析。

表 12 - 13   **KMO 检验和球度检验**

Kaiser – Meyer – Olkin 测量值		0.746
Bartlett 球度检验	近似卡方检验值	274.651
	自由度	10
	显著性水平	0

资料来源：《中国统计年鉴》《中国农村统计年鉴》《中国农业年鉴》《中国统计摘要》《全国农村固定观察点调查数据汇编 2000～2009》《中国金融年鉴》。

（2）因子提取：根据数据进行因子提取，由累计方差贡献率发现一个主成分。第一主成分的特征根为 4.232，提取平方和后的特征根为 4.058，方差累计贡献率达到 81.159%。提取这个主成分后将其命名为 f1，结果如表 12 - 14 所示。

2. 制度创新、技术进步和规模化对农民收入影响的 VAR 模型

在提取了制度主成分因子的基础上，利用制度主成分因子 f1、技术因素 x6 以及规模化因素 x9（由于 var 模型需要多期数据，故在此选取了 x9 这个变量）建立关于农民收入 y 的 VAR 模型，来分析制度、技术以及规模化因素对农民收入的影响。

表 12 - 14　　　　　　　　　　　　因子解释总方差情况

因素	初始特征值			提取平方和因子提前结果		
	特征值	方差贡献率%	累计贡献率%	特征值	方差贡献率%	累计贡献率%
1	4.232	84.632	84.632	4.058	81.159	81.159
2	0.426	8.525	93.157			
3	0.287	5.739	98.896			
4	0.037	0.740	99.636			
5	0.018	0.364	100.000			

资料来源：《中国统计年鉴》《中国农村统计年鉴》《中国农业年鉴》《中国统计摘要》《全国农村固定观察点调查数据汇编 2000 ~ 2009》《中国金融年鉴》。

（1）单位根检验：为了防止数据波动，首先对 y、x6、x9 取对数，然后检验变量的平稳性。通过检验发现四个变量都是一阶单整的变量。检验结果如表 12 - 15 所示。

表 12 - 15　　　　　　　　　　　　ADF 检验结果

变量	检验形式	ADF 统计值	1% 临界值	5% 临界值	10% 临界值	10% 是否平稳
lny	(c, t, 0)	- 0.6689	- 4.2268	- 3.5366	- 3.2003	否
Δlny	(c, 0, 0)	- 3.4513	- 3.6267	- 2.9458	- 2.6115	是
fl	(c, t, 0)	- 1.8046	- 4.2268	- 3.5366	- 3.2003	否
Δfl	(c, t, 0)	- 6.3606	- 4.2349	- 3.5403	- 3.2024	是
lnx6	(c, t, 1)	- 2.007	- 4.2349	- 3.5403	- 3.2024	否
Δlnx6	(0, 0, 0)	- 4.2448	- 2.6307	- 1.9503	- 1.6112	是
lnx9	(c, t, 2)	- 1.797	- 4.2436	- 3.5442	- 3.2046	否
Δlnx9	(c, 0, 0)	- 3.6248	- 3.6267	- 2.9458	- 2.6115	是

资料来源：《中国统计年鉴》《中国农村统计年鉴》《中国农业年鉴》《中国统计摘要》《全国农村固定观察点调查数据汇编 2000 ~ 2009》《中国金融年鉴》。

（2）制度创新、技术进步和规模化经营变量的 JJ 检验：通过使用

约翰森（Johansen）检验来验证四个变量是否具有协整关系。如果有
则进一步确定这种长期均衡的关系形式。按照 VAR 模型的选择要求，
选择最优滞后阶数 1 ~ 3 阶。结果表明在 5% 的显著性水平下，变量之
间至少存在一个协整关系。这说明，从长期来看我国农民收入水平与
制度创新、技术进步以及规模化经营因素确实存在长期稳定的均衡关
系。检验结果如表 12 - 16 所示。

表 12 - 16　　农民收入与制度、技术和规模化经营的检验结果

协整向量数目	特征值	迹检验统计量	5% 显著水平	概率 **	结论
无	0.7120	62.1230	40.1749	0.0001	存在一个协整关系
至多一个	0.2458	19.7992	24.2759	0.1656	
至多两个	0.2122	10.2045	12.3209	0.1103	
至多三个	0.0596	2.0923	4.1299	0.1745	

资料来源：《中国统计年鉴》《中国农村统计年鉴》《中国农业年鉴》《中国统计摘要》
《全国农村固定观察点调查数据汇编 2000 ~ 2009》《中国金融年鉴》。

（3）制度创新、技术进步、规模化经营与农民收入的 VAR 方程：
由上述分析可知，四个变量均为一阶单整序列，可以建立 VAR 模型。
通过对 VAR 模型最优滞后阶数的筛选，选取了滞后期 1 ~ 3 阶，并建立
VAR 模型。由于各变量都是一阶单整的故可以使用原有变量建立 VAR
模型。

$$\text{lny} = \begin{Bmatrix} 1.1991 \\ 0.3258 \\ -0.6636 \end{Bmatrix} \text{lny}_{-i} + \begin{Bmatrix} 0.0097 \\ -0.0104 \\ -0.0384 \end{Bmatrix} \text{f1}_{-i} +$$

$$\begin{Bmatrix} 0.9341 \\ -1.4132 \\ 1.0581 \end{Bmatrix} \text{lnx6}_{-i} + \begin{Bmatrix} -0.4656 \\ 1.2384 \\ -0.5627 \end{Bmatrix} \text{lnx9}_{-i} + \quad (12.1)$$

从 VAR 模型（12.1）的输出结果中可以看出农民收入受到制度、
技术和规模化影响的程度：在滞后一期的情况下除规模化经营以外制度

和技术对农民收入的影响为正；但是到了滞后两期时，制度和技术对农民收入的影响由正转负，而规模化经营的影响则由负转正；到滞后三期时，制度对农民收入的影响仍然为负，技术因素却又由负转正，规模化因素由正又转负。这说明制度因素对我国农民收入的影响主要集中在短期影响，到长期以后由于制度本身存在的缺陷反而会导致制度阻碍农民收入的增加。先行掌握新技术的农民会获得更多的收益，随着技术推广收益就降低了，直到新技术的出现。规模化因素则是只有保持适度规模经营才能促进农民收入的增长，经营范围过大或者过小都不能保证农民收入的增长。

（4）广义脉冲响应函数：为了分析制度、技术和规模化指标对我国农民收入的冲击，对 VAR 模型建立广义脉冲响应函数，广义脉冲函数不必考虑变量的顺序，可以将其他的外在影响减到最低。其中，横轴代表函数的追踪期数，纵轴代表影响程度。

利用脉冲响应函数分析农民收入与各变量之间的关系更加直观。图 12-1 显示了农民收入对制度、技术和规模化经营的响应曲线。可以发现制度和规模化因素对农民收入的影响是由正到负，但是技术对农民收入的影响是由负到正。从图 12-1（a）中看到给制度一个标准差的随机信息冲击，农民收入到第三期时对制度有一个正向的响应随后到第十期时制度的变化会引起农民收入负向变化，这说明当制度效益释放完毕以后，制度不仅不能对农民收入的增长产生正向的促进作用反而会影响农民收入的增长；图 12-1（b）则显示了随着规模化经营的扩大我国农民收入的变化情况，在第十期之前，播种面积的扩大会引起农民收入正向的变化，但是随着播种面积的继续增长反而对农民收入产生负向影响，说明并不是规模越大越能带来农民收入的增长，只有适度的经营才能引起农民收入增长；图 12-1（c）反映了技术变化对农民收入的冲击，在第七期之前技术的投入较大，不能引起农民收入的增长。第七期以后随着技术更加广泛的普及和推广，农业生产成本降低农民收入不断增加。

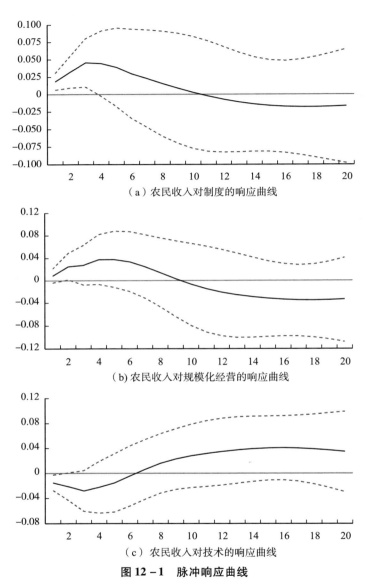

（a）农民收入对制度的响应曲线

（b) 农民收入对规模化经营的响应曲线

（c）农民收入对技术的响应曲线

图 12 - 1　脉冲响应曲线

资料来源：《中国统计年鉴》《中国农村统计年鉴》《中国农业年鉴》《中国统计摘要》《全国农村固定观察点调查数据汇编 2000～2009》《中国金融年鉴》。

（5）方差分解：方差分解是通过分析每一个结构冲击对内生变量的变化的贡献度。从表 12 - 17 中可以看出，在第一期时农民收入只受到自身的影响。从第二期开始，制度、技术和规模化因素对农民收入的影响开始显现，但是影响十分微弱。制度因素对农民收入的影响在第三期达到了2.348%以后出现下降，之后对农民收入的冲击一直维持在了1.4%左右。规模化因素对农民收入从第3期开始一直保持增长，并在第六期以后对农民收入的影响一直保持在了6%的水平之上。技术因素对农民收入的影响则呈现出持续扩大的趋势到第十期时，对农民收入的影响达到了1.8823%。

表 12 - 17　　　　　　　　　　农民收入方差分解

时期	预测标准误差	lny	F1	lnx6	lnx9
1	0.0381	100.0000	0.0000	0.0000	0.0000
2	0.0665	95.2337	1.4276	2.8278	0.5107
3	0.0983	95.4241	2.3480	1.8322	0.3956
4	0.1249	94.2618	2.0556	3.4263	0.2562
5	0.1447	93.0299	1.7125	4.8408	0.4167
6	0.1572	91.2939	1.4885	6.1092	1.1081
7	0.1643	89.4865	1.4168	6.5496	2.5469
8	0.1684	87.2848	1.4143	6.4713	4.8294
9	0.1714	84.5776	1.4405	6.2479	7.7338
10	0.1747	81.3987	1.4514	6.2674	10.8823

资料来源：《中国统计年鉴》《中国农村统计年鉴》《中国农业年鉴》《中国统计摘要》《全国农村固定观察点调查数据汇编 2000~2009》《中国金融年鉴》。

第四节　制度创新、技术进步、规模化经营视角下提高农民收入的对策建议

一、制度创新方面的对策建议

1. 优化财政支农支出的结构，提高农业机械化水平

目前我国财政支农支出虽然不断增加，但是财政支农结构存在不

合理之处。财政支农支出中支援农业生产和农林水利气象部门的费用最多，用于农业科技费用投入过少。不能真正发挥财政支农资金的作用。因此必须调整财政支农支出的规模和结构，加大农业科技三项费用的支出、农业基本建设支出，加大农业机械补贴力度，提高农业机械化水平。

2. 优化农民农地产权

通过对农民农地产权的优化，尤其是农民对农地处置权的优化，促进农地的流转和交易。健全农地流转的体系和市场，减少地方政府在农地流转中的缺位和越位现象，使农民可以获得来自农地的财产性收入。同时，在金融市场上推出适合农民的金融理财产品为农户提供更多的投资渠道。

3. 增强各项支农政策的连续性和可操作性

国家在制定农业政策时，需要辅以相关具体的措施保证政策的可实施性和可操作性，同时通过连续的政策引起各地政府对"三农"问题的重视。通过引起地方政府以及社会各团体对农民问题的重视，促使各界为农民收入的增长提供全方位的支持。

二、技术创新方面的对策建议

1. 加强对农民的培训和教育

随着农业现代化和机械化水平的提升，开展机械化经营是提高生产效率必经之路，而目前我国农民对先进技术的掌握水平较低。通过对农民进行技术培训和基础教育提高农户对先进技术的可接受度。同时通过定期组织农技人员下乡指导等形式，增加农民对机械、技术的掌握程度。

2. 建立并完善农技推广制度

政府应与高校、科研部门合作加大对农业新技术的研发，对科研部门给予财政方面的支持。并借此培养一批高素质的农技人员，通过农技人员下乡对农民在农业生产中遇到的问题的解答，加大农技的推广力度。

3. 加强农民就业技能培训

机械化水平的提高、规模经营范围的扩大使得农村存在大量的剩余劳动力，这些剩余劳动力在企业工作时往往由于缺乏相应的职业技能只能获得较低的收入。开展职业技能讲座、培训等帮助这些务工的农民掌握基本的职业技能，提高自身的素质，从而增加他们的工资性收入。

三、规模化经营方面的对策建议

1. 稳定农户农地承包权，规范农地流转程序，培养农民流转意识，促进农地经营权流转

农地流转过程中存在合同不规范、期限较短、农地调整频率较大等问题。因此必须继续完善农地制度，保证农民获得稳定的生产经营权。只有农户有稳定的生产经营权才能提高农户的生产积极。减少政府对农户流转土地的干预，保障农户可以自由、自愿选择流转耕地的面积、时间等，并积极引导农民签订规范的合同。

2. 积极引导资本下乡，加快形成农地的适度规模经营

各地政府应该积极组织专家对各地的耕地状况、气候、水文、种植作物进行分析，找到适合本地的规模经营的面积。组织相关人员定期对经营状况、土地利用的程度进行监督检查，在本地适度规模经营的基础上鼓励发展各种农业专业合作社，提高农民收入。

第四篇

农地权利配置的路径与对策

第十三章

现代农业经营体系水平测度

　　一直以来"三农"问题是我国政府高度重视的工作，创新构建现代农业经营体系，完善农村基本经营制度，对于推进农业现代化建设，具有十分深远的意义。推进现代农业经营体系的建立与成长是当前加速我国农业建设向现代化前进的重要举措。

　　目前的农业经营体系仍然处于起步阶段，与农业经济发达的国家相比还有很大的差距，仍然存在大量的制约因素。改革开放以来，我国尤其是沿海地区的农村经济发展十分迅速，但随着人口不断增加，城市逐渐扩张，大量城郊土地被征用，使这些地方的原有产业结构发生了巨大变化。另外，在大部分边远农村，仍然主要依靠传统的家庭承包经营方式来进行农业生产，致使土地经济效益不高，这种传统的经营方式已不再适合当前的生产力发展要求，亟待整改。

　　针对这些问题，本章从同时能对农业生产总值与农民收入有重要影响的因素入手，着重分析了土地制度、技术条件、市场化程度、农业产业化程度以及当前农业生产水平的影响，得到了土地流转情况与农产品市场数量能促进现代农业经营体系的构建的结论，因此建议落实"三权分置"改革，放活土地经营权，加快培育新型农业经营主体，加强市场化建设，实现集约化、专业化、组织化和社会化相结合的现代农业经营体系的建成，带动农业经济又好又快发展。

第一节 文献述评

1978 年以来，中国农村全面发展，粮食产量与农民收入实现稳步增长，这一进步激励了国内学者对中国农业经济展开多方面深层次的研究。

农业经营所涉及的含义非常广泛，赵海（2013）认为，它包含了农产品生产、加工和销售各环节，同时又包括各类生产性服务。农业经营体系，既包括各类农业经营主体，又包括各主体之间的联结机制，是各类主体及其关系的总和。

现代农业经营体系的"现代"，是与传统农业经营方式相对比体现出来的。张克俊、桑晚晴（2014）指出，传统经营方式，规模小且分散，对于现阶段农业发展越来越不适应，而现代农业经营方式利用现代科学技术，通过对传统的继承与创新，使农业的集约化、专业化、组织化和社会化程度显著提升，农民收入显著提高。王慧娟（2014）着重强调了"现代"的概念，她指出"现代"即与传统对比而生，即与分散、小规模的农业经营方式相区别，是一种创新和发展。王定祥、谭进鹏（2015）认为，现代农业经营体系需具备要素集约化、生产规模化，功能多样化及人工智能化等特点。总体来看，笔者认为，所谓现代农业经营体系，是一种既吸取了原先的农业经营方式的发展经验，又结合了当前国情与各地方的农业实际状况，促进农民增收与新农村建设的一种创新型的经营方式。

在经营体系的构建上，学者们同样表达了自己的见解。他们分别从土地制度与农业经济增长、固定资产投资与农业经济增长、市场发达程度与农业经济增长、农业技术进步与农业经济增长四个方面，进行了具体论述。

一、土地制度与农业经济增长

袁国龙、林金忠（2013）认为，农地制度的变动会带动农业转型，人均经营耕地面积对于农业转型也有积极影响。柳建平、闫然（2012）认为土地制度变革是现代农业的发展基础，分配公正、产权清晰、交易自由的农地制度能加速农业转型。张新光（2009）认为，城乡二元分割的土地制度限制了农村生产要素市场的发育和资源优化配置，因此土地制度的改革是促进农业发展方式转变的前提。

二、固定资产投资与农业经济增长

农用固定资产投资的增加，能提高农业生产条件，进而促进农民增产增收，为打造持续、健康、稳定发展的农业提供物质保障。

李思韵、吴亚芸（2016）通过选取 2005～2014 年我国各个省份的农村统计数据，运用门槛效应模型，探讨农业固定资产投资对农业产出存在农业经营规模的门槛效应。研究发现，各个省份的农业产出差异在很大程度上受制于农业经营规模的差异，说明农业经营规模具有调节固定资产投资对农业产出的作用。杨学峰、杨学成（2013）运用 1991～2010 年的时间序列数据，建立计量模型，考察农业固定资产投资与农业 GDP 之间的关系，发现农业固定资产投资与农业经济增长二者关系密切，并得出结论：农业固定资产投资为农业经济发展提供基础；同时，农业经济的增长也会促进农业固定资产投资的进一步增加。邱福林、穆兰（2010）对 1985～2008 年全国农业固定资产投资和农业经济增长的时间序列进行了协整检验、误差修正、格兰杰因果检验以及灰色关联度分析。分析结果表明：农业固定资产投资和农业经济增长存在协整和格兰杰因果关系，且关联度紧密；农业经济增长可以带来农业固定资产投资的增加，但这一效果有明显的滞后性，一般为投资一定年限后，才能起到非常显著的促进作用。

三、市场发展程度与农业经济增长

章胜勇等（2016）认为农产品批发市场是我国农产品流通及销售

的主要渠道，发挥着保障农产品供应以及价格形成的基本功能。从我国农业供给侧结构性改革的内涵以及农产品批发市场与农业供给侧结构性改革的关系出发，分析了我国农产品批发市场的发展历程、功能以及存在的问题，指出农业供给侧结构性改革要求农产品批发市场完善农产品集散和交易的基本功能，增强降低交易成本的关键职能，以及明确信息服务和公益性的衍生功能。在此基础上，提出应在遵循农产品批发市场规律的前提下，积极推进多种交易方式相结合的方法，强化市场信息流通，规范农产品批发市场运行机制等建议。

四、农业技术进步与农业经济增长

吕业清（2009）对农业科技进步与农业经济增长之间的关系进行了动态分析，研究表明农业技术进步对农业经济增长存在长期影响，且为滞后影响，建议将农业技术进步列为一项长期工作。罗锡文等（2016）认为精准耕种技术、精准播种技术、精准施肥技术、精准施药技术和精准灌溉技术是提高农业资源利用率的几项关键技术。因此，建议通过深化理论研究，突破技术难题来强化农机农艺融合，增强自主创新能力，发挥农业机械化在提高农业资源利用率、促进农业可持续发展中的作用。

第二节　现代农业经营体系构建的理论分析

现代农业经营体系，是与传统农业经营体系相比较而言的，这一体系是一个全新的概念，它既是对小规模分散经营优势的继承，也是对其劣势的弥补。它涵盖了传统农户与新型经营主体，是各类农产品生产、加工、销售和生产性服务主体及其关系的总和，是对传统经营理念的升级与各种农业生产要素的现代化重组（张淑辉等，2012）。

现代农业经营体系应具备以下四个特点，即集约化、专业化、组织化、社会化。这"四化"之间是相互促进、协同发展的关系，是实现农民持续增收的目标以及现代农业经营体系构建的基石。

一、集约化

以前的农业经营方式大多属于粗放型，集约化程度很低，因为土地面积有限与社会对农产品需求大量增加的矛盾，以及科学的不断发展进步，使经济发展方式逐步由粗放转向集约，即通过对单位面积土地的要素投入强度、质量和结构的提高以及对农业经营方式的改善，来逐步消除原先粗放式发展遗留的不良影响，提高土地以及劳动要素的产出率，让农民获得较高土地产量与收入，形成经济效益、生态效益、社会效益协同并进的新型局面。

二、专业化

人多地少、工农差别的缩小使农户家庭经营呈现兼业化，但兼业化带来了土地掠夺式经营以及农业劳动力素质下降等问题。为了有效改善这种局面，农业经营专业化的优点日益显现。专业化顺应了农业的发展脉络，明确了农业各部门分工，提高了资源利用效率。专业化具体包含两个层面：一方面，是经营主体专业化。如农户家庭经营专业化，使农户家庭经营由"小而全"走向"小而专"的格局（孙敬水、董亚娟，2006）。此外，土地经营权流转愈加便利，随着由此产生的专业大户和家庭农场，鼓励这些新型经营主体向专业化发展，也是加快农业经营专业化的重要一步。另一方面，区域专业化的重要性也不容小觑。可以结合地方文化背景和自然资源，发展具有区域特色的规模经济，还可学习美国经验，划分不同的产业带和园区，如专门种植玉米和大豆的玉米带、大豆带等。

三、组织化

相对于分散经营，组织化主要包括两方面内容：一是横向联合；二是纵向延伸。横向联合方面，主要是加强农户或其他农业经营主体或服务主体之间的联系与交流，可以通过创办专业合作社、合作协会等方式实现，以提高农户应对市场风险的能力。纵向延伸方面，旨在加深农户、加工企业、销售部门之间的关系，促进农业产业链的整合能力与紧密程度，优化各环节对接流程，增进合作伙伴间的信任与友谊。组织化把"小而散"的农户、加工和销售部门紧密结合起来，形成了具有一定规模的科学形态，整体上增强了我国农产品在国际市场的抗冲击能力（刘刚，2016）。

四、社会化

相比于个体，社会化主要强调两方面内容：一是过程的社会化，二是产品的社会化。首先，过程的社会化指的是农业的生产与发展过程。在农业生产过程中，不断有社会化服务参与其中，使生产由个人行动变为社会行为（陈锡文，2013）。农业发展过程的社会化体现在，农业产业链由一开始的主要依靠生产环节驱动，向着凭借加工和流通环节提供社会化服务带来动力转移，表明社会参与程度对于农业发展越来越重要。产品社会化，一方面是指农产品商品化程度提高，传统农业向现代农业转变，农产品不再是单纯的自给自足，而是通过在市场上的自由交换来供给社会需求。另一方面是指为农产品提供社会化服务。即通过农业院校、科研机构或专门组织等为农户提供诸如动植物疫病防治、防汛、抗旱等信息服务，或提供介绍更加先进的农用器械等服务来方便生产，使农户获得较高的经济效益。

本章认为，现代农业发展集约化、组织化、专业化、社会化的因素主要集中在土地要素、产业化程度、技术投入以及当前农业生产水平这四个方面。

第一，土地要素。土地是农业生产最基本的载体，我国地域辽阔，各地方的区域差异很大，气候及自然资源条件也很不同，情况复杂。而且"三权分置"改革实行以后，加强了土地流转速度，以及闲置耕地的利用，这对于农业进步发展有着重要影响。

第二，产业化程度。农业产业化程度代表现代农业产业经济实现增长的核心，现代农业产业可被看作是农业生产及加工经营过程的有机结合，从原料购入、产品生产、加工到销售，实现产业链化，使各个市场实现广泛的合作，充分发挥产业化优势，破除传统农业经营碎片化、农产品市场发展艰难的壁垒，以现代生产经营理念加速现代农业发展进程（李宁等，2016）。

第三，技术进步。农业科技进步是自家庭联产承包责任制改革以来，影响我国农业增长的主要因素。具体包括生产技术的改善和装备的更新。农业科技进步可以由农业劳动生产率的提高、土地产出率增加和农产品质量提高等来体现。据测算，我国科技进步对农业增长的贡献率在50%左右，其中生产技术的改善，以良种推广和灾害防治（如动植物疫病防治工作、防汛抗旱工作、气象预报工作等）为主要代表。

第四，农业生产水平。农田水利建设、电力建设等是主要的农资投入，一直对我国农业生产有重要影响，可以代表当前农业的生产条件。基础生产设施建设的完善能够极大地提高农业生产效率与农民生产积极性，从而达到增收的效果。

第三节　现代农业经营体系的描述性分析

国家历来重视农业发展，党的十一届三中全会以后，农户承包经营是主要形式，土地集体所有权与农户承包经营权实现了"两权分置"，此后又先后出台和实施了多项农业政策，如《全国农垦经济和社会发展第十三个五年规划》《2015～2017 年农业机械购置补贴实施指导意见》等（韩长赋，2013），来促进土地规模经营、推进农业现代化体系构建完成。经过国家和人民不断的努力，我国农业发展有了巨大的进步：粮食逐年增产，农业总产值持续增长；我国农业生产条件大幅改善，农耕机械化普及度显著提高；农产品市场不断涌现，农产品供给充足。农业总产值及相关要素的变动如表 13 - 1 所示。

表 13 - 1 1978 ~ 2019 年农业总产值及相关要素变动

年份	农业总产值（亿元）	农田有效灌溉面积（千公顷）	粮食总产量（万吨）	农业机械化总动力（万千瓦）	农民人均纯收入（元）
1978	1117.50	44965.00	30476.50	11749.90	133.60
1988	3666.89	44375.91	39408.10	26575.00	544.90
1989	4100.58	44917.20	40754.90	28067.00	601.50
1998	14241.90	52296.00	51229.53	45207.70	2162.00
1999	14106.20	53158.00	50838.58	48996.12	2210.30
2008	28044.15	58471.68	52870.92	82190.41	4760.60
2009	30777.50	59261.40	53082.08	87496.10	5153.20
2012	46940.46	62490.52	58957.97	102558.96	7916.60
2014	54771.55	64539.53	60702.61	108056.58	10489.00
2015	57635.80	65872.64	62143.92	111728.07	11422.00
2016	55659.89	67140.62	66043.51	97245.59	12363.00
2017	58059.76	67815.57	66160.73	98783.35	13432.00
2018	61452.60	68271.64	65789.22	100371.74	14617.00
2019	66066.45	68678.61	66384.34	102758.26	16021.00

注：从 2013 年起，国家统计局开展了城乡一体化住户收支与生活状况调查，2013 年及以后数据来源于此项调查。与 2013 年前的分城镇和农村住户调查的调查范围、调查方法、指标口径有所不同。此表中农民人均纯收入在 2013 年之后用农民人均可支配收入代替。

资料来源：国家统计局。

我们将 1978 ~ 2019 年的数据划分为四个阶段，前三十年为每十年一阶段，后十一年为第四阶段，并逐一进行分析。

第一阶段（1978 ~ 1988 年）：在这十年中，中国农业方面的增长主要依赖于经济制度的变迁，家庭联产承包责任制极大地激发了农民的生产积极性，从而大幅增加了农业产出。由表 13 - 1 数据可知，1978 年粮食总产量为 30476.50 万吨，而到 1988 年为 39408.10 万吨。农业总产值由 1978 年的 1117.50 亿元涨到 2008 年的 3666.89 亿元，涨幅达 228.13%。农民人均收入由 133.6 元涨到 544.9 元，农民收入逐渐提高。农田有效灌溉面积这一指标在 1978 年为 44965.00 千公顷，而到 1988 年为 44375.91。此外农业机械化总动力 1978 年为 11749.90 万千瓦，1988 年为 26575.00 万千瓦。这 10 年，国民经济发展比较协调，农业出现高速度增长。第二阶段（1989～1998 年）：农业总产值、粮食总产量、农民人均收入、有效灌溉面积和农业机械化总动力的增加值分别为 10141.32 亿元、10474.63 万吨、1560.5 元、7378.8 千公顷和 17140.7 万千瓦，农业总产值在这 10 年间增长迅速，农民收入和农业生产条件也实现稳步提高，得到了很大改善。第三阶段（1999～2008 年）：1999 年粮食总产量为 50838.58 万吨，而到 2008 年为 52870.92 万吨。农业总产值涨幅为 98.81%。农民人均收入翻了一番。农田有效灌溉面积 2008 年为 58471.68 千公顷，而 1999 年仅为 53158.00 千公顷。农业机械化总动力的更是由 1999 年为 48996.12 万千瓦，增加到了 82190.41 万千瓦，涨幅空前，说明农业机械化生产条件得到了很大提升。第四阶段（2009～2019 年）：2009 年农民人均收入为 5153.2 元，到 2019 年为 16021 元，上涨 10867.8 元。农业总产值的涨幅为 114.65%。粮食总产量在 2009 年为 53082.08 万吨，而到 2019 年为 66384.34 万吨。2009 年的农田有效灌溉面积为 59261.40 千公顷，到 2019 年为 68678.61 千公顷。农业机械化总动力 2009 年为 87496.10 万千瓦，2019 年为 102758.26 万千瓦。农业基本保持平稳增长。总之，改革开放 40 多年，农业在产值、技术、生产水平等方面都有显著增长。

因此，农地"三权分置"改革对促进种植大户和家庭农场等新型经营主体的产生，转变农业经营方式，推动形成"集体所有、家庭承包、多元经营"的新局面，助力生产者拓宽农产品生产知识，提高种植效率与质量有积极影响。数据显示，截至 2016 年底，全国家庭承包经营耕地流转面积 4.71 亿亩，占家庭承包耕地总面积的 35.1%，比 2008 年底提高 27 个百分点。而从表 13-1 中我们也可以了解到，2008 年到 2019，10 年的时间，农业总产值更是翻了一番，涨幅达 114.66%，这与土地经营权的加快流转不无关系。

第四节　现代农业经营体系的实证分析

一、数据来源与指标选取

1. 数据来源

本章所有指标的数据均来自《中国统计年鉴》《中国农村统计年鉴》以及中国知网。分析历年农业总产值以及结合拟选取的指标后发现，2012～2019 年的各指标数据比较完整，因此本章选取这一时间段，来研究现代农业经营体系构建的影响因素。在指标的选取方面，本章参考国内外专家学者研究的同时，结合各个指标的实际含义，力求更加全面、精细、准确地反映研究对象。

2. 指标选取

本章拟将集约化、专业化、组织化、社会化，这四个特点作为现代农业经营体系构建研究的一级指标，将农地规模化、生产便利化、部门合作化、经营技术化作为二级指标。

（1）土地流转面积占家庭承包面积比例（土地流转率）。耕地是农民进行粮食生产的基础，耕地的数量与质量直接影响着粮食的产量以及食品安全。但是我国耕地包括许多闲置土地，这些闲置耕地对产出没有直接影响。"三权分置"改革实行后，土地流转加快，进一步增强了闲置耕地的使用。农作物耕种面积是直接进行农业生产而利用的土地，能体现土地贡献度，因此本章选用土地流转面积占家庭承包面积比例来表现土地资源的情况，表示农地规模化指标。

（2）农副产品加工业新产品开发项目数。根据新经济增长理论，农业经济增长与科技进步正相关。要考察技术投入的贡献度，需要找到一个衡量投入的指标。农副产品加工业新产品开发项目数的多少体现了在农业技术上的投入，可以用农副产品加工业产品开发项目数作为衡量技术投入的指标。我国农业在最初阶段主要是依靠手工劳动，通过出卖最初农产品或进行了简单加工的农副产品来获得收入。随着社会的发展、创新研发与科技的进步，越来越多的优良新型产品如雨后春笋般涌现，极大地丰富了农副产品市场，改善了人民生活。因此本章选取农副产品加工业新产品开发人数来反映我国农业技术投入。

（3）农村发电量与水库数。经济增长必须依靠物质要素的投入，这是古典经济增长理论的重要结论之一，而农业资产投入主要就是通过农村用电及水利基础设施的投入来体现的，因此本章用农村发电量与水库数来表示农业物质投入，反映当前农业生产水平。

（4）亿元以上农产品交易市场数量与农业生产用具市场数量。亿元以上农产品交易市场数量与农业生产用具市场数量可以代表，与农业密切相关的前向关联部门和后向关联部门逐步结合，形成的产业链情况。产业化是市场化的产物，并为市场化的进一步加深创造了条件。由于农产品市场的风险较大以及农产品自身的特点，专业农场直接进入市场进行交易要支付较高的交易成本。产业化可以回避市场风险、节约交易费用、稳定农产品购销渠道。因而，本章采取亿元以上农产品交易市场数量与农业生产用具市场的数量作为现代农业产业化的体现，并表现市场化程度。

被解释变量以农业总产值和农民人均收入来反映，它们是对所生产的农产品在价格与收入方面的衡量，体现农民生产经营活动成果，反映一定时期内农业生产总规模和总成果。因此，本章选用农业总产值与农民人均收入来反映现代农业经营体系构建的成果。

二、计量分析

1. 模型选取

本章研究的是现代农业经营体系构建的影响因素，并以农业总产值及农民人均收入变动情况来反映，根据新经济增长理论，柯布—道格拉斯生产函数模型做出计量分析。柯布—道格拉斯生产函数的一般形式为：$Y = AK^\alpha L^\beta$，式中以 L 代表劳动力投入，K 表示资本投入，A 为技术进步系数，$\alpha(0 < \alpha < 1)$ 为参数，α、β 分别表示资本和劳动力在生产过程中的相对重要性，即增长贡献率，Y 代表产出。

本章以一个拓展的 C—D 生产函数形式定义中国农业生产函数，把影响农业总产值及农民人均收入的因素基本估计设计为土地流转面积占家庭承包面积比例、农副食品加工业新产品开发人员数、水库数、农村发电量、农业生产用具市场数、农产品市场数等因素。则函数形式为：

$$Y = X1^{\alpha1} X2^{\alpha2} X3^{\alpha3} X4^{\alpha4} X5^{\alpha5} X6^{\alpha6} + C \qquad (13.1)$$

两边取自然对数得到回归模型：

$$\ln Y = \alpha1 \ln X1 + \alpha2 \ln X2 + \alpha3 \ln X3 + \alpha4 \ln X4 + \alpha5 \ln X5 + \alpha6 \ln X6 \qquad (13.2)$$

其中，Y1 表示农业总产值，Y2 表示农民人均收入，为被解释变量，土地流转面积占家庭承包面积比例 X1、农副食品加工业新产品开发人员数 X2、水库数 X3、农村发电量 X4、农业生产用具市场数 X5、农产品市场数 X6 为解释变量，$\alpha1 \sim \alpha6$ 是待估参数，C 为残差项。

2. 各指标相关数据的描述性分析

根据所选指标，从《中国统计年鉴》及国家统计局统计数据中获得表 13 - 2 中的数据。2012 ~ 2019 年农业生产总值和农民人均收入稳步上升，土地流转面积占家庭承包面积的比例、农副食品加工业新产品开发项目数、水库数这几个指标也是逐年增加，而我们通过观察发现亿元以上商品交易农产品数则是逐年减少，农业生产用具市场数前几年较为平稳，近几年有所下降，农村发电量先上升后从 2017 年开始有所下降。下面就通过回归分析各解释变量与被解释变量之间的相关关系。

表 13 - 2　　　　　　　　各指标 2012 ~ 2019 年的相关数据

指标	2012 年	2013 年	2014 年	2015 年	2016 年	2017 年	2018 年	2019 年
农业总产值（Y1）	46940.46	51497.4	54771.55	57635.80	55659.89	58059.76	61452.60	66066.45
农民人均收入（Y2）	7916.6	8895.9	10489	11422	12363	13432	14617	16021

指标	2012 年	2013 年	2014 年	2015 年	2016 年	2017 年	2018 年	2019 年
土地流转率（X1）	21.7%	25.7%	30.4%	33.3%	35.1%	37%	38.3%	39.7%
农副食品加工业新产品开发项目数（X2）	5542	6816	7594	7295	9649	11323	11862	13771
水库数（X3）	89220	97721	97735	97988	98461	98795	98822	98112
农村发电量（X4）	21729246	22327712	22814929	23512814	26821937	24772495	23456083	25331509
亿元以上商品交易农产品市场数（X5）	5194	5089	5023	4952	4861	4617	4296	4037
农业生产用具市场数（X6）	21	20	20	19	20	17	14	11

3. 具体变量的选定

按照上述模型及数据资料，本章拟先采用农业总产值（Y1），再用农民人均收入（Y2）分别代表现代农业经营体系的构建的成果指标，进行分析。用土地流转面积占家庭承包面积比例（X1）来分析耕地对现代农业发展的影响，农副食品加工业新产品开发项目数（X2）表示科学技术投入，可以反映技术进步，水库数（X3）与农村发电量（X4）代表当前农业生产水平，亿元以上商品交易农产品市场数（X5）和农业生产用具市场数（X6）作为农业市场化程度的表示。因此，可得回归方程为：

$$\ln Y = \alpha 1 \ln X1 + \alpha 2 \ln X2 + \alpha 3 \ln X3 + \alpha 4 \ln X4 + \alpha 5 \ln X5 + \alpha 6 \ln X6 + C$$

$$(13.3)$$

式（13.3）中 $\alpha 1 \sim \alpha 6$ 为回归系数，C 为残差项。

4. 回归过程及检验

（1）以农业总产值（Y1）为被解释变量，农业总产值与各解释变量的相关关系如图 13 - 1（a）所示。

由图 13 - 1 可知，X1、X2、X4、X6 与 Y 关系分布图，大多数散点都分布在一条直线附近，可认为土地流转面积占家庭承包面积比例、农副食品加工业新产品开发人员数、农村发电量、农产品市场数与农业总产值呈高度线性。

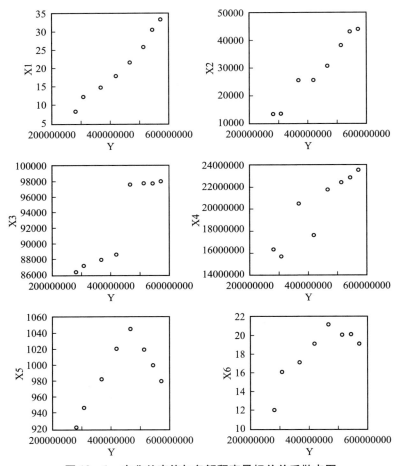

图 13 - 1 农业总产值与各解释变量相关关系散点图

根据收集到的数据，引用最小二乘法，对模型进行回归后得到结果如下：

Y1 = 65193. 53X1 − 0. 95X2 + 0. 23X3 + 0. 0006X4 + 10. 19X5 − 2267X6 + 600. 48

t = (2.017721)(−0.761752)(0.758125)(0.912680)(−0.516098)(−1.569918)(0.008153)

从模型汇总表中可以看出,决定系数 $R^2 = 0.993584$,可调整的 $R^2 = 0.955089$,由决定系数来看,回归模型高度显著。$F = 25.81078$,$DW = 2.766830$。

可见,X2 的系数不符合经济意义。因为从经济意义上来看,农副食品加工业新产品研发项目数越多,农业生产总产值受到影响越大,即农业总产值应该随着农副产品加工业新产品研发项目数的增加而增加。因此对上述模型进行回归修正如下:

①Y1 = 71154.11X1 + 0.139039X3 + 0.0004X4 + 21.83269X5 − 2865.177X6 − 42178.39

t = (2.553470)(0.568630)(0.751388)(1.959429)(−2.658688)(−0.995692)

决定系数 $R^2 = 0.989861$,可调整的 $R^2 = 0.964515$,$F = 39.05277$。

②Y1 = 77249.55X1 + 0.121149X3 + 17.81812X5 − 2397.708X6 − 22706.31

t = (3.134074)(0.538437)(1.970929)(−2.947086)(−0.732883)

决定系数 $R^2 = 0.986999$,可调整的 $R^2 = 0.969665$,$F = 56.93886$。

③Y1 = 87189.94X1 + 19.75849X5 − 2525.403X6 − 21154.35

t = (5.886892)(2.627701)(−3.578059)(−0.756159)

决定系数 $R^2 = 0.985743$,可调整的 $R^2 = 0.975050$,$F = 92.18702$。

④Y1 = 55906.64X1 − 717.6386X6 + 50995.06

t = (4.296657)(−3.081854)(6.438802)

决定系数 $R^2 = 0.961132$,可调整的 $R^2 = 0.945585$,$F = 61.82047$。

此时,所有参数的 t 值已经比较显著,而且 F 值也有了一定的增加,故不再删除变量,选择此模型为修正后的模型。

结果显示:剔除 X2、X3、X4、X5 后,在显著性水平 a = 0.05 时,剩余变量的 Prob(收尾概率)都小于 0.05,全部通过了显著性 T 检验。又 F = 61.82047,P = 0.000298,回归通过了 F 检验,表明 X1、X5、X6

整体上对于 Y1 有高度显著的线性影响。从回归方程可以看到, X1、X5 对 Y1 是正影响, X6 起负影响。

主要结论: 从最终的模型来看, X1 的回归系数估计值为 55906.64, 大于 0, X6 的回归系数估计值为 -717.6386, 小于 0, 说明农业生产总值与土地流转面积占家庭承包面积比例、农业生产用具市场数同方向变动, 与农产品市场数反方向变动。当其他条件不变时, 土地流转面积占家庭承包面积比例增加 1%, 农业生产总值增加 55906.64 亿元。

(2) 以农民人均收入 (Y2) 为被解释变量, 农民人均收入与各解释变量的相关关系如图 13 - 2 所示。

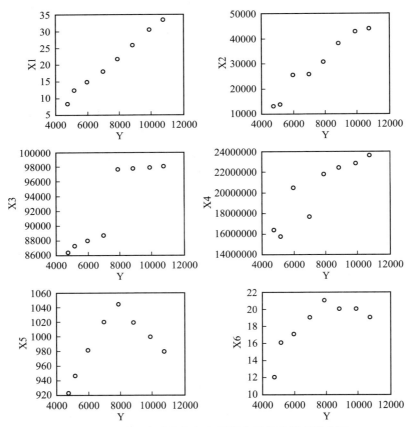

图 13 - 2　农民人均收入与各解释变量相关关系散点图

由图 13 - 2，X1、X2、X4、X5、X6 与 Y 关系分布图，大多数散点都分布在一条直线附近，可认为土地流转面积占家庭承包面积比例、农副食品加工业新产品开发人员数、农村发电量、亿元以上商品农产品市场数与农民人均收入呈高度线性。

根据收集到的数据，引用最小二乘法，对模型进行回归后得到结果如下：

①$Y2 = 27227.45X1 + 0.023225X2 - 0.053643X3 + 0.0000753X4 - 2.236339X5 - 62.02727X6 + 17910.50$

$t = (10.19249)(0.224135)(-2.179798)(1.497448)(-1.368944)$
$(-0.502722)(2.941239)$

从模型汇总表中可以看出，决定系数 $R^2 = 0.999805$，可调整的 $R^2 = 0.998637$，由决定系数来看，回归模型高度显著。$F = 855.9746$，$DW = 2.766830$。

可见，X3 和 X5 系数不符合经济意义。因为从经济意义上来看，水库数和亿元以上商品交易农产品市场数越多，农民人均收入越多。因此对上述模型进行回归修正如下：

②$Y2 = 25325.91X1 + 0.219227X2 - 188.7559X6 - 4952.276$

$t = (7.351526)(1.933081)(-3.176757)(3.073415)$

决定系数 $R^2 = 0.996366$，可调整的 $R^2 = 0.993641$，$F = 365.5772$。

③$Y2 = 30588.21X1 - 277.4018X6 + 6831.392$

$t = (11.64713)(-5.902185)(-3.176757)(4.273498)$

决定系数 $R^2 = 0.992971$，可调整的 $R^2 = 0.990160$，$F = 353.1803$。

此时，所有参数的 t 值已经比较显著，而且 F 值也有了一定的增加，故不再删除变量，选择此模型为修正后的模型。

结果显示：剔除 X2、X3、X4、X5 后，在显著性水平 a = 0.05 时，剩余变量的收尾概率（Prob）都小于 0.05，全部通过了显著性 T 检验。又 $F = 353.1803$，$P = 0.000004$，回归通过了 F 检验，表明 X1、X6 整体上对于 Y2 有高度显著的线性影响。从回归方程可以看到，X1、对 Y1 是正影响，X6 起负影响。

主要结论：从最终的模型来看，X1 的回归系数估计值分别为 30588.21，大于 0，X6 的回归系数估计值为 − 277.4018，小于 0，说明农业生产总值与土地流转面积占家庭承包面积比例同方向变动，与农产品市场数反方向变动。当其他条件不变时，土地流转面积占家庭承包面积比例增加 1%，农业生产总值增加 30588.21 亿元。

三、计量检验

1. 多重共线性检验

通过计算解释变量与被解释变量间的相关系数，得到多重共线性检验结果如表 13 − 3 所示。

表 13 − 3　　　　　　　　　　相关系数矩阵

变量	Y1	X1	X2	X3	X4	X5	X6
Y1	1	0.941966	0.910490	0.696994	0.583649	− 0.927914	− 0.904225
X1	0.941966	1	0.914941	0.763127	0.739714	− 0.861001	− 0.779096
X2	0.910490	0.914941	1	0.587483	0.666464	− 0.965890	− 0.908095
X3	0.696994	0.763127	0.587483	1	0.557741	− 0.490193	− 0.416805
X4	0.583649	0.739714	0.666464	0.557741	1	− 0.511628	− 0.372505
X5	− 0.927914	− 0.861001	− 0.965890	− 0.490193	− 0.511628	1	0.981590
X6	− 0.904225	− 0.779096	− 0.908095	− 0.490193	− 0.372505	0.981590	1

由表 13 − 2 可知，X1 与 X2、X1 与 X5、X2 与 X5、X2 与 X6、X5 与 X6 之间的系数都较大，可能存在多重共线性。

2. 异方差检验（White 检验）

具体检验结果如表 13 − 4 所示：

由表 13 − 3 可知，解释变量共 6 个，查卡方分布表得知，在 5% 显著性水平下，临界值为 12.592。由拟合的数据可知，$Obs * R - squared = N * R^2 = 7.954013 < 12.592$，故接受原假设，表明模型中随机误差项不

存在异方差。

表 13 - 4　　　　　　　　　　　　异方差检验结果

类别	检验结果
F 统计量（F – statistic）	0.137982
拟合度（Obs * R – squared）	3.623374
P 值［Prob. F（6，1）］	0.9640
P 值［Prob. Chi – Square（6）］	0.7275

四、结论

综合来看，土地流转面积占家庭承包面积的比例（X1）的增加，既会引起农业生产总值的增长，又会促进农民人均收入的提高。而亿元以上农业生产用具交易市场的回归系数为负值可能是因为近年来市场数量总体变化不大，虽然随着科学技术的进步，农具更新换代速度加快，但大多农具尤其是大型农具都为耐用消费品，更换频率较低，因此农具交易市场的增加，对农民购买新型工具的吸引力不会有强烈影响，因此可能不会带来农业生产总值和农民人均收入的增长。

综上所述，模型正确地反映了各因素对农业生产总值和农民人均收入的影响，进而体现了对于现代农业经营体系构建的影响。特别是土地流转情况能对现代农业经营体系的构建起到积极影响。

第五节　构建现代农业经营体系的对策建议

一、加强监测管理，鼓励农地有序流转

近年来农民非农化，大量涌入城市的现象，使农村出现大批闲置荒

废土地，这种现象与部分以农业生产为主要收入来源，却缺少土地耕作的农民形成显著对比（胡胜德，2013）。此外，耕地的无规划利用问题也愈加凸显，现阶段许多土地的种植并没有经济意图，土地产出率也较低。因此，国家应建立耕地质量检测监督机制，对土地污染情况进行动态监测，确保耕地质量，使土地能够得到合理利用，防止"三权分置"改革实施后，各农业企业角逐利益，过度使用化学药品，造成水源、土壤等自然资源、生态环境污染，耕地流失，农地过度开发与非农开发。督促各经营主体对基础设施和土壤改良进行投资，合理规划开发农村土地资源，使土地肥力和质量不断提高，确保土地的可持续利用。

二、大力完善农产品市场

对于农产品市场的建设，应结合农产品的特性及产销地，分环节、分链条进行专门化设计管理。首先，建设农产品市场，应首先考虑农产品本身的性质，如产品的储存方式和时间等，同时结合城市及消费者需求有针对性的建设农产品市场（文华成、杨新元，2013）；其次，应充分考虑产品流通环节的便捷性，以及综合市场、批发和零售市场相结合建设的原则；最后，可以开展国际农产品市场试点工作，充分利用研究国际农产品市场及需求信息，结合各区域特色农产品生产信息、"一带一路"等国家政策，推动农产品国际化，逐渐发展出一批现代化、高质量的农产品出口基地，并完善市场信息系统，确保广大农民及新型农业经营主体获取信息的及时性和有效性，掌握市场经济走向，充分参与市场竞争，采用科学的营销方式，突出"中国品牌"，形成市场口碑，走出一条国际认可的高标准农产品市场道路。

三、加大农村固定资产投入

农村固定资产包括农村公共基础、农田水利、农村公路、电路建设，是继耕地之后，直接影响农业生产水平的第二大因素，关系农业生产的命脉，因此政府要加大对这些公共物品的投资力度，加强防洪、排涝、灌溉工程投资；农村道路建设、电路建设投资；大型种植、养殖基地设施投资。通过税收、信贷等优惠政策鼓励农业事业单位增加对农村固定资产的投入。此外，政府在安排资金运用时，应注重区域效率。综合考虑各地区人口、耕地、当前农业生产水平、经济发展状况及预期，将短期收益与长期利益相结合，合理分配农用资金，实现农用投资的高效运用。

四、拓展融资渠道，推动农村产业发展

现阶段农村经济实力不强，农村集体经济不发达，主要依靠农户个体增加投入提高产量并不现实。因此，在农业投资方面，政府应起到主体和引导的作用（吴比等，2017）。政府一方面可以投入资金鼓励农户进行生产，充分发挥财政支农政策对农业经济增长的促进作用。另一方面可以开展多渠道融资，如通过 PPP 模式引入民间资本，鼓励企业成为投资主体，充分引导社会资本参与农业生产、加工、运输、销售环节。此外，通过不断拓展融资渠道，增加资金供给量，也可以提高农村金融服务水平，加快农村金融发展，农村基础设施建设，并且逐步解决农民贷款难的问题，进而促进农业经济向好发展。

第十四章

农业社会化服务水平测度

　　提高农业社会化服务水平，促进农业社会化服务的高质量发展，既能够有效地解决"小农与大市场"的矛盾，也能够加快农业的转型升级和促进农业的现代化（王钊等，2015）。目前，农业社会化服务的发展状况已成为衡量一个国家农业现代化水平高低的重要指标（龚道广，2000）。完善的农业社会化服务体系不仅是农业健康发展的助推器和重要保障（刘燕群等，2017），更是实现农业现代化和乡村振兴战略的基础工程和必由之路，因此必须从思想和行动上高度重视。

　　为此，政府将农业社会化服务水平提高到国家重要议程上，战略性地部署了农业社会化服务体系的建设。在党的十七届三中全会中国家首次从战略高度明确了农业社会化服务体系在农业农村工作中的战略地位（仝志辉、侯宏伟，2015）；2013 年和 2014 年的中央"一号文件"提出要大力发展主体多元、形式多样、竞争充分的农业社会化服务（王钊等，2015）；此外，党的十九大中也明确提出：健全农业社会化服务体系，实现小农户与现代农业发展的有机衔接（苑鹏、丁忠兵，2018）。

　　21 世纪以来中国农业社会化服务快速发展，其组织载体、服务内容和服务机制逐步呈现出多层次、多元化和多形式的特点（李春海，2011），农业社会化服务总体水平逐年提高（韩苗苗等，2013）。但其发展水平比较低，体系建设不完善，公共服务能力还相对薄弱（关锐捷，2012），同时制度供给不足等传统弊端尚未有效解决，供需结构的失衡、"全要素"服务的滞后等新矛盾也日益凸显，社会化服务体系建设面临的形势依然严峻（高强、孔祥智，2013）。因此，在全面深入地了解当前中国农业社会化服务发展的基础上，为农民提供个性化、多样化且有效的农业社会化服务至关重要。

本章在有关调查研究的基础上，通过采用一系列的相关数据以及测度农业社会化服务水平的相关模型，衡量和分析了 2006～2018 年中国农业社会化服务水平和阻碍农业社会化服务发展的主要因素，并对如何促进农业社会化服务的发展和构建完善的农业社会化服务体系提出了相关建议。

第一节　文献述评

一、农业社会化服务体系的内涵研究

党的十七届三中全会指出：新型农业社会化服务体系是以公共服务机构为依托，以合作经济组织为基础，以其他社会力量为补充，公益性服务和经营性服务相结合、专项服务和综合服务相协调，为农业生产提供覆盖全程、综合配套、便捷高效的服务体系（苑鹏、丁忠兵，2018）。孔祥智等（2012）认为农业社会化服务体系是在家庭承包经营的基础上，为农业生产的各个环节提供服务的网络。王定祥、李虹（2016）认为农业社会化服务体系是为农业的规模化、集约化提供全方位、多领域服务的组织系统和制度安排。

二、农业社会化服务体系的效果研究

当前中国农业社会化服务已有所成效，关锐捷（2012）认为当前组织载体、服务内容和服务机制已经呈现出了多层次、多元化和多形式

的特点。此外，孔祥智等（2009）通过调研发现：中国在实践摸索中已经涌现出了一系列的有关农业社会化服务的创新模型，如依托政府公共服务机构的创新模式（建立现代农技服务咨询平台）、农业产业化龙头企业和农户联动的创新模式（公司＋基地＋农户模式）。

三、农业社会化服务的供给研究

高强、孔祥智（2013）发现当前农业社会化服务制度供给不足、服务主体之间衔接机制不完善以及区域供给能力的不平衡，导致了供需结构的不合理、多元化需求难以满足。刘向华（2013）认为各服务提供者的定位不明确、发展不完善、社会化服务领域的重叠或者空缺，导致了服务的质量和数量难以满足家庭农场对社会化服务的个性化、多领域的需求。孔祥智、徐珍源（2010）认为各服务主体在提供农业社会化服务中外部性是不同的，但农业社会化服务的供求关系不因外部性的不同而相异。而钱水土、刘芸（2010）则以农户融资需求为切入点进行分析，其表示：农户的融资需求旺盛，但农村资金的供给却相对缺乏，且缺乏正确的引导与规范。庞晓鹏（2006）利用调查数据分析了当前农民的社会化服务需求和供给状况，发现农民获得服务的渠道少、服务总供给不足以及服务组织体系、制度的不健全不完善等问题，这是导致农业社会化服务供需结构差异的重要原因。

四、农业社会化服务体系的建设研究

从完善农业社会化服务体系的目标出发，李俏、王建华（2012）认为构建现代农业社会化服务体系应当以服务农户为宗旨，更好地满足农户的个性化需求，并坚持以政府为导向、龙头企业带动和其他社会组织积极参与的原则，高效率地适应经济的快速发展。

关于如何建立健全农业社会化服务体系，郭翔宇、范亚东（1999）指出：每个国家的农业社会化服务体系都有所不同，各国应当根据本国

的具体情况因地制宜，充分调动各种服务组织的积极性，促进其协调发展，提高其发展效率和水平。同时，凌薇（2018）认为还应当充分发掘和利用当地资源，逐步建立起具有地方特色的农业社会化服务体系。高湘媛等（2015）提出培育农业服务主体和创新农业服务机制是农业社会化服务体系完善的核心与关键。在创新机制方面，关锐捷（2012）认为构建新型农业社会服务体系是农村综合改革的重要内容，应在生产经营服务、金融服务和公共监管服务进行重点创新：首先创新组织载体，完善现代农业生产经营组织；其次创新金融体系，解决现代农业发展的问题；最后创新管理机制，健全现代农业公共监管服务体系。

综上所述，当前中国在构建完善的农业社会化服务体系道路中，已经在战略部署、政策研究方面取得了良好成绩，但是依然存在一些问题。首先，国内学者对于农业社会化服务体系的研究比较单一，只针对农业社会化服务的一部分内容进行研究，缺乏系统性的整体研究；其次，国内学者在研究农业社会化服务体系的相关内容时，绝大多数研究采用的是定性分析，定量分析较少；而且研究的对象通常只是少数几个省市或地区，研究结论也只是对选取的地区有一定的成效，而对于全国农业社会化服务发展来说缺乏共性分析；最后，对农业社会化服务供给水平和农民的服务需求缺乏研究。因此，国内学者可以针对服务主体应如何提供有效的服务来满足农民的个性化和多样化的需求以及提高农业社会化服务水平等方面加强研究。

第二节 农业社会化服务水平测度指标体系构建

一、农业社会化服务水平的测度指标

在相关学者研究成果的基础上，笔者结合搜集到的相关资料，建立了衡量农业社会化服务水平的指标体系。该指标体系分为 5 个一级指标

和 11 个二级指标，如表 14 - 1 所示。

表 14 - 1 农业社会化服务水平衡量指标

	一级指标	二级指标
评价指标体系	农业生产资料服务 B	农用产品商品批次合格率 b_1
		农业生产资料价格总指数（上年 = 100） b_2
	农业保险服务 D	农业保险赔款及给付金额（亿元） d_1
		年农业保费总额增长率 d_2
	农业信息化服务 F	已通邮的行政村比例 f_1
		每百户农村家用电脑拥有量（台） f_2
		每百户农村家庭彩色电视拥有量（台） f_3
	农业机械化服务 G	农机维修点数量（个） g_1
		农业机械总动力 g_2
		农机作业合作社增加农民收入（亿元） g_3
	农业基础设施建设服务 N	中央对农田水利基本建设投资额（亿元） n_1

二、农业社会化服务水平测度数据的来源

本章主要分析了 2006～2015 年能够衡量农业社会化服务水平的相关统计数据。数据源于《中国统计年鉴》《中国农村统计年鉴》《中国农业机械工业年鉴》，以及国家统计局、农业部和水利部等权威网站。

三、农业社会化服务水平测度的研究方法

1. 农业社会化服务发展水平的测度

通过采用熵值法估算各指标的权重以及农业社会化服务综合发展指数（黄鹏，2015），从而得出相关结论。由于每项指标的计量单位并不一致，因此应先进行数据的标准化处理，解决各项不同质指标值的同质化问题，再进行以下步骤。

第一，标准化处理。其具体方法如下：根据式（14.1）和式（14.2）所示分别进行正向指标的标准化（即效益性指标）和负向指标的标准化（即成本性指标）。设其标准化值为 X'_{ij}，其真实值为 X_{ij}，$\max(X_{ij})$ 和 $\min(X_{ij})$ 分别表示指标的最大值和最小值。

$$X'_{ij} = \frac{X_{ij} - \min(X_{1j}, \cdots, X_{ij})}{\max(X_{1j}, \cdots, X_{ij}) - \min(X_{1j}, \cdots, X_{ij})}$$

$$(i = 1, 2, 3, \cdots, n; j = 1, 2, 3, \cdots, m) \tag{14.1}$$

$$X'_{ij} = \frac{\max(X_{1j}, \cdots, X_{ij}) - X_{ij}}{\max(X_{1j}, \cdots, X_{ij}) - \min(X_{1j}, \cdots, X_{ij})}$$

$$(i = 1, 2, 3, \cdots, n; j = 1, 2, 3, \cdots, m) \tag{14.2}$$

第二，测度农业社会化服务水平的发展指数。相关公式如下：

$$B(b) = \sum_{i=1}^{m} a_i b_i; \quad D(d) = \sum_{i=1}^{m} \beta_j d_j; \quad F(f) = \sum_{i=1}^{m} \chi_k f_k;$$

$$G(g) = \sum_{i=1}^{m} \delta_r g_r; \quad N(n) = \sum_{i=1}^{m} \varepsilon_\mu n_\mu \tag{14.3}$$

其中，$B(b)$，$D(d)$，$F(f)$，$G(g)$，$N(n)$ 分别代表农业生产资料服务发展指数、保险服务发展指数、信息化服务发展指数、机械化服务发展指数和基础设施建设服务发展指数；b_i、d_j、f_k、g_γ、n_μ 表示农业生产资料服务、农业保险服务、信息化服务、机械服务和基础设施建设服务5个一级指标中具体指标的标准化值；α_i、β_j、χ_k、δ_γ、ε_μ 代表每个二级指标的权重份额。

第三，衡量农业社会化服务的综合发展水平指数 S。其计算公式如下：

$$S = B(b) + D(d) + F(f) + G(g) + N(n) \tag{14.4}$$

2. 农业社会化服务发展的耦合协调度量

第一，耦合系数模型，本章通过利用物理学中的耦合系数模型，将5个一级指标作为农业社会化服务体系中相互耦合的子系统，定量测度他们之间的耦合关系。"耦合"指两个或更多的系统之间相互影响的一种现象，"耦合度"则是用来衡量其相互作用、彼此影响的强度（张宏光、马艳，2014）。通过参考物理学中的容量耦合系数模型，建立了用于测量五种农业社会化服务子系统之间相互作用强度的耦合度模型，如式（14.5）所示。

$$C_5 = \left\{ \frac{B_i \times D_j \times F_k \times G_\gamma \times N_\mu}{(B_i + D_j + F_k + G_\gamma + N_\mu)^5} \right\}^{\frac{1}{5}} \qquad (14.5)$$

其中，C_5 为五个子系统的耦合度，B_i、D_j、F_k、G_γ、N_μ 分别代表农业生产资料服务发展指数、保险服务发展指数、信息化服务发展指数、机械化服务发展指数和基础设施建设服务发展指数。

由式（14.5）可知，当其中任何一个变量为 0 时，耦合度为 0，则不能有效地估算出其他四个子系统之间的耦合关系，因此式（14.5）存在一定的局限性。为此应当对式（14.5）进行变形，特此引入离差率即变异系数 s/m，当变异系数越小时，其子系统的耦合度越高，且变异系数与耦合度都介于 0 到 1 之间，因此建立耦合度与变异系数相关的模型如下：

$$C_V = 1 - \frac{s}{m} = 1 - \sqrt{\frac{(B_i - m)^2 + (D_j - m)^2 + (F_k - m)^2 + (G_\gamma - m)^2 + (N_\mu - m)^2}{5m^2}}$$

$$(14.6)$$

由式（14.6）整理得到：

$$C_V = 1 - \sqrt{\frac{5(B_i^2 + D_j^2 + F_k^2 + G_\gamma^2 + N_\mu^2)}{(B_i + D_j + F_k + G_\gamma + N_\mu)^2} - 1} \qquad (14.7)$$

式（14.6）中，s 为标准差，m 为均值，s/m 为变异系数，C_V 为子系统的耦合度。当五个子系统为非 0 的相等数值时，变异系数为 0，而耦合度为 1，则耦合水平最高；当耦合度为 0 时，则子系统间的耦合能力即相互作用的强度最差，其处于完全无关状态。

第二，耦合协调度模型。由于耦合度模型只反映子系统之间的相互作用的强度，但未能充分反映其整体功能或综合协调的发展水平，为此引入耦合协调度模型，从而反映当前农业社会化服务系统子系统的耦合和协调发展状况。在此基础上引入的耦合协调度模型如下：

$$D = \sqrt{C_V \times T} \qquad (14.8)$$

D，C_v，T 分别为耦合协调度、耦合度和综合发展指数。通常耦合协调度 D 越接近于 1，则各项农业社会化服务的协调配合的状态越好。耦合协调度主要分为以下 10 种类型，如表 14 - 2 所示（廖重斌，1999）。

表 14 - 2　　　　　　　　　　　耦合协调度等级

协调度	协调发展水平
0 ~ 0.09	极度失调
0.10 ~ 0.19	严重失调
0.20 ~ 0.29	中度失调
0.30 ~ 0.39	轻度失调
0.40 ~ 0.49	濒临失调
0.50 ~ 0.59	勉强协调
0.60 ~ 0.69	初级协调
0.70 ~ 0.79	中级协调
0.80 ~ 0.89	良好协调
0.90 ~ 1.00	优质协调

资料来源：廖重斌：《环境与经济协调发展的定量评判及其分类体系——以珠江三角洲城市群为例》，载于《热带地理》1999 年第 2 期。

3. 各种农业社会化服务的制约度测度

本章通过用"因子贡献度""指标偏离度""制约度"三个指标建立约束度量模型，了解哪些农业社会化服务制约了当前农业社会化服务体系的发展与完善。其中，"因子贡献度 U_j"代表了各种单项服务对农业社会化综合服务的影响程度，即单项服务的权重（韩苗苗等，2013）；"指标偏离度 V_j"则代表了各服务与农业社会化服务发展目标之间的偏离程度，即实际值与标准化值之间的差距；"制约度 B_j"则表示每项服务对农业社会化服务体系完善的影响程度，该指标便是制约农业社会化服务整体发展的结果（韩苗苗等，2013）。具体计算公式如下：

$$U_j = R_j \times W_j \tag{14.9}$$

$$V_j = 1 - X_j \tag{14.10}$$

$$B_j = \sum_{j=1}^{m} \frac{V_j \times U_j}{\sum (V_j \times U_j)} \tag{14.11}$$

其中，R_j 为第 j 项一级指标权重，W_j 是第 j 项一级指标中第 i 个二级指标的权重。X_j 为每个单项指标的标准化值（韩苗苗等，2013）。

第三节 农业社会化服务水平与制约度的实证分析

一、农业社会化服务各项指标权重分析

在主要指标中，农业信息化服务的平均权重在一级指标中最大，这说明了农业信息化服务的建设在提高农业社会化服务综合发展水平的过程中至关重要。而对于各项二级指标而言，权重排在前三位的是每百户农村家用电脑拥有量 f_3（0.1393）、农用产品商品批次合格率 b_1（0.1150）和农业保险赔款及给付金额 d_1（0.1056）。表 14-3 中的数据表明当前越来越多的农民通过互联网途径来获得所需要的农业信息，农业信息化服务水平正在逐步上升；农业保险赔款及给付金额是增加农民收入的一个重要来源，因此中国农业逐步实现金融化是正确的选择，不仅能够提高农业生产的保障，还能够增加农民收入；此外农用产品的商品批次合格率 b_1 是反映农业社会化服务水平高低的关键因素之一，农用产品的商品批次合格率越高，说明了当前中国农业生产资料服务水平越高，同时也说明中国在农用产品的生产技术方面和农用产品质量监督方面有所成效，这可以在一定程度上为农业社会化服务的发展提供有效的保障。

表 14 – 3　　　　　　农业社会化服务各项指标权重

	一级指标权重		二级指标权重 W_j	
农业社会化服务水平测评指标	农业生产资料服务 B	0.1691	农用产品商品批次合格率 b_1	0.1150
			农业生产资料价格总指数（上年 = 100）b_2	0.0540
	农业保险服务 D	0.1480	农业保险赔款及给付金额（亿元）d_1	0.1056
			年农业保费总额增长率 d_2	0.0424
	农业信息化服务 F	0.3052	已通邮的行政村比例 f_1	0.0752
			每百户农村家用电脑拥有量（台）f_2	0.1393
	农业机械化服务 G	0.1817	每百户农村家庭彩色电视拥有量（台）f_3	0.0907
			农机维修点数量（个）g_1	0.0861
	农业基础设施建设服务 N	0.1961	农业机械总动力 g_2	0.0956
			中央对农田水利基本建设投资额（亿元）n_1	0.0962
			有效灌溉面积 n_2	0.0999

注：农用产品商品批次合格率 2008～2013 年数据缺失，采用计算平均增长率的方式进行估算。

二、农业社会化服务发展水平测度分析

根据上述中国农业社会化服务水平的指标，通过运用一系列的方法，分析得出 2006～2018 年总体和单项农业社会化服务的发展水平和演变趋势（见表 14 – 4、图 14 – 1、图 14 – 2）。

1. 单项指标服务供给水平分析

第一，从各单项农业社会化服务水平来看，2006～2018 年各项指标的农业社会化服务水平都呈现出了不同程度的上升趋势，这说明中国的农业社会化服务也在逐步地发展，农业社会化服务体系在不断地完善。而且从图 14 – 1 中可以看到，每项指标的趋势线都是向上升的，只是趋势线的倾斜程度有所不同。

第二，综合分析各项指标的趋势线可以观察到：2006～2018 年农业社会化服务水平的增长幅度从高到低依次排列为：农业信息化服务、

表 14 - 4   2006 ~ 2018 年的农业社会化服务发展水平

指标	2006年	2007年	2008年	2009年	2010年	2011年	2012年	2013年	2014年	2015年	2016年	2017年	2018年
生产资料服务水平	0.0095	0.0298	0.0684	0.0233	0.0451	0.0742	0.0700	0.1219	0.1116	0.1163	0.1188	0.1224	0.1259
农业保险服务水平	0.0016	0.0488	0.0243	0.0258	0.0245	0.0227	0.0370	0.0535	0.0547	0.0639	0.0805	0.0901	0.1070
农业信息化服务水平	0.0526	0.0350	0.0620	0.1132	0.1430	0.1578	0.2212	0.2057	0.2396	0.2701	0.2723	0.3052	0.2830
农业机械化服务水平	0.0861	0.0866	0.0831	0.0990	0.1096	0.1238	0.1259	0.1146	0.1161	0.1189	0.0781	0.0729	0.0679
农业基础设施建设水平	0.0842	0.1023	0.1051	0.1112	0.1161	0.1231	0.1205	0.1190	0.1208	0.1294	0.1258	0.1196	0.0999
农业社会化服务综合发展水平	0.0500	0.0587	0.0698	0.0821	0.0976	0.1107	0.1313	0.1355	0.1449	0.1585	0.1539	0.1639	0.1554

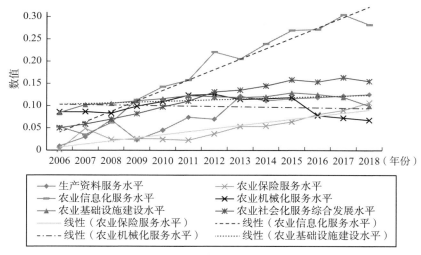

图 14 - 1　2006 ~ 2018 年各指标农业社会化服务水平

图 14 - 2　2006 ~ 2018 年农业社会化服务总体服务水平

农业生产资料服务、农业保险服务、农业基础设施服务、农业机械化服务。该现象表明：中国在 2006 ~ 2018 年对农业信息化服务、农业生产资料服务重视程度较高，并快速发展；而对其他三项农业服务重视度较低，尤其是在农业保险服务方面，并未有效地抵抗农业生产过程中的风险，在一定程度上阻碍了农业社会化服务的发展（韩苗苗等，2013），具体分析如下：

（1）通过对农业信息化服务供给水平分析，从图 14 – 1 中可以看出，农业信息化水平在 2006 ~ 2018 年间大幅上升，但并非一直上升，在 2012 ~ 2013 年、2017 ~ 2018 年间略有下降。从整体上来看，由于中国经济和社会的快速发展以及基础设施建设的实质性进展，使广播电视网、电信网、互联网实现了在大多数农村的全覆盖，使农民能够足不出户地获取相关的农业信息，使农业信息化服务水平不断提高。

（2）从农业生产资料服务供给角度分析，农业生产资料是重要的农业投入品，是实现农业现代化的重要物资保障和基础。农业生产资料服务供给水平在十年间变化幅度较大。在 2006 ~ 2018 年农业生产资料服务供给水平一直呈现波动上升趋势。这表明了当前中国在农业农用产品方面，生产技术水平有所提高且农用产品的质量监管力度加大，从而为促进农业商品的经济发展奠定基础。

（3）对农业保险服务供给水平进行分析，在图 14 – 1 中可以看出，农业保险服务供给水平在 2007 ~ 2009 年增长幅度较大，在 2006 ~ 2007年、2011 ~ 2013 年和 2014 ~ 2018 年其呈上升趋势，而在其他年份，其服务水平呈下降趋势，但整体是上升的，并实现了很大的发展。这说明中国近些年来在有关农业保险服务方面，一直在积极探索农业保险的创新模式和发展地方特色优势农业保险，大力推动了农业保险补贴在农村的全覆盖。

（4）对于农业基础设施服务供给水平而言，农业基础设施服务的趋势线比较平缓，即增长幅度微小。在 2006 ~ 2011 年，农业基础设施服务水平缓慢增长，2011 ~ 2015 年之间小幅波动，在 2015 年之后服务水平有所下降。这说明自 2006 年以来，中国为促进乡村的快速发展，政府高度重视农业基础设施服务的完善，但是效果甚微。

（5）在农业机械化服务发展情况方面，农业机械化服务水平的发展速度仅次于农业基础设施服务，其在 2006 ~ 2011 年服务水平上升的空间较小，在 2011 ~ 2015 年服务水平直线平稳波动，但始终在趋势线之上；在 2015 年以后开始缓慢下降。总体来说，在 2006 ~ 2018 年农业机械化服务水平是稍有下降的，这表明了中国广大农村的农业生产正在逐步实现机械化，但农业生产的机械服务效率有待提高。

2. 农业社会化服务综合发展水平分析

从农业社会化服务发展总体水平的变化趋势（见图 14 - 2）来看，2006～2018 年中国农业社会化服务总体呈现呈波动性上升趋势，增长速度较快。在 2006～2018 年，农业社会化服务总体水平从 0.0500 增长到 0.1554，2018 年相比 2006 年大约增长了 3 倍，年均增长率为 17%。这表明中国农业社会化服务效益日益显著，农业社会化服务发展已取得基本成绩，且朝着高水平高质量的方向发展。

三、农业社会化服务发展的耦合协调度分析

由表 14 - 5 和图 14 - 3 可以看出，2006～2018 年各项农业社会化服务子系统之间的耦合度和耦合协调度整体上呈现波动上升趋势。

表 14 - 5 　　　　　　　　2006～2018 年农业社会化服务发展状态

年份	耦合度	综合发展指数	耦合协调度	状态
2006	0.0960	0.0500	0.0726	极度失调
2007	0.1779	0.0587	0.1678	严重失调
2008	0.1802	0.0698	0.1945	严重失调
2009	0.1599	0.0821	0.1635	严重失调
2010	0.1655	0.0976	0.1878	严重失调
2011	0.1664	0.1107	0.2105	中度失调
2012	0.1692	0.1313	0.2106	中度失调
2013	0.1836	0.1355	0.2614	中度失调
2014	0.1796	0.1449	0.2473	中度失调
2015	0.1794	0.1585	0.2518	中度失调
2016	0.1786	0.1539	0.2387	中度失调
2017	0.1746	0.1639	0.2258	中度失调
2018	0.1769	0.1554	0.2328	中度失调

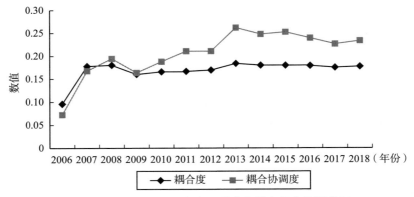

图 14 - 3　2006 ~ 2018 年农业社会化服务耦合协调分析

对于耦合度而言，2006 ~ 2018 年的耦合度在 0 和 0.2 的范围内，在时间维度上总体来说是上升的，尤其是 2006 ~ 2007 年，其耦合度呈现出较大幅度的上升，并在 2007 年接近顶峰。但随后又开始出现了衰落。从图 14 - 3 可以看出，2006 ~ 2018 年耦合度总体差异较大，从极度失调状态逐步过渡到了中度失调状态。这表明随着国家关于农业社会化服务方面的政策和体制逐步完善，各项农业社会化服务之间相互作用、彼此影响的程度逐渐加强，为此当国家为某种农业社会化服务引入相关政策和指导方针时，应纵观全局、统筹兼顾。

对于耦合协调度而言，从表 14 - 5 可以得知，2006 年处于极度失调状态，2007 ~ 2010 年农业社会化服务子系统之间的协调发展水平处于严重失调状态，在 2010 ~ 2018 年过渡到了中度失调状态。总的来说，2006 ~ 2018 年间耦合协调度指数由研究初期的 0.0726 增长到 2018 年的 0.2328，耦合协调度整体上呈现稳步上升的趋势，并在 2018 年处于中度失调的状态。这说明了各个子系统在不断进行自身发展的同时，也越来越重视与其他子系统之间的协同发展，且不断向协调发展。

四、农业社会化服务水平的制约度分析

1. 2006 ~ 2018 年农业社会化服务水平制约度

2006 年制约农业社会化服务的主要因素是农业信息化服务

（0.4671）和农业生产资料服务（0.1635），相比这两个指标，农业基础设施建设服务（0.1330）、农业保险服务（0.1312）和农业机械化服务（0.1052）对农业社会化服务系统的发展制约程度较小；经过十多年的发展，在2018年，农业机械化服务（0.3465）、农业基础设施服务（0.3162）成为制约农业社会化服务水平的关键因素，其次是农业生产资料服务（0.1224）、农业信息化服务（0.1135）、农业保险服务（0.1015）。具体数据如表14-6所示。

由此看来，经过十多年的发展，对农业社会化服务发展的制约因素已经发生了重大的变化。在2006年，农业信息化服务是主要制约因素，但在2018年主要制约因素成为农业机械化服务。因此，要提高中国农业社会化服务水平、构建完善的农业社会化服务体系，需要紧紧抓住当前的战略机遇期，对当前阻碍农业社会化服务发展水平提高的主要因素——农业信息化服务和农业机械化服务采取有针对性的策略，加大投资和建设力度，为降低其制约程度采取可行性的手段，为建设高水平高质量的农业社会化服务提供强大的内生动力（韩苗苗，2013）。

2. 各项指标历年制约度的变化趋势

图14-4和图14-5表明：在2006~2018年，农业生产资料服务、农业保险服务和农业信息化服务指标的制约度综合来看呈现下降趋势的，其余指标呈现不同程度的上升趋势。而且农业信息化服务的制约度波动幅度最大，其次是农业机械化服务、农业基础设施建设、农业生产资料服务，而对于农业保险服务制约度来说其波动较小。

（1）对于农业基础设施服务来说，其波动幅度较大。从2006年的0.1330到2018年的0.3162，制约度波动上升。这说明了2006~2018年农业基础设施服务在制约农业社会化服务体系的发展方面十分重要，严重阻碍了农业现代化进程。随着中国政府在农业基础设施方面重视程度的升高和投入力度的加大，降低了其对农业社会化服务体系的完善和发展的约束程度，但随着农业生产的数量和质量的不断增强，对基础设施的需求会逐渐上升，该项服务仍是制约农业发展的硬性指标。

表 14 - 6   农业社会化服务水平的制约度

因素	2006年	2007年	2008年	2009年	2010年	2011年	2012年	2013年	2014年	2015年	2016年	2017年	2018年
农业生产资料服务水平	0.1635	0.1506	0.1171	0.1853	0.1783	0.1536	0.2000	0.1002	0.1384	0.1578	0.1390	0.1542	0.1224
农业保险服务水平	0.1312	0.0938	0.1259	0.1359	0.1554	0.1775	0.1959	0.1756	0.1965	0.2198	0.1631	0.1671	0.1015
农业信息化服务水平	0.4671	0.5275	0.5108	0.4407	0.4214	0.4310	0.3062	0.3814	0.2852	0.1896	0.1645	0.0000	0.1135
农业机械化服务水平	0.1052	0.1105	0.1233	0.1130	0.1113	0.1007	0.1210	0.1530	0.1697	0.2016	0.3079	0.3859	0.3465
农业基础设施建设水平	0.1330	0.1176	0.1229	0.1251	0.1335	0.1371	0.1769	0.1898	0.2103	0.2313	0.2255	0.2928	0.3162

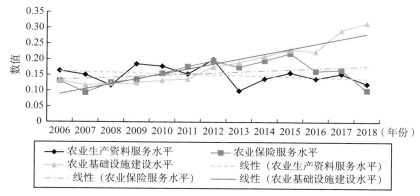

图 14 - 4　三项指标对农业社会化服务的制约度

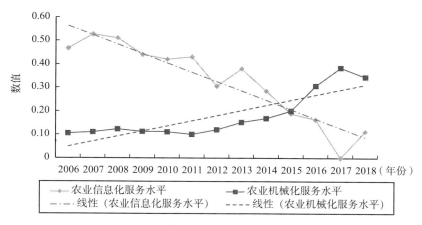

图 14 - 5　两项指标对农业社会化服务的制约度

（2）农业生产资料服务、农业保险服务和农业信息化服务对农业社会化服务发展的制约程度在研究阶段大幅下降。农业生产资料服务制约度下降了大约 25.15%，农业保险服务下降了大约 22.68%，农业信息化服务下降了大约 75.70%。这表明虽然农业保险服务、农业生产资料服务和农业信息化服务仍然是制约当今中国农业社会化服务发展的重要因素，然而在研究的十多年中，与农业机械化服务相比，农业保险服务、农业生产资料服务和农业信息化服务显著下降，这说明政府在十多年间积极探索有效的创新途径以降低其制约程度，当然事实证明取得了很好的效果。

（3）对于农业机械化服务来说，起初在 2006 年只是制约农业社会化服务的一般因素，但是在 2018 年已经成了关键的制约因素。农业机械化服务在 2006～2018 年上升幅度较大，上升了 229.25%。从图 14-5 可以看出，农业机械化服务的制约度变化趋势线接近于一条倾斜直线，这说明在 2006～2018 年农业机械化服务始终是制约中国农业社会化服务发展和农业社会化服务体系完善的重要因素。同样也表明了国家在农业机械化服务还没能有效地降低其对农业社会化服务综合发展的制约程度，使农业社会化服务体系的完善与农业现代化的发展缓慢。

第四节　提升农业社会化服务水平的对策建议

综上所述，本章通过建立各项能够衡量农业社会化服务水平的指标体系，并搜集十年的相关数据，利用熵值法、耦合系数模型和约束度量模型，来衡量农业社会化服务水平以及对构建完善的农业社会化服务体系的制约程度。研究结果表明：2006～2015 年中国农业社会化服务总体呈上升趋势，各子系统之间的互动和相互影响程度逐步加强，而且各子系统在不断进行自身发展的同时，也越来越注重与其他子系统之间的协调发展。此外，各项农业社会化服务对整个农业社会化服务体系的制约程度总体上呈现下降趋势。上述结果表明了中国在提高农业社会化服务水平方面不断探索有效的方法和策略，为真正实现乡村振兴和高质量高水平的农业社会化服务不断努力。

一、农业社会化服务主体视角的对策建议

当前中国应当建立政府与市场化合作组织相互协调的且为农民提供

有针对性服务的农业社会化服务体系。首先，政府在提供农业社会化服务时居于主导地位，是公益性和半公益性社会化服务的提供者。而各种以农业市场为导向的合作组织是政府指导下的追随者，是商业性社会化服务的支柱，是连接农民和市场、农民和政府的媒介。结合当前农业社会化服务的发展状况，向政府和农业社会化服务组织提出以下建议：对于政府而言，政府既要尊重市场规律，鼓励服务方式和服务渠道的创新，又要加强市场监管，规范农资市场，切实保护农民利益（卢冰冰等，2017）。在加强公益性服务的过程中，创新提供公共服务的方式，放宽准入范围、降低准入条件。通过财政和税收等方法将财政资金引入农业社会化服务（宋洪远，2010），以支持和引导多种服务主体的发展，充分发挥龙头企业和农民专业合作社等组织的服务功能（卢冰冰等，2017）。而对于农业市场化组织而言，各市场化组织应当树立正确的服务意识，以最好地满足农民的需求为前提，且龙头企业应自觉带动农户共同发展，并且自觉为农户提供有关信贷资金的担保；此外应发展多种形式的农业社会化服务组织，因地制宜提供各种特色的农业社会化服务，从而增加农业社会化服务的活力。

二、关于各种农业社会化服务的建议

1. 农业基础设施服务

中共中央曾多次强调：把深度贫困地区和贫困人口相对较多的村作为脱贫攻坚的重中之重，并重点加强农村基础设施建设和完善基本社会服务。这表明农业基础设施服务日益受到政府的重视。而且根据上述研究可知，其对于农业社会化服务的发展制约程度较小。因此，首先应加大资金投入、促进资金下乡，以降低资金不足对于农村基础建设进程的制约程度；还应当建立完善的农村基础设施投资机制，并采取有效的鼓励措施规划引导社会资金的投入。此外，应健全监督和管理机制，明确相关部门的职责以及考核监督机制，避免农村基础设施建设过程中出现"缺位"与"错位"。

2. 农业机械化服务

提高农业机械化服务水平既是转变农业生产方式的迫切要求，也为农机产业的振兴提供了重要的战略机遇。[①] 当前，中国农业机械化服务水平在十年间增长幅度很大，但是对于农业社会化服务体系的完善制约程度很高，因此可以采取以下方法：继续大力实施相关的农业机械化补贴政策和财政支持力度，并根据农业发展机遇有针对地对农业机械化服务提出新要求，不断进行科技创新，使农业机械更先进、更经济、更节能，更好地提高农业生产率。

3. 农业信息化服务

农业信息化服务是制约农业社会化服务体系的关键因素，高水平的农业信息化服务能够使农民及时了解农业的相关信息、做出科学化的农业决策、促进农业产业的结构调整和增加农民收入。但是，当前政府对农业信息化服务建设的扶持力度不够，建设资金存在较大的缺口、发展规划不合理、服务能力较差等（吴芳，2018），导致当前农业信息化服务水平不是很高。为此，应加快完善"互联网＋现代农业"信息服务体系，探索全面高效的农业信息化服务，整合资源、加大对农业信息化服务建设的资金支持和投入，更好地建设农业信息基础设施（如实现农村地区互联网、广播、电信服务的全覆盖，加强农业信息发布网站等的建设与维护），同时建立和完善农业信息的收集和发布制度，为农业信息服务提供制度保障。

4. 农业保险服务

农业保险服务是农业生产的"安全网"和"稳定剂"，在促进农村经济的发展中起着不可替代的作用。但是从上述研究可以发现，在十年间农业保险服务有所发展，但是相比其他农业社会化服务其服务水平依然很低。学者何青华（2014）指出当前中国农业保险的发展长期滞后于农业生产实际的需要，而且现行的农业保险已经不能有效满足新的保

---

① 《中共中央国务院关于切实加强农业基础建设进一步促进农业发展农民增收的若干意见》，http://www.gov.cn/jrzg/2008 - 01/30/content_875066.htm。

险需求。因此，针对农业保险服务水平较低的现状，农业保险的服务主体可以采取下列措施：探索农业保险的创新机制，发展具有特色的农业保险服务模式，吸引农民参加农业保险；而对于有关农业保险的赔偿服务工作，应当提高赔付效率，做到及时到位，并扩大农业保险的服务范围，尤其是为农民发展特色产业拓展保险服务领域，从而更好地发展和保障特色农业。

5. 农业生产资料服务

农业生产资料是进行农业生产的重要物质要素，是提高农业产出效率和发展水平的重要手段和基础。农业生产资料服务是农业社会化服务体系的核心组成部分，是现代农业生产的"入口"，因此，农业社会化服务的发展，首先应建立完善的农业生产资料服务体系，把好入门关（王红阳等，2012）。但是当前农业生产资料服务还存在着一些问题，如生产资料的商品质量较差、相关部门监管不到位、市场经营混乱等，因此应加强农业生产资料的技术创新，以提高农业生产资料的质量水平和生产效率；同时有关政府部门要加强市场监控，农资行业自身树立自律意识；此外构建顺畅的农资产品流通网络，提升农资流通服务水平，从而更好地完善农业生产资料服务，为农民提供新型环保的农资产品。综上所述，为实现以科技化、信息化和机械化为主的现代化农业，应当在紧紧抓住当前的战略机遇期的基础上，大力加强对各项农业服务的扶持力度，制定相关政策、完善制度框架，实现农业社会化服务向高水平高质量的方向发展，促进农业社会化服务体系的建设与完善。

第十五章

农地适度规模经营的模式与路径

　　近年来，我国从政策层面逐步推动农地适度规模经营。2014年中央一号文件提出"鼓励有条件的农户流转承包农地的经营权"，2015年中央一号文件提出"抓紧抓实农地承包经营权确权登记办证工作"，2016年中央一号文件提出"发挥多种形式农业适度规模经营引领作用"，2018年中央一号文件，提出"稳定农村农地承包关系并长久不变"等政策，并指出应做好农地承包经营权确权登记工作，完善农村承包农地的"三权分置"制度，给农村提供金融机构融资担保，推进农业产业化入股经营，以及发展多种形式的适度规模经营，来促进我国的农村农地适度规模经营的实现。

　　随着我国经济的不断深入发展，农村传统的、落后的小规模农地经营模式与我国现有的经济增速和发展水平之间极不协调，阻碍了我国农业的优化发展和结构的升级与突破，制约着我国农村经济基础的壮大和第二、第三产业的协调发展，使我国农村居民在生活、教育、医疗水平等各方面与城镇之间存在日益明显的差距，甚至产生不可调和的矛盾与分歧。因此，应加强农地适度规模经营，促进我国农业的升级与转型，加快农业的现代化建设，促进我国产业结构的优化升级，加快城乡融合发展，促进各种经济要素自由流动，拉动农村潜在需求，探寻经济增长的新动力。对此，本章将对当前我国农地适度规模经营的现状问题及影响因素进行分析，并据此提出农地适度规模经营的实现路径与模式。

第一节 文献述评

关于农地经营的适度规模，杨雍哲（1995）从沿海发达地区粮食规模经营方面多年的实践试验来看，认为规模经营是解决粮食问题的重要途径。许连君（2010）认为农地适度规模经营可以提高农地利用效率。齐城（2008）通过建立实证模型进行分析，证实了以劳动生产率为评价标准，认为最适度的农地经营规模是存在的，即规模经济存在。与此同时，部分学者从农业生产经营绩效或农业生产要素配置效率的角度进行实证研究后发现，农地规模化经营有助于提高农业生产效益，有助于提高各种要素的配置效率，或促进全要素生产率的提高（苏旭霞、王秀清，2002；钱贵霞、李宁辉，2005；胡初枝、黄贤金，2007；刘玉铭、刘伟，2007）。虽然我国农业无法实现西方国家那样的大规模经营，但是，过小的规模（农地细碎化）却长期使农业生产效率、人均劳动力产粮水平和农产品商品率始终在低层次徘徊，经营规模的扩大与农地产出率提高可以并行不悖（农业部改革试验区办公室，1994；张光辉，1996；孙自铎，2001）。总之，农地适度规模经营有助于提高农地资源使用效率，推动经济发展。

关于适度规模经营的实现路径研究，赵鲲等（2016）、王洪江等（1999）认为，目前实行适度规模经营应改革农地使用权制度，赋予农民不可侵犯的农地承包经营权，按照"三权分置"的原则完善农地流转制度。陈明、陈泽萍（2012）认为须对家庭联产承包责任制进行改革，借鉴发展城市的以农地承包权入股为主要形式的体制创新。曹东勃（2014）认为，政府应提高现代管理和宏观统筹水平，完善对农业的财政扶持体系，使农户不超出其经营能力的同时，降低其最佳经营规模，制定所有权、承包权和经营权三权制衡的方案。王洪江等（1999）指出改革小城镇户籍制度，引导农民进入小城镇，建立社会保障制度，为农民离土创造条件，建立农业保护制度，维护农业正常收益。魏晓莎

（2015）认为制定保护农户承包权和农地使用者权益并与农业生产规模相匹配的金融政策。另一部分学者则认为，农地适度规模经营和农业现代化的实现，离不开政府做引导，但市场机制的建设才是关键。蒋和平、蒋辉（2013）认为，政府引导是实现农业适度规模经营的基础，市场机制是关键，应避免制订计划和行政命令，政府不应要求企业放弃利益而去代自己履行职能。熊鹰等（2016）认为，通过"组织化经营、专业化分工、市场化担保"积极推进粮食生产适度规模经营。通过面向国内和国际两个市场，依靠科技的力量，发展精品农业，大力发展非农产业，促进农业剩余劳动力离农经营，彻底放开农地使用权市场，鼓励农地使用上的活跃流动，提高农民的生产经营素质及技术水平，提高社会服务水平，促进生产经营的社会化（石成林，1998），进而促进农地适度规模发展，实现农业现代化。综上所述，农地适度规模经营实现路径有：一是进行体制创新，完善农地流转、家庭联产承包责任、城镇户籍、社会保障以及资金融通等制度；二是加强政府引导和优惠政策扶持力度；三是完善市场机制，发展精品农业和非农产业，促进农村劳动力转移；四是活跃农地使用权市场，加快农地流转，提高社会服务水平。

当前关于农地规模经营的"适度性"如何度量、如何实现问题以及为什么要实现等相关研究还不够完善，笔者从不同的角度阐述实现适度规模经营的必要性，同时从劳动力转移状况和农地流转效率这两方面来补充适度规模经营的实现路径，再针对政府政策制定方面提出相应建议。

第二节 农地适度规模经营的理论分析

农地适度规模经营是指在既定的社会、经济和技术条件下，通过适当扩大生产经营规模，促进产前、产中、产后各环节的农地、劳动力、资金、技术、生产设备等生产要素的合理配置，在此基础上形成一定具有综合效益的农地生产经营的组织形式，并能够发挥各种生产要素的协同效应，以提高生产经营效率和生产要素利用率，从而使农地经营产能在社会总效益层面达到最值。在实践中这里的最值是相对而不是绝对的，因为在实践中农地经营将受到众多人们未知的或不可控因素的影响，无法使"适度"经营产生的社会总效益达到理论上的最值。

进一步来说，从规模报酬角度来看，一般在生产规模较小时扩大规模，产量增加的比例要大于投入要素增加的比例，产生规模报酬递增的现象；规模达到一定水平后若继续扩大，产量会同比例增加，产生规模报酬不变的现象；但如果规模足够大时再继续扩大，产量增加的比例会小于投入要素增加的比例，导致规模报酬递减（钱克明、彭廷军，2014）。具体到农地问题上，其规模经营所产生的报酬的变化如图 15 – 1、图 15 – 2 所示。图 15 – 1 表示单个经营主体不同经营规模下的经营收益，图 15 – 2 表示单个经营主体不同经营规模下的经营成本。

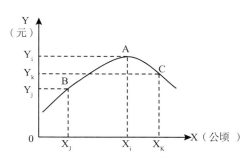

图 15 – 1　农地规模经营收益分析

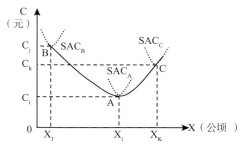

图 15 – 2　农地规模经营成本分析

在图 15 - 1、图 15 - 2 中，假设技术生产水平等所有外生变量既定，我国的农地规模既定，则有：

$$\sum_{j=1}^{N_j} X_j = \sum_{i=1}^{N_i} X_i = \sum_{k=1}^{N_k} X_k = S \qquad (15.1)$$

其中，X 表示农地的经营规模，Y 为经营收益，C 为经营成本，E 为社会经营效益 j、i、k 分别表示三种不同经营规模的农地经营个体，即分别是较小规模（X_j）、适度规模（X_i）、较大规模（X_k），由于 $X_j < X_i < X_k$，所以 $N_j > N_i > N_k$，同时，

$$C_1 = \sum_{j=1}^{N_j} C_j，C_2 = \sum_{i=1}^{N_i} C_i，C_3 = \sum_{k=1}^{N_k} C_k \qquad (15.2)$$

其中，C_j、C_i、C_k 分别代表三种情况下的经营成本，分别是三种情况下总的社会经营成本，

$$Y_1 = \sum_{j=1}^{N_j} Y_j < Y_2 = \sum_{k=1}^{N_k} Y_k < Y_3 = \sum_{i=1}^{N_i} Y_i \qquad (15.3)$$

Y_j、Y_i、Y_k 分别代表单个经营主体的经营收益，再有，

$$E_1 = \sum_{j=1}^{N_j} E_j < E_3 = \sum_{k=1}^{N_k} E_k < E_2 = \sum_{i=1}^{N_i} E_i \qquad (15.4)$$

其中，E_k 代表其带来的社会经营效益，E_1、E_2、E_3 分别代表以上三种情况总的社会经营效益。

就单个农地经营主体而言，一定条件下的农地规模效益是由于农地经营规模的扩大致使单位农产品的成本大大降低和单位面积农产品的产量大幅提高而形成的。农地规模效益存在于从较小的农地经营规模与当时的物质技术水平不相适应向逐步扩大农地经营规模使其与当时的物质技术水平渐渐适应的运动过程之中，并在这一运动过程中达到适应状态时的最大值（黄延廷，2011）。同时，根据市场经济的一般规律，生产规模与经济效益直接相联系，规模适度，就会以较少的投入换取较大的产出；规模不适度，就会以较大的投入换取较少的产出（陈明、陈泽萍，2012）。在生产经营初始阶段，随着经营主体经营规模的扩大，经济效益随之提高，这一阶段农地经营存在规模经济，如图 15 - 1 所示，BA 段经营过程，随着经营者投入增加，其产量将数倍于其要素投入量

的方式增加，直到 B 经营时点，此倍数达到最大值。而当经营主体继续扩大经营规模，经济效益将会有所下降，产生规模不经济，如图中 AC 段经营过程，即此时投入与 B 点相同要素量所带来的农产增量将远小于 B 经营时点。

然而，我国耕地面积总量既定，分析适度规模经营不能仅就单个经营主体考虑实现单位经营成本最小，还需从社会整体层面来考虑社会经营成本的最小化。一方面，当农地经营规模较小时，其所拥有的资本、技术、劳动力素质及水平等资源要素并不能被充分利用和实现，导致经营者的前期投入相对较多，使相对其现有的产出水平来看，经营成本较大，机会成本较高，给经营者带来的经济效益相应较低，存在规模不经济。如图 15 - 2 所示，对于较小经营规模的经营主体 X_j 来说，其经营成本由 C_j 表示，对应的社会效益（E_j）较低。以此类推，假设所有经营主体都处于这样一种经营状况，同时由于经营规模较小，导致我国既定耕种规模的农地将会分配给更多的（N_j）经营主体，如图 15 - 3 所示。如图 15 - 4 所示，当经营主体数量多时，会有更多的初始投资成本投入到我国既定规模的农地经营中，社会基础性经营投入过多，造成重复性投资，在一定程度上，引发社会各种资源浪费问题，使社会经营成本（C_l）高昂，带来较低的社会效益（E_l）。而当经营主体通过农地经营权流转方式扩大经营规模时，这种现象才可能得到改善。随着经营规模的扩大，农地经营主体达到能够实现对前期投入资源的充分利用的某一适度规模 X_i，那么对单个经营主体而言会产生单位经营成本最小化，同时由于经营主体经营规模的扩大，在全国耕地面积基本不变的情况下，农地经营主体的数量会大大减少，从而减少农地经营资源的初始投入，减少重复性投资。但由于农地经营扩大规模时受到地域、经营模式、经营作物多样性、农地地质差异等因素，以及规模报酬递减规律的存在使扩大经营规模的成本将随着经营规模的扩大呈现递增状态。如图 15 - 4 所示，假设在达到适度规模经营时，这种由于扩大经营规模带来的成本增加与经营规模相对较小造成的社会经营主体数量增加产生的社会初始投资成本的增加恰好相互抵消，那么当实现适度规模经营时，如图 15 - 5 所示，单个经营主体的经营成本为 f，经营收益为最大值 a，社会总经营成本将降到最小值（C_2），实现农地经营社会效益最大化为（E_1），如图 15 - 6 所示由矩形面积 oafhNi 表示。

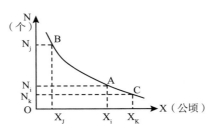

图 15 - 3   规模经营主体数量分析

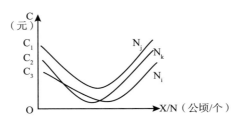

图 15 - 4   不同规模经营下社会总成本分析

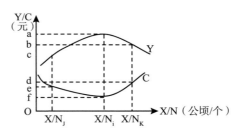

图 15 - 5   不同规模经营下成本收益分析

另一方面，农地规模经营的发展进程与当前我国农村的实际状况两者在发展水平上具有一致性和同步性，应确保其两者相互协调、相互适应。如图 15 - 5 所示，当全国农地经营主体普遍进行超出其自身经营能力或与其现有经营条件不相协调的较大规模（X_k）经营时，即社会平均经营规模为 X/N_k 时，由于资本、技术、劳动力水平、机械等各种经济要素投入不足、经营条件缺乏、经营协调困难、农地经营出现粗放等经营问题，造成农地产能浪费，生产效率大大下降。如图 15-5 所示，单个经营主体经营收益为 b，经营成本为 d，这时经营规模扩大带来的产出增加高于即使生产技术等经营条件不足造成过低生产效率下的产出，即经营主体经济效益可能仍在增加，但经营主体较大经营规模产生的低质量、粗放经营，降低了我国农地经营的社会总产量，使社会效益（E_3）降低，如图 15-6 所示，单个经营主体产生的社会经营效益为 bd，此时社会总经营效益由矩形面积 $ObdiN_k$ 表示。

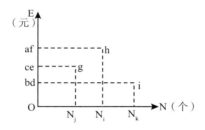

图 15-6　不同规模经营下社会总效益分析

由上可知，生产经营达到一定规模后会出现和形成规模效益，并在一定范围内伴随着经营规模的持续扩大而呈现规模效益递增。很显然，适度规模理论要求现代产业发展首先形成一定规模，规模效益才会显现并有可能达到最优水平；同时也昭示，现代产业发展并不是规模越大经济效益就一定越好，关键在于规模适度问题（朱强，2016）。进一步来说，农户追求的是总收入的增加，即使到了规模报酬递减阶段，在耕地边际回报降到零之前，仍有扩大种植规模的动机。而一些地方为了树典型、展形象，也利用行政力量培育扶持千亩乃至万亩种粮大户。这导致目前全国农地经营规模超小户和超大户并存，并开始出现农地经营规模两极分化的苗头（钱克明、黄廷军，2014）。

因此，在农地规模经营上，既要加强农地制度方面的建设，加快实现农地的规模经营，避免小规模经营造成各种耕地经营资源的浪费问题，考虑劳动生产率和农地产出率的平衡以及效率与公平的平衡，又应结合我国当前农地建设实际状况以及经营主体的经营能力，减少较大规模经营造成的农地资源浪费，防止农地过度集中，积极发展适度规模经营。

此外，由于农地适度经营规模的确定受到多种因素的影响，必须针对各经营主体对农地经营过程中资本、技术、劳动力素质及水平等资源要素的投入及拥有的各种自然、经营条件和能力，因地制宜选择适度规模进行经营。例如，对西北地区采用劳均下限分析法和直观评价法确定农地适度经营规模的适度值（前者计算结果是北塬地区农地经营适度规模外部可能规模为 0.25 公顷，后者结果为北塬地区农地经营均适度规模为 0.25 公顷，家庭适度规模为 0.66 公顷），可以为西北落后地区根据当地实际情况调整和确定不同时期农地规模经营的适度值提供有价值的参考和借鉴（赵亚南等，2014）。

第三节　我国农地规模经营的描述性分析

一、农地承包经营权流转市场发展较快，但农地承包经营主体中农户占主体地位

2009～2016 年，我国承包耕地流转总面积从 1.5 亿亩增加到 4.79 亿亩，增长了 2.19 倍。尽管农村农地承包经营权流转近年来不断加快，规模经营方式发展也呈现多元化趋势，但农地承包经营主体中农户始终占主体地位。根据全国农村经营管理统计数据显示，截至 2015 年 6 月底，全国仍有 2/3 的农地未发生流转，即由原承包农户自己经营，在发生流转的承包农地中，流入农户的比例约为 58%。两者相加，由承包农户经营的承包农地比例就达到 87%。例如在第二、第

三产业不够发达的山西、新疆、海南等地区，这一比例甚至超过 95%（赵鲲、刘磊，2016）。

二、规模经营主体发展迅速，但其农地集中型规模经营面积占比较低

在农地经营权流转过程中，规模经营主体发展较快，不断呈现多元化，但其形成的农地集中型规模经营面积占比较低。截至 2015 年底，全国经营承包耕地面积在 50 亩以上的农户由 274 万户增加到 341 万户，经营耕地面积约 3.5 亿亩，占全部耕地总面积的 26.4%。在第二、第三产业较发达的上海，这一比例为 31%，可以看出发达的第二、第三产业，对传统农业起到一定的带动作用。另外，根据智研咨询发布的《2018～2024年中国土地流转行业运营态势及发展趋势研究报告》中农地流转去向来看，流入农户的面积最大、增速较快的是合作社，其中流入企业的农地面积增长较慢，长期以来保持在 10% 左右的比例。[1] 2016 年，全国 30 个省、区、市（不含西藏），经营规模 50 亩以上的农户数持续增加，达到 376.2万户，增加 19.6 万户，增长 5.5%，占总农户数的 1.4%。其中，经营规模 50～100 亩、100～200 亩、200 亩以上的农户数分别为 252 万户、88 万户、37 万户，占 50 亩以上农户数的 67%、23.3%、9.7%。[2] 同时，作为农地经营的主要经营主体农户，根据我国农业农村部有关调查数据，其数量由 2015 的 2.31 亿户降到 2016 年的 2.28 亿户。

三、家庭承包农地流转市场活跃度下降，发展进入瓶颈期

近年来，我国家庭承包农地流转市场活跃度有所下降。根据农村经

---

[1] 《2017 年中国家庭土地流转面积、家庭承包耕地流转去向分析》，http：//www.chyxx. com/industry/201711/579455. html。

[2] 《2016 年农村家庭承包耕地流转及纠纷调处情况是怎样的?》，http：//guoqing. china. com. cn/zhuanti/2018－03/23/content_50740558. htm。

营管理情况统计数据汇总，全国家庭承包耕地流转增速在 2014～2016 年出现回落，增速同比分别下降 4.2、7.5、3.5 个百分点。可以看出，我国农地流转市场发展已进入瓶颈期。

四、农村劳动力的非农化率较高，造成粗放经营浪费农地产能

我国广大中西部地区，农村剩余劳动力的非农化率低以及非农就业的非连续性、农村社会保障的缺乏、成为市民的壁垒高等因素导致农村劳动力收入不稳定、水平低，没有保障。农民为了增加收入，将不得不从事农外经营，农户对农地采用兼业经营的形式，导致农民对农地的依赖减轻，于是将农业作为副业粗放经营，甚至撂荒，浪费了宝贵的农地资源，从而引起农业总产出的下降，导致粮食供求关系的紧张，威胁社会稳定（冯先宁，2004）。

第四节　农地适度规模经营实现路径分析

农地规模经营的发展速度和进程间接受众多因素的影响和制约，包括劳动力转移状况、农地流转效率、社会化服务体系，其中劳动力转移与提高农地流转效率是两个主要因素，两者可以有效降低农地经营成本，最大化农地收益。

一、农村劳动力转移与农地适度规模经营路径

城镇化的推进和非农产业的发展与农业劳动力的转移之间存在互动关系，如果不考虑农业劳动力转移的可能性，单纯根据所谓"合理的农地经营规模"来制定农地经营规模政策，可能会带来严重的社会问题（林万龙，2017）。当前我国农村剩余劳动力就业非农化转移缓

慢。据《中国农村统计年鉴 2020》统计：2019 年我国人口总量为
140005 万人，其中农村人口达到 55162 万人，占总人口比重 39.4%，
农村就业人员数为 33224 万人，占农村人口总数的 60.23%。然而根
据 2010~2020 年的《中国农村统计年鉴》测算得出：十年间农村就
业人口占农村总人口比重的年平均增长率为 -0.23%，农村劳动力的
就业形势十分严峻。

农村劳动力可分为两种情况：一种是农村剩余劳动力的转移，另
一种是农村潜在劳动力的转移。前者是指农村劳动力中既没有从事农
业生产也没有从事其他生产或服务活动的劳动力，后者是指有足够的
能力或者具备某种技术的人员没有从事非农产业的工作，而是选择从
事农地经营的那部分劳动力，即被占用的劳动力。通过促进这两种劳
动力的转移，可以实现农村劳动力的非农化。主要方式有两种，一种
是促进农村劳动力人口到城镇从事其他产业的工作，即空间上和形式
上同时发生转移。另一种是通过推动农村的城镇化建设，加快农村的
第二、第三产业建设，实现农村劳动力就业的非农化，仅改变工作性
质，即形式上的转移。通过促进农村劳动力的转移，实现农地工人的
多元化就业，使农村劳动人口收入水平大幅度提高，使其经济来源不
再依赖农地的生产与经营，进一步加快农地的流转，促进农地经营规
模的扩大。

基于农村劳动力转移的农地适度规模经营路径包括：第一，优化农
村产业结构。加快第一产业发展的同时，大力发展第三产业。由于第三
产业进入门槛低，对工人技术、素质等的要求比其他产业要求低，同时
第三产业的涉及范围较广，一旦发展起来对工人需求量大，可以吸收较
多的农村劳动力。但第三产业的发展壮大需要其他基础产业发挥必要的
带动作用，基于农村薄弱的基础设施建设和不发达的经济产业链的现
状，这就需要政府发挥其财政扶持，加快我国农村的基础设施和基础产
业链条的建设，加强水利、铁路、公路、水运、移动互联网、物流等基
础设施建设，为第三产业的经营和壮大提供有利条件。第二，提升农村
劳动力非农就业竞争力。加大农村教育建设，健全农村的公共就业服务

体系，针对要转移到城镇或非农产业农村劳动力，根据其行业的特点和职业要求大规模开展免费职业培训，全面提升农村劳动力的素质和非农产业就业的竞争力。2018 年中央一号文件指出，要健全覆盖城乡的公共就业服务体系，大规模开展职业技能培训，促进农民工多渠道转移就业，提高就业质量。第三，加强政府引导，促进经济要素向农村流入。长期以来，乡村各种资源如人口、资金等要素一直输血给城镇，造成两者发展差距迥异，乡村"失血"严重，"三农"问题亟待解决。相反，现在需要城市向农村进行"输血"，但是这一过程并不存在自发性，国家应制定有关政策来促进城乡之间资源的合理配置，加快城市向农村的人才、技术、项目等资源流入。应建立待遇优厚的人才招募机制，吸引具有创造性发展项目的研发人员以及经验丰富的专业技术人员到农村，并给予一定额度的创业基金进行扶持，引领农村劳动力进行创业。2018 年中央一号文件指出，应加强扶持引导服务，实施乡村就业创业促进行动，大力发展文化、科技、旅游、生态等乡村特色产业，振兴传统工艺。同时，拓宽农民增收渠道，增加低收入者收入，扩大农村中等收入群体，保持农村居民收入增速快于城镇居民。第四，健全农村社会保障体系。实现农村劳动力的有效转移，需要从根本上给农村劳动力以政策上的支持与保障，通过加强社会保障体系的建设，为进行产业转移的农村劳动力提供额外的社会保障金或补助金，为农村劳动力的转移提供保障。施行有效的国家政策将会影响和制约人口转移的方向。鼓励企业主动吸纳社会劳动力，要积极稳妥推进城镇化，着力提高城镇化质量、推进社会保障体系。

二、农地流转效率与农地适度规模经营路径

农地的流转是为提高农地利用率和产值服务的，不能一味地追求农地流转规模的扩大和速度的提高。一旦发生农地流转，流转农地的使用效率将主要被流转合约的特征决定。当农地流转合约期限较短时，由于耕种受到气候、季节以及转入户对土质及农地不同农作物耕种收获情

况、缺乏经验等众多因素的影响，短期内转入农地的经营收入不能得到一定保障，以及转入费等较高成本的存在，使较短时间的流转并不能保证流转农地较高效率的使用，从而延误农地最适耕种作物的最佳耕种时机，浪费农地的产能和效力，从而大大降低了流转农地的利用效率。目前，随着农地流转规模和数量的逐年提高，流转农地的高效利用也就变得更加迫切。因此，在鼓励流转、推动流转的同时，更应规范流转，想方设法提升流转农地的产权特质，创造能产生优质流转合同的政策环境，提升流转农地的使用效率。

基于农地流转效率的农地适度规模经营路径包括：第一，完善我国的农村基本经营制度。根据 2018 年中央一号文件有关内容指出，落实农村农地承包关系稳定并长久不变政策，衔接落实好第二轮农地承包到期后再延长 30 年的政策，让农民吃上长效"定心丸"。完善农村"三权分置"制度，依法保护集体农地所有权和农户承包权，平等保护农地经营权。农村承包农地经营权可以依法向金融机构融资担保、入股从事农业产业化经营。第二，加强农地流转管理与服务。一方面，要加强对农地转出方的管理，转出方在自发转出时，要向政府的农业有关部门提前报备，相应部门应根据相应的政策或规定对其作出规范和引导，然后进行登记和存档。另一方面，要加强对农地受让方的审核，包括受让方业主的法人资格、注册地址、资金实力、信誉程度、经营能力、技术水平、履约能力以及该项目是否符合国家的法律法规、产业政策、发展规划的要求、项目的预期效益及经营风险等（李光跃等，2014）。第三，加强对农地流转经营风险的防范与控制。农地在流转过程中存在诸多风险，流转经营风险相对较大，承租大户既要承担租地费，要投入经营成本，还要应对市场风险、自然风险，压力较大。一方面，非流转农地的生产经营就已经存在，如农产品价格下滑，自然灾害的发生等风险；另一方面，流转农地的流转期限较短，以及承租户缺乏对转入地的地质及适耕作物情况的了解。一旦承租户经营管理不善，前期投入的肥料、种子、地膜、农药费用将血本无归，亏损巨大。由于流转农地的较大的经营风险，农户收益将得不到保障，从而降低农户对农地流转的意愿。第四，加强对我国农地产能维护，避免过度开发利用，实现农地可持续性健康发展。一方面，应做有关调查和预测。政府选派农地地质研究专业人员，并成立农地研究小组，对我国不同农村地区作物适耕性等情况进行考察研究，并以市场为中心，因地制宜，遵循自然规律，合理配置资源，尤其应避免强制农户种植某种作物，由此带来的严重不良后果。依据调查结果对农地经营主体给出相应建议和专业性指导，并以报告形式提交农业经营管理部门进行整理存档。另一方面，各村应以村为单位，对每个经营主体的经营情况，如农地规模、总产量、单位产量以及具体的经营耕种状况定期进行统计，形成反馈，上交给农业经营部门进行整理存档，便于研究人员对农地经营进行研究，进一步提升我国农地的整体生产效率。

第五节　农地适度规模经营的模式选择

基于我国农村人多地少、农民留恋农地的情结以及农地所赋予的生活保障功能等一些因素，实现农地规模经营将是一个漫长的过程。农业劳动力向非农产业转移，在实践中必然表现出渐进性、阶段性，而承包农户在脱农的不同阶段，对转移多少农地经营权就会有不同的选择。如果承包农户脱农不充分、而新型经营主体也不愿全面承担经营风险，双方就倾向于选择松散服务型或紧密合作型的规模经营形式，通过共享农地经营权、共担经营风险来实现规模化经营。如果承包农户已基本脱农，而新型经营主体又已具备较强资金、技术实力及风险承担能力，双方就会倾向于将农地经营权长期流转，实现农地集中型规模经营（赵鲲、刘磊，2016）。这是选择农地适度规模经营模式的基本前提和逻辑起点。

为保证农地流转模式选择的合理性与科学性，在宏观政策设计上，既要防止如同日本那样陷入"小规模、兼业化的陷阱"；更要防止如同巴西那样误入农地过分集中、大量失地农民涌入城市、造成社会动荡、发展停滞的"中等收入陷阱"。各地要根据实际情况，积极引导耕地向种田能手集中、生产向主产区集中、企业向园区集中；大力发展专业大户、联户经营、合作经营、股份经营、集体经营、龙头企业经营以及产加销一条龙、贸工农一体化的产业化经营，探索发展多种形式的规模化经营（蒋和平、蒋辉，2013）。

具体来说，农地适度规模经营模式具有多样性，对于不同的地域、经营时期、资源禀赋、经营方式，其最佳经营模式也不同。主要有以下几种：有龙头企业带动型、政府扶持型、主导产业带动型以及专业合作组织带动型等几种典型的农业适度规模经营实现方式。第一种是龙头企业带动型。通过在龙头企业与农户之间建立经济利益联结纽带形成利益共同体，以最大化农地经营效益、最小化经营成本为共同目标，由企业提供先进经营生产技术、优良种植品种等生产资料，同时解决有关资金问题，这种模式相较于单一的农户经营模式更具优势。第二种是政府扶持型。强调政府加大对各规模经营主体的扶持力度，如在资金借贷上给予补贴等优惠政策，解决规模经营主体在规模经营初、中、后期的融资难问题。第三种是主导产业带动型。注重因地制宜，充分发挥当地特色优势，在保证与当地农业生产力发展水平相适应的前提下，提高发展潜能，形成农业产业化发展链条，加快农地经营权集中流转，打造规模化种植生产基地，实现规模经营。第四种是专业合作组织带动型。要求农户之间具有较高的组织性，打破各自经营的局限，主张"合力"经营，把从事同种农产品经营的农户聚集起来，统一进行专业的指导和培训，有利于农业技术最新研究成果的推广和应用，提高科研成果向经营产能的转化效率，加快培养科技型农民劳动力。

农地适度规模经营模式将会随着经济社会的发展不断充实和丰富，各种组织形式将日趋完善和灵活。农地适度规模经营是一个不断完善的动态发展过程，适度规模经营的实现不能完全地照搬其他已经发展成熟的规模经营模式，应当探索创新适合经营主体自身能力素质、农地地质、环境气候条件以及经济社会发展状况的经营模式，实现科学合理的规模经营。

第六节 推动农地适度规模经营的政策建议

一、发展新型经营模式，构建新型农地规模经营产业链

尝试发展新型农地经营模式。因地制宜，发展家庭农场、农资企业、农民合作社、股份合作农场等新型农地经营模式；与时俱进，顺应当前农地规模经营需求，发展多种经营模式组合发展。首先，建立"银行或金融机构＋农资企业＋农户"共同经营、共担风险的利益联结模式。在经营初期，政府给予政策支持，协调银行和其他金融机构为农资企业提供贷款，为农地经营提供资金支持，对于农地经营权未实现流转的，由企业引进新型农地生产经营技术，为农户提供技术指导、耕种服务、生产资料和机械工具使用权，提高农户经营者的经营能力和劳动素质。在资金较充裕阶段，企业可以进行试验区培养种植，逐步探索最佳适耕农种。同时，企业应不断扩大农地经营合作范围，增加农户及其他经营主体数量，实现大规模的统一耕种和规划作业。此时，企业可以利用丰富的农地资源优势，投资开发农产品的再加工产业，形成具有一定地域特色的农产品生产、加工和深加工的一体化完整产业链，形成具有高附加值的农产品对外销售合作机制。其次，构建"经营主体＋互联网＋居民消费者"新型农地经营模式。即强调打造供产销一体化农业经营模式，借助全球电子交易网络平台，推广线下经营市场，形成多种网络销售模式，成立多种农产品专营的电子交易网络平台，实现农产品生产经营与广大消费者需求相匹配的订单经营模式，优化农产品供给侧结构，形成农地线上到线下（online to offline，O2O）消费者需求匹配系统及消费者对消费者的电子商务（consumer to consumer，C2C）线上交易网络平台。同时，政府制定相应政策进行规范管理与监督，为居民消费者的食品安全提供保障。但政府应避免参与其经营环节，保证其交易

具备完全的市场性。

二、创新农村社会化服务机制，实现农业经营体系转型升级

一是加大力度完善农村电商三级服务体系和网络管理的建设。为农村电商网络平台的建设提供资金支持，安排专业技术人员为农村提供电商托管和代运服务，实现线上线下一体化销售平台建设，开展特色优势农产品的网络销售和订单农业。二是创办公开市场交易平台，实现农地经营权在经营主体之间有效流转，探索建立农地流转的风险保障制度，严禁农用地非农化。

三、规范农村物流业的经营服务体系，实现农村物流业的规范化管理

从全国范围看，农业生产的分布具有不均衡的特点，尤其是偏远地区的农户，由于人口较少，消费群体较少，近距离的销售使得农产品相对供过于求，需运输到需求较大的城镇地区进行销售。但对于远距离的运输会存在运输成本过高以及运输过程中农产品质量无法保证等问题。据有关统计，我国每年有大约3.7万吨的蔬菜水果等农产品在销售途中腐烂，其损失巨大。因此应强化对农村物流的金融支持，加强企业物流成本核算，统一物流成本的核算方法，解决运输费用过高等问题。同时，应加强物流基地、物流园区的布局与建设，在全国范围内配置物流资源，实现农村物流业的规模化、规范化建设。

四、加强农村金融服务体系的建设，提高农村金融市场的竞争力

一是加强农村金融体系的建设。完善农村资金扶持政策体系，提高

银行等各金融机构网点覆盖率，健全相关体制机制，完善农村借贷存取款等金融服务项目。针对欠发达地区开设特定金融优惠政策，鼓励多种所有制组织形式金融企业公平竞争，鼓励政策银行、商业银行、农村信用社、农村合作银行、担保、抵押和保险等多种形式的金融组织共同发展。二是发展新型农村金融服务机构。以少数农村为试点，进行农村金融机构创新发展。开展并引导境内外产业资本和金融资本到农村地区对各种产业项目投资，利用地方文化、旅游等地域特色吸引投资，带动农村的传统产业的发展。在甘肃、青海等地开展试点，促进农村金融服务体系多元发展的竞争格局。

五、加大各级政府对适度规模经营的扶持力度

农地规模经营具有经营周期长、回收滞后、经营效益提高缓慢、经营风险高的特性，在实现适度规模经营之前，经营收益不能弥补所付出的经营成本和承担的经营风险，产生收益和成本、风险之间不对等的现象，大大降低了规模经营主体的生产经营积极性，产生无力经营、亏损经营问题。而社会投资个体为追求自身利益最大化不会轻易尝试投资于收益较低的农业生产。面对农业产业投资不足这一局面，各级政府应加大投资规模，加大尤其是对规模适度、回收期长的经营主体提供项目资金扶持。

六、重视培养新型农地规模经营主体，着力培养创新创业型职业农民

新型规模经营主体的创新发展以及新型规模经营模式的构建离不开强有力的人才支撑。加快培育一大批既能起模范带头作用，又具有创新能力、探索精神的知识型、技术型优秀人才。以有知识文化基础的低学历、低收入的体力劳动者为重点培养对象，免费提供一体式、专业化农地规模经营课程服务。着力培养创新创业型农民，满足其就业需求，开

展带薪团队合作计划，按现有的分配的农地经营任务，形成多个兴趣研究小组，开展农地规模经营社会服务项目，鼓励具有发展潜力、对创业感兴趣的团队进行创业，建立农地规模经营服务型企业。

七、加强对农地经营规模适度性的测算精度和监管力度，防止规模过大

农业监管部门应针对经营主体不同的经营投入规模、经营作物品种、经营能力、农地产出效率等因素，制定出经营规模的"适度"标准。在此基础上，农业部门应定期对各农地经营主体的经营情况进行统计和监测，对于超出标准的经营主体给予罚款处理，并对处于"适度"标准范围的经营主体给予资金奖励和更多优惠政策。

第十六章

资本进入农业部门的路径与对策

　　二元经济结构是发展中国家在由传统农业经济过渡到现代工业经济的历史进程中逐渐产生、扩大并最终消失的经济现象（程开明，2008）。中国作为最大的发展中国家，其经济发展也有诸多二元特质。首先，城乡发展水平存在很大差异，地区发展不平衡，这种不平衡与差异有着逐渐扩大的趋势。其次，农村人口比重大，城市化水平低，农村人口众多，劳动生产率相对城市较低。最后，户籍制度加大了城乡资源分配的不平衡，也限制了劳动力的自然流动，户籍制度的限制以及城乡发展的巨大差异使得"民工潮"现象长期存在。如何走出二元经济，使经济达到农业部门和现代经济部门的工资都由劳动的边际生产力决定，两部门劳动的边际生产力相等的商业化点（蔡昉，2010），是国家经济政策的重中之重。

　　刘易斯模型以及作为其发展的费景汉—拉尼斯模型都把劳动力的流动作为分析的重点，忽略了资本在特定的发展阶段也存在流动的现象，刘易斯将二元经济的发展模式分为两个阶段。第一阶段传统农业部门存在大量的剩余劳动力，劳动力的供给接近无限供给，农村的劳动的边际生产力为零，农业的报酬为维持最低生活水平的工资。此时，只要工业部门能提供高于最低生活水平的工资，农业部门过剩的劳动力就能不断涌入工业部门，为工业部门的扩张和资本积累提供"无限的劳动力"。第二阶段传统农业部门的剩余劳动力已经被工业部门吸收完毕，工资取决于劳动的边际生产力，劳动力由剩余转向稀缺，劳动力的工资水平不断提高。其中第一阶段与第二阶段的交点被称为"刘易斯转折点"。从资本流动的角度看，第一阶段为工业部门的资本积累阶段，此时工业部门由于无限的劳动力供给，可以在实际工资不变的条件下将利润不断用于扩张和再投资，工业部门的扩张最终将农业部门剩余的劳动力全部吸收从而进入第二阶段。在第二阶段中，提供给工业部门的劳动力由无限供给转为短缺，工资上升，但工资依然低于劳动的边际生产力，由于招工困难，工业部门存在过剩的资本积累，扩张的速度减慢，增长率降低，此时农业部门由于边际生产力大于零的劳动力被工业部门吸收，农业的总产量下降，价格上升，经济中出现农产品的短缺，此时工业部门过剩的资本积累会进入农业部门，这种情况在各国发展的特定阶段都有发生，本章将在二元经济的框架内结合我国土地流转的现况对这一现象进行分析，第一节为文献述评，第二节通过一个理论模型讨论资本进入农业部门的条件与原因，第三节结合我国实际情况指出资本进入农业部门的现实依据，第四节使用实证分析的方法对这一研究进行深入探讨。

第一节　文　献　述　评

随着我国农村土地制度的改革逐渐加深，资本进入农业的步伐也在迅速加快，流转入企业的农户承包地面积已从 2008 年的 1508 万亩到 2015 年的 4232 万亩，年均增长 23%，同时农地整体的流转数量从 2008 年的 18668 万亩到 2015 年的 44683 万亩，年均增长 19%，可见农民流转承包地的意愿加深，企业在农地流转中所占有的比重也越来越大。这种现象引起学术界广泛的关注，主要研究资本进入农业原因、方式、积极意义、问题等。

一、资本进入农业的原因

资本进入农业的意愿逐渐加深必然有其现实需求。杨鹏程和周应恒

（2016）认为随着我国经济的快速发展，商业部门的资本竞争加剧，大量的产能过剩使资本有很大的投资需求，同时农业也有很大的资本需求以提升其生产力水平，大量的农地闲置也降低了资本进入农业的难度，因此资本进入农业是化解产能过剩，优化经营结构，增强盈利能力，优化资源配置的现实选择。吕亚荣和王春超（2012）以农业产业链为视角，指出将农业产业链各环节利润综合计算，农业已经是利润率最高的产业，尤其是生态农业，其成本利润率甚至能达到60%，因此对资本有很大的吸引力。同时，农业政策的放开给资本进入农业提供了帮助。贺军伟、王忠海、张锦林（2013）认为在我国城乡二元结构尚未打破的情况下，过多的资本集中在非农部门，资本的逐利性会驱使资本进入农业开辟新的战场。张文广（2014）认为，土地属于稀缺资源，其独占性、不可再生性导致土地的价格易涨难跌，农地价格较低，工商资本以囤积土地为目的介入农村土地流转，可以低价获取大量的稀缺资源，如果未来农地转换用途，工商资本将获得巨大的收益。这也是很多流转后的农地被闲置和抛荒的原因之一。人民对优质健康农产品的现实需求也吸引资本进入农业，李中（2013）认为市场对安全、绿色的食品需求日益增长是资本进入农业的重要原因。

总的来说，可以将资本进入农业的原因总结为资本的逐利性，投资的需要，资本对土地资源的追求，同时政策的鼓励，农地的闲置以及人民对优质健康农产品的需求也是重要的原因，从中可以看出，资本进入农业是内外因共同作用的结果，带有合理性以及趋势性。

二、资本进入农业的方式

任晓娜和孟庆国（2015）通过对安徽大岗村的调查研究指出，资本进入农村土地市场的具体方式一般有三种：企业直接与农户签订合同（反租倒包）、村两委会成立公司再分别和企业、农户签订合同（变形的反租倒包），其中行政力量起到了很大的作用。何秀荣（2009）指出目前"龙头企业＋农户""企业＋基地＋农户"和"企业＋中间组织＋

小农"等资本进入农业的方式都存在诸多缺陷，提出"公司 + 农场"模式才是工商资本进入农业的最佳模式。邵爽、李琴、李大胜（2018）以工商资本对农户经营活动的控制权程度为依据，将工商资本投资农业的进入模式划分为"松散型""半紧密型""紧密型"三种类型，指出耕地资源优势越弱，工商资本投资农业选择紧密型进入模式的可能性越高；市场潜力越大，越倾向于选择紧密型进入模式；非正式制度越不利，选择紧密型进入模式的可能性越低；生产技术的传递能力越弱，越倾向于选择紧密型进入模式。

资本进入农业的方式有很多，并且存在着地域特征，其中政府通常起着中介的作用，政府作为中介能够减少交易成本，但其中也存在着寻租风险。

三、资本进入农业所带来的积极意义

邵爽（2015）认为从就业与保障视角来看，资本进入农业会带来非农就业的增加，从而导致农民的分化，进而使农民对土地功能诉求发生改变，产生土地流转意愿。同时工商资本进入农业会增加农民非农就业机会，提升农民非农就业稳定性以及社会保障水平。卢勤娣（2015）认为资本进入农业有必然性，资本能够带来农业所缺乏的资金和先进的管理技术，加快农业的现代化建设。实现农业科学化、集约化、商品化、市场化目标。全志辉、温铁军（2009）认为城市资本大量下乡主要是在农业产业化发展阶段，资本下乡是农业产业化和商业化的重要推动力量，资本的作用是内含在农村商业化和产业化过程中的，没有资本也就没有今日的农业市场化。赵丙奇、贾日斗（2010）指出民营资本对农地需求的增加对于土地流转有激励作用。王静、殷海善（2015）指出工商企业进入土地经营以后，明确权属关系非常重要。因此资本进入农业会加快农业资本的权责划分。

可以看出，资本进入农业可以提升农业的管理水平和产业化水平，同时资本进入农业这一现象也改变了农民的行为与选择，解放了部分的农业劳动力，非农就业增加，农村社会也在发生改变，土地的权责划分逐渐清晰，产权意识逐渐加深。

四、资本进入农业所带来的问题

赵祥云、赵晓峰（2016）在研究中发现，资本进入农业所带来的后果与政府所预料的有一定的偏离，遭遇资本下乡的村庄出现了现阶层再造、农业质变、村庄虚化以及"三农"发展"内卷化"的意外后果。石霞、芦千文（2013）指出工商资本在投资农业中，经常会为了利润最大化弃农从商从事高收入行业，粮食农地安全也因此受到损害。张尊帅（2013）认为农地租赁准入制度不健全以及政府监管的缺位使资本进入农业反而伤害了农民的利益，应建立严格的农地租赁准入制度，构建"企业—农户"紧密型利益联结机制，引导资本有序下乡。高强、孔祥智、邵峰（2016）提出工商企业租地导致经营非粮化、土地利用非农化、土地资源闲置浪费等现象屡有发生，亟须建立和完善工商企业租地经营风险防范制度。刘铮、赵志浩（2016）通过对工商资本租赁农地的积极与消极影响比较分析，指出资本租赁农地具有很重要的现实意义，但其中产生的问题需要高度重视，积极应对。

资本寻求收益进入农业，但是传统种粮收益很低，资本有着将农地用作他用的冲动，这也是农地非粮化、非农化以及土地闲置的原因，这就要求相关部门加大监管的力度，建立严格的准入制度，不能因为这些问题而因噎废食，要保证资本与农业的良性结合。

五、关于二元经济的一些讨论

刘易斯（A. Lewis，1954）在其《劳动力无限供给条件下的经济发展》一文中较早地提出了二元经济理论，他发现发展中国家存在农村中以传统生产方式为主的农业部门和城市中以现代制造业为主的现代化部门，两部门的生产力存在很大差距，农村存在大量剩余劳动力，他以此作为分析的基础，指出农业剩余劳动力的非农化转移能使二元经济结构逐渐消减。随后费景汉和拉尼斯对其理论进行发展强调了技术进步以及农业对工业的贡献。但无论是刘易斯还是拉尼斯和费景汉都是以劳动力的转移对二元经济进行分析，忽略了资本的流动。国内的学者也对中国二元经济结构转换的研究做了许多贡献。郭剑雄（2009）在农业人力资本的转移方面对二元经济转换进行研究，指出二元经济的成功发展，需要农业从业者的人均人力资本的净增长率大于零作为必要条件。高帆（2005）指出分工水平的不同是二元经济反差的原因，促成分工演进的关键是交易效率的提高。王颂吉、白永秀（2013）认为城乡部门生产要素配置与二元经济结构的转化密切相关，中国二元经济结构转化的滞后与城乡要素错配关联很大。郭涛、宋德勇（2006）根据内生增长理论将技术进步内生，构建了二元经济的内生增长模型，分析认为加大对农业的投入和加快资本积累是推动农业劳动力转移，实现二元经济转换和经济持续增长的关键。余许友（2014）以土地流转为视角，对二元经济结构下农村金融抑制的原因进行分析，指出农村金融发展相对于现代农业滞后，无法满足现代农业发展的需要，应大力发展土地流转已经规模化经验，打破城乡二元结构下农村金融抑制的困境。

许多学者结合刘易斯拐点对二元经济结构转换过程中的问题进行分析，而中国是否已经跨越刘易斯拐点一直是学者们争论的重点。蔡昉（2010）通过对中国人口转变的分析，指出中国人口红利虽有潜力但逐渐式微，刘易斯转折点已经到来，要依靠高速的经济增长来缩小"未富先老"缺口。李勇（2016）指出资本非农化在经济跨越刘易斯拐点前会引起二元经济差距较大幅度的降低，在跨越刘易斯拐点后其对二元经济结构转化的作用逐渐降低。周燕、佟家栋（2012）认为中国的刘易斯拐点并没有到来，导致民工荒的原因是外部冲击、城镇化与工业化不匹配等现象的存在。

资本对农业投资不断加码的现象与我国长期的二元经济以及发展阶段紧密相关，刘易斯拐点的到来会抬升工业部门的成本，因此解放更多农业劳动力提供给工业部门是两部门持续发展的内在需求，在人口红利式微的今天，如何充分利用劳动力和提升劳动力素质是发展的关键，在二元经济的转换中，资本的流动也是十分重要的，有序、良性的资本流动能够起到润滑剂的作用，使二元经济转换的过程更加"平顺"。

第二节　二元经济框架下资本进入农业部门的理论分析

一、本章模型所使用的基本假设

（1）经济中存在着现代工业部门和传统农业部门，其中工业部门所采用的生产函数为规模报酬不变的 C-D 生产函数为：

$$Y_i = F(K_i, L_i) = A_i K_i^a L_i^{1-a} \qquad (16.1)$$

其中，Y_i、A_i、K_i、L_i 分别为现代工业部门的产出、技术进步、资本、劳动。

（2）传统农业部门使用含土地、劳动的里昂惕夫生产函数，这主要考虑到土地和人力替代性很差，并且农业的资本投入相对城市很少的缘故，传统农业部门的生产函数为：

$$Y_a = F(K_a, L_a) = Min\left(\frac{L_a}{U}, \frac{K_a}{V}\right) \qquad (16.2)$$

其中，Y_a、L_a、K_a 分别为传统农业部门的产出、劳动力与土地资本。U 和 V 分别表示为劳动和资本的生产技术系数。

（3）在工业部门的工资函数中，假设刘易斯拐点 L^* 前劳动力工资水平为较低的 w_1，刘易斯拐点后如果企业要继续雇佣劳动力需要支付更高的工资 w_2，为简化分析 w_1，w_2 为固定常数，且 $w_2 > w_1$。

$$W \begin{cases} w_1 L_i & L_i \leqslant L^* \\ w_1 L^* + w_2(L_i - L^*) & L_i > L^* \end{cases} \qquad (16.3)$$

（4）该经济为封闭经济，劳动力与资本只在这两个部门进行流动。

（5）两部门资本与劳动力的流动没有障碍。

（6）不考虑折旧。

（7）令资本量 K 为劳动力 L 的函数，表明工业部门资本积累与规模的扩大，是雇用劳动力规模决定的，即 $Y_i = Y_i(L)$。

二、两部门资本扩张模型

依据上述假设，令工业部门的资本积累率为 s，资本积累为 $sY_i(L)$，初始资本为 a，可得工业部门扩大生产的资本剩余增量为 Δe_i 与资本积累 $sY_i(L)$ 与对劳动力工资支付 W 的关系：

$$\Delta e_i = sY_i(L) + a - W \qquad (16.4)$$

这一关系式表明工业部门的资本积累要完成对劳动力的支付来扩张规模，可以看出当 $sY_i(L) + a = W$ 时工业部门达到当前技术水平的最大规模，此时资本积累全部用于支付工资。当 $sY_i(L) + a < W$ 时，工资水平大于资本积累，工业部门将无力支付工资，劳动力的雇佣将减少，规模变小直至 $sY_i(L) + a = W$。当 $sY_i(L) + a > W$ 时，资本积累大于工资支出，工业部门还拥有扩大生产的剩余资本，工业部门会继续将剩余资本用于扩大规模和支付工资直到 $sY_i(L) + a = W$。以这一推论为基础，我们可以看出，工业部门为了扩大生产，必然会使其所拥有的资本雇佣劳动力最大化，即 L_i 最大，为此，我们将 $sY_i(L) + a = W$ 转换为：

$$L_i = \frac{sY_i(L) + (w_2 - w_1)L^*}{w_2} \qquad (16.5)$$

可以看出，在其他条件给定的情况下，提高 L^* 能够有效提高工业部门的雇佣劳动数量，也就是说，推迟刘易斯拐点，能够促进工业部门的增长。

刘易斯拐点是由农业部门的剩余劳动力决定的，在农业部门的里昂惕夫生产函数中，资本与劳动处于固定替代关系，那么在刘易斯拐点下，农业部门并不存在明显的剩余劳动力，工业部门如果想继续获得廉价的农业剩余劳动力，必然要改变农业部门的生产函数。其中有两条可选择的路径：第一条是改善土地资本的利用效率，如资本进入农村流转农地进行经营；第二条是改善劳动力的利用效率，如加强教育等鼓励农村人力资本提升。这两种方式都可以解放农业部门潜在的剩余劳动力，推迟刘易斯转折点，同时提升两部门的增长水平，这离不开对农业部门的投资，而这种投资通常在工业部门成本提升增长率降低的时候发生。

第三节　资本进入农业部门的现实依据

一、工业部门的资本边际生产力下降与农业部门的资本边际生产力上升

按照新古典经济学的理论，资本与劳动的投入具有边际特征，二元经济模型中资本与劳动不断从农村传统农业部门转移到城市工业部门，导致城市资本与劳动的边际生产率逐渐降低，农村资本与劳动的边际生产力逐渐升高。通过对周月书、王悦雯（2015）对城乡资本边际生产力差异的研究进行分析，可以将城乡资本边际生产力及其差异的变化模式分为以下三个阶段：首先是 1981～1989 年和 1995～2006 年的平稳波动期，具体表现为城乡资本的边际生产力差异保持平稳，略有波动，没有形成趋势性的变化。其次是 1989～1993 年的快速上升期，具体表现为，农村资本的边际生产力快速上升，城市资本的边际生产率略有下降，两者的差距拉大，这意味着在这一阶段，农村资本大量流动至城市，农村资本缺口加大，城市部门快速发展。最后是 2007～2012 年的下降期，在这一阶段，农村资本的边际生产力快速下降，城乡资本边际生产力的差距逐渐缩小，这意味着农村资本的配置情况得到改善，部分资本进入农村，城乡资本配置的有效性提高。我们可以发现在 2007 年以后出现了资本回流的情况，城市部门的资本由于农村部门金融环境的改善以及高资本边际生产力等原因选择回流，这是两部门持续发展的内

在需求，近年来，城市工业部门发展放缓出现过剩资本，农村农业部门由于缺少资本进入发展瓶颈，这为资本进入传统农业部门提供了现实基础，资本能够根据边际生产力的变化自由配置是中国实现二元经济结构转化的关键。

总体来看，2004～2020 年，中央坚持把解决"三农"问题作为全党工作的重中之重。在一系列组合政策的指导下，财政支农占财政支出比例逐渐增加，农村金融体系日渐完善，工商资本下乡开始成为常态。随着社会主义市场化体制机制的完善，城乡资本重新得到有效配置。值得注意的是，伴随资本的有效配置，城乡资本边际收益率差异开始逐年收窄。2016 年，中国农村与城镇的城乡资本边际收益率已经相同，这意味着当前中国农村已不再存在价值投资洼地。在 2020 年建成全面小康社会的目标背景下，为解决当前中国发展不平衡和不充分的矛盾，尤其是解决城乡发展不平衡和农村发展不充分的矛盾，党的十九大报告提出要实施"乡村振兴战略"。这表明中国在解决农业、农村、农民问题上已经进入一个新阶段。

二、产业化发展的需要

农业的产业化与工业的产业化两者是不能分割开来看的，农业生产初级产品和原材料，而这些又是工业生产所需要的，这就为农业与工业的合作提供了基础。工业部门依赖农业部门的原材料和初级产品，农业部门依赖工业部门的市场营销能力与制成品，中国普遍的小农经营模式无法对市场的变化快速做出反应，并且企业与农户之间交流的成本很高，这样无疑加大了企业的生产风险，同时这种二元的割裂也使两部门产生许多无谓的成本，这无疑是低效的。农业产业化是产业发展的必然趋势，工业将资本注入农业形成产销一条龙的产业化模式是工业化发展的必由之路，小农经济将大量的劳动力束缚在土地上，使农村存在大量的隐性失业和剩余劳动力，解放这部分劳动力是城市工业部门发展和二元经济转化的内在要求，同时，城市工业部门将农产品加工业和部分劳动力密集型产业向农村农业部门转移，为农村的发展提供更多的机会，提升农业部门的劳动生产率。小农分散经营很难实现产业化，这就需要从工业部门引入资本实现现代农业的改造，也是城乡生产效率改善的重要方式。

三、土地闲置与产能过剩

一方面，农村大量青壮年劳动力来到城市打工，外出打工的收益远远高出种地的收益，种地已经不是他们主要的收入来源，这部分土地由于外出打工的机会成本的存在，逐渐被农民放弃，成为闲置土地，这就造成了资源的浪费，农民也受到了无法充分利用土地资本的潜在损失。另一方面，在城市工业部门存在着大量的产能过剩，炼铁、炼钢、焦炭、平板玻璃等众多行业都因为产能过剩减产甚至停产，工业部门仿佛一时间成为"资本黑洞"资本投入的风险增加，新兴行业的风险也逐渐加大。工业部门的资本急需抵御风险的投资标的。两部门各自的困境驱使着资本进入农业，首先，农村大量的闲置土地降低了资本企业的拿地成本，交易费用一直是过往制约资本进入农业部门的重要因素，农民普遍不愿流转土地，有着特殊的土地情结，而农村土地又极其分散，因此与农民的交易成本很高，很难实现规模化经营，导致资本无利可图，而当农民的土地闲置时，流转土地的阻力就少了很多，有利于资本企业流转土地进行规模化经营。其次，农业部门的土地载体有着抵御风险的属性，工业部门过剩资本进入农业部门能够抵御产能过剩导致的衰退期的损害。最后，农村土地闲置意味着农业部门资本配置效率的恶化，产能过剩意味着工业部门增长放缓，依据上文理论模型的分析，在工业部门增长放缓的时候，工业资本进入农业能够改善农业部门的资本配置效率进而传导到工业部门扩大工业部门的稳态规模。

四、政策引导

政策引导也是城市工业部门的资本进入农业部门的一个重要因素，

首先是税收上的优惠，农业生产者销售的自产农产品，免增值税，从事农、林、牧、渔业项目的所得，可以免征、减征企业所得税，对从事农业机耕、排灌、病虫害防治、植保、农牧保险以及相关技术培训业务，家禽、牲畜、水生动物的配种和疾病防治工作所取得的收入，免增值税，对单位或个人将土地、水面等发包（出租）给其他单位或个人从事农业生产所收取的承包金（租金），免征增值税。人工用材林是转让给农业生产者用于农业生产的，可免征增值税。对包括国有企事业单位在内的所有企事业单位种植林木、林木种子和苗木作物以及从事林木产品初加工取得的所得暂免征收企业所得税，为鼓励技术创新对重点龙头企业从事种植业、养殖业和农林产品初加工业取得的所得暂免征收企业所得税等，这些税收上的优惠提高了资本企业的预期收益。其次是路径机制上的改革，国家对农业适度规模经营给予很大支持，2002 年 8 月，《土地承包法》颁布实施，从法律上保护和支持了土地承包经营权流转。2008 年 10 月召开的中国共产党十七届三中全会做出《中共中央关于推进农村改革发展若干重大问题的决定》，把加强土地经营权流转管理和服务，建立健全土地承包经营权流转市场，作为推进农村改革、加强农村制度建设的一项重要内容。2009 年中央一号文件也对建立健全土地承包经营权流转市场提出了具体要求。农村土地承包经营权的流转正是经历家庭联产承包责任制后迅速发展的农村经济面临的又一历史性的发展机遇，是农村发展到一定历史阶段的必然要求（宋礼、何力，2007）。2014 年 11 月 20 日，中共中央办公厅、国务院办公厅印发了《关于引导农村土地经营权有序流转发展农业适度规模经营的意见》，要求"规范引导农村土地经营权有序流转"。农村"土地经营权"独立于"土地承包经营权"被提出，正式列入了农村土地制度改革层面（杨璐璐，2015）。2020 年中央一号文件中指出要抓好农村重点改革任务。完善农村基本经营制度，开展第二轮土地承包到期后再延长 30 年试点，在试点基础上研究制定延包的具体办法。鼓励发展多种形式适度规模经营，健全面向小农户的农业社会化服务体系。制定农村集体经营性建设用地入市配套制度。

第四节　资本进入农业部门的实证分析

一、模型设定

在前述理论分析中，我们认为资本进入农业部门是因为经济跨越刘易斯拐点，工业部门收益率降低，工业部门为了提高收益率而选择将资本投入农业，城市工业部门与传统农业部门是相互紧密关联的关系，农业部门劳动力与土地资源的浪费会影响城市工业部门的发展，工业部门资本如果不能自由投资也会使农业部门的发展因缺乏资金而停滞。根据以上观点我们设计如下模型：

$$\log(\text{fiig}) = \alpha + \beta\text{idv} + \lambda_1\log\text{ravwage} + \lambda_2\text{ur} + \delta\text{policy} + \mu \qquad (16.6)$$

式（16.6）中，被解释变量 log（fiig）表示农林牧渔固定资产投资（不含农户）的对数表示城市工业部门资本对农业部门的投资，核心解释变量 idv 为年工业增加值（累计增长）表明工业部门的发展状况，控制变量为 logravwage 和 ur，其中 logravwage 为实际平均工资的对数，ur 为城市化率，policy 为表示政策的虚拟变量，代表关于 2005 年《农村土地承包经营权流转管理办法》的颁布，这一管理办法给予土地流转一个可以参照的标准，表示农村土地流转规范化的开端，模型中 2000 ~ 2004 年为 0，2005 ~ 2019 年为 1。模型的数据来源于国家统计局，数据时间范围为 2000 ~ 2019 年。模型中由于变量数据非平稳，为了防止伪回归，对模型进行处理，令 Dlog(fiig)、Didv、Dlogravwage、Dur 分别为各自的一阶差分。进行差分处理后模型平稳。处理后的模型为：

$$\text{Dlog(fiig)} = \alpha + \beta\text{Didv} + \lambda_1\text{Dlogravwage} + \lambda_2\text{Dur} + \delta\text{policy} + \mu$$

$$(16.7)$$

二、基本结果分析

表 16 - 1 的回归结果表明农林牧渔固定资产投资和年工业增加值在统计上是不显著的，在前述理论模型中，经济跨越刘易斯拐点后，劳动力成本上升导致工业部门增长降低，但是回归结果表明这二者之间无显著性影响。笔者认为可能由于工业资本对农业部门的进入所产生的消极效应大致抵消了积极效应，造成资本对农业的影响很小，工业资本对农业部门的进入所产生的消极效应主要体现在以下几点：

表 16 - 1　　　　　　　　　　回归结果

Residual	Min − 0. 21859	1Q − 0. 05734	Median 0. 01713	3Q 0. 07578	Max 0. 13357
Coefficients	Estimate	Std. Err	value	Pr > | t |	
（Intercept）	1. 033e − 01	1. 173e − 01	0. 881	0. 39303	
Didv	− 1. 863e − 06	3. 457e − 06	− 0. 539	0. 59840	
Dlogravwage	1. 953e + 00	6. 428e − 01	3. 038	0. 00887	
Dur	− 1. 130e − 01	6. 467e − 02	− 1. 748	0. 10243	
Policy	1. 044e − 01	6. 945e − 02	1. 503	0. 15509	

第一，工商资本进入农业领域的游戏规则尚不健全，部分资本进入具有一定的盲目性，进入农业领域的企业众多、身份复杂，并且部分企业对农业部门的了解并不深入，造成投资失败。

第二，农村青壮年劳动力短缺，管理经营难度较大。虽然工业资本具有明显的资金和市场优势，但在农业生产方面的先天缺陷也不少。

第三，土地流转关系不稳定留下了发展隐患。由于农业投资收益期长，工商资本往往倾向于长时间租赁农民土地，尽管党的十七届三中全会明确提出现有土地承包关系要保持稳定并长久不变，但大多数地区还没有落实这一政策的具体措施，工商业主与农民无法协商统一，产生合同违约纠纷较多，土地流转费用不断上涨，企业经营压力加大。

第四，外国资本的进入给农业产业和资源安全带来了挑战，由于我国农业外资管理制度不健全，国外工业资本的大量进入不仅可能对国内生产者形成打压，同时通过对产业市场渠道和知名品牌形成控制权，影响我国大批农产品市场定价权，削弱国家宏观调控能力。

第五，目前我国工业资本投资农业部门还处于初级阶段，无论是理论界还是实践界，均未对工业资本进行统一界定。工业资本投资农业的参照体系缺失，为大量投机圈地行为提供了可能。

目前在我国城乡二元经济社会格局尚未根本打破的情况下，工农之间和城乡之间发展的不平衡、不协调的矛盾突出，过多的社会资源配置拥挤在城镇和非农产业。这样，资本的逐利本性诱导一部分工商资本转入农业农村开辟新的"战场"。总体上看，是资本供给和资本需求的对接使工业资本进入农业领域成为一种必然。我国长期处于二元经济的状态，二元经济的转化是我国城乡健康发展必由之路，也是实现共同富裕的前提，为促进这一过程需要注重以下两点：

第一，打通资本投资农业部门的通道。我国城乡之间的资本流动存在着"卢卡斯之谜"，农业部门资本的回报率远远高于城市部门的资本回报率，但农业部门长期处于资本净流出的状态，其中一个原因就是资本投资农业部门的通道不通畅。实证分析中我们证明当《农村土地承包经营权流转管理办法》颁布之后，农林牧渔固定投资有了显著的增长，这一管理办法为农村土地流转主体与方式以及各方权利义务给予清晰界定，有法可依使资本进入农业部门潜在的违约成本大幅降低。近些年来国家对农村土地流转开展适度规模经营给予很大的支持，这加快了资本进入农业部门的步伐。土地是资本经营的载体，土地流转的正当化、规范化显著提升了企业资本进入农业的积极性，但流转土地并不是资本进入农业部门唯一的方式。在技术、金融服务、农业服务、农耕管理等方面，资本都能以其优势为农户提供帮助，而实现这些的基础是农户经营的集中化、合作化以及配套设施的规范化。打通资本投资农业部门的通道，首先要改善农业部门的生产关系结构和制度结构，这是摆脱"卢卡斯之谜"的关键。强大的合作社既能保护处于弱势地位的农民又能大幅减少和资本企业之间的交易费用，应更多地发挥农业合作社的作用，给予合作社更多的属性与权力，将农民的诉求集合起来，使其成为一个代表农民利益强大的整体与资本企业进行合作。其次要发挥金融对农业生产的促进作用，在金融资源的分配中农业部门处于弱势地位，在其中的农民的地位更要弱，农民由于其自身的限制不愿贷款，同时由于土地的集体所有性质，农民也缺乏合适的抵押品。由于农民自身的金融抑制，农业生产的规模一直无法扩大，为了更好发挥金融这一资本进入农业部门的通道，给予农民拥有的土地权力的财产权是十分重要的，会使农民能够更容易获得贷款。

第二，提升农村劳动力人力资本。中国城乡人力资本存在巨大差异，农村劳动力中，小学和初中文化程度的占到近80%，高中的占10.5%，大专及以上的仅为1.3%；与2010年中国第六次全国人口普查数据相比（大学文化程度占8.9%，高中文化占14%），农村劳动力文化层次要比全国平均水平低很多。如果与城市劳动力文化水平相比，差距会更明显（杨璐璐，2015）。与城市工业部门差距巨大的人力资本是工业部门资本进入农业部门速度较慢的原因之一，也是中国"卢卡斯之谜"的一种解释，提升农村劳动力的人力资本对劳动力从农业部门转移到工业部门有很大促进作用，拥有较高人力资本的农村劳动力拥有更强的进城倾向，中国农村劳动力人力资本有很大的潜力，政府需要加大对农村劳动力的基础教育，提供学习的平台，同时鼓励他们进行自我投资，随着农村劳动力大量的流出，留守子女也是一个尖锐的社会问题，保证留守子女受到良好的教育是农村后备人力资本成长的关键，也是保证他们健康成长的关键，这是一个循序渐进的过程，农村人力资本的提升是缩小二元经济差距、保证资本进入农业部门、实现二元经济转化重要的"催化剂"。

工业化有两种实现途径：一是现代部门的扩张；二是传统部门的改造，后者为工业化提供了支撑，它本身也是工业化的题中应有之义，所谓农业产业链的延伸、农村工业的兴起等都是工业化的过渡形态（彭小辉、史清华，2012），城市工业部门的资本进入农业部门既是现代部门的扩张又是传统部门的改造，工业化的深入与二元经济转化是同起并进的，在费景汉—拉尼斯的模型中经济成功发展的关键性最低努力标准为：

$$\eta_p < \eta_L = \eta_k + \frac{B_L + J}{\in_{LL}}$$

这表明劳动需求 η_L 要超过人口增长率 η_P，即工业资本积累率 η_K 必须足够大，创新强度 J 必须足够高，创新的劳动力使用倾向 B_L 必须足够强，劳动的报酬递减规律 $\in_{LL}$ 必须足够弱（费景汉、拉尼斯，1989），因此加速工业化和二元经济转化重要的是加快创新和吸收劳动力，这不光是城市工业部门的创新，也是传统农业部门的创新，资本进入农业部门加速了农业部门的创新也为工业部门的创新提供了支撑，因此在本章的分析下，促进城乡创新、加速工业化、实现二元经济转化的关键，是保证资本跨部门的良性自由流动。

第十七章

新型农业经营主体的
培育路径与对策

随着第二、第三产业的不断推进，中国农村发生了巨大的变革，农业经济正从传统的自给自足的经营模式朝着现代化的方式转变。党的十九大报告中强调要"坚持农业农村优先发展"，并首次将"实施乡村振兴战略"作为现代经济体系的有机组成部分，通过优化农业产业结构解决农业供给侧结构性问题。其中新型农业经营主体作为建设现代农业的重要抓手，它的发展肩负了保证国家粮食安全、推进农业现代化、支撑工业化与城镇化进程的时代使命（胡泊，2015）。值得注意的是，在新型农业经营主体培育的初期，农业资源配置受到了各种内在与外在的冲击，主要涉及劳动、资本、土地、技术领域，针对各类型经营主体的生产规模与结构特点设计出符合农业生产特点的经营模式是一项艰巨的工程，因此准确定位各影响因素在新型农业经营主体中的作用显得尤为重要。本章通过构建新型农业经营主体指标评价体系对现阶段农业发展状况进行规范化分析，从生产要素的角度将影响新型农业经营主体的指标进行划分，同时基于层次分析法的视角判断每一类新型农业经营主体对不同生产要素的依存程度，并测度其所占权重，最终在假设各个生产要素共同发挥作用且影响力相同的前提下，探究出适合农业发展的最优培育模式。

第一节　文　献　述　评

张扬（2014）认为新型农业经营主体是以市场化、商品化为主要目标的经营组织。农业产业化的特点使其在经营规模、物质装备条件和经营能力方面表现突出，并集中体现在劳动生产率、土地流转率和资源利用率等方面。其中经济绩效作为新型农业经济主体的发展引擎，它的提高需要多方面共同发挥作用。

秦晓娟、孔祥利（2015）强调从劳动力供给的角度来看，"谁来种地"难以回避。多年来人多地少的国情造成了传统生产模式下农村大量的青年劳动力转向城市，农业副业化、农民兼业化现象严重，缺乏核心技术人才和职业农民已成为制约农业经营业绩增长的重要影响因素。新型农业经营主体的培育缓解了农业生产在劳动力数量与质量上存在的问题，对城乡差距的缩小有积极作用。

从投资融资的角度看，在资本逐渐替代劳动力的现代农业中，要保障新型农业经营主体健康发展，其融资困境须尽快破题（江维国，2016），资金支持是新型农业经营主体健康发展的基石。近年来，国家相继出台了大量金融政策鼓励"三农"发展，2016 年中央一号文件中指出推动更多金融资源向农村倾斜[1]，2017 年进一步强调了加快农村金融创新，并指出金融机构应开展适合农业经营主体的订单融资和应收账款融资业务[2]，2018 年中央政府对融资渠道做出了全面部署，提出金融机构需进行融资担保、入股从事农业产业化经营。[3] 而在实际发展中，

---

[1] 《中共中央　国务院关于落实发展新理念加快农业现代化　实现全面小康目标的若干意见》，中国政府网，http：//www. gov. cn/zhengce/2016 – 01/27/content_5036698. htm。

[2] 《中共中央　国务院关于深入推进农业供给侧结构性改革　加快培育农业农村发展新动能的若干意见》，中国政府网，http：//www. gov. cn/zhengce/2017 – 02/05/content_5165626. htm。

[3] 《中共中央　国务院关于实施乡村振兴战略的意见》，中国政府网，http：//www. gov. cn/zhengce/2018 – 02/04/content_5263807. htm。

刘俊奇、周杨（2017）认为融资机构未能准确识别服务体系，农村金融制度、金融产品和金融服务无法满足农业生产的金融需求，导致多次人为"精心"设计的供给体系仍低效率的现实。因此应实现投资、融资以及政府补助的"无缝对接"，避免信息不对称条件下资金供给与需求错配导致的资源浪费。

从农地流转的角度看，如何顺利的获得农地经营权（张海鹏、曲婷婷，2014）、实现集中管理是规模化的前提。事实上，新型农业经营主体的培育与土地流转之间存在密不可分的联系：一方面，城市化在带动更多的农民转移到城市的过程中，农民交出土地进行集中管理，为新型农业经营主体的培育提供了基本生产资源；另一方面，随着新型农业经营主体数量的增加，进一步提高了农地的利用效率，农民因此会流转更多的农地，突破了"地从哪儿来"的局限。

朱萌等（2016）认为从技术创新的角度看，新型农业经营主体是新时代农业的典型代表，是提高生产率、推动农业现代化的重要承担者。与传统散户相比，经营主体的抗风险性较强，往往是新技术应用领域内"第一个吃螃蟹者"。同时，新型农业经营主体更容易接受和应用新技术，对现代生产要素采纳意愿更为强烈。因此，新型农业经营主体在全要素生产率方面表现较为突出，不仅体现在劳动生产效率的提高，还表现在单位耕种面积产量的增加。

综上所述，新型农业经营主体的培育已成为学术界研究农业问题的焦点，并且在所涉及的各领域均形成了一定的研究成果，为实现农业现代化奠定了坚实的理论基础。但现阶段新型农业经营主体的研究重在从微观视角提出观点并结合实证加以分析，缺乏整体性理论框架。鉴于新型农业经营主体是在各影响因素共同发挥作用下培育起来的，本章从影响农业经营业绩的各项生产要素指标入手，结合辅助性指标与参考性指标构建新型农业经营主体指标评价体系，通过实际数据分析现阶段农业发展存在的问题并提出解决方案，从而为推动农业现代化提供一种新的研究视角。

第二节　新型农业经营主体培育的规范分析

一、培育新型农业经营主体的必然性

新型农业经营主体是建立与完善农村基本经营制度的必然选择。改革开放初期，在统分结合的双层经营体制下，农民拥有了长期有效的土地使用权，在坚持生产资料集体所有的同时按劳分配，充分调动了农民的生产积极性。随着工业化的不断推进以及农业生产分工合作不断深化，传统模式下小规模、分散化的农业生产经济效益低下，大量优秀农业者开始外流，农业生产模式的创新再次成为焦点。

新型农业经营主体是农业发展方式转变的必然选择。中国是一个传统的农业大国，也是人口大国，以粗放型、高投入的资源消耗与环境破坏为代价换取农业经济的增长是不长久的。有限的资源禀赋警示了耗散式农业增长正面临严重的资源瓶颈约束与市场经济条件下比较收益偏低等严峻的现实挑战，传统的农业生产方式必须转型（王国敏等，2014）。其中新型农业经营主体带来的机械化与先进技术相结合的生产模式为高效率、低能耗的生产提供了可持续的发展道路。

新型农业经营主体的培育是解决农业供给侧结构性问题的必然选择。在全面建成小康社会的决胜阶段，温饱问题基本解决，人们对物质的需求开始从"量"向"质"转变，而新型农业经营主体作为现代化农业的主力军，是高质量农产品最稳定的供给力量。

二、新型农业经营主体培育面临的主要问题

陈晓华（2014）认为农业生产以提质增效为目标，因此新型农业经营主体内在"集约化、专业化、组织化、社会化"的优势成了农业

生产者选择其作为培育目标的重要参考依据。2017 年的中央一号文件中指出，要大力培育新型农业经营主体，准确定位不同主体在发展生产、提高效益和竞争力方面的组织功能，通过新型农业经营主体提高资源配置效率，提升农业经济绩效①。从当前发展趋势上看，新型农业经营主体的确在各方面表现突出，整体发展状态良好，但对于处于成长初期的经营主体来说，还存在一定缺陷。

"谁来种地"问题日益突出。整体上新型农业经营主体的辐射力较强，所接纳的劳动者数量远超过家庭人口数，说明现阶段农业经营摆脱了传统模式下生产动力不足的局限，并且对外界成员产生了一定的吸引力。当前，新型农业经营主体为农村人民提供了至少 19990.79 万个就业岗位，中国农村人口数大约是 58973 万人，这意味着促进了 33.90% 的农村居民就业。但是劳动力质量问题仍然棘手，"老弱化""妇女化"的特征无法回避，"高精尖"人才短缺难以解决，农业生产很难向依靠资本拉动和技术推动的模式靠拢。造成这种现象的主要原因有农业的作业性质、工作场所以及薪酬待遇对农业技术人员的吸引力较小；家庭联产承包责任制的负面效应导致市场在准入与退出方面存在"短板"，最终造成人才缺失和内部运行失调；政府"看得见的手"存在"放"与"管"的矛盾，城镇化和农业现代化之间难以权衡。

"融资难"问题亟待解决。新型农业经营主体培育的资金不仅靠自身多年来的积累，更多地依赖于政府的财政支持和信贷规模，因此农村金融体制改革滞后不容忽视。汪发元（2015）认为：首先，财政支农拨款存在摩擦性错配，出现拿到补贴款的人不耕地，而真正耕地的人却得不到补贴的困境；其次，大多数专业大户、家庭农场和合作社实力弱小，就算是龙头企业也存在"大"而"空"的现象，因此融资可抵押的资产较少，难以获得正规金融机构的信贷支持，与此同时政府所提供的唯一一家农业政策性贷款银行涉及面不够广泛、支持力度缺乏，使农

---

① 《中共中央　国务院关于深入推进农业供给侧结构性改革　加快培育农业农村发展新动能的若干意见》，中国政府网，http：//www.gov.cn/zhengce/2017－02/05/content_5165626.htm。

业研发因资金短缺而停滞不前的现象屡屡发生。可见，经营主体要想实现实质性的发展必须突破"融资难"的束缚。

"土地流转"要深得民心。各生产经营主体无一例外都需要高质量、连片的土地进行统一耕织，这就需要农户将自有土地流转出来或以农地入股的形式参与到生产建设中。现阶段导致土地流转不畅主要的原因集中在以下几个方面。张广辉、方达（2018）认为：一是土地租金，地租是农民维持正常生活的"铁饭碗"，同时又是生产者投入的生产要素，农民对地租的高期望值与经营主体的低成本之间存在矛盾；二是缺乏信任度，在城镇化的过程中一度出现农地就算荒芜也不愿意流转的现象，以土地入股的农民合作社面临着土地经营权界定模糊的难题，即"分不清"的经营权困境；三是缺乏规范化的土地流转协议和健全的法律保障机制，实际中经营主体与农户之间大多达成是口头协议，造成农户对收益分配问题存在疑虑，同时合同各方均以追求自身利益最大化为目的，因此就算有农业合作社的介入也难以摆脱信息不对称与信息不完全带来的福利损失。

"农业技术水平"发展滞后。新型农业经营主体是现代农业技术推广的中坚力量。值得注意的是，农业技术水平不单单指机械化设备的投入，而是职业农民、互联网覆盖、及时性的信息共同作用的结果。但当前技术发展存在很大的不平衡，只有龙头企业和农民合作社技术化水平较高，而专业大户和家庭农场未能及时赶上现代化农业的"快车"。一方面，高端技术的采纳需要雄厚的资金基础；另一方面，信息接受能力存在差异性，由传统农户发展而来的专业大户和家庭农场主惧怕现代技术存在"风险"，经营模式较为"死板"。

可见，正处于发育初期的新型经营主体在运行方面普遍存在规模较小、运行能力不够规范等众多问题，造成"空壳""冒牌"的假象时而出现。此外，体制机制的不健全也制约着新型农业经营主体的发展，主要集中在内在机制不完善和外在扶持力度不充分两个方面。具体来看，一是"现代企业管理制度"有待完善。新型农业经营主体作为独立的组织机构应使用规范化的生产经营模式，设置财务机构，不仅利于核定当前的生产经营情况，判断企业未来的发展走向，还可作为农户是否决定加入组织的参考依据。然而从现实角度看，设有专职会计进行独立核算的新型农业经营主体少之又少，企业管理制度的发展缓慢与构建健全的经营主体组织模式不匹配。二是农业保险机制不健全。农业生产依赖于"风调雨顺"，因此市场需求、气候变化等多种因素的制约导致第一产业不确定性和风险性较高，需要农业保险来间接降低自然灾害造成的财产损失。在实际中，农民由于文化水平较低，缺乏参保意识，认为保险是一种形式大于实质的"虚假性"保障，但造成这种现状的另一层原因是现有的农业保险体制不够规范，当遇到风险时保险机构未能完全达成承诺而采取"踢皮球"的方式推卸责任。三是政府出台的相关政策落实不到位。政府往往按照"谁种田谁受益"的原则针对当前社会存在的问题及时提出解决方案，并给予相应的扶持。但在政策与优惠实际落实中，经常出现资金"拦截"、优惠"减半"的现象，这是体制机制内监督系统不规范导致的。先不考虑扶持力度的大小，单从政策的运行效率看，被扶持对象并没有得到实际补贴必然会降低生产的积极性，导致有能力的人逐渐退出体系，进一步恶化了农业生产的低效率。

三、各类新型农业经营主体的基本特征

与传统农业生产方式相比，新型农业经营主体重在将工业的集约化引入农业生产，突破自给自足的小农生产理念，向市场上提供更多的满足人们生活需求的高质量产品。当前学者主要从两个角度对新型农业经营主体进行划分。单体论者认为任何时期"三农"问题都是全党的重中之重，而农民作为"三农"问题的核心，无论农业经营体制如何创新，农民始终具有农业生产的话语权，真正的主体还是农户（陈锡文，2016）。但多数学者认为新型农业经营主体的经营方式应从多体论的角度进行划分。专业大户特指专门从事某一农产品生产的农户（杜志雄、王新志，2013），具有一定的生产规模和组织优势，当前主要集中于种植和养殖两个领域。通常认为，专业大户是新型农业经营主体培育的雏

形，通过农地流转实现对土地的集中管理，有利于规模化的经营与集约度的提升。但由于租用土地、雇佣工人消耗了大量资本，盈利空间受限，规模经营不稳定，因此专业大户无力对农业新技术和大型机械设备进行投入，并且很难得到信贷机构的支持。家庭农场是制度化、规范化的专业大户。首先，家庭成员作为主要的劳动者获得独立的法人资格，能够保障稳定的资金流入（翁贞林、阮华，2015）；其次，机械化水平和土地的利用效率的提高稳定了农产品的供给。可见，家庭农场是当前最适合国内发展现状的新型农业经营主体，为职业农民的培育创造了良好环境。农民合作社是生产经营者遵循"自愿联合、民主管理"的原则上建立起来的"中介"机构，通过互惠互利实现同类或相关产品与服务在生产上的联结，有利于优化资源配置，实现规模经济（张照新、赵海，2013）。农民合作社以其成员为主要服务对象，其核心就是通过负责土地承包及流转事宜实现集体资产管理，在各生产成员之间优势互补、生产互助的生产模式下，打造出地区特色产业，从而促进产地市场的形成，解决小生产和大市场的矛盾（江维国，2014）。但"能人领导"的组织模式使合作社主体之间信用"缺失"，对政府引导和扶持的依赖性较强。此外，在遇到需要用剩余控制权分配进行决策时，"以地入股"和以其他形式资产（如资本、技术）入股的农民利益诉求可能不同，加剧了社员间的"矛盾"。农业龙头企业是指通过给予农户一定的优惠力度，与农户之间建立较为稳定的产销关系的盈利性法人组织。一体化的经营方式有利于农产品精心加工、延长农业产业链、提高农业比较收益、组织带领中国农产品参与国际竞争。可见，龙头企业在物质投入、人力资本、技术开发等方面的优势是其他经营形式和组织方式难以复制的（张宇红，2018），容易形成自己的品牌优势，在推动农业供给侧结构性改革阶段起到引领作用。综上所述，新型农业经营主体侧重于以社会化服务为手段，以实现利润最大化为目的，通过参与土地流转二级市场的培育与建设解决政府职能在农业领域的弱化与异化问题。

基于上述分析，各类新型农业经营主体的培育在生产要素投入与资源配置方面呈现出不同的特点，如表17－1所示。

表 17-1　　　　　　　　　各类新型农业经营主体的指标比较

类型	法律地位	劳动力投入	资本投入	土地流转	技术水平
专业大户	通过土地流转，进行规模化生产、集中性管理的农户	以雇佣长期、短期劳动力为主	自有资金是主要资金来源，且生产经营的不稳定性造成集资难	相对稳定，流转流程不规范，流转时间以1~3年短期为主	机械化程度低，且对于农业技术投入较少
家庭农场	在农地农工商部门注册或者农业部门认定过的法人组织，以市场化为向导，实行规模经营、家族式管理	家庭成员为主要劳动力，少量雇用长工或季节工（翁贞林、阮华，2015）	规范化的经营模式使信贷信誉较高，资金整体规模有限	土地租赁期一般在5年以上，生产经营较稳定	机械设备的引入缩短了产品生产周期；职业农民的培育产生了学习效应，降低了生产成本
农民合作社	按照"自愿联合、民主管理"的原则将提供同类或相关农产品的生产农户进行归集，形成了专业化的合作组织	以农民合作经营为主，少量雇用劳动力	分不清的经营权易使得产权分配模糊，但较大的生产规模为集聚资金提供了保障	农户间合作依附于"能人领导"，合作稳定性受人制约	生产模式容易形成产业特色，进而提高生产效率
农业龙头企业	通过实行一体化经营，成为连接市场与农户的纽带	生产规模大，以雇佣劳动力为主	自身基础资金雄厚；政府提供的通用性金融作用效果不明显；抵御风险能力较强，信贷信用良好	企业与农户契约存在信息不对称，土地流转易受农户主观意识的影响	机械化程度高、高技术人才相对集中，易形成品牌优势

第三节　新型农业经营主体培育水平测度

一、指标评价体系的构建

本章从影响农业生产的广义因素入手，建立新型农业经营主体的指标评价体系，将直接影响经济效益的因素作为备选指标，其他与之相关联的因素（如产品质量、生态效益等）根据实际评价的需要进行细分作为辅助性或参考性指标。最后针对不同自然条件、地理环境、人文背景下的新型农业经营主体的培育做出指标调整，使体系更加合理、完整。

1. 相关指标及其含义

（1）劳动力资源。

①劳动产出率。劳动产出率是指劳动者在单位时间内创造的商品数量或者生产单位商品所耗用的时间，是反映一个部门或者一个地区劳动生产效率最直接的经济指标（黄祖辉、林本喜，2009）。新型农业经营主体的劳动生产率就是在各种类型的农业经营企业中，劳动工人单位时间内所创造的最终产品的市场价值。间接来看，农业生产的目的是生产出来的最终农产品满足消费者的生活需求，因此也可以将单位劳动力所负担的人口数作为衡量指标，计算每一类型的经营主体所能"养活"人口的最大值。

$$\text{劳动生产率} = \frac{\text{生产农产品数量（或产值）}}{\text{劳动时间}} \text{（其倒数即农业劳动消耗系数）}$$

（17.1）

②劳动力组成结构。农业劳动的组成不仅可以通过一个区域内农村劳动人口占总人口的数量来判定当地农民的就业情况，也可以通过新型农业经营主体内的高端人才、职业农民所占的比重，反映出当前农业生产的技术水平，进而对经营体系的管理水平、融资情况、农产品质量做出初步判断。

（2）资本投入。

①资金利用率。资金的流动速度称为资金利用率。资金流动速度越快，资金利用率就越高，给生产者带来的经济效益越大；相反，资金流动速度越慢，资金利用率就越低，给生产者带来的经济效益越小。在此，我们采用两个指标进行测度，一是资本的边际收益，即增加一单位的资本投入所带来收益的增加量；二是金融支农效率，将金融机构在人力、物力、财力方面的投入进行量化，并通过经营业绩加以衡量（王定

祥等，2013）。

②资金来源。农村金融的数量和质量决定了农业生产的可持续性。各经营主体开展农业生产经营项目时需要一定的前期投入，除了来自自身家庭财富积累之外，主要借助于融资。金融支持在新型农业经营主体培育的过程中发挥着举足轻重的作用。当前，农村金融主要借助以政府补助支持为主，银行信贷和民间借贷为辅的双重融资渠道，为传统模式下的小农生产提供了必要的资金来源（林乐芬、法宁，2015）。然而，对于从事规模经营的新型农业经营主体而言，信贷基础较强，可以通过获得金融政策支持的农户占总农户的比重、金融服务的网点密度、农业贷款总额增长率、贷款利率的变动率等指标来判断当前的融资环境。此外互联网金融的介入打开了金融供给的新渠道，使经营主体个性化、碎片化的金融需求得到满足。

（3）土地使用。

①土地产出率。土地产出率是指一定时期内单位种植面积的产量（或产值），是衡量某一生产领域综合生产力能力的经济性标尺（黄祖辉、林本喜，2009）。各类新型农业经营主体在土地产出率上的表现大不相同，因此可以将该指标视为评价土地资源利用水平的指标。

$$土地产出率 = \frac{生产农产品数量（或产值）}{耕种面积} \qquad (17.2)$$

②土地流转率。新型农业经营主体较传统农户相比，最明显的特征就是耕地面积变大了，从以往零散化、小规模的生产经营模式向获取高质量、集约度高的土地转变。在实践中，影响土地流转的因素主要集中在土地的租金、农民的参与度、农民的收益度等方面。

（4）技术创新。

①技术的贡献率。由于在核定技术贡献率时，很难将技术水平给予量化，因此可以借助索洛余值进行判断。在无摩擦的金融市场环境下，生产取决于资本投入、劳动投入和技术水平，最优产量可以用柯布道格拉斯生产函数表示为：

$$Y = AL^{\alpha}K^{\beta} \qquad (17.3)$$

其中，Y 代表生产总值，L、K 分别代表劳动与资本的投入量，α、β 分别代表劳动与资本在生产中所占的份额。

因此全要素生产率为剔除了劳动贡献率、资本贡献率以外的其他因素（这里指技术水平）所带来的经济增长率。即：

$$g_Y = g_A + \alpha g_L + \beta g_K \tag{17.4}$$

其中，g_Y、g_A、g_L、g_K 分别表示产出增长率、全要素生产率、劳动贡献率及资本贡献率。

②技术覆盖情况。与传统农户相比，新型农业经营主体另一个比较优势就是技术投入显著提高，通过先进生产要素带动农业经营效益。集成优化的产业模式是未来农业发展的走向，对此可以将专业技术人员占比、职业农民占比、机械化水平、农民的教育培训经费、互联网的应用等作为判断当代农业现代化技术水平的衡量指标。

2. 指标层次划分

新型农业经营主体的评价指标体系主要分为三类：一是主导性指标，即经济效益，它是高效生态现代农业内涵的根本体现，也是实际评价经营业绩时采用的最直接表现形式。由于在新型农业经营主体的生产经营过程中，劳动、资本、土地、技术水平为主要的生产要素，因此经济效益可以从劳动产出率、资金利用率、土地产出率、技术贡献率的角度进行评价，将每一种生产要素所发挥出来的作用给予量化，通过比较大小分析出最优的影响因素。二是辅助性指标，即主导性指标的细化与延伸，反映了新型农业经营主体的社会效益并集中体现在农产品给人们带来的满足程度上。三是参考性指标，是影响农业生产效益但不直接反应经营主体生产效益的指标，主要包括劳动保障、资金保障、土地保障和技术保障。具体如表 17 - 2 所示。

在此需要强调的内容包括：指标的筛选并不是严格的，应根据实际需要进行补充或设置替代性指标；由于新型农业经营主体自身条件的差异性，在进行各影响因素权重分析时，对于在不同主体中差距较大的指标应该分开核算；新型农业经营主体评价指标体系不是唯一的，本章主要从生产要素的角度进行构建。

表 17 - 2 新型农业经营主体指标评价体系

	影响因素	指标	含义
新型农业经营主体的指标评级体系	劳动力资源	劳动产出率	单位劳动时间产值 每个劳动力负担的人口数	经济效益
		劳动力组成结构	农业劳动参与率 各年龄段所占比重 性别比例 技术人员、高学历人员、管理人员所占比重 农民收入水平	劳动保障
	资本投入	资金利用率	资本投入的边际效益 金融支农效率	经济效益
		资金来源	政府的农业补贴 民间信贷 金融信贷 互联网融资	资金保障
	土地使用	土地产出率	单位耕地面积产量（或产值） 单位农业用地面积产量（或产值） 单位播种面积产量（或产值）	经济效益
		农业土地流转	农户入股 土地的租金 农民的参与度 农民的受益度	土地保障
	技术创新	新技术贡献率	农业科技成果转化率 农业成本降低比率 高质量农产品占比	经济效益
		技术覆盖率	农业机械化水平 技术人员占比 农民的教育培训经费 互联网覆盖率	技术保障

二、层次分析法视角的新型农业经营主体的培育水平测度

1. 拓展的层次分析法

常规情况下，判断多种变量对一种变量的影响效果时，通常建立计量模型，通过搜集大量数据进行拟合优度检验。新型农业经营主体的培

育是受劳动力、资本、土地、技术水平等多方面因素影响的决策性问题，具有无结构、离散等特点，参考性指标不会直接反应农业生产的经济效益，也就是说无法判定农业收入中各项指标具体的贡献率，对此本章引入层次分析法。层析分析法（AHP）是针对多因素复杂系统提出来的，通过分析在决策过程中难以定性、定量的解释变量对被解释变量的影响程度，利用严格的评判标准人为地赋予权重，体现了经营者的决策机理（甫永民、姜法竹，2012），具有较强严谨性。

第一，形成多层次评价指标体系。多层次指标评价体系以总指标为主线，每一层的影响因素均受到下一层指标的制约，以此类推，形成一个多层次的树状图，如图 17 - 1 所示。

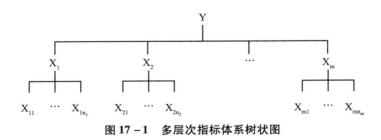

图 17 - 1　多层次指标体系树状图

第二，构造判断矩阵。引入判断两个指标相对重要性的判断尺度与评价规则，相对于同一目标指标，进行 1 ~ 9 标度法的重要性分析，如表 17 - 3 所示。

表 17 - 3　　　　　　　　层次分析法指标评价尺度

判断尺度	评价规则
1	同等重要
3	稍微重要
5	明显重要
7	强烈重要

判断尺度	评价规则
9	极端重要
2，4，6，8	介于上述两相邻判断尺度中间

资料来源：甫永民、姜法竹：《基于层次分析法的黑龙江垦区现代农业发展模式分析》，载于《农业技术经济》2012 年第 9 期。

对于同一目标层，由各指标 X_1，X_2，$\cdots$，X_m 之间两两比较得到判断值 a_{ij}，$a_{ij} = \dfrac{1}{a_{ij}}$（$i$，$j = 1$，$2$，$\cdots$，$m$），则有判断矩阵 $A = (a_{ij})_{m \times m}$。

第三，计算各指标权重。根据判断矩阵计算本级要素相对于上一级要素的权重系数，即根据 $BW = \lambda_{max} W$ 求出判断矩阵的最大特征根 λ_{max} 以及所对应的特征向量 W。具体计算步骤如下：

①将判断矩阵的每一列标准化：

$$\overline{a}_{ij} = \frac{a_{ij}}{\sum\limits_{i=1}^{m} a_{ij}}，i，j = 1，2，\cdots，m \tag{17.5}$$

②经过标准化后的判断矩阵按行相加得到特征向量：

$$\overline{w}_i = \sum_{i=1}^{n} \overline{a}_{ij}，j = 1，2，\cdots，m；特征向量 \overline{W} = (\overline{w}_1，\overline{w}_2，\cdots，\overline{w}_m)^T \tag{17.6}$$

③将特征向量标准化：

$$w_i = \frac{\overline{w}_i}{\sum\limits_{i=1}^{m} \overline{w}_i}，i = 1，2，\cdots，m，W = (w_1，w_2，\cdots，w_m)^T$$

$$即为所求的特征向量 \tag{17.7}$$

④计算最大特征根：

$$\lambda_{max} = \sum_{i=1}^{m} \frac{(AW)_i}{mw_i} \tag{17.8}$$

其中，$(AW)_i$ 表示向量 AW 的第 i 个分量。

⑤一致性检验。由于判断矩阵的构建是人为的进行排序，存在考虑

不充分、设计范围不全面等缺陷，因此所得结果带有主观认知，需进行一致性检验判断权重是否合理，若未通过一致性检验，需重新分配权值，直至通过。其检验公式为：

$$CR = \frac{CI}{RI} \tag{17.9}$$

其中，CR 为判断矩阵的随机一致性比率；RI 为判断矩阵的平均随机一致性指标（如表 17 – 4 所示）；CI 为判断矩阵的一致性指标，且 $CI = \frac{1}{m-1}(\lambda_{max} - m)$，$\lambda_{max}$ 为最大特征根，m 为判断矩阵阶数。当 CR < 0.1 时表明判断矩阵通过一致性检验。

表 17 – 4   平均随机一致性指标

阶数	1	2	3	4	5	6	7	8	9
数值	0.00	0.00	0.58	0.90	1.12	1.24	1.32	1.41	1.45

资料来源：甫永民、姜法竹：《基于层次分析法的黑龙江垦区现代农业发展模式分析》，载于《农业技术经济》2012 年第 9 期。

⑥同量，计算每个一级指标下各二级指标的判断矩阵。

$B^{(i)} = (b_{ki}^{(i)})_{n_i \times n_i}$，特征向量 $W^{(i)} = (w_{i1}, w_{i2}, \cdots, w_{im})^T$，最大特征根为 $\lambda_{max}^{(i)} = \sum_{k=1}^{n_i} \frac{(B^{(i)}W^{(i)})_k}{n_i W_k^{(i)}}$，并进行一致性检验：$CR^{(i)} < 0.1$，$i = 1$，2，$\cdots$，m。

⑦在各层次的权重向量一致性检验均通过后，计算出二级指标对总目标的权重。

$$Q^T = (w^{(1)}, w^{(2)}, \cdots, w^{(m)})_{n \times m} W^T \tag{17.10}$$

2. 新型农业经营主体培育水平测度

（1）构建阶梯层次结构模型。新型农业经营主体培育指标可分为三个层面。一是目标层，即理想结果层。选择合适的新型农业经营主体培育模式。二是准则层，即约束层。新型农业经营主体的培育受到多种因素的制约，我们主要考虑劳动力、资本、土地流转、技术水平四个基本要素，并假设四种要素在推动新型农业经营主体培育的过程中同等重要。三是方案层，即备选模式层。现阶段新型农业经营主体的培育模式主要有专业大户、家庭农场、农民合作社、农业龙头企业。层次结构如图 17-2 所示。

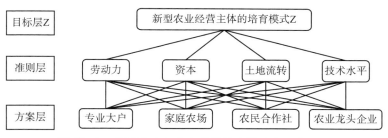

图 17-2　新型农业经营主体的培育模式多层次结构

（2）构造判断矩阵。基于上述对新型农业经营主体不同培育模式的特点分析，可以看出不同类型的经营模式对生产要素的需求不同。为了使每一个衡量指标更客观公正，本章以《2017 年新型农业经营主体发展指数调查报告》为依据，将指标层对方案层的影响力进行排序。在劳动力需求方面，以对农户的辐射带动作用为依据。当前新型农业经营主体的影响力不断扩大，逐渐获得了农户的信任。调研数据显示，大部分农业经营主体已与农户建立基本的利益联结机制。从横向看，不同新型农业经营主体对农户的影响力不同，其中农民专业合作社的表现最佳，家庭农场带动作用相对逊色。数据显示，平均一个家庭农场带动7.48 个农户，比农业龙头企业带动规模少 64.47%，比农民专业合作社带动规模少 85.83%。① 在资本结构方面，以资产负债率为主要衡量指标，即利用期末负债总额在资产总额中所占的比重反映了所有者权益与债权人权益的比例关系，控制资产负债率在合理区间内有利于经营绩效

①　经济日报社中国经济趋势研究院新型农业经营主体调研组：《新型农业经营主体发展指数调查（二期）报告发布——新型农业经营主体社会绩效凸显》，http：//www. ftrend. com. cn/article/4681/detail。

和发展前景。调查显示，资产负债率最大的是家庭农场，其次是种养大户、农业龙头企业、农民专业合作社，四类经营主体 2015 年资产负债率依次为 10.6%、9.59%、9.45% 与 5.77%。[①] 其可能存在的原因是相对于其他的经营主体而言，家庭农场和专业大户的生产规模小，需要的资金投入较少。在土地流转方面，以土地租赁期为依据。从上述新型农业经营主体的特点分析可知，专业大户的土地流转相对稳定，流转时间以 1~3 年短期为主；家庭农场的生产经营的稳定性较强，土地租赁期达到 5 年以上；农民合作社的稳定性基于各主体农民群众的积极性，由于人们自愿的加入该互助性经济组织，土地流转、土地入股也必须坚持自愿有偿；农业龙头企业与农户契约不完全，具有高度的不确定性。在技术水平方面，以高学历人员所占比重和人均电脑拥有量表示高技术人才和信息化覆盖程度。一方面，出于龙头企业实行选拔制的用人方式，让有能力的人胜任工作，使得其"精英化"特质突出，高中及以上学历的人数达 25.27%，其次核心社员的榜样力量促使合作社成员整体文化水平偏高达到 25.22%。相比之下，家庭农场和专业大户不注重人才的培养，造成高学历人才占比差距较大，分别为 7.70% 和 5.88%；另一方面，解决新常态下"三农"问题需要借力"互联网"，利用互联网信息透明、时效性高的特点拓宽销售渠道，当前新型农业经营主体数字化办公的硬件配备总体状况良好，人均电脑拥有量高于全国平均水平 1.52 倍，其中龙头企业、农民合作社、家庭农场、专业大户平均每人拥有电脑量为 7.0631、0.7399、0.3855、0.3389。[②]

基于上述分析，可以看出不同类型的经营主体在要素使用的表现力方面各有千秋，且影响程度存在很大差距，如表 17-5 所示。

---

① 经济日报社中国经济趋势研究院新型农业经营主体调研组：《新型农业经营主体发展指数调查（五期）报告发布——经营发展良好，经济绩效较高》，http://www.ce.cn/xwzx/gnsz/gdxw/201709/13/t20170913_25930895.shtml。

② 经济日报社中国经济趋势研究院新型农业经营主体调研组：《新型农业经营主体发展指数调查（四期）报告发布——中高学历人员增多，金融支持尚显不足》，http://www.sohu.com/a/156983960_774224。

表 17 - 5　　　　　　　　　　　新型农业经营主体的横向比较

影响因素	排序
劳动力需求	农民合作社 > 农业龙头企业 > 专业大户 > 家庭农场
资本结构	农民合作社 > 农业龙头企业 > 家庭农场 > 专业大户
农地流转的稳定性	家庭农场 > 专业大户 > 农民合作社 > 农业龙头企业
技术水平	农业龙头企业 > 农民合作社 > 家庭农场 > 专业大户

根据层次分析法指标评价尺度，对不同的影响因素分别构造判断矩阵，如表 17 - 6 所示。

表 17 - 6　　　　　　　　　　　　　判断矩阵

（a）方案层对劳动力需求的判断矩阵 A_1			
A_1	专业大户	家庭农场	农民合作社	农业龙头企业
专业大户	1	3	1/5	1/3
家庭农场	1/3	1	1/7	1/5
农民合作社	5	7	1	3
农业龙头企业	3	5	1/3	1

（b）方案层对资本的判断矩阵 A_2			
A_2	专业大户	家庭农场	农民合作社	农业龙头企业
专业大户	1	1/3	1/7	1/5
家庭农场	3	1	1/5	1/2
农民合作社	7	5	1	4
农业龙头企业	5	2	1/4	1

（c）方案层对土地流转的判断矩阵 A_3			
A_3	专业大户	家庭农场	农民合作社	农业龙头企业
专业大户	1	1/2	4	6
家庭农场	2	1	5	7
农民合作社	1/3	1/4	1	3
农业龙头企业	1/6	1/7	1/3	1

续表

<table>
<tr><td colspan="5" align="center">（d）方案层对技术水平的判断矩阵 A₄</td></tr>
<tr><td align="center">A₄</td><td align="center">专业大户</td><td align="center">家庭农场</td><td align="center">农民合作社</td><td align="center">农业龙头企业</td></tr>
<tr><td align="center">专业大户</td><td align="center">1</td><td align="center">1/2</td><td align="center">1/5</td><td align="center">1/7</td></tr>
<tr><td align="center">家庭农场</td><td align="center">2</td><td align="center">1</td><td align="center">1/4</td><td align="center">1/6</td></tr>
<tr><td align="center">农民合作社</td><td align="center">5</td><td align="center">4</td><td align="center">1</td><td align="center">1/3</td></tr>
<tr><td align="center">农业龙头企业</td><td align="center">7</td><td align="center">6</td><td align="center">3</td><td align="center">1</td></tr>
</table>

（3）计算判断矩阵的特征向量、最大特征根，并进行一致性检验。利用"和积法"构建特征向量并计算权值，如表 17 - 7 所示。

表 17 - 7　　　　　　　　各类新型农业经营主体的权重比较

方案层	判断矩阵 A$_1$	判断矩阵 A$_2$	判断矩阵 A$_3$	判断矩阵 A$_4$
专业大户	0. 1219	0. 0568	0. 3225	0. 0605
家庭农场	0. 0569	0. 1302	0. 4989	0. 0945
农民合作社	0. 5579	0. 5918	0. 1252	0. 2772
农业龙头企业	0. 2633	0. 2212	0. 0534	0. 5678
一致性	$\lambda = 4.1185$	$\lambda = 4.1240$	$\lambda = 4.2184$	$\lambda = 4.0999$
检验指标	CI = 0. 0395	CI = 0. 0413	CI = 0. 0728	CI = 0. 0333

同理，计算准则层对目标层的影响程度。由于假设新型农业经营主体的培育需要四个因素共同发挥作用，且影响的效果相同，对此可以得到以下判断矩阵，如表 17 - 8 所示。

表 17 - 8　　　准则层内各新型农业经营主体间形成的判断矩阵

Z	A$_1$	A$_2$	A$_3$	A$_4$		指标
A$_1$	1	1	1	1	1/4	
A$_2$	1	1	1	1	1/4	$\lambda = 4$
A$_3$	1	1	1	1	1/4	CI = 0
A$_4$	1	1	1	1	1/4	CR = 0

由于各判断矩阵均满足 CR < 0.1，因此我们认为判断矩阵均具有满意的一致性，即权重分配合理。

（4）层次总排序。基于上述分析，可以计算出方案层的每一个指标对目标层的影响程度，如表 17 - 9 所示。

表 17 - 9   新型农业经营主体指标评价体系的权重分析结果

层次 A	层次 Z				总排序权重	方案排序
	0.25	0.25	0.25	0.25		
专业大户	0.1219	0.0568	0.3225	0.0605	0.1404	4
家庭农场	0.0569	0.1302	0.4989	0.0945	0.1951	3
农民合作社	0.5579	0.5918	0.1252	0.2772	0.3881	1
农业龙头企业	0.2633	0.2212	0.0534	0.5678	0.2764	2

（5）结果分析。根据上述计算结果可知，在"市场—政策"的双重目标导向下，农民合作社和农业龙头企业的发展势头较大，是实现"乡村振兴"的重要参与者、贡献者和引领者。具体来看，农业龙头企业之所以成为农业技术创新的"领头羊"，主要原因在于其对市场有灵活的应变能力以及强大的新事物接受能力；较大的生产规模以及对资金、信息、关键技术、高端服务上的掌控能够让生产者打破信息不对称以很好的应对市场需求变化，可见龙头企业在提升产业链的竞争力和供给链的实时性方面存在很大潜力。农民合作社有效地解决了农业大规模生产与人多地少的矛盾，通过土地入股的形式使得每个农民都成为合作社的"股东"，增强了普通农户现代化农业发展和农业产业化经营的能力，因此在人员调动方面表现突出。

强调农业企业和合作社经营的带动作用不是忽视专业大户和家庭农场的影响力。据调查报告显示，由于专业大户和家庭农场更多的趋向由家庭成员进行农业经营，较强的责任感使得销售净利润率相对较大，发展潜力不容小觑。可见，培育新型农业经营主体不能将其截然分开成独立个体，而是应按照适用性、有效性以及可持续性原则（汪艳涛等，

2015），选择合理的运作模式，充分发挥不同经营主体在不同领域和环节的优势作用，使其成为一个紧密交织、实现功能最大化的有机整体。现阶段，实现产业化的新型农业经营主体的运作模式主要有"公司＋农户""公司＋中介组织＋农户""股份合作制"等，形成了一个农工商一体化的产业链和"风险共担，利益共享"的利益共同体。

第四节　提升新型农业经营主体培育水平的政策建议

一、提高劳动者素质

随着新型技术与现代农业的融合，农业的发展不再是廉价劳动力的平铺，农民也需要专业化，需要技术，需要门槛。有效的劳动力不仅使生产效率得到提高，形成系统化的管理体系，更深层面上看，会提高产品的生产质量，增强市场竞争力。因此我们可以从以下几个方面入手：一是培育具有匠人精神的职业农民。新型农业经营主体的培育理念正符合实际发展的需要，就是让能胜任、有能力的人得到赏识，充分发挥"干中学"的规模经济效应。因此应加强对传统劳动力知识和技术的培训，提高教育经费的投入，尤其针对种植大户和家庭农场，让每一个农户不仅有丰富的农耕经验，还掌握最先进的生产经营技术。试想如果我们国家每一个地区的绝大多数农民都具有"企业家精神"，那么小康社会美好蓝图的实现便指日可待。二是吸引"高精尖"人才走进农村。当前国内人才储备集中在军事、互联网、金融等领域，农业技术人员相对匮乏，对此我们可以借力农业类高校的优势，培育一批优秀的青年农民企业家。与此同时，鼓励高校教师与农村经营主体之间建立利益联合机制，一方面有利于教师将课本上的知识获得实践的检验，从而更好地传授给学生，促进人才的培养；另一方面知识分子的介入使农业生产者能够及时看到现实存在的问题及未来农业发展的趋势走向，并找到切实可行的解决方案。

二、拓展融资渠道

资金问题一直以来就是农业生产的瓶颈，加快农村金融改革，摆脱农业发展的"拦路虎"。一是完善农业信贷体制机制。信贷规模是"融资难"的根源，从金融机构的放贷角度看，对于经营业绩突出、信誉度高的种植大户和家庭农场，应适当降低信贷门槛、扩大担保物范围；对于生产规模大、资信状况良好的农业企业实行优惠贷款利率，简化贷款程序，从而降低信贷成本（王吉鹏等，2018）。从对农户的金融支持角度看，由于新型农业经营主体整体的资金规模有限，对农户进行直接信贷只起到杯水车薪的作用，因此应加大以农资赊销、借贷担保的力度，摆脱农户资金受限的约束。二是支持经营主体投保。各保险机构应针对各种类型的经营主体设计不同类型的保险产品、扩大投保范围、加强赔偿力度，让保险成为农户抵御农业风险的最优选择方式。此外，应加农业项目政策保险的落实，以应对特大自然灾害（汪发元，2015）。

三、健全土地流转机制

合理的农业生产需要以土地的集约化、规模化为根基，实现这一目标就需要在城镇化推动农村人口向城市转移的同时，积极引导人们把土地流转出来，并且达到转移群体的预期效用。一是规范土地承包经营权体系。党的十九大报告强调"保持土地承包关系稳定并长久不变，第二轮土地承包到期后再延长三十年"①，这一提法稳定民心的同

---

① 《决胜全面建成小康社会 夺取新时代中国特色社会主义伟大胜利》，中国政府网，http://www.gov.cn/zhuanti/2017-10/27/content_5234876.htm。

时，更有利于土地流转的推进。在上述指标评价体系的分析中可以看到，如果承包期过短，农民会不重视土地的养生休息，甚至会出现掠夺式的经营，可持续发展性不强；相反较长的经营权限促使生产经营方式向合作社和农业企业转变，从而带动了生产经营效率。二是与农户签署规范化的合作协议。建立权责分明的产权制度（张秀生、单娇，2014）、加强地租体系的透明度有利于抑制信息不对称导致的套利现象，从而保障农民的利益，使农民更加意愿将土地流转出来进行集体经营。

四、利用技术优势带动产业链发展

一直以来农业生产呈现出"大而不强"的特点，不仅在于有限的资源禀赋承担着世界将近 1/5 的人口，其根本原因还是农业现代化发展的滞后，技术的封锁、人才的匮乏。对此，新型农业经营主体应准确把握市场方向，利用"互联网＋"、人工智能带来的科技优势，让农业生产不再是"简单粗放型劳动力"的象征，而是一个存在"含金量"的朝阳产业。一是要借力"大数据"的信息优势。"大数据"时代的到来无疑是人类史上一次"智"的飞跃，通过分析所搜集的海量信息，精准地把握事物的特征，并对未来的发展趋势进行可行性分析，其"廉价、迅速、优化、及时性"的特点让各领域都享受到了科技所带来的红利，农业也不例外。因此新型农业经营主体要积极引进并充分利用该项技术，例如通过分析土地条件、天气状况、环境资源种植最适合生长的农产品；分析市场的需求结构及变动趋势决定当年的产量，这样一方面可以避免农民因市场信息不流通造成的产能过剩或供不应求，也可以提高生产要素的边际报酬，以达到"帕累托最优"的农耕状态。二是在产品质量上下功夫。在经济发展"新"常态的背景下，农业供给侧改革要求新型农业经营主体生产质量更高的农产品、生产符合市场需要的农产品，为持续增加农民收入、促进农村环境的改善、提高农村资源利用效率、保障粮食安全提供坚实基础（刘俊奇、周杨，2017）。当前存在一个普遍现象就是消费者对国内农产品质量不信任，"国外比国内的好"已经成为一种消费理念。作为一个粮食需求大国，生产适销对路的农产品是解决当前供求错配的关键。对此，我们可以利用技术优势严格把控生产的每一个环节，如物种的选择、农药的喷洒、灌溉的排量等，提高中国"饭碗"的健康层级，迎合大众的消费心理。

参 考 文 献

［1］［德］柯武刚、史漫飞：《制度经济学——社会秩序和公共政策》，商务印书馆 2000 年版。

［2］［美］A. 爱伦·斯密德：《财产、权力和公共选择——对法和经济学的进一步思考》，黄祖辉等译，上海三联书店、上海人民出版社 2007 年版。

［3］［美］V. W. 拉坦：《诱致性制度变迁理论》，载于《财产权利与制度变迁——产权学派与新制度学派译文集》，刘守英等译，上海三联书店、上海人民出版社 2011 年版。

［4］［美］埃里克·布鲁索、让·米歇尔·格拉尚：《契约经济学理论和应用》，王秋石、李国民、李胜兰译校，中国人民大学出版社 2011 年版。

［5］［美］埃里克·弗鲁博顿、鲁道夫·芮切特：《新制度经济学——一个交易费用分析范式》，姜建强、罗长远译，上海三联书店、上海人民出版社 2006 年版。

［6］［美］道格拉斯·C. 诺思：《制度、制度变迁与经济绩效》，杭行译，格致出版社、上海三联书店、上海人民出版社 2014 年版。

［7］［美］费景汉、古斯塔夫·拉尼斯：《劳力剩余经济的发展》，王月等译，华夏出版社 1989 年版。

［8］［美］罗伯特·S. 平狄克、丹尼尔·L. 鲁宾费尔德：《微观经济学（第 8 版）》，中国人民大学出版社 2013 年版。

［9］［美］罗纳德·H. 科斯：《新制度经济学》，载于《美国经济评论》2014 年第 88 卷第 2 期。

［10］［美］罗纳德·H. 科斯：《财产权利与制度变迁：产权学派与新制度学派译文集》，刘守英等译，格致出版社、上海三联书店、上海人民出版社 2014 年版。

［11］［美］罗纳德·H. 科斯：《论经济学和经济学家》，载于《财产权利与制度变迁——产权学派与新制度学派译文集》，刘守英等译，格致出版社、上海三联书店、上海人民出版社 2011 年版。

［12］［美］罗纳德·H. 科斯：《社会成本问题》，载于《财产权利与制度变迁——产权学派与新制度学派译文集》，刘守英等译，上海三联书店、上海人民出版社 2006 年版。

［13］［美］曼瑟尔·奥尔森：《权力与繁荣》，苏长和、嵇飞译，上海世纪出版集团 2000 年版。

［14］［美］托斯丹·邦德·凡勃伦：《有限阶级论——关于制度的经济研究》，蔡受百译，商务印书馆 1964 年版。

［15］［美］西奥多·W. 舒尔茨：《改造传统农业》，梁小民译，商务印书馆 2013 年版。

［16］［美］约拉姆·巴泽尔：《产权的经济分析》，费方域、段毅才译，上海三联书店、上海人民出版社 2006 年版。

［17］［美］约拉姆·巴泽尔：《国家理论》，钱咏、曾咏梅译，上海财经大学出版社 2006 年版。

［18］［南］斯韦托扎尔·平乔维奇：《产权经济学——一种关于比较体制的理论》，蒋琳琦译，经济科学出版社 1999 年版。

［19］［日］青木昌彦：《比较制度分析》，周黎安译，上海远东出版社 2001 年版。

［20］［日］速水佑次郎、神门善久：《农业经济论》，沈金虎等译，中国农业出版社 2003 年版。

［21］［印］阿玛蒂亚·森：《论经济不平等——不平等之再考察》，王利文、于占杰译，社会科学文献出版社 2006 年版。

［22］［印］阿玛蒂亚·森：《以自由看待发展》，任赜、于真译，中国人民大学出版社 2002 年版。

［23］包先康：《社会转型期农民意识的变化》，载于《华南农业大学学报（社会科学版）》2014 年第 2 期。

［24］蔡昉：《人口转变、人口红利与刘易斯转折点》，载于《经济研究》2010 年第 4 期。

［25］曹东勃：《家庭农场：一种激活本土性资源的有益尝试——基于松江楠村的调查》，载于《社会科学研究》2014 年第 1 期。

［26］曹瑞芬、张安录：《中部地区农地流转经济效益分析——基于湖北省 27 个村 313 户农户的调查》，载于《中国土地科学》2015 年第 9 期。

［27］常秀清、尉京红：《我国农地制度变迁与效率评价》，载于《农村经济》2006 年第 5 期。

［28］陈柏峰：《土地流转对农民阶层分化的影响》，载于《中国农村观察》2009 年第 4 期。

［29］陈利根、李宁、龙开胜：《产权不完全界定研究：一个公共域的分析框架》，载于《云南财经大学学报》2013 年第 4 期。

［30］陈禄青：《广西农民人均纯收入增长途径探讨》，载于《南方农业学报》2013 年第 8 期。

［31］陈明、陈泽萍：《加快农地流转与发展农业适度规模经营的政策选择》，载于《求索》2012 年第 6 期。

［32］陈胜祥：《农地"三权"分置的路径选择》，载于《中国农地科学》2017 年第 2 期。

［33］陈锡文：《把握农村经济结构、农业经济形式和农村社会形态变迁的脉搏》，载于《开放时代》2016 年第 3 期。

［34］陈锡文：《构建新型农业经营体系加快发展现代农业步伐》，载于《经济研究》2013 年第 2 期。

［35］陈小君：《我国农地法律制度变革的思路与框架——十八届三中全会〈决定〉相关内容解读》，载于《法学研究》2014 年第 4 期。

［36］陈晓华：《大力培育新型农业经营主体——在中国农业经济学会年会上的致辞》，载于《农业经济问题》2014 年第 1 期。

［37］陈耀东：《农地"三权分置"怎样与现行法律衔接》，载于《人民论坛》2017年第11期。

［38］陈志刚、曲福田：《农地产权制度变迁的绩效分析——对转型期中国农地制度多样化创新的解释》，载于《中国农村观察》2003年第2期。

［39］陈志勇、陈思霞：《制度环境、地方政府投资冲动与财政预算软约束》，载于《经济研究》2014年第3期。

［40］程开明：《从城市偏向到城乡统筹发展——城市偏向政策影响城乡差距的Panel Data证据》，载于《经济学家》2008年第3期。

［41］程世勇：《中国农村土地制度变迁：多元利益博弈与制度均衡》，载于《社会科学辑刊》2016年第2期。

［42］崔宝敏：《我国农地产权的多元主体和性质研究》，南开大学2010年博士论文。

［43］崔海峰：《山东省农民增收研究——基于农民收入水平以及结构的实证分析》，载于《农村经济与科技》2014年第10期。

［44］戴钧：《改革开放以来我国农民收入问题研究》，山西财经大学2011年硕士论文。

［45］戴青兰：《农地流转中政府缺位和越位问题研究》，载于《经济纵横》2010年第12期。

［46］单平基：《"三权分置"理论反思与农地承包经营权困境的解决路径》，载于《法学》2016年第9期。

［47］邓大才：《改造传统农业：经典理论与中国经验》，载于《学术月刊》2013年第3期。

［48］邓检、许玉贵、李立辉：《供求视角下中国农地流转绩效的实证分析》，载于《当代经济》2015年第3期。

［49］邓金钱：《政府主导、人口流动与城乡收入差距》，载于《中国人口·资源与环境》2017年第2期。

［50］董亚男：《有效政府角色的理论溯源与现实塑造》，载于《华北师大学报（哲学社会科学版）》2012年第5期。

[51] 杜奋根：《农地集体所有：农地"三权分置"改革的制度前提》，载于《学术研究》2017年第8期。

[52] 杜瑞赟：《农地流转对农民收入增长影响的实证研究》，贵州大学2016年硕士论文。

[53] 杜志雄、王新志：《中国农业基本经营制度变革的理论思考》，载于《理论探讨》2013年第4期。

[54] 范怀超、白俊：《农地非农化中利益主体博弈行为逻辑分析——以失地农民与地方政府为例》，载于《海南大学学报（人文社会科学版）》2016年第1期。

[55] 范慧：《弗里德曼对政府干预的批判及启示》，载于《山东科技大学学报》2010年第6期。

[56] 范利祥：《国土部调研征地改革：农民能否参与增值收益》，载于《21世纪经济报道》2006年6月23日。

[57] 方中友：《农地流转机制研究》，南京农业大学2008年博士论文。

[58] 封雨：《农村土地流转对农民收入影响的实证研究——以河南邓州为例》，载于《生产力研究》2014年第12期。

[59] 冯先宁：《论农地适度规模经营与制度创新》，载于《经济体制改革》2004年第3期。

[60] 冯英：《论土地征收过程中农民的权利配置与利益保护》，载于《北京科技大学学报（社会科学版)》2006年第4期。

[61] 冯招容：《农民收入增长的体制性障碍研究》，载于《农业经济问题》2003年第9期。

[62] 甫永民、姜法竹：《基于层次分析法的黑龙江垦区现代农业发展模式分析》，载于《农业技术经济》2012年第9期。

[63] 盖国强：《农村农地使用权流转研究——以山东省为例》，载于《中国软科学》2001年第5期。

[64] 高帆：《论二元经济结构的转化趋向》，载于《经济研究》2005年第9期。

［65］高飞：《农村农地"三权分置"的法理阐释与制度意蕴》，载于《法学研究》2016 年第 3 期。

［66］高广飞：《我国农民土地权益保护制度研究》，华中农业大学2012 年硕士论文。

［67］高海：《论农用地"三权分置"中经营权的法律性质》，载于《法学家》2016 年第 4 期。

［68］高强、孔祥智、邵峰：《工商企业租地经营风险及其防范制度研究》，载于《中州学刊》2016 年第 1 期。

［69］高强、孔祥智：《中国农业社会化服务体系演进轨迹与政策匹配：1978～2013 年》，载于《改革》2013 年第 4 期。

［70］高湘媛、高炜：《构建新型农业社会化服务体系研究》，载于《学术交流》2015 年第 7 期。

［71］郜永昌：《分离与重构：农地承包经营权流转新论》，载于《经济视角》2013 年第 5 期。

［72］宫敏燕：《论城镇化背景下农民阶层的分化与整合》，载于《中共福建省委党校学报》2013 年第 5 期。

［73］龚道广：《农业社会化服务的一般理论及其对农户选择的应用分析》，载于《中国农村观察》2000 年第 6 期。

［74］关锐捷：《构建新型农业社会化服务体系初探》，载于《农业经济问题》2012 年第 4 期。

［75］郭碧娥：《产权理论视角下家庭联产承包制度的反思》，载于《经济探索》2008 年第 4 期。

［76］郭剑雄：《农业人力资本转移条件下的二元经济发展》，载于《陕西师范大学学报（哲学社会科学版）》2009 年第 1 期。

［77］郭亮：《"农地财政中"的地方政府权力运作机制研究》，载于《华中科技大学学报（社会科学版）》2017 年第 1 期。

［78］郭亮：《土地征收中的利益主体及其权利配置——对当前征地冲突的法社会学探析》，载于《华中科技大学学报（社会科学版）》2012 年第 5 期。

［79］郭涛、宋德勇：《农村劳动力转移的二元经济内生增长模型》，载于《南方经济》2006 年第 8 期。

［80］郭熙保、赵光南：《我国农村留守劳动力结构劣化状况及其对策思考》，载于《中州学刊》2010 年第 5 期。

［81］郭熙保：《市民化过程中土地退出问题与制度改革的新思路》，载于《经济理论与经济管理》2014 年第 10 期。

［82］郭翔宇、范亚东：《发达国家农业社会化服务体系发展的共同特征及其启示》，载于《农业经济问题》1999 年第 7 期。

［83］国务院发展研究中心"中国土地政策改革"课题组、李青、李剑阁、蒋省三、韩俊：《中国土地政策改革：一个整体性行动框架》，载于《中国发展观察》2006 年第 5 期。

［84］韩林：《我国财政支农支出问题研究》，南开大学 2010 年博士论文。

［85］韩苗苗、乐永海、孙剑：《我国农业社会化服务服务水平测评与制约因素解构》，载于《统计与决策》2013 年第 3 期。

［86］韩占兵：《我国财政支农规模与效率的实证分析：1978～2013》，载于《当代经济管理》2016 年第 5 期。

［87］韩长赋：《构建新型农业经营体系应研究把握的三个问题》，载于《农村工作通讯》2013 年第 15 期。

［88］何青华：《基于农业现代化的农业保险服务体系建设》，载于《郑州航空工业管理学院学报》2014 年第 1 期。

［89］何绍周、彭博、马也：《农民财产性收入增长面临的制度性约束——基于市场和法治的视角》，载于《农业技术经济》2012 年第 6 期。

［90］何欣、蒋涛、郭良燕、甘犁：《中国农地流转市场的发展与农户流转农地行为研究——基于 2013～2015 年 29 省的农户调查数据》，载于《管理世界》2016 年第 6 期。

［91］何秀荣：《公司农场：中国农业微观组织的未来选择？》，载于《中国农村经济》2009 年第 11 期。

［92］何勇、罗传浩、黄波、张体刚：《对新型农业经营主体家庭

农场的分析和探讨》，载于《四川农业科技》2013 年第 8 期。

[93] 贺军伟、王忠海、张锦林：《关于工商资本进农业的思考和建议》，载于《中国发展观察》2013 年第 7 期。

[94] 贺雪峰、龚春霞：《找回村社：农地收益与农民所要》，载于《华中科技大学学报（社会科学版）》2010 年第 2 期。

[95] 贺雪峰、郭亮：《农田水利的利益主体及其成本收益分析——以湖北省沙洋县农田水利调查为基础》，载于《管理世界》2010 年第 7 期。

[96] 贺雪峰：《改革语境下的农业、农村与农民——十八届三中全会〈决定〉涉农条款解读》，载于《人民论坛·学术前沿》2014 年第 3 期。

[97] 贺雪峰：《取消农业税后农村的阶层及其分析》，载于《社会科学》2011 年第 3 期。

[98] 洪名勇、龚丽娟：《培育新的需求主体促进农地流转》，载于《农业经济》2016 年第 2 期。

[99] 洪名勇：《论马克思的土地产权理论》，载于《经济学家》1998 年第 1 期。

[100] 胡彪：《集体土地所有权主体法律问题研究》，湖南大学 2010 年硕士论文。

[101] 胡泊：《培育新型农业经营主体的现实困扰与对策措施》，载于《中州学刊》2015 年第 3 期。

[102] 胡初枝、黄贤金：《农户土地经营规模对农业生产绩效的影响分析——基于江苏省铜山县的分析》，载于《农业技术经济》2007 年第 6 期。

[103] 胡胜德：《培育多元化经营主体　构建新型农业经营体系》，载于《农业经济与管理》2013 年第 1 期。

[104] 胡新艳、罗必良：《现代农业发展政策推演：基于农民收入的视角》，载于《华中农业大学学报（社会科学版）》2012 年第 6 期。

[105] 黄凯平：《试析农地"三权分置"下农地经营权的法律性

质》，载于《学海》2017 年第 4 期。

[106] 黄娜：《农地产权"三权分置"研究综述与展望》，载于《农村经济与科技》2015 年第 8 期。

[107] 黄鹏、郭闻、兰思仁：《福建省土地生态安全 AHP 法和熵值法动态评价比较》，载于《沈阳农业大学学报（社会科学版)》2015 年第 3 期。

[108] 黄延廷：《农地规模经营中的适度性探讨——兼谈中国农地适度规模经营的路径选择》，载于《求索》2011 年第 8 期。

[109] 黄延廷：《农地流转、规模化进程中的农地制度创新研究》，载于《社会科学》2012 年第 1 期。

[110] 黄祖辉、林本喜：《基于资源利用效率的现代农业评价体系研究——兼论浙江高效生态现代农业评价指标构建》，载于《农业经济问题》2009 年第 11 期。

[111] 黄祖辉、王朋：《我国农地产权制度的变迁历史——基于农地供求关系视角的分析》，载于《甘肃社会科学》2009 年第 3 期。

[112] 季玉福：《农地流转合作社：我国实现农业现代化的重要路径》，载于《农村经济》2012 年第 9 期。

[113] 冀县卿：《改革开放后中国农地产权结构变迁与制度绩效：理论与实证分析》，南京农业大学 2010 年博士论文。

[114] 贾生华：《论我国农村集体土地产权制度的整体配套改革》，载于《经济研究》1996 年第 12 期。

[115] 江维国：《互联网金融下我国新型农业经营主体的融资模式创新》，载于《财经科学》2016 年第 8 期。

[116] 江维国：《我国新型农业经营主体的功能定位和战略思考》，载于《经济与税务》2014 年第 4 期。

[117] 江雪萍：《中国农村土地制度改革的综述研究》，载于《当代经济》2016 年第 30 期。

[118] 江宗德：《城乡统筹视角下我国农民收入增长问题研究》，西南财经大学 2011 年博士论文。

［119］姜军松：《农地产权制度演进及其优化配置的路径》，载于《改革》2010 年第 3 期。

［120］蒋和平、蒋辉：《粮食主产区规模化经营的有益探索——河南省鹤壁市"中鹤模式"的解读与启示》，载于《农业经济问题》2013 年第 5 期。

［121］缴益林：《国家财政补贴对农民收入影响的实证分析》，载于《金融财税》2013 年第 3 期。

［122］经济日报社中国经济趋势研究院新型农业经营主体调研组：《新型农业经营主体发展指数调查（二期）报告发布——新型农业经营主体社会绩效凸显》，载于《经济日报》2017 年 2 月 7 日。

［123］经济日报社中国经济趋势研究院新型农业经营主体调研组：《新型农业经营主体发展指数调查（四期）报告发布——中高学历人员增多，金融支持尚显不足》，载于《经济日报》2017 年 7 月 13 日。

［124］经济日报社中国经济趋势研究院新型农业经营主体调研组：《新型农业经营主体发展指数调查（五期）报告发布——经营发展良好，经济绩效较高》，载于《经济日报》2017 年 9 月 13 日。

［125］亢晓红：《深化农村农地改革　适度扩大农地规模经营》，载于《农村经济与科技》2012 年第 6 期。

［126］孔祥智、楼栋、何安华：《建立新型农业社会化服务体系：必要性、模式选择和对策建议》，载于《教学与研究》2012 年第 1 期。

［127］孔祥智、徐珍源、史冰清：《当前中国农业社会化服务体系的现状、问题和对策研究》，载于《江汉论坛》2009 年第 5 期。

［128］孔祥智、徐珍源：《农业社会化服务供求研究——基于供给主体与需求强度的农户数据分析》，载于《广西社会科学》2010 年第 3 期。

［129］赖丽华：《基于"三权分置"的农村农地经营权二元法律制度构造》，载于《西南民族大学学报（人文社科版）》2016 年第 11 期。

［130］黎霆、赵阳、辛贤：《当前农地流转的基本特征及影响因素分析》，载于《中国农村经济》2009 年第 10 期。

［131］李常健、杨莲芳：《三权分置、农地流转及其风险防范》，载于《西北农林科技大学学报（社会科学版）》2016 年第 4 期。

［132］李超、商玉萍：《中国收入差距的影响因素及其区域性差异——基于动、静态省际面板数据模型的实证分析》，载于《太原理工大学学报》2016 年第 4 期。

［133］李春海：《新型农业社会化服务体系框架及其运行机理》，载于《改革》2011 年第 10 期。

［134］李功奎：《农地细碎化、劳动力利用与农民收入》，南京农业大学 2006 年博士论文。

［135］李光跃、彭华、高超华、杨祥禄：《农地流转促进适度规模经营的基本思考———基于四川省的调查分析》，载于《农村经济》2014 年第 7 期。

［136］李剑阁、韩俊：《中国土地政策改革的基本走向》，载于《理论视野》2006 年第 4 期。

［137］李曼、张松松：《我国农村土地集体所有制中的主体虚位与对策思考》，载于《商业研究》2004 年第 3 期。

［138］李旻晶：《农业技术进步与农民收入关系的实证研究》，载于《湖北农业科学》2014 年第 53 卷第 8 期。

［139］李宁、陈利根、孙佑海：《现代农业发展背景下如何使农地"三权分置"更有效——基于产权结构细分的约束及其组织治理的研究》，载于《农业经济问题》2016 年第 7 期。

［140］李宁、张然、仇童伟、王舒娟：《农地产权变迁中的结构细分与"三权分置"改革》，载于《经济学家》2017 年第 1 期。

［141］李齐：《新常态下农村农地流转对农民收入影响的实证研究》，安庆师范大学 2016 年硕士论文。

［142］李俏、王建华：《现代农业社会化服务体系发展路径探析》，载于《宏观经济管理》2012 年第 9 期。

［143］李全伦：《土地直接产权与间接产权：一种新的农村土地产权关系》，载于《中国土地科学》2007 年第 1 期。

[144] 李思韵、吴亚芸：《农业经营规模对农业投资与产出关系影响的门槛效应研究》，载于《中国商论》2016 年第 12 期。

[145] 李腾飞：《农地产权制度变迁对农业绩效的影响》，西南财经大学 2014 年硕士论文。

[146] 李文明、罗丹、陈洁：《农业适度规模经营：规模效益、产出水平与生产成本——基于1522 个水稻种植户的调查数据》，载于《中国农村经济》2015 年第 3 期。

[147] 李翔：《我国农村土地集体所有权实化研究》，陕西师范大学 2012 年硕士论文。

[148] 李学军、朱宏：《农村土地制度变迁与效率增进的思考》，载于《理论学刊》2004 年第 6 期。

[149] 李瑶鹤、胡伟艳：《农村土地流转对农民收入的影响分析》，载于《中国农业信息》2016 年第 22 期。

[150] 李勇、杨卫忠：《农村农地流转制度创新参与主体行为研究》，载于《农业经济问题》2014 年第 2 期。

[151] 李勇：《刘易斯拐点、资本非农化倾向和二元经济结构转化》，载于《当代经济科学》2016 年第 4 期。

[152] 李中：《工商资本进入现代农业应注意的几个问题》，载于《农业展望》2013 年第 11 期。

[153] 厉以宁：《中国经济双重转型之路》，中国人民大学出版社 2013 年版。

[154] 廖小军：《论中国农民与土地的关系及解决当前失地农民问题的对策》，福建师范大学 2005 年博士论文。

[155] 廖重斌：《环境与经济协调发展的定量评判及其分类体系——以珠江三角洲城市群为例》，载于《热带地理》1999 年第 2 期。

[156] 林坚：《我国农民的社会分层结构和特征——一个基于全国1185 份调查问卷的分析》，载于《湘潭大学学报》2006 年第 1 期。

[157] 林乐芬、法宁：《新型农业经营主体融资难的深层原因和化解路径》，载于《南京社会科学》2015 年第 7 期。

［158］林万龙：《农地经营规模：国际经验与中国的现实选择》，载于《农业经济问题》2017年第7期。

［159］林毅夫、李周：《发育市场——九十年代农村改革的主线》，载于《农业经济问题》1992年第9期。

［160］凌薇：《全球视角下的农业现代化之路》，载于《农经》2018年第2期。

［161］刘爱军：《农地征收：制度困境与路径选择》，载于《毛泽东邓小平理论研究》2009年第1期。

［162］刘迪尧：《对农村土地流转市场的调查与思考》，载于《统计与决策》2013年第12期。

［163］刘刚：《农地产权制度改革：构建新型农业经营体系的视角》，载于《农村经济与科技》2016年第20期。

［164］刘国林：《农村宅基地使用权动态配置的可行性及模式探究》，福州大学2014年硕士论文。

［165］刘恒科：《"三权分置"下集体农地所有权的功能转向与权能重构》，载于《南京农业大学学报（社会科学版）》2017年第2期。

［166］刘鸿渊、刘可：《农民财产性收入增长困境与破解之策》，载于《经济体制改革》2015年第6期。

［167］刘鸿渊：《农地集体流转的农民收入增长效应研究——以政府主导下的农地流转模式为例》，载于《农村经济》2010年第7期。

［168］刘江涛、张波：《城市边缘区土地增值收益分配管理研究综述》，载于《经济问题探索》2012年第8期。

［169］刘金蕾、祝新亚、李敬锁、牟少岩：《山东省农地流转的影响因素分析》，载于《中国农业资源与区划》2014年第6期。

［170］刘俊杰、张龙耀、王梦珺：《农村土地产权制度改革对农民收入的影响——来自山东枣庄的初步证据》，载于《农业经济问题》2015年第6期。

［171］刘俊奇、周杨：《新型农村经营主体的信贷需求及影响因素研究——基于辽宁样本的考察》，载于《广西大学学报（哲学社会科学

版)》2017 年第 5 期。

［172］刘克春、林坚:《农地承包经营权市场流转与行政性调整:理论与实证分析——基于农户层面和江西省实证研究》,载于《数量经济技术经济研究》2005 年第 11 期。

［173］刘守英:《中国的二元土地权利制度与土地市场残缺——对现行政策、法律与地方创新的回顾与评论》,载于《经济研究参考》2008 年第 31 期。

［174］刘姝威、李闻纹、兰辉全:《增加农民收入路径研究》,载于《中央财经大学学报》2013 年第 6 期。

［175］刘淑俊、张蕾:《土地流转对农民收入影响的经济效应分析》,载于《东北农业大学学报(社会科学版)》2014 年第 6 期。

［176］刘向华:《中国家庭农场发展的困境与农业社会化服务体系建设》,载于《毛泽东邓小平理论研究》2013 年第 10 期。

［177］刘燕群、宋启道、谢龙莲:《德国农业社会化服务体系研究》,载于《热带农业科学》2017 年第 12 期。

［178］刘耀森:《农产品价格与农民收入增长关系的动态分析》,载于《当代经济研究》2012 年第 5 期。

［179］刘永佶:《论中国农村土地制度的改革》,载于《中国特色社会主义研究》2014 年第 1 期。

［180］刘玉铭、刘伟:《对农业生产规模效益的检验——以黑龙江省数据为例》,载于《经济经纬》2007 年第 2 期。

［181］刘长庚、张松彪:《权利配置与我国城乡居民收入差距——基于省际面板数据的分析》载于《经济问题探索》2015 年第 3 期。

［182］刘铮、赵志浩:《对工商资本租赁农地的冷思考》,载于《黑龙江社会科学》2016 年第 3 期。

［183］柳建平、闫然:《中国农村土地制度及改革研究——基于对"土地社会保障功能"的思考》,载于《兰州商学院学报》2012 年第 3 期。

［184］卢冰冰、陈玉兰、余国新:《棉农对农业社会化服务满意度

评价及影响因素分析——基于新疆塔城地区 245 户农户调查数据》，载于《农业展望》2017 年第 2 期。

［185］卢勤娣：《试论工商资本进入农业的必要性、必然性和路径》，载于《福建质量管理》2015 年第 10 期。

［186］卢现祥、朱迪：《中国制度变迁 40 年——基于新制度经济学视角》，载于《社会科学文摘》2018 年第 11 期。

［187］卢现祥、朱巧：《新制度经济学》，北京大学出版社 2012 年版。

［188］鲁力翡：《农业补贴政策下农户农地流转的意愿分析——基于山东省的样本数据》，载于《安徽农业科学》2015 年第 24 期。

［189］陆文聪、余新平：《中国农业科技进步与农民收入增长》，载于《浙江大学学报（人文社会科学版）》2013 年第 4 期。

［190］陆学艺、张厚义、张其仔：《转型时期农民的阶层分化——对大寨、刘庄、华西等 13 个村庄的实证研究》，载于《中国社会科学》1992 年第 4 期。

［191］陆学艺、张厚义：《中国社会学年鉴——中国农民的分化与分层研究》，中国大百科全书出版社 1993 年版。

［192］罗锡文、廖娟、胡炼、臧英、周志艳：《提高农业机械化水平促进农业可持续发展》，载于《农业工程学报》2016 年第 1 期。

［193］罗誉：《我国农民收入水平影响因素及其实证分析》，载于《台湾农业探索》2010 年第 1 期。

［194］吕亚荣、王春超：《工商业资本进入农业与农村的土地流转问题研究》，载于《华中师范大学学报（人文社会科学版）》2012 年第 4 期。

［195］吕业清：《中国农业科研、推广投资与农业经济增长的关系》，新疆农业大学 2009 年博士论文。

［196］毛泓、杨钢桥：《试论土地利益分配》，载于《中南财经大学学报》2000 年第 2 期。

［197］冒佩华、徐骥：《农地制度、农地经营权流转与农民收入增

长》，载于《管理世界》2015 年第 5 期。

　　[198] 孟勤国：《中国农村土地流转问题研究》，法律出版社 2009 年版。

　　[199] 农业部：《中国农业发展报告（1995 年）》，中国农业出版社 1996 年版。

　　[200] 农业部改革试验区办公室：《从小规模均田制走向适度规模经营——全国农村改革试验区土地适度规模经营阶段性试验研究报告》，载于《中国农村经济》1994 年第 12 期。

　　[201] 庞晓鹏：《农业社会化服务供求结构差异的比较与分析——基于农业社会化服务供求现状的调查与思考》，载于《农业技术经济》2006 年第 4 期。

　　[202] 彭小辉、史清华：《"卢卡斯之谜"与中国城乡资本流动》，载于《经济与管理研究》2012 年第 3 期。

　　[203] 齐城：《农村劳动力转移与土地适度规模经营实证分析——以河南省信阳市为例》，载于《农业经济问题》2008 年第 4 期。

　　[204] 齐勇：《新时期中国农村土地所有制改革探析》，吉林大学 2011 年硕士论文。

　　[205] 钱贵霞、李宁辉：《不同粮食生产经营规模农户效益分析》，载于《农业技术经济》2005 年第 4 期。

　　[206] 钱克明、彭廷军：《我国农户粮食生产适度规模的经济学分析》，载于《农业经济问题》2014 年第 3 期。

　　[207] 钱水土、刘芸：《融资需求视角下的农户金融行为——以浙江省为例》，载于《农村经济》2010 年第 3 期。

　　[208] 钱忠好、冀县卿：《中国农地流转现状及其政策改进——基于江苏、广西、湖北、黑龙江四省（区）调查数据的分析》，载于《管理世界》2016 年第 2 期。

　　[209] 钱忠好、牟燕：《土地市场化是否必然导致城乡居民收入差距扩大——基于中国 23 个省（自治区、直辖市）面板数据的检验》，载于《管理世界》2013 年第 2 期。

[210] 钱忠好：《农村土地承包经营权产权残缺与市场流转困境：理论与政策分析》，载于《管理世界》2012 年第 6 期。

[211] 钱忠好：《农地承包经营权市场流转：理论与实证分析——基于农户层面的经济分析》，载于《经济研究》2003 年第 2 期。

[212] 钱忠好：《三论农村土地的复合所有制》，载于《扬州大学学报（人文社会科学版）》1999 年第 2 期。

[213] 钱忠好：《中国农村农地制度变迁和创新研究（续）》，社会科学文献出版社 2005 年版。

[214] 乔榛、焦方义、李楠：《中国农村经济制度变迁与农业增长》，载于《经济研究》2006 年第 7 期。

[215] 秦晖：《根本问题在地权配置》，载于《中外房地产导报》2000 年第 20 期。

[216] 秦兰兰：《农地产权结构与效率研究》，载于《山东农业大学学报（社会科学版）》2008 年第 2 期。

[217] 秦晓娟、孔祥利：《农村劳动力转移的选择、城乡收入差距与新型农业经营主体》，载于《华中农业大学学报（社会科学版）》2015 年第 2 期。

[218] 邱福林、穆兰：《农业固定资产投资与农业经济增长关系的研究——基于协整和灰色关联度的分析》，载于《四川经济管理学院学报》2010 年第 2 期。

[219] 任辉、吴群：《农地非农化过程中土地收益分配分析》，载于《国土资源科技管理》2011 年第 3 期。

[220] 任晓娜、孟庆国：《工商资本进入农村土地市场的机制和问题研究——安徽省大岗村土地流转模式的调查》，载于《河南大学学报（社会科学版）》2015 年第 5 期。

[221] 商春荣、王冰：《农村集体土地产权制度与土地流转》，载于《华南农业大学学报（社会科学版）》2004 年第 2 期。

[222] 邵爽、李琴、李大胜：《资本下乡：进入模式选择及其影响因素》，载于《华中农业大学学报（社会科学版）》2018 年第 5 期。

［223］邵爽：《工商资本进入农业与土地流转的关系研究——基于就业与保障视角》，载于《中国农业大学学报（社会科学版）》2015年第6期。

［224］施敏：《中国农地产权制度供给与需求分析》，厦门大学2014年硕士论文。

［225］石成林：《农业适度规模经营与精品农业》，载于《经济与管理研究》1998年第5期。

［226］石霞、芦千文：《工商资本下乡要扬长避短》，载于《农民日报》2013年7月13日。

［227］史蕾：《从"两权分置"到"三权分置"：农地产权制度演变的逻辑》，载于《学习与实践》2017年第6期。

［228］宋洪远：《新型农业社会化服务体系建设研究》，载于《中国流通经济》2010年第6期。

［229］宋礼、何力：《大足县加快农村土地流转推进农业规模经营的探索》，载于《决策导刊》2007年第12期。

［230］宋茂华：《农民专业合作组织治理机制研究》，载于《农村经济》2007年第2期。

［231］宋言奇、王常雄：《浅析我国农地承包经营权流转的二元化格局》，载于《深圳职业技术学院学报》2005年第2期。

［232］宋宜农：《新型城镇化背景下我国农村农地流转问题研究》，载于《经济问题》2017年第2期。

［233］苏昕、王可山、张淑敏：《我国家庭农场发展及其规模探讨——基于资源禀赋视角》，载于《农业经济问题》2014年第5期。

［234］苏旭霞、王秀清：《农用地细碎化与农户粮食生产——以山东省莱西市为例的分析》，载于《中国农村观察》2002年第4期。

［235］苏志东、庄靖远、姜勇：《福建省农民收入影响因素分析》，载于《科技创新》2016年第36期。

［236］孙敬水、董亚娟：《人力资本与农业经济增长：基于中国农村的Panel data模型分析》，载于《农业经济问题》2006年第12期。

［237］孙自铎：《农业必须走适度规模经营之路——兼与罗必良同志商榷》，载于《农业经济问题》2001 年第 2 期。

［238］汤鹏主：《建国 60 年农民收入增长的历史轨迹》，载于《求索》2013 年第 5 期。

［239］唐文金：《农户土地流转意愿与行为研究》，西南财经大学 2008 年博士论文。

［240］唐忠：《对发展农业产业化经营的几点认识》，载于《中国农村信用合作》1999 年第 3 期。

［241］唐朱昌、吕彬彬：《财政支农政策与农民收入增长：总量与结构分析》，载于《江淮论坛》2007 年第 2 期。

［242］陶钟太朗、杨环：《农地"三权分置"实质探讨——寻求政策在法律上的妥适表达》，载于《中国土地科学》2017 年第 1 期。

［243］腾秀梅、林亦平：《从收入结构看农民收入的提升路径》，载于《农业经济》2016 年第 11 期。

［244］田静婷：《中国农村集体土地使用权流转机制创新研究》，西北大学 2010 年博士论文。

［245］田龙鹏：《1978 年以来中国农村改革的减贫效应研究——基于权利配置视角》，湘潭大学 2016 年博士论文。

［246］田先红、陈玲：《"阶层地权"：农村地权配置的一个分析框架》，载于《管理世界》2013 年第 9 期。

［247］仝志辉、侯宏伟：《农业社会化服务体系：对象选择与构建策略》，载于《改革》2015 年第 1 期。

［248］仝志辉、温铁军：《资本和部门下乡与小农户经济的组织化道路——兼对专业合作社道路提出质疑》，载于《开放时代》2009 年第 4 期。

［249］童列春、岳正华：《农村集体土地所有权制度改革探讨》，载于《农村经济》2005 年第 3 期。

［250］汪丁丁：《产权博弈》，载于《经济研究》1996 年第 10 期。

［251］汪发元：《新型农业经营主体成长面临的问题与化解对策》，

载于《经济纵横》2015 年第 2 期。

［252］汪艳涛、高强、金炜博：《新型农业经营主体产业化的运作模式》，载于《重庆社会科学》2015 年第 5 期。

［253］王爱民：《农业技术进步对农民收入的影响机制研究》，载于《经济经纬》2014 年第 31 卷第 4 期。

［254］王波：《宏观经济运行与农民收入增长实证分析》，载于《经济体制改革》2005 年第 2 期。

［255］王春超：《农村土地流转、劳动力资源配置与农民收入增长：基于中国 17 省份农户调查的实证研究》，载于《农业技术经济》2011 年第 1 期。

［256］王定祥、琚丽娟、李伶俐：《我国金融支农效率的测度与改进策略》，载于《当代经济研究》2013 年第 11 期。

［257］王定祥、李虹：《新型农业社会化服务体系的构建与配套政策研究》，载于《上海经济研究》2016 年第 6 期。

［258］王定祥、谭进鹏：《论现代农业特征与新型农业经营体系构建》，载于《农村经济》2015 年第 9 期。

［259］王国敏、杨永清、王元聪：《新型农业经营主体培育：战略审视、逻辑辨识与制度保障》，载于《西南民族大学学报（人文社会科学版）》2014 年第 10 期。

［260］王红阳、杜丹：《和谐社会背景下农业生产资料服务体系建设与发展》，载于《农业经济》2012 年第 9 期。

［261］王洪江、甄长超、赵和平：《关于农业适度规模经营的几点思考》，载于《农业经济》1999 年第 4 期。

［262］王慧娟：《关于构建新型农业经营体系的几点浅见》，载于《农业经济》2014 年第 1 期。

［263］王吉鹏、肖琴、李建平：《新型农业经营主体融资：困境、成因及对策》，载于《农业经济问题》2018 年第 2 期。

［264］王静、殷海善：《对工商资本进入农村土地经营的探讨》，载于《华北国土资源》2015 年第 1 期。

[265] 王静：《论我国农村宅基地使用权取得制度》，海南大学2011年硕士论文。

[266] 王力：《农地规模经营问题研究》，西南大学2012年博士论文。

[267] 王立刚：《我国农村土地征用制度改革研究》，中国海洋大学2011年硕士论文。

[268] 王利明、周友军：《论我国农村土地权利制度的完善》，载于《中国法学》2012年第1期。

[269] 王琦：《推进我国农业规模化经营应注意的几个问题》，载于《经济纵横》2011年第8期。

[270] 王颂吉、白永秀：《城乡要素错配与中国二元经济结构转化滞后：理论与实证研究》，载于《中国工业经济》2013年第7期。

[271] 王万茂、钱忠好：《关于中国农村土地制度的产权经济思考》，载于《资源开发与市场》1997年第6期。

[272] 王钊、刘晗、曹峥林：《农业社会化服务需求分析——基于重庆市191户农户的样本调查》，载于《农业技术经济》2005年第9期。

[273] 韦鸿、王琦玮：《农村集体农地"三权分置"的内涵、利益分割及其思考》，载于《农村经济》2016年第3期。

[274] 魏晓莎：《日本农地适度规模经营的做法及借鉴》，载于《经济纵横》2015年第5期。

[275] 温世扬、吴昊：《集体农地"三权分置"的法律意蕴与制度供给》，载于《华东政法大学学报》2017年第3期。

[276] 文华成、杨新元：《新型农业经营体系构建：框架、机制与路径》，载于《农村经济》2013年第10期。

[277] 翁贞林、阮华：《新型农业经营主体：多元模式、内在逻辑与区域案例分析》，载于《华中农业大学学报（社会科学版）》2015年第5期。

[278] 郐德林、张平：《农业科技投入是形成农民收入"马太效

应"的原因吗》，载于《农业技术经济》2015年第4期。

［279］吴比、尹燕飞、徐雪高：《农民收入增长区域结构与空间效应——基于农村固定观察点数据》，载于《农村经济》2017年第1期。

［280］吴方卫、蒋小兴：《论农民收入的增长过程及提高途径》，载于《农业现代化研究》2003年第5期。

［281］吴芳：《浅析农业信息化发展问题与对策》，载于《农业开发与装备》2018年第4期。

［282］吴晓佳：《相关国家（地区）农地权利配置安排对我国"三权分置"制度设计的借鉴经验（上）》，载于《农村经营管理》2017年第10期。

［283］吴晓佳：《相关国家（地区）农地权利配置安排对我国"三权分置"制度设计的借鉴经验（下）》，载于《农村经营管理》2017年第11期。

［284］吴易风、关雪凌等：《产权理论与实践》，中国人民大学出版社2010年版。

［285］伍开群：《制度变迁：从家庭承包到家庭农场》，载于《当代经济研究》2014年第1期。

［286］武锐霞：《改革开放以来中国农民阶层的变化研究》，西南科技大学2015年硕士论文。

［287］习佳佳：《我国农民土地权益缺失的制度缺陷研究》，四川师范大学2015年硕士论文。

［288］夏锋：《千户农民对农村公共服务现状的看法——基于29个省份230个村的入户调查》，载于《农业经济问题》2008年第5期。

［289］肖军、高继宏：《我国农地制度发展的制度分析和思考》，载于《农业经济问题》2000年第7期。

［290］肖鹏：《农村农地"三权分置"下的农地承包权初探》，载于《中国农业大学学报（社会科学版）》2017年第1期。

［291］肖卫东、梁春梅：《农村农地"三权分置"的内涵基本要义及权利关系》，载于《中国农村经济》2016年第11期。

[292] 肖屹、钱忠好、曲福田：《农民土地产权认知与征地制度改革研究——基于江苏、江西两省 401 户农民的调查研究》，载于《经济体制改革》2009 年第 1 期。

[293] 谢青、苏振锋、岳亮：《基于土地增值的城中村改造利益分配研究》，载于《宁夏社会科学》2006 年第 5 期。

[294] 熊鹰、陈春燕、李晓：《粮食生产适度规模经营的实践与内在机理分析——基于四川省邛崃市的调查》，载于《农村经济》2016 年第 7 期。

[295] 徐鲜梅：《农村农地流转模式比较研究》，载于《农村经济》2015 年第 2 期。

[296] 许筠、冯开文：《中国农地制度变迁中农民权益的研究综述》，载于《中国农业大学学报（社会科学版）》2011 年第 3 期。

[297] 许连君：《基于土地规模经营的农用地流转探讨》，载于《经济研究导刊》2010 年第 12 期。

[298] 许萌：《论政府在提高农民收入中的角色与作用》，首都经济贸易大学 2006 年硕士论文。

[299] 许明：《权利配置视角下的中国企业要素收入分配研究》，湘潭大学 2015 年博士论文。

[300] 杨慧丽：《矿业用地全生命周期的盘活研究——基于权利配置理论》，中国地质大学（北京）2017 年博士论文。

[301] 杨建云：《河北省高阳县与四川省南充市农地流转比较》，载于《华东经济管理》2005 年第 7 期。

[302] 杨璐璐：《农村土地经营权流转的现实困境与制度性原因分析》，载于《西北大学学报（哲学社会科学版）》2015 年第 45 卷第 4 期。

[303] 杨鹏程、周应恒：《工商资本投资农业的经济分析》，载于《广西社会科学》2016 年第 8 期。

[304] 杨仕兵、魏雪：《农地承包经营权"三权分置"下的农民股东权保护》，载于《中国石油大学学报（社会科学版）》2016 年第

6 期。

［305］杨学峰、杨学成：《农业固定资产投资与农业经济增长关系研究》，载于《安徽农业科学》2013 年第 11 期。

［306］杨义武、林万龙：《农业技术进步的增收效应——基于中国省级面板数据的检验》，载于《经济科学》2016 年第 5 期。

［307］杨雍哲：《规模经营的关键在于把握条件和提高经营效益》，载于《农业经济问题》1995 年第 5 期。

［308］杨玉珍：《农村三权分置政策执行偏差的成因及其矫正》，载于《农业经济问题》2017 年第 6 期。

［309］姚洋：《非农就业结构与土地租赁市场的发育》，载于《中国农村观察》1999 年第 2 期。

［310］姚洋：《土地、制度与农业发展》，北京大学出版社 2005 年版。

［311］姚洋：《中国农地制度：一个分析框架》，载于《中国社会科学》2000 年第 2 期。

［312］叶建雄：《论农村集体经济转型的有效实现模式及其法律障碍》，中国政法大学 2009 年硕士论文。

［313］叶剑平、丰雷、蒋妍、罗伊·普罗斯特曼、朱可亮：《2008 年中国农村土地使用权调查研究——17 省份调查结果及政策建议》，载于《管理世界》2010 年第 1 期。

［314］尹晓红、田传浩：《土地流转对农民收入的影响——基于 CHARLS 的经验》，载于《中国房地产》2016 年第 15 期。

［315］余许友：《二元结构下农村金融抑制的原因和出路——基于土地流转视角的分析》，载于《理论与改革》2014 年第 4 期。

［316］袁国龙、林金忠：《农业土地制度变迁对我国农业转型的影响》，载于《华南农业大学学报（社会科学版）》2013 年第 2 期。

［317］袁林、赵雷：《国家与产权：农村土地制度变迁的绩效分析》，载于《经济与管理》2008 年第 3 期。

［318］苑鹏、丁忠兵：《小农户与现代农业发展的衔接模式：重庆

梁平例证》，载于《改革》2018 年第 6 期。

［319］苑韶峰、杨丽霞、施伟伟、孙乐：《农地非农化过程中土地增值收益分配的物元模型分析》，载于《上海国土资源》2012 年第 4 期。

［320］张光宏、马艳：《城郊土地利用社会经济效益和生态环境效益的动态耦合关系——以武汉市远城区为例》，载于《农业技术经济》2014 年第 11 期。

［321］张光辉：《农业规模经营与提高单产并行不悖——与任治君同志商榷》，载于《经济研究》1996 年第 1 期。

［322］张广辉、方达：《农村土地"三权分置"与新型农业经营主体培育》，载于《经济学家》2018 年第 2 期。

［323］张海鹏、曲婷婷：《农地经营流转与新型农业经营主体发展》，载于《南京农业大学学报（社会科学版）》2014 年第 9 期。

［324］张克俊、桑晚晴：《新型农业经营体系的理论认识与构建路径研究》，载于《开发研究》2014 年第 2 期。

［325］张群、吴石磊、郭艳：《农民收入与农村土地规模经营的关系研究》，载于《经济纵横》2012 年第 10 期。

［326］张蕊、桂菊平：《集体土地所有权行使中存在的问题及对策》，载于《学术探索》2016 年第 4 期。

［327］张士云、江激宇、栾敬东：《美国和日本农业规模化经营进程分析及启示》，载于《农业经济问题》2014 年第 1 期。

［328］张淑辉、陈建成、张立中、张新伟：《农业经济增长及其影响因素的典型相关分析——以山西为例》，载于《经济问题》2012 年第 5 期。

［329］张术环：《产权·农地产权·农地产权制度》，载于《学术论坛》2005 年第 3 期。

［330］张婷：《农地流转对农民收入的影响分析》，载于《经济研究导刊》2015 年第 17 期。

［331］张文广：《给"资本下乡"戴上法律笼头》，载于《经济参

考报》2014 年 1 月 22 日。

[332] 张五常：《佃农理论》，商务印书馆 2002 年版。

[333] 张五常：《经济解释（卷 4）：制度的选择》，中信出版社 2014 年版。

[334] 张新光：《建国 60 年农民生活方式变迁的不协调性及成因》，载于《经济社会体制比较》2009 年第 5 期。

[335] 张秀生、单娇：《加快推进农业现代化背景下新型农业经营主体培育研究》，载于《湘潭大学学报》2014 年第 5 期。

[336] 张学博：《农村农地"三权分置"的法理逻辑——从政策和法律双重视角切入》，载于《新疆师范大学学报（哲学社会科学版)》2017 年第 6 期。

[337] 张学辉、王如渊：《基于政府行为的农地非农化均衡模型》，载于《中国农地科学》2009 年第 6 期。

[338] 张扬：《试论我国新型农业经营主体形成的条件与路径——基于农业要素聚集的视角分析》，载于《当代经济科学》2014 年第 5 期。

[339] 张毅、张红、毕宝德：《农地的"三权分置"及改革问题：政策轨迹、文本分析与产权重构》，载于《中国软科学》2016 年第 3 期。

[340] 张宇红：《中国现代农业经营体系的制度特征与发展取向》，载于《中国农村经济》2018 年第 1 期。

[341] 张占斌、郑洪广：《"三权分置"背景下"三权"的权利属性及权能构造问题研究》，载于《西南大学学报（社会科学版)》2014 年第 1 期。

[342] 张照新、赵海：《新型农业经营主体的困境摆脱及其体制机制创新》，载于《改革》2013 年第 2 期。

[343] 张照新：《中国农村土地流转市场发展及其方式》，载于《中国农村经济》2002 年第 2 期。

[344] 张志敏：《改革开放以来政府职能转变路径与战略突破》，载于《改革》2009 年第 2 期。

[345] 张志强、高丹桂：《重构农地集体所有制：恢复农村集体经济组织农地所有权主体地位的法经济学分析》，载于《调研世界》2018年第9期。

[346] 张尊帅：《工商资本投资农业的风险及其防范》，载于《现代经济探讨》2013年第8期。

[347] 章胜勇、时润哲、于爱芝：《农业供给侧改革背景下农产品批发市场的功能优化分析》，载于《北京工商大学学报（社会科学版）》2016年第6期。

[348] 赵丙奇、贾日斗：《民营资本对我国农地流转的激励机制研究》，载于《农村经济》2010年第10期。

[349] 赵德起、贾洪波：《改革开放以来农民农地契约效率损益研究》，载于《中国农村经济》，2018年第2期。

[350] 赵德起、林木西：《政府约束力与农民收入关系研究》，载于《经济学动态》2013年第10期。

[351] 赵德起、林木西：《制度效率的短板理论》，载于《中国工业经济》2007年第10期。

[352] 赵德起、姚明明：《农民权利配置与收入增长关系研究》，载于《经济理论与经济管理》2014年第11期。

[353] 赵德起：《从农民收入结构探寻增加农民收入的对策》，载于《当代经济管理》2008年第2期。

[354] 赵德起：《农地使用权市场流转的经济分析》，载于《经济社会体制比较》2011年第2期。

[355] 赵德起：《契约完备度视角下的契约效率理论》，载于《中国工业经济》2014年第12期。

[356] 赵德起：《中国农村土地产权制度效率的经济学分析》，经济科学出版社2010年版。

[357] 赵海：《新型农业经营体系的涵义及其构建》，载于《农村工作通讯》2013年第6期。

[358] 赵鲲、刘磊：《关于完善农村土地承包经营制度发展农业适

度规模经营的认识与思考》，载于《中国农村经济》2016 年第 4 期。

［359］赵万一：《中国农民权利的制度重构及其实现途径》，载于《中国法学》2012 年第 3 期。

［360］赵霞、穆月英：《1998～2006 年中国公共财政农业支出的绩效评估》，载于《技术经济》2009 年第 1 期。

［361］赵祥云、赵晓峰：《资本下乡真的能促进"三农"发展吗？》，载于《西北农林科技大学学报（社会科学版）》2016 年第 4 期。

［362］赵亚南、陈英、刘书安、王道骏：《西北地区农地适度经营规模研究——以甘肃省临夏县北塬地区为例》，载于《中国农学通报》2014 年第 26 期。

［363］赵忠升：《"三农"问题的核心：农民的权益与能力》，载于《农业经济问题》2012 年第 11 期。

［364］中共中央文献研究室编：《十七大以来重要文献选编（上）》，中央文献出版社 2009 年版。

［365］钟怀宇：《论改革中国农村土地集体所有制的实现形式》，载于《当代经济研究》2007 年第 3 期。

［366］周柏春、娄淑华：《新型城镇化进程中的分配正义：来自于农民能力与政策保障的双重视角》，载于《农业经济问题》2016 年第 9 期。

［367］周诚：《关于我国农地转非自然增值分配理论的新思考》，载于《农业经济问题》2006 年第 12 期。

［368］周其仁：《也谈"土地的社会保障功能"》，载于《中国乡村发现》2013 年第 4 期。

［369］周其仁：《增加农村收入不能回避产权界定》，载于《发展》2002 年第 3 期。

［370］周文、孙懿：《包容性增长与中国农村改革的现实逻辑》，载于《经济学动态》2011 年第 6 期。

［371］周燕、佟家栋：《"刘易斯拐点"、开放经济与中国二元经济转型》，载于《南开经济研究》2012 年第 5 期。

［372］周月书、王悦雯：《我国城乡资本流动研究：1981～2012——基于城乡资本边际生产率的分析》，载于《江淮论坛》2015年第1期。

［373］朱湖根、万伦来、金炎：《中国财政支持农业产业化经营项目对农民收入增长影响的实证分析》，载于《中国农村经济》2007年第12期。

［374］朱继胜：《论"三权分置"下的农地承包权》，载于《河北法学》2016年第3期。

［375］朱萌等：《新型农业经营主体农业技术采用行为影响因素研究——基于苏南地区种稻大户的调查》，载于《科技管理研究》2016年第18期。

［376］朱强：《湖南山地农业发展的基本逻辑及实现路径》，载于《求索》2016年第2期。

［377］朱希刚、刘延风：《我国农业科技进步贡献率测算方法的意见》，载于《农业技术经济》1997年第1期。

［378］朱旭光：《权利配置视域的农业制度变迁》，载于《经济体制改革》2009年第1期。

［379］朱颖：《规模经营、专业合作社与粮食供给机制的现实因应》，载于《产业经济》2012年第1期。

［380］诸培新、唐鹏：《农地征收与供应中的土地增值收益分配机制创新——基于江苏省的实证分析》，载于《南京农业大学学报（社会科学版）》2013年第1期。

［381］祝天智：《农地三权分置改革的政治学分析》，载于《学术界》2017年第8期。

［382］Besley T. J. , Burchardi and K. B. &Ghatak M. , Incentives and the De Soto Effect Quarterly：Journal of Economics，2012：237 – 282.

［383］Bowles S. and H. Gintis, Contested Exchange：New Micro Foundations for The Political Economy of Capitalism：Politics and Society，1990：165 – 222.

[384] Clegg J. , Rural Cooperatives in China: Policy and Practice: Journal of Small Business and Enterprise Development, 2006: 219 – 234.

[385] Cunguar B. and Darnhofer I. , Assessing the Impact of Improved Agricultural Technologies on Household Income in Rural Mozambique: Food Policy, 2011: 378 – 390.

[386] Deininger K and Jin S. , The Potential of Land Rental Markets in the Process of Economic Development: Evidence from China: Journal of Development Economics, 2005, 78 (1): 241 – 270.

[387] Fan S. , Gulati A. and Thorat S. , Ivestment, Subsidies and Por-poor Growth in Rural India: Agricultural Economics, 2008: 163 – 170.

[388] Feder G. and Feeny D. , Land Tenure and Property Rights: Theory and Implications for Development Policy: The World Bank Economic Review, 1991, 5 (1): 135 – 153.

[389] Feng S. , Land Rental, Off – Farm Employment and Technical Efficiency of Farm Households in Jiangxi Province: NJAS – Wageningen Journal of Life Sciences, 2008, 55 (4): 363 – 378.

[390] Furubotn Eirik G. , Pejovich and Svetozar, Property Rights and Economic Theory: A Survey of Recent Literature: Journal of Economic Literature, 1972: 1137 – 1162.

[391] Jin S. and Deininger K. , Land Rental Markets in the Process of Rural Structural Transformation: Productivity and Equity Impacts from China: Journal of Comparative Economics, 2007: 629 – 646.

[392] Lynch L. and Ovell S. J. , Combining Spatial and Survey Data to Explain Participation in Agricultural Land Preservation Programs: Land Economics, 2003: 259 – 276.

[393] Markard J. , Wirth S. and Truffer B. , Institutional Dynamics and Technology Legitimacy – A Framework and a Case Study on Biogas Technology: Research Policy, 2016: 330 – 344.

[394] Moreno – Perez O. M. , Arnalte – Alegre E. and Ortiz – Miranda

D. , Breaking down the Growth of Family Farms: A case Study of an Incentive Mediterranean Agriculture: Agricultural Systems, 2011: 500 – 511.

[395] Ronald H. , The Institutional Structure of Production: Journal De Economists Et Des Etudes Humanizes, 1992, 82 (4): 713 – 719.

[396] Williamson and Oliver, The Economic Institutions of Capitalism: Firms, Markets and Relational Contracting, New York: The Free Press, 1985: 56 – 64.

[397] Wu H. , Ding S. and Pandey S. , Assessing the Impact of Improved Agricultural Technology Adoption on Farmers Well-being in Rural China: Asian Economic Journal, 2010: 141 – 160.

[398] Wu J. J. , Adams, R. M. and Kling C. L. , From Microleves Decisions to Landscape Changes: An Assessment of Agricultural Conservation Policies: American journal of agricultural economics, 2004: 26 – 41.

[399] Zhang L. and Wang Y. , Study on the Effects of Economic Growth to Farmland Conversion in China, America: Open Journal of Social Sciences, 2014: 25 – 29.